高等院校经济与管理核心课经典系列教材·金融学

U0463532

证券投资基金管理

ZHENGQUAN TOUZI JIJIN GUANLI

李学峰　主编

首都经济贸易大学出版社
Capital University of Economics and Business Press
·北京·

图书在版编目（CIP）数据

证券投资基金管理 / 李学峰主编. -- 北京：首都
经济贸易大学出版社，2023.10
ISBN 978-7-5638-3592-8

Ⅰ.①证…　Ⅱ.①李…　Ⅲ.①证券投资-投资基金-
投资管理　Ⅳ.①F830.91

中国国家版本馆 CIP 数据核字(2023)第 178079 号

证券投资基金管理

李学峰　主编

责任编辑	薛晓红
封面设计	风得信·阿东 FondesyDesign
出版发行	首都经济贸易大学出版社
地　　址	北京市朝阳区红庙（邮编 100026）
电　　话	(010)65976483　65065761　65071505(传真)
网　　址	http://www.sjmcb.com
E - mail	publish@ cueb.edu.cn
经　　销	全国新华书店
照　　排	北京砚祥志远激光照排技术有限公司
印　　刷	唐山玺诚印务有限公司
成品尺寸	185 毫米×260 毫米　1/16
字　　数	445 千字
印　　张	18.5
版　　次	2023 年 10 月第 1 版　2023 年 10 月第 1 次印刷
书　　号	ISBN 978-7-5638-3592-8
定　　价	45.00 元

前　言

经过二十余年的发展,证券投资基金目前已经成为我国大众投资的重要方式之一。为加强投资者教育,中国证券投资基金业协会于 2021 年组织拍摄并在央视推出《基金》纪录片,其主要通过梳理基金行业发展理念与历程的方式帮助投资者认识和了解基金,是认识基金的基础性影视作品。回观书籍市场,国内专门介绍基金的教程却不多见,而鉴于国内外基金结构的差异,国外介绍机构投资者的教材适用性并不强;同时,基金是一种专业的投资方式,相比基金类影视作品,基金类书籍在深入性和系统性方面更具有天然的优势。然而,我国目前在基金进阶学习的领域存在着空白,这也正是作者着手写作本书的原因。

资产组合理论、投资分析理论和绩效评价理论为基金的投资研究提供了基础,行为金融中的处置效应、动量效应、反转效应也体现在基金这类机构投资者中,这些理论在市场实践中得到印证,市场的投资行为也依据不断演变的理论而得以发展。除了基金的投资,本书还介绍了基金公司这个大工厂是如何"生产"产品,又是如何"出售"产品的,为个人投资者和求职者揭开这层朦胧神秘的面纱;而且还从更宏观的层面展示机构投资者、托管机构、政策监管层和实体企业的制衡和约束,也为个人投资者看清资金流动和资本运作的逻辑提供了视角。最终,本书还结合我国基金结构的特色,对基金治理和公司治理进行区分,指出中国市场上特色化的基金的治理问题并从管理者的角度提供了一系列的治理效果评价方法。

本书内容划分为四篇。第一篇为基础知识,包括第一、第二章。第一章对证券投资基金做了一个简要的概述,梳理了国内外证券投资基金的产生与发展。随后介绍了证券投资基金的分类,包括公司型基金和契约型基金、公募基金和私募基金、开放式基金和封闭式基金、场内基金和场外基金等。第二章依托《中华人民共和国证券投资基金法》以及中国证券监督管理委员会发布的相关规章和规范性文件,系统阐述了我国基金监管体系,对基金监管的概念、特征、目标和原则,以及监管方式和监管环节进行了阐述。

第二篇为投资管理,包括第三、第四、第五、第六、第七章。第三章从投资管理的基础——资产组合理论开始,将理论具体化,讲解组合构建的具体过程,并给出了组合构建合理性的衡量标准,特别是专注于投资管理这一过程本身,让读者对投资管理这一整体过程有一个深入的了解。第四章从 CAPM 和 APT 模型出发,对几种常见的投资策略进行阐述和案例分析。第五章对投资绩效的评估模型和方法进行深入研究,通过引入经典的夏普业绩指数、特雷诺业绩指数和詹森业绩指数三大指数,从而确定投资绩效是好是坏,分析业绩的具体来源,并进一步研究这一业绩是否有持续性。第六章从公募基金的投资风格和投资行为特征进行分析与介绍,包括投资风格的分类和基金经理在基金管理过程中的行为特征等。第七章从基金的风险来源、基金的风险等级划分、基金管理公司内部风险控制制度等各个方面对基金运作过程中的投资风险管理进行分析。

第三篇为产品设计与销售,包括第八、第九两章。第八章研究了证券投资基金产品的设计与开发,如基金产品中相关专业名词、基金产品管理中的职责岗位、基金产品的要素组成和介绍公募基金与专户产品的开发业务流程等内容。第九章针对基金产品的销售环节进行阐述。首先对基金销售活动的参与主体、基金销售的特点和基金销售的机构进行简要介绍。然后通过案例分析对基金产品的营销模式、营销风险、营销人员的必备素质——进行分析。

第四篇为基金治理,包括第十、第十一章。第十章着重阐述了公司治理、基金治理和基金公司治理的区别与联系,通过阅读资料等内容强调了基金治理的重要性。接着分别对公司型基金治理与契约型基金治理进行解读,并依据中国国情讨论发行契约型基金的背景以及发展公司型基金的可能性。第十一章从内部治理和外部治理的角度建立了综合评价基金治理水平的治理指标体系,并从基金管理公司的内部组织结构等方面,对如何提升我国契约型基金治理水平进行分析。具体包括持有人大会,发起人与管理人分离,完善托管人监督制度以及独立董事制度,直接影响管理人行为的激励制度(包括物质性质的管理费机制与非物质激励的声誉机制)等内容。

本教材易于理解、便于教学,适用范围广泛。作者结合多年的成功教学经验和我国学生的实际情况,设计、搜集和整理了大量的例题、案例、阅读资料,全部选取的是围绕该章节核心主题进行讨论的金融市场当前热点问题和实况研究。近年来证券基金市场各方面的政策和形式都在不断发生变化,为了保证本教材的实时性,各章节的数据都选取了最新公布的数据。这些工作既有助于学生理解和掌握证券基金管理理论及其应用,也有利于教师在使用本教材时灵活掌握、有所侧重,同时也有助于实务工作者进一步思考和探讨证券基金管理理论在日常工作中的应用。

本教材凝聚了编写组全体成员的心血,是集体合作攻关的成果,主要的编写成员和负责章节如下:王布施、吕佳丽、陈炳宏(第一、第二章),赵鹏宇、王乃明、汤志宇(第三、第四章),李学峰(第五、第六、第七章),刘晓龙、王春景、李学峰(第八、第九章),于欣琦、李学峰(第十章),翟恬甜、李学峰(第十一章)。同时,感谢银华基金管理有限公司的张舰经理、天弘基金管理有限公司的李佳明经理、建信基金管理有限公司的符琳杰总监和王春景经理、汇添富基金管理有限公司的申思哲研究员等在写作思路、整体框架方面的建议。特别感谢首都经济贸易大学出版社薛晓红编辑的信任和支持。

虽然经过反复的修改,但本书的缺点和错误还是在所难免。这里我们恳请同行专家和广大读者提出宝贵意见,以便我们进一步修改和完善。

李学峰

2023 年 6 月

目　录

第一篇　基础知识

第一章　证券投资基金概述 …………………………………… 3
　第一节　证券投资基金的产生与发展 ………………………… 3
　第二节　证券投资基金的组织模式 …………………………… 9
　第三节　证券投资基金的分类 ………………………………… 13
　本章练习题 …………………………………………………… 19

第二章　证券投资基金的监管 ………………………………… 22
　第一节　概述 …………………………………………………… 22
　第二节　证券投资基金监管 …………………………………… 28
　本章练习题 …………………………………………………… 39

第二篇　投资管理

第三章　证券投资基金的组合构建 …………………………… 43
　第一节　理论基础:资产组合理论 …………………………… 43
　第二节　证券投资基金组合的构建 …………………………… 57
　第三节　证券投资基金的投资决策体制与程序 …………… 77
　本章练习题 …………………………………………………… 82

第四章　证券投资基金的投资策略 …………………………… 84
　第一节　理论依据:资本资产定价模型 ……………………… 84
　第二节　因素模型与套利定价模型 …………………………… 92
　第三节　证券投资基金的投资策略 …………………………… 101
　本章练习题 …………………………………………………… 113

第五章　证券投资基金的绩效评价 …………………………… 114

　　第一节　投资绩效的好坏:评价方法 ……………………… 114

　　第二节　投资绩效的来源:择时与择股能力 ……………… 125

　　第三节　投资绩效的持续性 ………………………………… 133

　　本章练习题 …………………………………………………… 137

第六章　公募基金的投资风格和行为特征 …………………… 138

　　第一节　基金投资风格 ……………………………………… 138

　　第二节　基金经理的行为特征指标 ………………………… 146

　　本章练习题 …………………………………………………… 153

第七章　证券投资基金的风险控制 …………………………… 155

　　第一节　基金的风险来源 …………………………………… 155

　　第二节　基金的风险等级划分 ……………………………… 162

　　第三节　基金管理公司内部风险控制制度 ………………… 179

　　本章练习题 …………………………………………………… 183

第三篇　产品设计与销售

第八章　证券投资基金产品的设计与开发 …………………… 187

　　第一节　基本介绍 …………………………………………… 187

　　第二节　基金产品设计要素 ………………………………… 201

　　第三节　产品开发业务实操 ………………………………… 218

　　本章练习题 …………………………………………………… 226

第九章　证券投资基金的销售 ………………………………… 227

　　第一节　基金产品销售概述 ………………………………… 227

　　第二节　基金产品营销模式及管理 ………………………… 238

　　本章练习题 …………………………………………………… 245

第四篇　基金治理

第十章　公司治理、基金公司治理与基金治理 ……………… 249

　　第一节　公司治理与基金公司治理 ………………………… 249

第二节　公司型基金治理与契约型基金治理 …………………… 255

第三节　基金治理与公司治理 …………………………………… 260

本章练习题 ……………………………………………………… 262

第十一章　契约型基金治理评价 ……………………………………… 264

第一节　契约型基金治理的评价方法 …………………………… 264

第二节　如何提升我国契约型基金治理水平 …………………… 272

本章练习题 ……………………………………………………… 281

参考文献 ……………………………………………………………… 283

第 一 篇

基础知识

查理·芒格说:"所谓投资这种游戏,就是比别人更好地对未来做出预测。"那么,怎样才能比别人做出更好的预测呢?对证券投资基金的一次系统学习可以派上用场!事实上,基金早已成为人们投资理财的重要途径之一。本篇作为铺垫,介绍关于证券投资基金的基础知识,包括第一章"证券投资基金概述"和第二章"证券投资基金的监管",分别对证券投资基金的发展历程和现状做出概述,并介绍了证券投资基金的监管规则。通过本篇的内容学习,我们将建立起对证券投资基金发展、分类、监管和法律依据等知识的直观认识,为之后各章的学习打下基础。

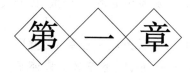

证券投资基金概述

　　证券投资基金,是指通过发售基金份额,将众多投资者的资金汇集起来,形成独立资产,委托基金管理人进行投资管理、基金托管人进行财产托管,由基金投资人共享投资收益、共担投资风险的集合投资方式。对于绝大多数读者来说,"基金"这个词并不陌生,它甚至已成为人们财富管理的首选方案、茶余饭后闲聊的谈资。人们对于基金的期望,也无非是通过投资来获得收益。如何在这个市场上挑选一只好基金,带来更多收益,是投资者最为关注的话题之一。

　　本章将通过第一节"证券投资基金的产生与发展"、第二节"证券投资基金的组织模式"和第三节"证券投资基金的分类"这三节内容,对证券投资基金做一个总体的概述。我们将从基金的诞生说起,叙述基金如何历经百年时光发展到今天,然后介绍市场上的基金是如何组织的,又衍生出了哪些基金种类。

第一节　证券投资基金的产生与发展

　　证券投资基金自诞生以来,已经有了两百年的发展史。在这段时间里,证券投资基金逐渐在全世界发展起来,被认为是最重要的金融创新之一。随着金融市场不断成熟和人们理财意识的不断提升,证券投资基金越发受到投资者们的青睐。本节将详细讲述世界上第一只证券投资基金的诞生,以及证券投资基金在发达资本市场中的发展历程,同时也将介绍证券投资基金是如何在我国诞生的,又是如何在短短的 30 年时间赶上西方百年的发展水平,取得举世瞩目的成就的。

一、发达资本市场中证券投资基金的产生与发展

(一)证券投资基金的诞生

1. 时代背景

最早的证券投资基金究竟诞生于何时何地,对此人们并没有一致的看法。有人认

为,1822 年荷兰国王威廉一世创立的"私人信托投资基金"可能是最早的证券投资基金;也有人认为,早在 1774 年,荷兰商人凯特威士(Ketwich)就已经付诸实践,创办了一只信托基金。但目前的主流观点认为,世界上第一家证券投资基金起源于 19 世纪 60 年代的英国。

19 世纪中叶,随着以英国为代表的西方资本主义国家先后完成工业革命,世界经济、军事中心向西移动,形成了"西方先进、东方落后"的局面,资本主义世界体系初步形成。得益于第一次工业革命的成功,彼时的英国生产力水平大大提高,资本积累不断增加,很快便成为世界上最富有的国家,确定了其作为世界贸易中心和金融王国的地位。一方面,随着工业革命接近尾声,国内剩余的投资机会锐减,而且,由于国内资金充裕,导致债券对投资者们来说缺乏吸引力;另一方面,英国正忙于拓展殖民地,海外的投资机会增加,对资本的需求高涨,因此,追求利润的投资者便开始把目光转向海外。

2. 海外及殖民地政府信托的诞生

1868 年,由英国政府批准的"海外及殖民地政府信托"于英国诞生,这是目前广泛认可的"世界上第一只证券投资基金",也是世界上第一只契约型基金。当年,该证券投资基金公开在《泰晤士报》上向公众发售认股凭证,以分散投资于国外殖民地的公司债为主,其投资地区远及南北美洲、中东、东南亚和意大利、葡萄牙、西班牙等国家或地区。该证券投资基金成立时募集了 100 万英镑,由政府授权的专职经理人管理;同时,为了保证该证券投资基金的安全性,"海外及殖民地政府信托"还委托律师同投资者签订文字契约,合理安排了投资者和经理人之间的权利和义务。

尽管该证券投资基金的操作方式有点类似于现在的封闭式基金,但其收益方式更类似于现在的股票——不能退股、不能将基金单位兑现,投资者获得的收益仅限于分红和派息。但是,由于其多元化投资比较好地分散了风险,深受投资者欢迎。事实上,投资于"海外及殖民地政府信托"得到的实际回报率高达 7% 以上,远远高于当时 3.3% 的英国政府债券利率。

3. 第一只证券投资基金的意义

"海外及殖民地政府信托"作为世界上第一只契约型基金,奠定了现代契约型基金的法律基础[①]。该基金以"运用基金,达到和大投资者一样享受海外投资收益的目的"为宗旨,开创了一种集合小额资本、委托专业经理人管理的方式进行大规模投资的基金模式;同时,其运作方式为此后证券投资基金在世界范围内的蓬勃发展提供了一个行之有效的模板。第一只证券投资基金的产生,大大拓宽了金融交易的广泛度,提高了人们的参与度,在许多方面为现代基金的产生奠定了基础。正因为如此,世界金融史学者们普遍将其视为现代证券投资基金的雏形。

(二)证券投资基金的发展

1. 证券投资基金在日本的发展

证券投资基金在日本的正式诞生是在第二次世界大战结束后。由于财阀的解散和实物财产税的征收,资本市场供过于求,股价暴跌,交易量也一落千丈;而另一方面,企

[①] 关于契约型基金和公司型基金的详细论述见本章第二节。

业融资也面临着巨大的困难,无法满足战后重建的需要。为了应对这种局面,日本政府试图通过发展证券投资基金来促进市场繁荣。1948 年,日本参考美国的经验,草拟了《证券投资公司法案》,并于 1951 年正式生效,确立了证券投资基金成立运作的法律依据,标志着向公众募集发行的契约型证券投资基金在日本正式诞生。与西方国家不同的是,日本证券投资基金的产生并非经济发展的自然产物,而是由政策主导的、满足政策需要的产物。

日本证券投资基金业从诞生至 20 世纪末,经历了两次较大的衰退:20 世纪 60 年代初期,日本政府转向金融紧缩政策,经济进入衰退期,证券投资基金业也受到了沉重的打击;20 世纪 90 年代,股市泡沫破裂,开始了新一轮的暴跌,证券投资基金业遭遇继 60 年代萧条后的第二次巨大危机。这两次危机的化解,靠的是业界和日本政府对证券投资基金制度的大规模改革,正是在改革中逐步完善了监管框架,健全了交易规则,强化了监管力度,日本证券投资基金业才慢慢走出了低谷。

总之,日本证券投资基金业的正式产生以及此后的发展与改革,在很大程度上是由政府或政策主导的。与日本相近之处在于,我国的金融体系在很大程度上也是由政府或政策主导的。日本证券投资基金业的发展对我国有着非常重要的借鉴意义。

2. 证券投资基金在美国的发展

尽管世界上第一只证券投资基金成立于英国,但是其主要创新和发展却是在美国。最初,市场上都是封闭式基金,直到 1924 年,200 多位哈佛大学教授在波士顿建立了马萨诸塞州投资信托基金(Massachusetts Investment Trust),才有了开放式基金,它被公认为开放式证券投资基金的鼻祖。20 世纪 30 年代,封闭式基金由于在流动性、信息披露等方面存在不足,占比下降,逐渐被开放式基金所取代[①]。目前,无论是美国还是其他地区,封闭式基金的规模都远不如开放式基金。

20 世纪 40 年代,美国开始建立对公募基金的监管体系。尤其在推出个人养老金账户等养老体系政策后,更多的居民资金通过证券投资基金进入市场。证券投资基金在社会资金供给者和需求者之间搭建起了通畅的桥梁,成为金融市场最主要的投资对象,其本身也成为市场中重要的机构投资者之一。截至 2019 年年末,美国开放式基金规模达到 25.7 万亿美元,占到全球开放式基金总规模 54.9 万亿美元的约 47%。美国证券投资基金业在全球具有重要影响力。

3. 证券投资基金在欧洲的发展

和美国不同,欧洲证券投资基金总量很大,但是基金平均规模较小,且欧洲的投融资体系一直以来都由银行主导,基金公司一般依托于银行建立合作关系。因此,欧洲的证券投资基金较为依赖银行体系。

在欧盟内部,卢森堡和爱尔兰由于在基金管理体系方面和税收方面具有相对优势,吸引了很多欧盟或非欧盟的基金管理人前往这两个国家注册,并向整个欧盟销售基金。得益于此,卢森堡和爱尔兰成为欧盟中基金资产规模最大的两个国家。

---

① 关于封闭式基金与开放式基金的详细分析可参见本章第三节。

二、我国证券投资基金的产生与发展

（一）我国证券投资基金的诞生

1. 基金开元和基金金泰

我国基金业在30多年的时间里浓缩了国外发达资本主义国家百年的发展成果。我国基金行业的诞生与发展几乎是与我国证券市场同步的。现在我们一般将1998年3月南方基金管理公司和国泰基金管理公司发起设立的两只基金——基金开元和基金金泰视为我国证券投资基金的起点。同英国一样，我国一开始设立的这两只基金都属于封闭式管理基金，但是投资范围仅限于国债和国内依法公开发行、上市的股票，并通过为投资者减少和分散风险确保基金资产的安全，并谋求基金长期稳定的投资收益。

事实上，在这两只基金之前，已经有过一批基金公司和基金产品。我们之所以没有将起点追溯到更早之前，是因为当时基金业法规空白，基金公司和基金产品的运作不够规范。基金开元和基金金泰这两只基金之前的那批基金，业界习惯称之为"老基金"。

2. 老基金

早在20世纪80年代末90年代初，一些金融机构就已经开始着手建立海外投资基金以及境内的多种基金了。例如，1987年中国新技术创业投资公司与汇丰集团、渣打集团在香港设立中国置业基金，投资珠三角及其周边的乡镇企业，随后该基金在香港联交所挂牌上市。这标志着中资机构开始涉足投资基金业务。

随后，由中资机构和外资机构在境外设立的"中国概念基金"相继问世。伴随国内房地产市场快速发展，对资金的需求提升，在"中国概念基金"和我国证券市场发展的影响之下，基金这一业态初现雏形。1991年8月，珠海国际信托公司发起并成立的珠信基金，是我国设立最早的投资基金，但它并没有获得主管部门的批准。

经中国人民银行批准设立的第一只基金是1992年11月成立的淄博乡镇企业基金。该基金已经有了基金发起人、基金管理人、基金持有人、基金托管人、基金份额的概念。因此，淄博乡镇企业基金是国内第一只比较规范的投资基金，也是我国内地投资基金行业的起点。1993年8月，淄博乡镇企业基金在上海证券交易所挂牌交易，不仅成为第一只上市交易的投资基金，也引发了我国短暂的投资基金业发展热潮。

可以说，我国早期的证券投资基金发展速度飞快，取得了傲人的成绩。不过到了1994年，经济过热引发通胀，政府开始宏观调控，证券投资基金的审批受到了严格的限制。1994年7月底，中国证监会同国务院有关部门推出了一系列股市新政策，包括"发展中国的共同投资基金，培育合格投资人，试办中外合资基金管理公司，逐步吸引国外基金投资国内A股市场"等内容。但由于法律滞后，证券投资基金发展基本上处于停滞状态。

尽管理论准备和制度建设严重不足，但是老基金作为我国证券投资基金的先行者，既展现了开疆破土的勇气，也为后来的基金业发展积累了非常多的有益经验。直到1997年《证券投资基金管理暂行办法》颁布，曾经的老基金大部分都被清理或取缔了。

3.《证券投资基金管理暂行办法》

1997 年是我国证券投资基金行业发展的分水岭。1997 年 11 月 14 日《证券投资基金管理暂行办法》(以下简称《暂行办法》)的颁布,标志着我国证券投资基金行业进入了规范发展的时代。作为规范证券投资基金运作的首部行政法规,《暂行办法》确立了集合投资、受托管理、独立托管和利益共享、风险共担等基金基本原则。中国证监会基金监管部依据《暂行办法》,制定了具体规则,奠定了行业制度的基本方向。

在新的管理制度实施后,先后有基金管理公司成立,第一批成立的基金就是之前提到的基金开元和基金金泰。这些成立于《暂行办法》颁布后的基金,与"老基金"相对应,被称为"新基金"。

随着新基金的成立,中国证监会也开始加速推动老基金的重组与改制。这是一个艰难的过程,因为对于老基金的清理、规范不得不采取一些非市场的手段。对于监管部门来说,证券投资基金不仅是市场的重要机构投资者,还是调控市场的重要工具;对于证券市场来说,证券投资基金还被赋予了"专业理财、理性投资"等头衔。然而,在实践中,新基金的运作并没有严格遵守有关的法律法规,而是相互联手从事"对倒""倒仓"等违法违规操作。2000 年,《财经》杂志发表文章《基金黑幕》,报告了当时国内仅有的 10 家新基金的各种违规行为。后来,在各方舆论的压力之下,证券监管部门开始对证券投资基金的运作给予更为密切的关注,对证券投资基金在运作过程中的不规范行为进行查处和纠正。此后,证券投资基金的发展进入了监管程序之中。

(二)我国证券投资基金的发展

进入 21 世纪以来,我国的证券投资基金整体进入了稳步发展的阶段。2000 年 10 月 8 日,中国证监会在封闭式基金成功试点的基础上,发布了《开放式证券投资基金试点办法》。2001 年 9 月,我国第一只开放式基金——华安创新诞生,为我国证券投资基金业的发展注入了新的活力。2003 年年底,我国开放式基金的数量超过封闭式基金,成为证券投资基金的主要形式。

2004 年以后,基金产品创新层出不穷,先后又出现了 LOF 基金、ETF 基金、分级基金、QDII 基金等。2013 年 6 月 1 日,《证券投资基金法》正式实施,在许多方面实现了重大突破,如将私募基金纳入监管、放开机构准入、降低基金公司股东门槛、放宽基金投资范围等。法律的修订日益完善,促使我国基金业的发展进一步优化,行业进入新的发展阶段。

截至 2023 年 6 月底,我国基金管理公司的数量为 157 家。

纵观我国证券投资基金的发展历程,可以发现有以下几个特点:法律法规不断完善,基金规模日益扩大,基金品种逐渐多样化。但是,也存在着诸多问题,如公众对基金认识不足,基金内部治理效率偏低,销售渠道单一等。总的来看,我国用短短的三十多年时间奋起直追,就已经达到西方资本主义国家百年的发展水平,取得了举世瞩目的成就。随着我国资本市场制度不断完善,国人投资理财意识不断增强,证券投资基金将在金融市场上扮演越来越重要的角色。因此,不管是基金管理人员还是投资者,想要开启财富管理之门,必然要懂得投资证券投资基金,了解并学习证券投资基金管理知识。

 阅读材料

政府投资基金

一、美国政府投资基金

美国在第二次世界大战后率先开辟了探索支持小企业发展的道路,1958年,美国小企业管理局(Small Business Administration,SBA)推出SBIC计划,该计划在帮助小企业发展和提供就业方面成绩斐然。

1953年《小企业法案》(the Small Business Act)实施,美国国会于同年创办了小企业管理局,旨在为美国小企业的发展提供充足的资本支持,通过多种方式支持小企业发展,包括设立贷款担保基金,增加小企业获得资金的渠道;帮助小企业获得与联邦政府合作的机会;为企业、房主和租户提供直接贷款,帮助他们从自然灾害中复工复产;提供创业教育,帮助企业创立和扩张等。

SBA成立以来,主要通过直接给小企业提供贷款的方式扶植小企业发展。尽管如此,还是无法满足小企业的资本需求。1958年,SBA的负责人提议构建新的基础融资基金,该提议被纳入《小企业投资法案》(1958年第21号)。在此立法背景下,小企业投资公司(Small Business Investment Company,简称SBIC)计划应运而生。法案将SBIC计划的职责确定为"改善和刺激国民经济,特别是小企业。通过刺激和补充私人资本与长期贷款,解决中小企业融资难问题并推动其业务增长、扩张以及现代化"。

自1958年成立以来,SBIC计划累计投资了超过16.6万个小企业项目,累计投资金额达到670亿美元;仅2018年度,就为美国提供了13万个就业岗位,有力地支持了美国中小企业的发展。美国的苹果、英特尔、特斯拉等当下知名企业,都曾获得SBIC计划的支持。

二、中国政府投资基金

近年来,我国各级政府积极贯彻新发展理念,改革财政资金使用方式,吸引金融与社会资本设立各类政府投资基金,充分发挥财政资金的杠杆撬动作用,对经济社会事业发展发挥了引导和促进作用。政府投资基金属于私募股权投资基金的范畴,近年来发展迅速、不断壮大,从国家到省级、市级并逐步延伸至区、县级。根据清科研究中心的统计数据,截至2019年上半年,全国共设立政府投资基金1 686只。

虽然我国政府投资基金取得了长足发展,但由于目前仍处于发展初期,政策设计还不够完善,加之受国家金融监管政策趋紧等影响,在运作、管理中还存在一些困难和问题,具体包括五个方面:①金融监管政策趋紧,基金募资困难;②行政干预过多影响基金效益发挥;③多头管理制约地方投资基金发展;④统筹规划不足,财政资金闲置;⑤专业人才匮乏,基金管理效率低。

第二节　证券投资基金的组织模式

根据组织模式的不同,证券投资基金分为公司型基金和契约型基金。公司型基金是欧美等发达资本市场的主流基金模式,也是我国基金未来发展的方向。本节第一部分重点介绍公司型基金的定义、类型、法律性质以及在我国推行公司型基金的可行性和必要性。契约型基金是我国资本市场的主流,我国目前绝大部分基金都是契约型基金,所以本节第二部分重点介绍契约型基金的定义、特点及其主要治理模式,着重强调符合我国国情的契约型基金治理的中国模式。

一、公司型基金

(一)定义

证券投资基金依据法律形式的不同,可分为契约型基金与公司型基金。公司型基金是指基金本身为一家公司,通过发行股票的方式筹集资金以进行分散化的证券投资,并向投资者定期派发股票和红利。这种公司通常也被称为投资公司。公司型基金是在法律上具有独立法人地位的股份投资公司。公司型基金依据投资公司章程设立,基金投资者是投资公司的股东,享有股东权利,按所持有的股份承担有限责任,分享投资收益。公司型基金公司设有董事会,代表投资者的利益行使职权。虽然公司型基金在形式上类似于一般股份公司,但不同于一般股份公司的是,它委托基金管理公司作为专业的投资顾问来经营与管理基金资产,并且公司业务往往集中于证券投资领域。

(二)类型

公司型基金是依据公司法来组建股份有限公司,通过发行股票来募集投资者的资金,并运用于证券投资,以股利形式对投资者进行收益分配的一种基金形式。美国投资公司一般为公司型基金。按照美国1940年的投资公司法,公司型基金(投资公司)又可分为三种类型。

1. 管理型

管理型基金又可以分成开放型和封闭型。

开放型基金的投资公司原则上只发行一种股票,即普通股,持股者可以根据市场状况和自己的投资决策,自行决定是否退股,即可以要求公司把自己持有的股票退回,或是扩大公司股份的持有比例。也就是说,公司的股份(基金)总额不是封闭的,而是可以追加和减持的。

封闭型基金是通过投资者购买公司股份、组成股份公司进行营运的。该公司发行的股票可以在证券交易所上市交易,其价格由市场的供求关系决定。公司发行的股份数量是固定不变的,发行期满后基金就封闭起来,不再增加股份。投资者购买股票后不得退股,即不得要求基金公司回购股票,同时也不允许增加新股。投资者若想将股票变现,就必须将股票拿到证券交易所去转让。

2. 单位型

单位型基金的每个投资者持有一份证书。它代表一组或一个单位的证券,该证券由受托人经营管理。

3. 面额证券

公司通过出售面额证券筹集资金,这种面额证券是一种无担保的证书。它约定:如果持有人付清了所有款项,公司就按规定的日期向其支付规定的金额或在证券到期前退还原价数额。

(三) 管理方式

1. 他营式

他营式基金是指基金公司对募集的资本集合体本身并不运营,而是委托基金管理公司或投资顾问公司运营和管理的基金形式,全世界绝大部分公司型基金是他营式基金,美国的共同基金是典型的他营式基金。

2. 自营式

自营式基金是指由基金公司本身对所募集的资本集合体进行经营管理。自营式基金得到了一些国家的许可,如 1985 年 12 月,当时的欧共体通过了《可转让证券集合投资企业(UCITS)相关法律法规与行政规章协调指令》,该指令为后来的欧盟所沿袭,其中规定,投资公司可采用"自行管理"的方式进行运营。

(四) 法律性质

公司型基金依据投资公司章程营运基金,其优点是法律关系明确清晰,监督约束机制较为完善。

公司型基金的法律性质是指公司型基金法律关系的运作形式,即如何认定基金当事人之间,主要是基金投资者和基金管理人、基金托管人围绕着基金财产所形成的权利和义务。基金的法律性质是信托,具体而言自营式公司型基金的法律性质是弱势信托,他营式公司型基金的法律性质是强势信托。

对于强势信托而言,基金公司本身是委托人,另外聘请的基金管理公司则是受托人,委托人与受托人之间有明确的法律规定约束其权利和义务。

对于弱势信托而言,基金公司既是委托人又是受托人,或者说不存在委托人与受托人。基金投资人与基金管理人之间不存在明确的信托关系,其权利与义务界定并不明晰。

(五) 公司型基金在我国的发展

1. 经济环境基础

公司型基金是公司和信托相结合的产物,就经济环境而言,中国已孕育了公司型基金发展的基本经济环境。首先,中国已初步形成了股份有限公司制度,从 1984 年末1985 年初中国企业改革开始,中国公司经历了近 40 年的发展,已形成产权清晰、权责明确、管理科学的公司制度。其次,中国的资本市场在蓬勃发展,中国的证券市场正逐步建立完善的信息披露制度,机构投资者市场在逐步形成,管理权市场竞争日趋激烈,市场迹象表明机构投资者开始纷纷尝试设立公司型基金。

2. 法律环境基础

法律环境是公司型基金赖以生存和发展的空间。我国公司法几经修改,为公司型基金的发展提供了基本保障;基金法为公司型基金保留了发展的空间;信托法的制定对公司型基金做了基础性规范,最重要的是树立了基金财产独立性原则,使公司型基金有别于其他基金。

3. 未来发展

公司型基金法律关系上的运作形式有强式信托和弱式信托两种路径。我国信托法规定：信托是指委托人基于对受托人的信任，将其财产权委托给受托人，由受托人按委托人的意愿，以自己的名义，为受益人的利益或者特定目的进行管理或者处分的行为，体现一种受人之托、代人理财的理念。信托法也对信托财产做出了严格的形式和实质规定。因此，在我国建立强式信托顺应了我国的国情，有利于信托的健康快速发展。我国的法律继承了大陆法系的传统，大陆法系以德国为典型，注重法律的逻辑性和体系性，因而注重信托要件的形式与实质的统一。此外，通过建立强式信托，加强对信托财产和信托责任的监督，可确保信托财产规范、有序地发展。重视信托财产独立性的形式与实质统一，意味着对基金的监管从重交易行为的监管转变为重信托义务的监管，这是符合国际基金监管规律的。因此，对公司型基金宜先引进他营式基金，强化对基金财产独立性的形式和实质规定。

二、契约型基金

（一）定义

契约型证券投资基金依托于基金投资者、基金管理人、基金托管人之间所签署的证券投资信托契约而设立，通过基金管理人发行基金份额来募集资金，又可称为信托型基金。证券投资信托契约简称基金合同，是规定基金当事人之间权利与义务的法律文件。基金管理公司依据法律、法规和基金合同的规定，负责基金的经营、管理和运作；基金托管人作为基金资产的名义持有人，负责保管基金资产；基金投资者通过购买基金管理人发行的基金份额而成为基金份额持有人和基金合同当事人，依法享有基金投资收益。

根据《中华人民共和国证券投资基金法（2015 年修正）》（以下简称《证券投资基金法》）的规定，目前我国基金管理公司发起成立的封闭式基金与开放式基金都属于契约型基金。

（二）特点

1. 组织结构简单

在组织结构上，契约型基金不设董事会，基金管理公司自己作为委托公司设立基金，自行或再聘请基金经理人负责基金的经营、管理和操作，并通常指定一家证券公司或承销公司代为办理受益凭证——基金持有证的发行、买卖、转让、交易、利润分配、收益及本利偿还支付。基金投资者通过召集基金持有人大会来行使对基金的治理权。

2. 募集范围广

依据《证券投资基金法》，契约型公开募集基金有以下三种募集情形：

第一，向不特定对象募集资金。这种情形下，不特定对象的数量不是构成要件，换句话说，即使向少于 200 人的不特定对象募集资金来进行证券投资活动，同样构成需要注册才能开展的公开募集。

第二，向特定对象募集资金累计超过 200 人。这种情形下，实际参与资金募集的人数一旦超过 200 人，则构成公开募集。开展资金募集的基金管理人应当时刻牢记 200 人的"红线"，人数上一旦突破 200 人，则应当按照需注册的公开募集接受证券监督管理机构监管。

第三,法律、行政法规规定的其他情形。

3. 运作成本低

契约型基金仅需通过基金合同约定各种法律关系,无须注册专门的有限合伙企业、投资公司或股份责任公司,不必占用独占性不动产,无须动产和人员的投入,避开了成立企业(有限合伙制或股份责任制)所需办理的工商登记及变更等手续。此外,契约型基金采取专业化管理的模式,只需按期支付给基金管理人一笔固定数额的管理费用,从而简化了费用的支出。

4. 退出机制灵活

在契约框架下,投资者作为受益人,把信托财产委托给管理公司管理后,投资者对财产便丧失了支配权和发言权,信托财产由管理公司全权负责经营和运作。针对不同的投资人,因为不同投资人之间没有相互制约的关系,基金合同可以有专门的条款约定灵活的退出方式,使一些投资人的变动不会影响契约型基金的持续性。此外,投资者若想从契约型基金中退出,只需根据契约规定的条款内容退出即可,并没有相关法律程序的限制。

(三)治理模式

契约型证券投资基金发展水平较高的国家有英国、日本、德国等,在契约型基金具体信托结构安排上,有瑞士模式、日本模式和德国模式三类,在我国则形成了中国模式。下面对这几种治理模式进行简要介绍,关于契约型基金治理的详细分析,请参见本书第十章。

1. 瑞士模式

瑞士模式通过集合投资契约来规范基金管理人与基金投资者之间的权利和义务,该契约可以没有基金托管人,也可以另外指定基金托管人。

2. 德国模式

德国模式又称二元制模式。按照德国1956年《投资公司法》的规定,基金投资人、基金管理人和基金托管人三方的权利和义务是通过两个独立的契约来构造的:一个是基金投资人和基金管理人之间的信托契约关系,另一个是由基金管理人与基金托管人签订的保管合同。

3. 日本模式

日本模式又称一元制模式,按照日本1951年《证券投资信托法》的规定,基金以信托契约为核心,将基金投资人、基金管理人和基金托管人结合成三位一体的关系。具体而言,就是基金管理人通过发行受益凭证募集基金后,以委托人的身份,与作为受托人的托管人签订以基金投资者为受益人的信托契约。

4. 中国模式

鉴于契约型基金中一元制和二元制结构各有利弊,我国的基金法律结构采取了兼容并包的做法。具体而言,就是基金采用自益信托的方式,由基金份额持有人通过购买基金管理人发行的基金份额,与基金管理人、托管人签订信托契约,成为信托关系中的委托人和受益人;基金管理人和托管人共同处于信托受托人地位,通过信托契约和托管协议来明确各自在管理、运用、监督基金财产方面的职责。

 阅读材料

新型基金

一、打新基金与保本基金

打新即打新股,指用资金参与新股申购,中签成功则称为打新股。所谓打新基金,即指基金一部分头寸用于打新股。打新只是基金的一种投资策略[1],而非基金的投资标的。事实上,打新基金的大部分头寸投资于固定收益证券或货币市场,而用剩余头寸投资于新股申购,因为我国证券首次公开发行(IPO)抑价现象较为明显,新股发行价往往低于收盘价,基金管理者若用一部分头寸进行新股申购,一旦中签成功,等到新股成功上市再卖出,即可获得不菲的收益。

所谓保本基金,是指在基金产品的一个周期结束(基金一般设定了一定期限的锁定期,在中国一般是 3 年,在国外甚至达到了 7 至 12 年),投资者可以拿回原始投入本金,但若提前赎回,将不享受优待。

保本基金也是一种投资策略,通常使用恒定比例投资组合保险技术(CPPI)[2]来实现保本。运用这种策略,投资者将大部分资产投入固定收益证券,以求本金安全性,到期能够收回本金;将小部分资产乘以一个放大倍数投入股票市场,以博取高收益,类似于常见的股债混合基金。

二、分级基金

分级基金又称结构型基金,是按照基金产品设计分出来的一类结构化产品。在一个投资组合下,通过对基金收益或净资产的分解,将基金分为两级或多级风险收益表现有一定差异的基金品种,从而使同一个投资组合能够满足不同投资者的投资需求。几乎任何基金都可以做成分级基金,但是目前国内的分级基金主要是指数类基金。分级基金各个子基金的净值与份额占比的乘积之和等于母基金的净值。例如,拆分成两类份额的母基金净值=A 类子基金净值×A 份额占比+ B 类子基金净值×B 份额占比。如果母基金不进行拆分,其本身就是一个普通的基金。

第三节　证券投资基金的分类

本节主要介绍几种常见的证券投资基金分类方式,从募集方式、运作方式、标的资产类别、交易场所等角度进行分类介绍。从募集方式看,基金主要分为公募与私募基金;从运作方式看,主要分为封闭式与开放式基金;从标的资产看,可以分为股票型、债券型、货币型、混合型和 FOF 等;此外,还可以根据交易场所分为场内与场外基金。

---

① 关于基金的投资策略,我们将在第四章进行具体分析。
② 该策略详见第四章。

一、公募基金与私募基金

（一）定义与简单的发展历程介绍

公募基金（public offering of fund）是指在政府监管机构监督下,向社会公众投资者公开发行的以证券为主要投资对象的证券投资基金。我国公募基金开端于 1998 年,此后一直不断吸收成熟市场的制度经验并加以改进,目的在于保证行业长久发展。截至 2022 年 1 月,我国公开发行的基金达到 9 125 只,基金规模达到 25.32 万亿元,基金管理人共 151 家[①]。

私募基金（private fund）是以非公开形式向特定对象募集资金并成立运作的投资基金。私募基金在国际上发展很是迅速,其主要构成形式为对冲基金（hedge fund）,即采用对冲交易手段来获取巨大利润的基金。例如,国际上比较著名的索罗斯量子基金和巴菲特掌管的基金都是对冲基金。我国私募基金 1993 年萌芽,截至 2021 年 12 月 31 日,私募证券投资基金、私募股权和创投基金规模分别达 6.31 万亿元和 12.78 万亿元,较 2016 年底分别增长了 2.4 倍和 2.7 倍。我国私募股权和创投基金规模已位居世界第二。开展注册制试点以来,超过八成的科创板上市公司、超过六成的创业板上市公司都曾获得过私募股权和创投基金支持。

（二）二者的差别

公募基金与私募基金的差别可以从运行机制与投资管理两个角度进行考察。在运行机制角度,主要是募集对象、营销渠道、资金门槛、信息披露程度、投资工具的限制、收费机制、流动性等方面的差别;在投资管理角度,主要是投资管理模式、投资管理制度、投资集中度、收益目标等方面的差别。

1. 运行机制

第一,公募基金以公开方式向社会公众投资者募集基金,可以通过基金公司直销、第三方代售等方式面向公众公开发行,而私募基金不能公开发行,只能向特定合格投资者募集。

第二,公募基金作为普惠金融产品,所要求的购买资金门槛通常比较低,而私募基金要求投资者具有较高的风险识别能力以及风险承担能力,相应地,购买资金门槛比较高,需几十万元起步。

第三,公募基金透明度相对更高,通过季报、半年报、年报等定期报告,定期公布产品投资运作的相关信息,而私募基金只向特定的合格投资者披露产品信息,披露内容非公开发布。

第四,公募基金在风控和合规方面较为严格,投资过程中受到的限制相对较多,而私募基金则较为灵活。例如,公募基金组合的投向和可运用的投资工具比较单一,而且由合同事先约定,在投资过程中很难直接变更,而私募基金组合通常约定较少,在投资工具运用方面也更加灵活。

第五,公募基金和私募基金的收费机制不同,公募基金收入主要来源于固定管理费,而私募基金收入主要来源于浮动管理费（业绩提成）[②]。

第六,公募基金的流动性通常要好于私募基金,在产品成立后,采取开放式运作方

---

① 数据来源:中国证券投资基金业协会（amac.org.cn）。
② 近年来,我国公募基金也开始试点浮动管理费,具体可参阅本书第五章的有关内容。

式的公募基金在经过一段时间的建仓封闭期运作后通常就可以进行申购赎回,而私募基金通常采取定期开放的形式,如每个季度或者每半年开放赎回一次。

2. 投资管理

公募基金与私募基金在投资管理层面的差别主要表现为:

首先,在投资管理模式上,公募基金一般追求建立全行业的研究团队,投资经理队伍也比较庞大,而私募基金的人员较少,兼职研究与投资的现象较多;

其次,在投资管理制度上,公募基金有较为明确严格的以投委会为核心的决策机制;

再次,投资集中度方面,私募基金的投资集中度往往会更高;

最后,在收益目标上,公募产品多追求相对收益,而私募产品多追求绝对收益。

二、开放式基金与封闭式基金

(一)定义

开放式基金与封闭式基金构成了基金的两种基本运作方式。开放式基金指基金规模可以根据市场供求情况变化随时发行新份额或被投资人赎回。封闭式基金是相对于开放式基金而言的,指基金规模在发行前已确定,在发行完毕后和规定期限内,基金规模固定不变的投资基金。截至 2021 年 11 月,我国公募基金中,封闭式基金共 1 181 只,净值约 3.06 万亿元,开放式基金 7 971 只,净值约 22.26 万亿元[①]。

(二)二者的差别

封闭式基金与开放式基金的差别主要体现在存续期、基金份额、交易场所、价格形成方式、激励约束机制等方面。

存续期方面,封闭式基金的存续期是固定的,而开放式基金一般没有特定的存续期限。封闭式基金要求在合同中必须规定基金封闭期限,期满后可以通过一定的法定程序延期或者转为开放式。

基金份额方面,同存续期一样,封闭式基金的基金份额也是固定的,在封闭期限内未经法定程序认可不能随意增减,而开放式基金的资金规模不固定,投资者可以随时提出申购或者赎回申请,基金份额也会随之增加或者减少。

交易场所方面,封闭式基金份额固定,在完成募集后,基金份额在证券交易所进行上市交易。投资者买卖封闭式基金份额,只能委托证券公司在证券交易所按市价买卖,交易在投资者之间完成。开放式基金份额不固定,投资者可以按照基金管理人确定的时间和地点向基金管理人或者其销售代理人提出申购、赎回申请,交易在投资者与基金管理人之间完成。

价格形成方式方面,从交易对象上我们也可以看出二者的价格形成方式的不同。封闭式基金交易是在投资者之间进行的,所以其价格主要受二级市场供求关系的影响。开放式基金是投资者与基金管理人的交易,其买卖价格以基金份额净值为基础,不受市场供求关系影响。

激励约束机制方面,开放式基金一般能够向基金管理人提供更好的激励约束机制。开放式基金的份额不固定,投资操作常常受到不可预测的资金流入、流出的影响与干

---

① 数据来源:中国证券投资基金业协会(amac. org. cn)。

扰。特别是为了满足基金赎回的需要,开放式基金必须保留一定的现金资产,并高度重视基金资产的流动性;同时为了吸引基金持有人的申购以便扩大资产管理规模,开放式基金管理人必须重视基金的中短期业绩①。相对而言,由于封闭式基金没有赎回压力,其管理人的压力较小,面临的激励约束较弱②。

三、按投资标的资产分类

按照基金的标的资产类别将基金分为股票基金、债券基金、货币市场基金、基金中基金、混合基金、其他基金以及指数型基金。

根据中国证监会的公开募集基金运行分类标准,80%以上的基金资产投资于股票的,为股票基金;80%以上的基金资产投资于债券的,为债券基金;仅投资于货币市场工具的,为货币市场基金;80%以上的基金资产投资于其他基金份额的,为基金中基金(fund of funds,FOF);投资于股票、债券、货币市场工具和其他基金份额,并且股票、债券和其他基金份额的比例不符合上述条件的,为混合基金③。

混合基金中根据资产投资比例一般又分为偏股型基金、偏债型基金、股债平衡型基金等。混合基金中的偏股型基金的股票投资下限是60%,偏债型基金则是债券投资不低于60%。一般来说,偏股型基金是指以股票为主要投资方向的基金,业绩比较基准也是以股票指数为主,如果作为业绩比较基准的股票指数为行业指数,这种偏股型基金一般就是行业偏股型基金。股债平衡型基金是指股票与债券的配置比例比较均衡的基金,业绩比较基准中股票占比与债券占比均为40%~60%。

其他基金按照《公开募集证券投资基金运作管理办法》的规定,一般划分为黄金基金、商品基金和其他类型基金。在我国这几类基金数量非常少。黄金基金主要有黄金ETF基金与黄金ETF联接基金,商品基金一般有商品期货ETF④。

FOF是指将80%以上的资产配置于公开募集的基金份额的基金,即基金中基金。这类基金起源于美国,在我国起步较晚。FOF最显著的特点就是多元投资、分散风险以及双重收费问题。多元化投资管理是FOF的主要优势,单个基金一般会投资于单个行业或者多个投资项目,FOF将单个基金作为标的,投资的范围会更广,可以在多行业、多领域、多投资阶段进行资产管理,从而实现风险分散。FOF的另一个显著特征就是双重收费问题,由于购买基金需要管理费,购买FOF基金就相当于要同时支付FOF持有的单个基金的管理费及FOF管理费,这种双重收费结构导致FOF的成本偏高,可能导致低收益问题。除了上述主要特征之外,FOF还具有降低投资门槛、挑选优质基金、动态调整资产、提供参与投资项目渠道等特征,其中降低投资门槛是指,一般情况下业内绩优基金比较封闭,资金门槛过高,对新投资者和小投资者不够友好,而FOF允许以"团购"的形式来降低投资门槛。

除了股票、债券、货币、商品、黄金和基金之外,指数也是基金的投资标的之一。我国常见的指数有沪深300指数、上证50指数、深证50指数等,它们反映的是某个市场

① 由此带来的一项成本是开放式基金管理人对长期业绩的重视相对不足。
② 但其相对优势则在于一定程度上有利于基金长期业绩的提高。
③ 《公开募集证券投资基金运作管理办法》(amac.org.cn)。
④ 关于ETF,会在下文叙述场内基金时介绍。

的表现,指数基金就相当于买入了市场指数下的股票,所以指数型基金的表现一般与该指数的表现一致。

四、场内场外基金分类

(一) 场内基金

1. 定义与特点

场内基金一般是指在证券交易所进行交易的基金。购买场内基金需要有股票证券账户,场内基金的交易是实时的,采用与股票一样的 T+1 制度,资金到账更加快捷。场内基金的交易费率相比于场外申购赎回低廉,并且场内基金有机会进行套利,利用同一基金场内、外价格的差异进行转卖。由于交易是实时的,场内基金的缺点是价格实时波动,容易受到投资者情绪的影响。

2. ETF

常见的场内基金一般有 ETF(exchange traded fund,即交易所交易基金)、LOF(listed open-ended fund,即上市开放式基金)、封闭式基金、分级基金等,其中 ETF 是只能场内交易的,LOF 既可以场内也可以场外交易。以深圳证券交易所为例,截至 2022 年 1 月 20 日,深交所共有 ETF 232 只,总净值 0.27 万亿元;有 LOF 304 只,总净值 0.05 万亿元;1 只封闭式基金,净值 9.41 亿元;5 只基础设施基金,净值 0.02 万亿元①。

ETF 的全称为交易型开放式指数基金,从名称可以看出,ETF 是指数基金,且是 100% 仓位完全持有标的指数的成分股,比如说某银行 ETF 是跟踪中证银行指数的,该指数中某一股票的权重是多少,那么该银行 ETF 仓位也持有同样比例的该股票。

购买 ETF 需要有股票账户,但是没有账户的话依然可以以 ETF 联结的方式购买目标 ETF。ETF 联结基金是场外申购的,特点是持有 ETF 必须超过 90%。

(二) 场外基金

1. 定义与特点

与场内基金对应,场外基金就是指交易在证券交易所以外进行的基金,交易场所可以是银行、证券公司的代销机构、基金公司的直销机构,也就是熟悉的开放式基金销售渠道。普通开放式基金都属于场外基金,也就是每天只有一个净值作为申购赎回的价格。而封闭、LOF、ETF 等场内交易基金,它的价格跟股票一样随时在变化。

对应于场内基金的优缺点,场外基金的优点就是不需要开账户,不需要随时盯盘价格,因为场外的价格当天是不变的;缺点就是持有期限制比较严格,费用较场内高。

2. QDII 基金

QDII(qualified domestic institutional investors)基金是指在一国境内设立的经该国有关部门批准的可以从事境外证券业务的证券投资基金。QDII 制度全称为国内机构投资者赴海外投资资格认定制度,最早由我国香港提出,这是在货币流动受到管制、资本市场尚未完全开放的情况下,境内投资者向境外投资的一种途径。截至 2021 年 11 月,我国公募基金中 QDII 基金共 183 只,净值近 2 000 亿元。大部分 QDII 基金都是场外基金,不过也有例外,比如纳指 ETF 和 H 股 ETF。

---

① 深圳证券交易所-市场总貌(szse. cn)。

阅读材料

上市型开放型基金(LOF)

一、LOF 定义

LOF(listed open-ended fund)全称为上市型开放式基金,LOF 基金的本质还是开放式基金。LOF 的推出是为了弥补封闭式基金与开放式基金的不足①,且 LOF 是 ETF 与我国法律环境相结合的产物。由于 ETF 实施的几个条件在我国均有障碍②,因此,LOF 的推出更像是 ETF 的替代产品。由于国外 ETF 的机制与我国现有的法律政策环境产生分歧,照搬 ETF 的想法难以实现,在这样的背景下,深交所提出了 LOF 方案,虽然 LOF 看似是 ETF 在我国的变通方式,但实质上 LOF 基金更像是一种新的交易渠道方式,是作为基金的销售交易平台的金融创新,而不是像 ETF 一样是一种真正意义上的基金产品。

二、LOF 与开放式、封闭式基金的差别

深交所设计 LOF 基金的初衷在于:减少封闭式基金二级市场严重的基金折价交易现象,并为开放式基金的投资人提供更方便的交易方式。LOF 的设计思路是:保持开放式基金赎回以及封闭式基金交易中的价格随市场灵活变动的特点,在此基础上改变开放式基金落后的场外分散申购赎回模式,进行集中性交易。LOF 的灵活就在于它既可以采用 ETF 指数基金的消极投资策略,也可以充分利用场内基金价格实时波动的特点进行主动投资。

根据深交所设计的 LOF 方案,我们可以从表 1-1 中看到 LOF 与传统的开放式基金和封闭式基金的对比。

表 1-1 LOF 与传统的开放式基金和封闭式基金的对比

项目名称	LOF	传统开放式基金	封闭式基金
交易场所	场内、外	场外	场内
基金规模	有下限但不固定	有下限但不固定	固定规模
基金存续期	不定期	不定期	固定期限
交易价格	二者结合	T-1 日收市后基金份额净值	交易系统撮合成交
单次交易费用	场内不超过 0.3%;场外等于传统开放式基金	一般申购费 1.5%,赎回费 0.5%	0.25%

---

① 与封闭式基金相比,LOF 投资者既可以在指定网点申购与赎回基金份额,也可以在交易所买卖该基金;与传统的开放式基金相比,LOF 主要是多了一对交易方式,即除了能申购/赎回外,还可以买入/卖出,从理论上存在套利的可能。

② ETF 面临的障碍,例如,由于我国机构投资者禁止直接购买或持有股票,"一篮子"股票认购无法实现,税收以及做空优势在我国法律环境下无法得到实施,且 T+0 的套利难以实现,缺少对冲工具等。

续表

项目名称	LOF	传统开放式基金	封闭式基金
申购赎回周期	场外赎回 T+2； 跨系统赎回最快 T+4	申购 T+2， 赎回 T+7	T+1
分红方式	场内:现金分红； 场外:现金或红利再投资	现金或红利再投资	现金分红

资料来源:深圳证券信息公司信息中心。

三、LOF 的意义

从 LOF 与开放式基金和封闭式基金的比较中可以看出,LOF 能够解决封闭式与开放式基金存在的一些问题,是二者的结合。

LOF 采用交易所交易和场外银行申购赎回同时进行的交易机制,这种设计能够减轻开放式基金的赎回压力,为开放式基金增加一种交易方式,实现一、二级市场的对接,拓宽了开放式基金的发行销售渠道,降低了开放式基金的交易成本和上市发行费用,可减少封闭式基金的折价率。除了上述优势外,LOF 依然存在着一些缺陷,比如场内、场外的长期均衡问题,由于价格的差异很可能导致投资者对场内或者场外存在偏爱,使得场内外不能协调发展,另外 LOF 的套利由于 T+0 的难以保证还是存在风险与限制的。

本章练习题

一、概念题

证券投资基金、"老基金"、"新基金"、他营式公司型基金、契约型基金、QDII 基金、FOF 基金

二、选择题

1. 目前广泛认可的世界上首个证券投资基金是(　　)。

A. 荷兰国王的"私人信托投资基金"

B. 荷兰商人凯特威士创立的信托基金

C. 海外及殖民地政府信托

D. 马萨诸塞州投资信托基金

2. 我国第一只开放式基金是(　　)。

A. 基金开元

B. 基金金泰

C. 华安创新

D. 淄博乡镇企业基金

3. 下列哪种说法是不正确的? (　　)

A. 公司型基金指基金本身就是一家公司

B. 公司型基金公司不设董事会

C. 投资者可以根据市场状况调整在开放型基金中的投资

D. 公司型基金依据公司章程营运

4. 德国模式的契约型基金没有以下哪个特点(　　　)?

A. 基金投资人与基金管理人之间有信托契约关系

B. 基金托管人依据信托契约享有监督基金管理人的权利

C. 在基金管理人与基金托管人的契约关系中,投资者人是受益人

D. 基金管理人、基金托管人和基金投资者形成三足鼎立的法律关系

5. 某基金发布新一年报表,表中显示基金资产净值为 10 000 万元,其中股票市值 6 500 万元,债券市值 2 000 万元,其余为现金类资产。关于该基金,说法正确的是(　　　)。

A. 现金类资产占基金资产净值的比例为 15%

B. 股票类和债券类资产占基金资产净值的比例总和为 65%

C. 股票类资产占基金资产净值的比例为 35%

D. 债券类资产占基金资产净值的比例为 35%

6. 公募基金和私募基金在募集销售方面的区别,说法正确的是(　　　)。

Ⅰ. 推介对象不同;Ⅱ. 募集推介方式不同;Ⅲ. 基金认购的确认流程不同;Ⅳ. 监管要求不同。

A. Ⅰ、Ⅱ、Ⅲ、Ⅳ

B. Ⅰ、Ⅱ、Ⅲ

C. Ⅰ、Ⅱ、Ⅳ

D. Ⅰ、Ⅲ、Ⅳ

7. 沪深证券投资基金账户不能参与的投资行为是(　　　)。

A. 证券公司承销的开放式基金认购

B. 封闭式基金(网上发售)认购

C. ETF 基金证券认购

D. ETF 基金场内现金认购

三、案例分析题

以下为某封闭式基金的发行公告,请依据该公告回答问题。

基金代码:××××××

基金简称:××基金

基金总额:30 亿元

存续期:10 年

基金类型:契约型封闭式

发行方式:上网定价

发行对象:中华人民共和国境内自然人

投资目的:为投资者分散投资风险,谋求长期稳定的投资收益

投资范围:投资于流动性良好的金融工具,主要包括国内依法公开发行的上市股票、债券及中国证监会批准的允许基金投资的其他金融工具

基金发起人:××证券股份有限公司、××信托投资公司

发行时间:20××-04-03

上市时间:20××-04-18

基金管理人：××基金管理有限公司

基金托管人：中国工商银行

1. 该基金采用的发行方式为( )。

A. 竞价发行　　B. 上网定价　　C. 市值配售　　D. 网下发行

2. 该基金的托管银行为( )。

A. 建设银行　　B. 农业银行　　C. 交通银行　　D. 工商银行

3. 简述该基金与开放式基金相比有何特点。

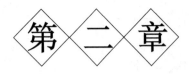

第二章

证券投资基金的监管

基金监管对于规范证券投资基金活动、保护投资人及相关当事人合法权益,以及促进证券投资基金和资本市场的健康发展意义重大。本章依托《中华人民共和国证券投资基金法》以及中国证券监督管理委员会发布的相关部门规章和规范性文件,系统阐述我国基金监管体系。本章共分两节。第一节介绍基金监管的概念、特征、目标和原则。第二节介绍公开募集基金和非公开募集基金活动的监管方式,从基金机构、基金销售、基金交易、非公开募集基金的监管四个角度进行阐述。

第一节　概　述

本节主要从基金监管的定义、特征、目标和原则等角度对基金监管的主要概念进行介绍。基金监管有广义与狭义之分,本书所说的基金监管仅指狭义上的监管,即政府机构的监管。基金监管具有监管内容的全面性、对象的广泛性、时间的连续性、主体及其权限的法定性、活动的强制性等特征。基金监管的原则主要有保障投资利益原则、适度监管原则、高效监管原则、依法监管原则、审慎监管原则、公开公平公正监管原则。

一、基金监管概述

(一) 基金监管的定义

广义上说,基金的监管指具有监督权的各类组织机构对基金市场、基金市场主体及其活动的监管,这类组织不仅包括具有法定监督权的政府机构,还包含基金行业自律组织、基金机构内部监督部门以及各种独立的评估机构、普通大众等。从狭义上讲,我们一般说的基金监管仅指政府基金监管机构对基金市场、基金市场主体及其活动的监督和管理。本部分指的基金监管即是狭义上的定义。基金监管的目标主要从保护投资人权益、规范市场交易活动、维护市场健康发展三个角度出发。

（二）特征

相较于基金行业自律组织、基金机构内部监管部门以及社会力量监督，政府基金监管具有内容的全面性、对象的广泛性、时间的连续性以及监管主体及其权限的法定性等特征。

监管内容的全面性是指，政府基金监管的内容，不仅包括各种基金机构的设立、变更和终止，基金机构从业人员的资格和行为，基金机构的活动规则，还涉及基金市场其他各类角度的监督。

监管对象的广泛性是指，政府基金监管不仅对所有的基金机构、从业人员，还对基金行业自律组织等皆具有监管权。

监管时间的连续性是指，政府基金监管活动贯穿到基金机构设立至终止的全部环节，具体体现为事前监管、事中监管和事后监管。

监管主体及其权限的法定性是指，政府基金监管对基金行业相关的监管的各项流程都有法可依，依法行使监管权。

监管活动的强制性是指，政府基金监管机构依法行使的审批权、检察权、禁止权、撤销权、行政处罚权和行政处分权等监管权具有强制性，有效保证对基金行业的监管。

综上可以看到，相比于基金行业自律组织、基金机构内部监管部门以及社会监督力量，政府基金监管是最为广泛、最具权威、最为有效的。

（三）监管目标

对于政府监管而言，要有清晰的监管目标来指明基金监管活动需要达到的目的和效果，监管目标也是基金监管活动的出发点和价值归宿。政府监管的具体目标包括：

1. 保护投资人及相关当事人的合法权益

基金监管的首要目标就是保护投资人利益。投资人即基金份额持有人，是基金的出资人和基金投资回报的受益人。相关当事人指在投资基金活动中除基金持有人之外的其他当事人，一般包括基金管理人、基金托管人、基金销售机构、相关的会计师事务所、律师事务所等中介机构。相比于基金管理人，投资人由于专业知识的薄弱以及信息的不对称，在基金市场上处于弱势地位，风险识别和风险承受能力较低，其合法权益容易受到侵害。从该角度出发，政府基金监管的目标是要保证投资人在证券投资过程中的合法权益，投资人如若遇到误导、欺诈、虚假陈述、内幕交易、操纵市场等违规违法行为，可以依法进行申诉。

2. 规范证券投资基金活动

规范证券投资基金活动是保护投资人及相关当事人合法权益的必然要求，只有保证证券投资过程的规范性，才能保证投资人及相关当事人的合法权益，因为投资人遭受的权益侵害行为通常都是在证券投资基金活动中发生的，所以，从这个意义上说，规范证券投资基金活动是基金监管的直接目标，也是保证证券投资基金市场健康发展的前提条件。

3. 促进证券投资基金和资本市场的健康发展

证券投资基金市场是资本市场的重要组成部分，维持证券投资基金市场的秩序是保证资本市场健康发展的重要前提之一。投资人及相关当事人作为证券投资基金市场的主体，其从事的证券投资活动是证券投资市场的行为，这二者构成基金市场的两大基本要素。政府基金监管要保持基金市场活力,塑造基金市场的原动力和价值归宿,形成一个公平、公正、有效率、有秩序的基金市场。基金市场活力的源泉来自基金市场主体进行基金市场进行投资行为;基金市场的原动力和价值归宿是对投资人合法权益的保障,提振其对基金市场的信心和投资动机;而切实保护基金市场主体的合法权益、有效规范证券投资基金活动是形成一个公平、公正、有效率、有秩序的基金市场的基本前提。

(四)监管原则

政府基金监管要以监管原则为基础进行监管活动,且监管原则具有宏观性,是监管根本价值的高度概括和精炼,是具有根本性指导意见的基本准则。基金监管的原则包括:

1. 保障投资利益原则

该原则是基金监管活动的目的和宗旨的集中体现,基金监管的首要目标就是保障投资人即基金份额持有人的利益。投资人的合法权益能否得到有效的保障,是投资基金行业能否持续健康发展的关键,这是投资基金发展的历史经验。投资基金的发展,必须取信于投资人,必须切实保障投资人的合法权益。

2. 适度监管原则

政府基金监管表明了政府对经济的干预。市场经济的实践及经济学的理论都已经证明,市场不是万能的,存在市场失灵,因此,政府干预是必要的。但是市场这只看不见的手是基础,政府的干预应该是适度的,如果政府干预过度,极易导致市场主体丧失自由,甚至会导致整个行业的发展脱离其内在规律。

对于基金而言,政府监管不应直接干预基金机构内部的经营管理,监管范围应严格限定在基金市场失灵的领域。应完善基金行业自律机制、健全基金机构内控机制和培育社会力量监督机制,充分发挥基金行业自律、基金机构内控和社会力量监督在基金监管方面的积极作用,形成以政府监管为核心、行业自律为纽带、机构内控为基础、社会监督为补充的"四位一体"的监管格局。

3. 高效监管原则

该原则是指,基金监管活动除了要以价值最大化的方式实现基金监管的根本目标,还要通过基金监管活动促进基金行业的高效发展。基金监管机构要在确保基金行业和基金市场活力的前提下对基金行业进行必要的监管。高效监管原则的实现,首先要保证基金监管机构的权威性,要赋予基金监管机构以合法的监管地位和合理的监管权限和职责。高效监管原则还要求确定合理的监管内容体系,要有所管有所不管,要管得有效;同时,对于违法行为,要规定明确的法律责任和制裁手段。另外,在现代市场经济条件下,规范的监管程序、科学的监管技术、现代化的监管手段也是确保高效基金监管实现的条件,这样才能有效地保护合法的基金活动,制止基金市场上的非法行为,切实保障基金市场的秩序,提高基金市场的效率,保护投资人的根本利益。

4. 依法监管原则

依法监管原则的含义是指一定要在法律依据的前提下设置监管机构及其监管职权的授予;监管职权的行使必须依据法律程序,既不能超越法律的授权滥用权力,也不能怠于行使法定的职责;对违法行为的制裁,必须依据法律的明确规定,秉公执法,不偏不倚。依法监管原则是行政法治原则的集中体现和保障,政府基金监管必须坚持依法监管原则。我国基金监管活动的主要依据是《证券投资基金法》以及中国证监会、基金业协会、证券交易所发布的一系列相关的部门规章、规范性文件和自律规则。部门规章和规范性文件主要有《证券投资基金管理公司管理办法》《证券投资基金管理公司子公司管理暂行规定》《证券投资基金行业高级管理人员任职管理办法》《证券投资基金托管业务管理办法》《公开募集证券投资基金风险准备金监督管理暂行办法》《公开募集证券投资基金运作管理办法》《证券投资基金销售管理办法》《证券投资基金信息披露管理办法》《证券投资基金评价业务管理暂行办法》等。自律规则主要有《私募投资基金管理人登记和基金备案办法(试行)》《基金经理注册登记规则》《基金从业人员证券投资管理指引(试行)》《公开募集证券投资基金销售公平竞争行为规范》等。

5. 审慎监管原则

基金监管遵循审慎监管原则,是指基金监管机构在制定监管规范以及实施监管行为时,注重基金机构的偿付能力和风险防控,以确保基金运行稳健和基金财产安全,切实保护投资者合法权益。这一原则也称"结构性的早期干预和解决方案",其精髓在于金融监管机构要尽可能赶在金融机构完全亏损之前采取有效措施,以便让金融机构股东之外的其他人不受损失。审慎监管原则是金融业特有的一项监管原则,旨在通过偿付能力监管和风险防控制度体系,稳定投资人或者存款人对金融机构和金融市场的信心。审慎监管原则贯穿于基金市场准入和持续监管的全过程,体现为基金监管机构对基金机构内部治理结构、内部稽核监控制度、风险控制制度以及资本充足率、资产流动性等方面的监管规制。

6. 公开、公平、公正监管原则

公开、公平、公正监管原则也称"三公"原则。公开原则,是指基金市场和基金监管机构都要做到信息公开,基金市场要具有充分的透明度,实现市场信息公开化,而基金监管机构则要对监管规则和处罚内容公开,这体现了政务公开原则。公平原则,是指基金市场主体平等,要求基金监管机构依照相同的标准衡量同类监管对象的行为。公正原则,是要求基金监管机构在公开、公平基础上,对监管对象公正对待,一视同仁。作为基金监管原则的"三公"原则,重在"公正",即公正监管、公正执法,是依法监管原则的具体化。

二、基金监管机构和行业自律组织

(一) 证监会

证监会,全称是中国证券监督管理委员会,亦简称"中国证监会",是国务院直属的正部级事业单位。1992 年 10 月,国务院证券委员会和中国证监会宣告成立,标志着中国证券市场统一监管体制开始形成。国务院证券委员会是国家对证券市场进行统一宏观管理的主管机构,而证监会则是国务院证券委员会的监管执行机构,依照法律法规对证券市场进行监管。

1. 职责

证券投资基金活动是证券市场活动的重要组成部分,因此证监会对证券市场的监管包括对证券投资基金活动的监管。证监会下设有股票发行审核委员会、行政处罚委员会、直属事业单位、内部职能部门、派出机构和驻证监会纪检监察组。

证监会下设20个内部职能部门,其中"证券基金机构监管部"具体承担了基金监管的职责。具体履行的职责如下:

(1)拟定有关证券投资基金各类业务监管的规则和实施细则;

(2)依法审核证券投资基金及人员、合格境外机构投资者从事相关业务的资格,并监管其业务活动;

(3)拟定公募基金、合格境外机构投资者监管规则和实施细则;

(4)依法审核公募基金募集注册申请;

(5)牵头负责证券投资市场出现的重大问题及风险处置的相关工作;

(6)拟定及组织实施证券投资者保护的规则、实施细则;

(7)指导相关行业协会开展自律管理等。

各个证监局负责对经营所在地本辖区内的基金管理公司进行日常监管,主要包括公司治理和内部控制、高级管理人员、基金销售行为、开放式基金信息披露的日常监管;负责对辖区内异地基金管理公司的分支机构及基金代销机构进行日常监管。

2. 可以采取的措施

基金市场的违法犯罪行为具有高智商、电子化、行为隐蔽、手段多样、涉案金额高、社会危害性大等特点。因此应当强化证券投资基金的行政执法权限,严厉打击各种基金违法行为,规范证券投资基金活动,进而切实保护投资人的合法权益。根据《证券投资基金法》的规定,中国证监会有权采取下列监管措施:

(1)检查。检查是基金监管的重要措施,属于事中监管。检查也可分为日常检查和年度检查、现场检查和非现场检查等。中国证监会还可以根据实际情况,定期或者不定期地对基金机构的合规监控、风险管理、内部稽核、行为规范等方面进行检查;有权对基金管理人、基金托管人、基金服务机构进行现场检查,并要求其报送有关的业务资料。

(2)调查取证。查处基金违法案件是中国证监会的法定职责之一,调查取证是查处基金违法案件的基础,是进行有效基金监管的保障。中国证监会有权进入涉嫌违法行为发生场所调查取证;有权询问当事人和有关被调查的单位和个人,要求其对被调查事件的有关事项做出说明;有权对相关资料进行查阅和复制。

(3)限制交易。在基金违法行为出现时,很可能会对证券市场价格产生巨大影响,如果放任交易进行,极有可能破坏正常的市场秩序。因此,中国证监会在调查操纵证券市场、内幕交易等重大证券违法行为时,经国务院证券监督管理机构主要负责人批准,可以限制被调查事件当事人的证券买卖,但是限制期限不得超过十五个交易日;案情复杂的,可以延长十五个交易日。

(4)行政处罚。中国证监会如果发现基金机构以及其他相关人员在基金活动中存在违法违规行为,有权对其主管人员和其他责任人员依法进行行政处罚,包括:没收违法所得、罚款、责令改正、警告、暂停或者撤销基金从业资格,暂停或者撤销相关业务许可,责令停业等。

(二)中国证券投资基金业协会

1. 起源

与所有新事物的发展一样,我国基金行业也经历了由组织松散到紧密有序的过程。一开始,我国的基金行业是以基金业联席会议的形式开展行业自律工作的。之后,随着证券基金投资管理行业的壮大与发展,2001 年 8 月,中国证券业协会基金公会成立。2004 年 12 月,中国证券业协会证券投资基金业委员会成立,承接了原基金公会的职能和任务。2007 年,中国证券业协会设立了基金公司会员部,负责基金管理公司和基金托管银行特别会员的自律管理。

2012 年 6 月 6 日,应基金行业要求成立独立的行业协会的呼声,依据《中华人民共和国证券投资基金法》和《社会团体登记管理条例》,中国证券投资基金业协会正式成立。在此基础上,2013 年《证券投资基金法》还新增设"基金行业协会"一章,详细规定了中国证券投资基金业协会的性质、组成和主要职责等内容,为中国证券投资基金业协会的职责和权限提供了法律依据。

2. 性质和组成

中国证券投资基金业协会是证券投资基金行业的自律性组织,接受证监会和民政部的业务指导和监督管理。根据《中华人民共和国证券投资基金法》,基金管理人、基金托管人应当加入协会,基金服务机构可以加入协会。会员分为四类:普通会员、联席会员、观察会员和特别会员。同一机构从事多种与基金相关业务的,应当以普通会员、联席会员、观察会员、特别会员为次序,依次选择对应会员类别申请入会。

协会最高权力机构为全体会员组成的会员大会,负责制定和修改章程。协会设立会员代表大会,行使选举和罢免理事、监事,审议理事会工作报告、监事会工作报告和财务报告,制定和修改会费标准等职权。会员代表大会闭会期间的执行机构为理事会。

3. 职责

中国证券投资基金业协会的主要职责包括:

(1)教育和组织会员遵守有关证券投资的法律、行政法规,维护投资人合法权益;依法维护会员的合法权益;

(2)制定和实施行业自律规则,监督、检查会员及其从业人员的执业行为;

(3)制定行业执业标准和业务规范,组织基金从业人员的从业考试、资质管理和业务培训;

(4)提供会员服务,组织行业交流,推动行业创新,开展行业宣传和投资人教育活动;

(5)对会员之间、会员与客户之间发生的基金业务纠纷进行调解;

(6)依法办理非公开募集基金的登记、备案;

(7)协会章程规定的其他职责。

(三)证券交易所

1. 定义

证券交易所是为证券集中交易提供的场所和设施,负责组织和监督证券交易。中国大陆的证券交易所有三个,分别为 1990 年 11 月 26 日成立的上海证券交易所,1990 年 12 月 1 日成立的深圳证券交易所,以及 2021 年 11 月 15 日成立的北京证券交易所。此外,我国还有香港证券交易所和台湾证券交易所。

2. 法律地位

证券交易所是实行自律管理的法人,因此证券交易所兼具管理者与被管理者的双重身份:一方面,证券交易所是证券市场的组织者,有义务进行自律管理,具有一定的监管权限;另一方面,作为特殊的市场主体,证券交易所也要受到证监会等监管机构的监管。

证券交易所享有交易所业务规则制定权,这也是其自律管理职能的重要内容。证券交易所可以依法规定上市规则、交易规则、会员管理规则等。同时,证券交易所还负责对基金在交易所内进行的各种投资交易活动进行监管,负责交易所上市基金的信息披露工作等。

第二节 证券投资基金监管

本节主要依据《证券投资基金法》的相关条例,首先介绍基金监管条例中对基金机构的监管,包括对基金管理人、基金托管人以及基金服务机构的监管;然后介绍对基金公开募集与销售活动的监管;接着介绍对公开募集基金的投资与交易行为的相关监管要求、对于基金信息披露的要求和对基金份额持有人大会的有关规定;最后介绍对非公开募集基金的有关监管内容。了解这些监管内容,有助于理解证券投资基金在我国的整体运作流程和操作规范,对于日后研究和投资于证券基金大有裨益。

一、对基金机构的监管

(一) 对基金管理人的监管

1. 基金管理人的定义

依据《证券投资基金法》的规定,基金管理人由依法设立的公司或者合伙企业担任,基金管理人的职责是指按照法律、行政法规和基金合同,按规定保护基金份额持有人的利益,对基金财产进行管理和运用。

对于公开募集基金的基金管理人而言,其主体资格受到严格限制,只能由基金管理公司或者经中国证监会按照规定核准的其他机构①担任。

2. 基金管理人员兼任和竞业禁止

基金管理人的从业人员是指基金管理人的董事、监事、高级管理人员、投资管理人员以及其他从业人员。基金管理人属于金融机构,在法律关系上属于信托关系中的受托人。对其从业人员的任职资格应该有高于一般公司的董事、监事、高级管理人员的要求,以防范道德风险和保护基金份额持有人的利益。

基于基金从业人员不得兼任不相容职务、竞业禁止和防止利益冲突的规则,《证券投资基金法》规定,公开募集基金的基金管理人的董事、监事、高级管理人员和其他从业人员,不得担任基金托管人或者其他基金管理人的任何职务,不得从事损害基金财产和基金份额持有人利益的证券交易及其他活动。

中国证监会《证券投资基金行业高级管理人员任职管理办法》(2004)规定,高级管

---

① 所谓"中国证监会按照规定核准的其他机构",是指依据中国证监会 2013 年 2 月 18 日发布的《资产管理机构开展公募证券投资基金管理暂行规定》,在股东、高级管理人员、经营期限、管理的基金财产规模等方面符合规定条件的证券公司、保险资产管理公司以及专门从事非公开募集基金管理业务的资产管理机构,向中国证监会申请开展公开募集资金管理业务,经中国证监会依法核准,即取得担任公开募集基金的基金管理人业务资格。

理人员、基金管理公司基金经理应当维护所管理基金的合法利益,在基金份额持有人的利益与基金管理公司、基金托管银行的利益发生冲突时,应当坚持基金份额持有人利益优先的原则;不得从事或者配合他人从事损害基金份额持有人利益的活动。另外,基金管理人的法定代表人、经营管理主要负责人和从事合规监管的负责人的选任或者改任,应当报经中国证监会进行审核。

3. 对基金管理人及其从业人员行为的监管

对基金管理人及其从业人员行为的监管体现在基金管理人的法定职责、基金管理人及其从业人员执业禁止行为和基金从业人员的投资限制三个方面。

(1)基金管理人的法定职责。按照《证券投资基金法》的规定,公开募集基金的基金管理人应当履行下列职责:

①依法募集资金,办理基金份额的发售和登记事宜;

②办理基金备案手续;

③对所管理的不同基金财产分别管理、分别记账,进行证券投资;

④按照基金合同的约定确定基金收益分配方案,及时向基金份额持有人分配收益;

⑤进行基金会计核算并编制基金财务会计报告;

⑥编制中期和年度基金报告;

⑦计算并公告基金资产净值,确定基金份额申购、赎回价格;

⑧办理与基金财产管理业务活动有关的信息披露事项;

⑨按照规定召集基金份额持有人大会;

⑩保存基金财产管理业务活动的记录、账册、报表和其他相关资料;

⑪以基金管理人名义,代表基金份额持有人利益行使诉讼权利或者实施其他法律行为;

⑫中国证监会规定的其他职责。

(2)基金管理人及从业人员的执业禁止行为。依据《证券投资基金法》的规定,公开募集基金的基金管理人及其董事、监事、高级管理人员和其他从业人员不得有下列行为:

①将其固有财产或者他人财产混同于基金财产从事证券投资;

②不公平地对待其管理的不同基金财产;

③利用基金财产或者职务之便为基金份额持有人以外的人牟取利益;

④向基金份额持有人违规承诺收益或者承担损失;

⑤侵占、挪用基金财产;

⑥泄露因职务便利获取的未公开信息,利用该信息从事或者明示、暗示他人从事相关的交易活动;

⑦玩忽职守,不按照规定履行职责;

⑧法律、行政法规和中国证监会规定禁止的其他行为。

(3)基金从业人员的投资限制。这是为了防止基金管理人的从业人员与基金份额持有人发生利益冲突。传统上,法律禁止基金从业人员进行任何证券投资活动,以防止其利用内幕信息或者运用其管理的证券为自己牟取不正当利益,损害投资人利益。

但是,绝对禁止基金从业人员买卖证券的管制方式不但剥夺了其通过资本市场增加财富的机会,同时也增加了监管难度和执法成本,并容易诱发道德风险(如利用未公开信息交易或者规避监管的行为)。例如,对与基金从业人员具有紧密财产关系的配偶、父母、子女买卖证券的行为,就难以依法绝对禁止。因此,2013 年《证券投资基金法》借鉴发达国家的监管思路和做法,一方面允许基金从业人员进行证券投资,另一方面强化对其监管。即在避免利益冲突的情况下,允许基金从业人员投资股票、债权、封闭式基金、可转债等证券;同时,要求相关人员进行事先申报,披露其投资行为,接受各方面的监督。依据《证券投资基金法》的规定,基金管理人的董事、监事、高级管理人员和其他从业人员,其本人、配偶、利害关系人进行证券投资,应当事先向基金管理人申报,并不得与基金份额持有人发生利益冲突。公开募集基金的基金管理人应当建立董事、监事、高级管理人员和其他从业人员进行证券投资的申报、登记、审查、处置等的管理制度,并向中国证监会备案。

(二)对基金托管人的监管

1. 基金托管人的定义

基金托管人是基金资产的名义持有人或管理机构。为了保证基金资产的安全,基金的资产管理与资产保管应该分开运作,进行资产保管的专业机构即为基金托管人。基金托管人由依法设立的商业银行或者其他金融机构担任。

担任基金托管人,应当具备下列条件:

(1)净资产和风险控制指标符合有关规定;

(2)设有专门的基金托管部门;

(3)取得基金从业资格的专职人员达到法定人数;

(4)有安全保管基金财产的条件;

(5)有安全高效的清算、交割系统;

(6)有符合要求的营业场所、安全防范设施和与基金托管业务有关的其他设施;

(7)有完善的内部稽核监控制度和风险控制制度;

(8)法律、行政法规规定的、经国务院批准的、中国银保监会规定的其他条件。

2. 职责

依据《证券投资基金法》的规定,基金托管人职责包括:

(1)安全保管基金财产;

(2)按照规定开设基金财产的资金账户和证券账户;

(3)对所托管的不同基金财产分别设置账户,确保基金财产的完整与独立;

(4)保存基金托管业务活动的记录、账册、报表和其他相关资料;

(5)按照基金合同的约定,根据基金管理人的投资指令,及时办理清算、交割事宜;

(6)办理与基金托管业务活动有关的信息披露事项;

(7)对基金财务会计报告、中期和年度基金报告出具意见;

(8)复核、审查基金管理人计算的基金资产净值和基金份额申购、赎回价格;

(9)按照规定召集基金份额持有人大会;

(10)按照规定监督基金管理人的投资运作;

(11)中国证监会规定的其他职责。

另外,法律法规规定的公开募集基金的基金管理人及其从业人员的执业禁止行为,同样适用于基金托管人。

3. 监督义务

基金托管人对基金管理人的投资指令具有监督义务,一旦发现投资指令违反法律、行政法规和其他有关规定,或者违反基金合同约定的,应当拒绝执行,立即通知基金管理人,并及时向中国证监会报告。基金托管人发现基金管理人依据交易程序已经生效的投资指令违反法律、行政法规和其他有关规定,或者违反基金合同约定的,应当立即通知基金管理人,并及时向中国证监会报告。

4. 证监会对基金托管人的监督

依据《证券投资基金法》的规定,基金托管人不再具备法定条件,或者未能勤勉尽责,在履行法定职责时存在重大失误的,中国银保监会应当责令其改正;逾期未改正,或者其行为严重影响所托管基金的稳健运行、损害基金份额持有人利益的,中国证监会、中国银保监会可以根据具体情形,对其采取下列措施:

(1)限制业务活动,责令暂停办理新的基金托管业务;

(2)责令更换负有责任的专门基金托管部门的高级管理人员。

(三)对基金服务机构的监管

1. 业务资格的监管

依据《证券投资基金法》的规定,从事公开募集基金的销售、销售支付、份额登记、估值、投资顾问、评价、信息技术系统服务等基金服务业务的机构,应当按照中国证监会的规定进行注册或者备案。

而一般基金服务机构的主要业务就是销售服务,对于销售业务的资格条件,中国证监会要求基金销售机构要满足:

(1)具有健全的治理结构、完善的内部控制和风险管理制度,并得到有效执行;

(2)财务状况良好,运作规范稳定;

(3)有与基金销售业务相适应的营业场所、安全防范设施和其他设施;

(4)有安全、高效的办理基金发售、申购和赎回等业务的技术设施,且符合中国证监会对基金销售业务信息管理平台的有关要求,基金销售业务的技术系统已与基金管理人、中国证券登记结算公司相应的技术系统进行了联网测试,测试结果符合国家规定的标准;

(5)制定了完善的资金清算流程,资金管理符合中国证监会对基金销售结算资金管理的有关要求;

(6)有评价基金投资人风险承受能力和基金产品风险等级的方法体系;

(7)制定了完善的业务流程、销售人员执业操守、应急处理措施等基金销售业务管理制度,符合中国证监会对基金销售机构内部控制的有关要求;

(8)有符合法律法规要求的反洗钱内部控制制度;

(9)中国证监会规定的其他条件。

2. 业务行为的监管

对于基金机构业务行为的监管,主要体现在其要履行的职责义务上。作为基金服务机构,按照《证券投资基金法》,基金销售机构、基金销售支付机构、基金份额登记机构、基金投资顾问机构及其从业人员、基金评价机构及其从业人员等基金服务机构要履行相应的法定义务,并依法承担违反义务带来的法律责任,详见表2-1。

表 2-1 基金服务机构的法定义务

基金服务机构	法定义务
基金销售机构	①向投资人充分揭示投资风险; ②根据投资人的风险承担能力销售不同风险等级的基金产品
基金销售支付机构	①按照规定办理基金销售结算资产的划付; ②确保基金销售结算资金安全、及时划付
基金份额登记机构	①妥善保存登记数据,并将基金份额持有人名称、身份信息及基金份额明细等数据备份至中国证监会认定的机构。其保存期限自基金账户销户之日起不得少于20年; ②基金份额登记机构应当保证登记数据的真实、准确、完整,不得隐匿、伪造、篡改或者毁损
基金投资顾问机构及其从业人员	①提供基金投资顾问服务,应当具有合理的依据; ②对其服务能力和经营业绩进行如实陈述; ③不得以任何方式承诺或者保证投资收益; ④不得损害服务对象的合法权益
基金评价机构及其从业人员	①客观公正,按照依法制定的业务规则开展基金评价业务; ②禁止误导投资人,防范可能发生的利益冲突
律师事务所、会计师事务所	①接受基金管理人、基金托管人的委托,为有关基金业务活动出具法律意见书、审计报告、内部控制评价报告等文件,应当勤勉尽责,对所依据的文件资料内容的真实性、准确性、完整性进行核查和验证; ②制作、出具的文件有虚假记载、误导性陈述或者重大遗漏,给他人财产造成损失的,应当与委托人承担连带赔偿责任

除此之外,基金销售机构、基金销售支付机构和基金份额登记机构还要做到确保基金销售结算资金、基金份额的安全与独立,并禁止任何单位或者个人以任何形式挪用基金销售结算资金、基金份额。

所有基金服务机构都要做到勤勉尽责、恪尽职守,建立应急风险管理制度和灾难备份系统,不得泄露与基金份额持有人、基金投资运作相关的非公开信息。

 **案 例**

对基金经理"老鼠仓"行为的监管

自基金行业诞生以来,"老鼠仓"行为就成为与基金行业共同发展的"公开的秘密"。基金行业的"老鼠仓",主要是指基金经理运用非公开信息及在管资金为自己非法牟利的行为,其中最典型的方式是基金经理在获知某证券的内幕消息后或决定以在管资金买入某证券前,先用"自有资金"(包括动员其亲属或利益关系人等)买入对应证券,然后等待内幕消息公开或使用手中基金操控市场来赚取私利。

例如,2010 年 4 月至 2014 年 1 月 22 日期间,厉某某在担任中邮核心优选基金的基金经理期间,利用职务便利获取公开信息以外的其他未公开信息,使用其控制的多个证券账户进行趋同交易,交易金额累计高达 9.1 亿元,累计趋同交易获利约为 1 682 万元。其间,厉某某 2013 年接管的中邮新兴产业股票基金业绩卓越,登上同年股票基金冠军宝座。2014 年 1 月 23 日,证监会依法将其移送公安机关追究刑事责任。2016 年 4 月,山东省高级人民法院二审判决厉某某有期徒刑 3 年零 6 个月,并处罚金 1 700 万元。2016 年 8 月 26 日,证监会依法对厉某某采取终身证券市场禁入措施。

"老鼠仓"现象产生的根源在于其给实施者带来的潜在收益以及由于信息不对称导致的监管难。未来有关监管部门应基于"大数据""云计算"等信息技术领域的发展,努力提升证券市场违法违规行为的发现能力,不断提升外部监管水平,从而放大"老鼠仓"等违法违规行为的期望损失,从源头上遏制施行"老鼠仓"行为的动机。

二、对基金募集与销售的监管

(一)对基金公开募集的监管

随着基金行业的快速发展,我国基金产品种类极大丰富,市场竞争也日趋激烈,基金产品的严格管制已经无法适应市场需求。因此,我国改革基金募集核准制为基金募集注册制,即对于公开募集基金,监管机构不再进行实质性审核,而只是进行合规性审查。依据《证券投资基金法》的规定,公开募集基金应当经中国证监会注册。注册公开募集基金,应由拟任基金管理人向中国证监会提交下列文件:

- 申请报告;
- 基金合同草案;
- 基金托管协议草案;
- 招募说明书草案;
- 律师事务所出具的法律意见书;
- 中国证监会规定提交的其他文件。

中国证监会应当自受理公开募集基金的募集注册申请之日起 6 个月内,依照法律、行政法规及中国证监会的规定进行审查,做出注册或者不予注册的决定,并通知申请人;不予注册的,应当说明理由。

依据《证券投资基金法》的规定,发售公开募集基金应符合下列条件和要求:

(1)基金募集申请经注册后,方可发售基金份额。

(2)基金份额的发售,由基金管理人或者其委托的基金销售机构办理。

(3)基金管理人应当在基金份额发售的 3 日前公布招募说明书、基金合同及其他有关文件。这些文件应当真实、准确、完整。

(4)对基金募集所进行的宣传推介活动,应当符合有关法律、行政法规的规定,不得有虚假记载、误导性陈述或者重大遗漏等法律规定的公开披露基金信息禁止行为。

基金管理人应当自收到准予注册文件之日起 6 个月内进行基金募集。基金募集期届满时,封闭式基金募集的基金份额总额应达到准予注册规模的 80% 以上,开放式基金募集的基金份额总额超过准予注册的最低募集份额总额,并且募集对象及人数符合中国证监会规定。

基金募集期届满,不能满足法律规定的条件,无法办理基金备案手续,基金合同不生效,也即基金募集失败。基金募集失败,基金管理人应当承担下列责任:

(1)以其固有财产承担因募集行为而产生的债务和费用;

(2)在基金募集期届满后30日内返还投资人已交纳的款项,并加计银行同期存款利息。

(二)对公开募集基金销售活动的监管

1. 基金销售适用性的监管

依据《证券投资基金销售管理办法》的规定,基金销售机构在销售基金和相关产品的过程中,应当坚持投资人利益优先原则,注重根据投资人的风险承受能力销售不同风险等级的产品,把合适的产品销售给合适的基金投资人。基金销售机构应当建立基金销售适用性管理制度,至少应包括以下内容:

(1)对基金管理人进行审慎调查;

(2)对基金产品的风险等级进行设置,对基金产品进行风险评价;

(3)对基金投资人的风险承受能力进行调查和评价;

(4)对基金产品和基金投资人进行匹配。

2. 对基金宣传推介材料的监管

基金宣传推介材料,是指为推介基金向公众分发或者公布,使公众可以普遍获得的书面、电子或者其他介质的信息,基金宣传推介材料的制作、分发和发布应当符合相关规定,应当充分揭示相关投资风险。基金宣传推介材料不得有虚假陈述,应当含有明确、醒目的风险提示和警示性文字,以提醒投资人注意投资风险,仔细阅读基金合同和基金招募说明书,了解基金的具体情况。

3. 对基金销售费用的监管

基金销售机构办理基金销售业务,可以按照基金合同和招募说明书的约定向投资人收取认购费、申购费、赎回费、转换费和销售服务费等费用。基金销售机构应在招募说明书中说明费率标准及费用计算方法,并且收取的销售费用应当符合中国证监会的有关规定。

若基金销售机构为基金投资者提供了除基金合同、招募说明书约定服务以外的增值服务,则可以向基金投资人收取增值服务费。这部分费用应当合理、公开并且质价相符。

三、对基金交易的监管

(一)公开募集基金投资与交易行为的监管

基金管理人运用募集的基金财产进行证券投资,除中国证监会另有规定外,应当一律采用构建资产组合的方式。采用资产组合投资方式能够尽可能分散投资的非系统性风险、保持基金财产的适当流动性并且提高投资收益稳定性。基金财产一般投资于上市交易的股票、债券、货币或者中国证监会规定的其他证券及其衍生品种。根据《证券投资基金法》的有关规定,基金财产不得用于承销证券、向他人提供贷款或担保或其他承担无限责任的投资,不得买卖中国证监会规定之外的其他基金份额,基金财产也不得被用于向基金管理人和基金托管人出资或从事内幕交易等其他不正当的证券交易活动。

简言之,基金财产不得用于任何法律、行政法规和中国证监会规定禁止的交易活动,只能用于中国证监会允许的证券投资活动。

（二）对公开募集基金信息披露的监管

为了保护基金投资人的利益,保证证券市场的公平性和公正性,基金管理人、基金托管人和其他基金信息披露义务人应当依法披露基金信息,并保证所披露信息的真实性、及时性、准确性和完整性。基金信息披露义务人应当在中国证监会的规定时间内及时披露法律法规要求披露的内容,并且确保基金投资人能够按照基金合同中约定的时间和方式第一时间查阅到公开披露的信息。

根据《证券投资基金法》,基金公开披露的信息应包括:

（1）包含基金详细情况以及基金当事人权利义务关系的基金招募说明书、基金合同、基金托管协议;

（2）在基金募集期满时基金的募集情况;

（3）基金份额上市交易公告书;

（4）根据募集的基金资产和基金份额计算得出的基金资产净值、基金份额净值;

（5）按照招募说明书中规定的计算方法计算的基金份额申购、赎回价格;

（6）严格遵循中国证监会规定的基金财产的资产组合季度报告、财务会计报告及基金中期和年度报告;

（7）涉及基金投资者利益的基金有关重大交易临时报告;

（8）基金份额持有人大会商讨产生的大会决议;

（9）基金管理人、基金托管人的专门基金托管部门的重大人事变动;

（10）涉及基金财产、基金管理业务、基金托管业务和基金投资风险变动的诉讼或者仲裁事件,以及中国证监会规定应予披露的其他信息。

基金的信息披露应该合规合法,遵循真实性、及时性、准确性和完整性原则,中国证监会规定应予披露的信息应当全部披露,中国证监会未规定但涉及基金投资者切身利益的信息也应该披露,但下列内容则禁止披露:

（1）涉及虚假记载、误导性陈述或者有重大遗漏的信息;

（2）对证券投资业绩进行预测;

（3）承诺保证收益率或者承担损失等违规言论;

（4）诋毁其他基金管理人、基金托管人或者其他基金销售机构的非法言论;

（5）法律、行政法规和中国证监会规定禁止的其他行为。

（三）对基金份额持有人大会的监管

根据《证券投资基金法》的有关规定,基金份额持有人大会由基金管理人召集;基金管理人未按照规定召集或者不能召集的,由基金托管人召集。在基金管理人和基金托管人都不召集时,代表基金份额10%以上的基金份额持有人就同一事项有权自行召集基金份额持有人大会,但会议需报送到中国证监会备案。基金份额持有人大会的召集人需至少提前30日公布基金份额持有人大会的召开时间、会议形式、会议需审议事项、会议议事程序以及会议表决方法,在基金持有人大会上,只能就已公告的事项进行表决,不得对未公告的事项进行表决。

基金份额持有人大会可以采取线上线下等方式召开,每一份基金份额有一票表决权,若基金份额持有人因故无法参加大会,可以委托代理人出席大会并且行使表决权。根据《证券投资基金法》的有关规定,至少有代表50%以上基金份额的持有人参加,大会方可召开。若第一次召集的大会持有人持有的基金份额低于50%,则召集人可以在原公告的召集时间3个月之后、6个月之内再次就原定审议事项召集大会,此次大会需至少有代表1/3以上基金份额的持有人参加。

基金份额持有人大会就公告的审议事项做决定时,应当遵循民主集中制,不涉及转换基金运作方式、更换基金管理人或基金托管人等重大事项的审议事项,有参加大会的基金份额持有人所持有表决权的50%以上支持,即可通过。但涉及转换基金的运作方式、更换基金管理人或者基金托管人、提前终止基金合同、与其他基金合并等有关全体基金投资人利益的重大事项,则需要至少获得参加大会的基金份额持有人所持有表决权的2/3以上支持,方可通过,并且此次决议应当依法报备中国证监会,并及时进行信息披露。

 案 例

上交所交易型开放式指数基金异常交易行为

交易型开放式指数基金(ETF)作为跟踪一篮子证券的指数化产品,一经推出便受到了投资者的青睐。投资者可以通过申购、赎回或二级市场买卖ETF份额的方式进行投资,也可以通过申购、赎回与二级市场买卖相结合的方式进行套利交易。在这些交易中,由证券交易所根据基金管理人提供的计算方法及每日提供的申购、赎回清单,按照清单内组合证券的最新成交价格计算出基金份额参考净值(IOPV值),这是投资者控制价格风险和进行套利交易决策的重要参考,对于维持ETF市场交易秩序具有重要作用。

上交所在日常监管中关注到,有投资者在参与ETF二级市场交易过程中,大量、大额申报交易相关ETF,使得其交易价格与IOPV值发生大幅偏离,以致可能影响其他投资者对该ETF价值的判断。鉴于此,如果投资者在参与ETF的交易中,出现上交所《交易规则》第6.1条及《证券异常交易实时监控细则》第八条等所规定的情形,并导致ETF交易价格与IOPV值大幅偏离的,其行为即可构成ETF异常交易行为。

例如,某日9时51分10秒,上交所某ETF的IOPV值为1.699元,实时最新成交价为1.703元。9时51分11秒,某投资者以1.835元的价格主动买入20.77万份,导致该ETF价格上涨7.94%,高于IOPV值8%。随后,该投资者又以低于其当日买入成本的价格卖出ETF。

持续监控发现,该投资者在当日交易上述ETF的过程中,多次导致该ETF交易价格大幅偏离IOPV值,可能影响其他投资者对该ETF价值的判断,该投资者可能通过误导其他投资者对该ETF的价值判断从中牟利,且有频繁的高买低卖情形,属于ETF异常交易行为,上交所对此及时采取了相应的监管行动,并对该投资者予以处分。

四、对非公开募集基金的监管

（一）非公开募集基金的基金管理人的登记

非公开募集基金也被称作"私募基金"，指以非公开方式向特定投资者募集资金设立的投资基金。不同于公募基金，我国对于非公开募集基金没有严格的市场准入限制，也就是说，非公开募集基金无须经过证监会的审批，只需要向中国证券投资基金业协会登记即可。同时，我国对于非公开募集基金管理人的内部治理结构也没有严格的限制，由中国证券投资基金业协会实行自律管理。

对于非公开募集基金来说这是一个利好，因为这种登记制度实际上降低了非公开募集基金的设立门槛和管理成本，对于非公开募集基金的运作约束较少，保证了基金的灵活运作。然而，反过来看，根据《证券投资基金法》的规定，未按照规定向证券投资基金业协会履行登记手续，任何单位或者个人不得使用"基金"或者"基金管理"等近似名称进行证券投资活动（法律、行政法规另有规定的除外），其目的在于防止部分社会群体或个人以基金或基金管理人的名义进行非法集资等违法活动，保护人民群众的财产安全，维护证券投资市场的正常运行。

（二）对非公开募集基金募集行为的监管

1. 对非公开募集基金募集对象的限制

我国对非公开募集基金的监管主要在于募集环节。由于非公开募集基金具有高收益、高风险的特点，并非所有投资者都能随意参与。根据相关法律规定，非公开募集基金应当向合格投资者募集，且合格投资者累计不得超过 200 人，单只私募基金的投资者累计不得超过相关法律规定的特定数量。同时，如果发生基金份额转让的情况，受让人也应该为合格投资者，受让以后，投资者人数也应当符合上述法律规定。

这里我们可能会有一个疑问：为什么已经规定了合格投资者不得超过 200 人，还要规定"投资者累计不超过相关法律规定"呢？为了回答这个问题，我们应该先搞清楚什么叫作"合格投资者"。

私募基金的合格投资者是指具备相应的风险识别能力和风险承担能力，投资于单只私募基金的金额不低于 100 万元且符合相关标准的单位和个人。也就是说，"合格投资者"可能是"一个人"，也可能是"一群人"。同时，合格投资者要符合下列标准：

（1）净资产不低于 1 000 万元的单位；

（2）金融资产不低于 300 万元或者最近 3 年个人年均收入不低于 50 万元的个人。

此外，社会保障基金等养老基金、慈善基金等社会公益基金、依法设立并在证监会备案的投资计划等由中国证监会规定的其他投资者，也属于合格投资者。

2. 对非公开募集基金的基金合同的必备条款

基金合同是规范基金管理人、基金托管人和基金份额持有人等基金当事人权利义务关系的协议。由于非公开基金收益高、风险高，且不必须公开披露交易信息，因此基金有必要设立基金合同来约束基金当事人的行为，保护基金份额持有人的权益。按照基金合同约定，非公开募集基金可以由部分基金份额持有人作为基金管理人负责基金的投资管理活动，并承担无限连带责任。

(三) 对非公开募集基金运作的监管

1. 非公开募集基金的备案

非公开募集基金募集完毕以后,基金管理人还应该向中国证券投资基金业协会备案。证券投资基金业协会在非公开募集基金备案材料备齐后的 20 个工作日内,通过网站公告私募基金名单以及其基本情况,为非公开募集基金办理结案手续。然而,备案并非意味着证券投资基金业协会认可了非公开募集基金管理人的投资能力、持续合规情况,也不保证基金财产的安全性。资金总额或基金份额持有人的人数合规的基金,还应该由证券投资基金业协会向证监会报告。

2. 非公开募集基金的投资运作行为规范

备案之后,非公开募集基金就可以开始进行投资运作了。与公开募集基金的投资范围相比,非公开募集基金的投资范围更加广泛,包括股票、债券、基金份额以及中国证监会规定的其他证券衍生品种。

若同一非公开募集基金的管理人管理了不同类别的私募基金,应该坚持专业化管理的原则;管理了可能导致利益输送或者利益冲突的不同私募基金的,还应当建立防范利益输送和利益冲突的机制。

同时,非公开募集基金的相关从业人员不得有以下行为:

(1)将其固有财产或者他人财产混同于基金财产从事投资活动;

(2)不公平地对待其管理的不同基金财产;

(3)利用基金财产或者职务之便,为本人或者投资者以外的人牟取利益,进行利益输送;

(4)侵占、挪用基金财产;

(5)泄露因职务便利获取的未公开信息,利用该信息从事或者明示、暗示他人从事相关的交易活动;

(6)从事损害基金财产和投资者利益的投资活动;

(7)玩忽职守,不按照规定履行职责;

(8)从事内幕交易、操纵交易价格及其他不正当交易活动;

(9)法律、行政法规和中国证监会规定禁止的其他行为。

3. 非公开募集基金的信息披露和报送

根据《私募投资基金监督管理暂行办法》规定,私募基金管理人、私募基金托管人应当按照合同约定,如实向投资者披露基金投资、资产负债、投资收益分配、基金承担的费用和业绩报酬,可能存在的利益冲突情况以及可能影响投资者合法权益的其他重大信息,不得隐瞒或者提供虚假信息。信息披露规则由基金业协会另行制定。

私募基金管理人应当根据基金业协会的规定,及时填报并定期更新管理人及其从业人员的有关信息、所管理私募基金的投资运作情况和杠杆运用情况,保证所填报内容真实、准确、完整。发生重大事项的,应当在 10 个工作日内向基金业协会报告。

私募基金管理人应当于每个会计年度结束后的 4 个月内,向基金业协会报送经会计师事务所审计的年度财务报告和所管理私募基金年度投资运作基本情况。

私募基金管理人、私募基金托管人及私募基金销售机构应当妥善保存私募基金投资决策、交易和投资者适当性管理等方面的记录及其他相关资料,保存期限自基金清算终止之日起不得少于10年。

 **案 例**

私募基金违法公开募集案

近年来,我国私募基金行业的发展对服务国家实体经济发挥了积极作用,但由于行业起步较晚,发展不均衡,良莠不齐,一些"挂羊头、卖狗肉"的"伪私募"便隐藏其中,假借私募基金名义,行非法集资之实,具有较强的欺骗性和隐蔽性;投资者如果警惕性不够,极易掉入此类陷阱。下面是一典型案例。

M 公司及其关联私募机构虽然注册地位于 a 市,但主要经营地点和总部实际位于 b 市,并在经济发达的 c、d 等市设立分公司,从事产品宣传推介和募资活动,投资者群体也主要集中在 b、c、d 等市,由 b 市总部对各分公司的资金、财务、合同进行管理控制。公司成立以来,实际控制人等核心团队以收购和新设公司的方式,实际控制多家公司,以投资这些公司股权的名义设立私募基金进行募资,待资金到位后迅速转出至 M 公司控制的资金池内挪作他用,仅有少部分资金投向合同约定的标的项目。募集过程中,公司夸大投资收益、误导保本保息,投资金额越大,承诺收益越高,还假借与政府要员关系大肆宣传,吸引投资者尤其是自然人投资者大量涌入。通过该种运作模式,M 公司及其关联私募机构共发行私募基金百余只,募集资金数十亿元,主要用于还本付息、维持高成本运营、核心团队成员挥霍等,最终公司实际控制人自觉难以收场,向公安机关投案自首。目前,公安机关已对 M 公司相关案件进行立案调查,主要涉案人员已被刑事拘留。截至案发,公司尚有巨额资金缺口,多只基金到期无法兑付,近千名投资者遭受了本金、利息无法偿付的巨额损失。

本章练习题

一、概念题

证监会、基金管理人、基金托管人、基金销售适用性、基金申购费、合格投资者

二、选择题

1. 基金出现违法交易时,可以采取"限制交易"措施的机构是(　　)。

A. 中国证监会

B. 中国证券投资基金业协会

C. 中国银保监会

D. 证券交易所

2. 基金从业人员在执行业务时应忠诚尽职,廉洁公正,主要体现在以下几点:
(　　)。

Ⅰ. 拒绝接受基金托管机构人员的礼物;Ⅱ. 拒绝来自基金管理公司股东的投资指令;Ⅲ. 拒绝客户私下委托买卖股票。

A. Ⅰ、Ⅱ

B. Ⅰ、Ⅱ、Ⅲ

C. Ⅲ

D. Ⅱ、Ⅲ

3. 我国基金从业人员职业道德规范不包括(　　)。

A. 守法合规

B. 诚实守信

C. 专业审慎

D. 大客户利益优先

4. 在基金募集期满时,封闭式基金需募集到准予注册规模的(　　)以上,方为募集成功。

A. 60%

B. 70%

C. 80%

D. 90%

5. 基金信息披露时不该包含以下哪种信息(　　)。

A. 对证券投资业绩进行预测

B. 基金份额上市交易公告书

C. 基金份额持有人大会商讨产生的大会决议

D. 涉及基金财产、基金管理业务、基金托管业务和基金投资风险变动的诉讼或者仲裁事件

6. 关于非公开募集基金,下列说法错误的是(　　)。

A. 投资产品面向不超过200人的特定投资者发行

B. 是一类特殊的机构投资者

C. 投资者通常是个人,且投资者数量较多

D. 可以投资公募基金公司的产品

三、案例分析题

永安信(天津)股权投资基金管理有限公司违反规定,未对83只私募基金进行备案;单只私募基金投资者人数超过200人上限;将固有财产、他人财产与基金财产混同投资,受到行政处罚。

请分析,本案中永信安公司违反了什么规定?要向什么机构进行基金备案?

第 二 篇

投资管理

　　本篇分五章,从证券投资基金的组合构建、证券投资基金的投资策略、证券投资基金绩效评价、基金的风格和行为特征、证券投资基金的风险控制五个环节,对整个投资管理流程进行详细介绍。首先是第三章,从投资管理的基础——资产组合理论开始,对资产组合理论进行具体介绍,为第四章介绍资产定价模型以及投资策略夯实基础。投资管理者构建最优组合的主要目的,是在控制风险的前提下获得良好的投资绩效,第五章即对投资绩效的评估模型和方法进行深入研究。市场中,证券投资基金投资风格与投资行为存在很多差异,第六章基于现实情况对此进行了详细分析。最后,第七章介绍了风险管理这一投资过程的重要环节。

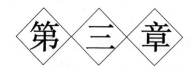

证券投资基金的组合构建

作为本书第二篇的第一章,本章先从投资管理的基础——资产组合理论开始,对资产组合理论进行具体介绍,为后面的应用提供理论基础;然后将理论具体化,讲解组合构建的具体过程,并给出组合构建合理性的衡量标准;最后专注于投资管理这一过程本身,讲解如何将投资管理划分为不同的部门,并说明各部门之间是如何协作的,让读者对投资管理这一整体过程有一个深入的了解。

第一节　理论基础:资产组合理论

一、最优资产组合的构建

1990 年,马科维茨教授与威廉·夏普、莫顿·米勒共同获得了诺贝尔经济学奖。以表彰其出色且具有创造性的工作,为经济学特别是金融学的发展做出了巨大贡献,1952 年,马科维茨发表了堪称现代微观金融理论史上具有里程碑意义的论文——《投资组合选择》,论文名称再简单不过,却创造性地将数学与经济学结合,对资产组合的预期收益与风险进行量化,建立了均值—方差模型的基本框架,奠定了求解投资决策过程中资金在投资对象中的最优分配问题的理论基础。

下面对马科维茨投资组合理论进行介绍。

（一）资产组合理论简介

马科维茨投资组合理论是建立在单一期间(single time period)和终点财富的预期效用(expected utility of terminal wealth)最大化基础上的。所谓单一期间,是指投资者持有资产的期间是确定的,在期间开始时持有证券并在期间结束时售出,由此简化了对一系列现金流的贴现和对复利的计算。

终点财富的预期效用最大化的假设,区别于预期终点财富(expected terminal

wealth)最大化。因为财富最大化本身不是投资者的目标,而"效用"这一概念既包括了财富的期望值,也考虑了获得这种预期财富的不确定性,表明风险效用的最大化才是投资者真正追求的目标。

此外,马科维茨投资组合理论还包含下列前提假设:

(1)证券市场是有效的,该市场是一个信息完全公开、信息完全传递、信息完全解读、无信息时滞的市场。

(2)投资者为理性个体,遵循不满足和风险厌恶的行为方式,且影响投资决策的变量是预期收益和风险两个因素。在同一风险水平上,投资者偏好收益较高的资产组合;在同一收益水平上,投资者偏好风险较小的资产组合。

(3)投资者在单一期间以均值和方差标准来评价资产与资产组合。该前提假设隐含证券收益率的正态分布假设,即证券的收益率为具有一定概率分布的随机变量,一般情况下服从正态分布。正态分布的特性在于随机变量的变化规律通过两个参数就可以完全确定,即在收益率服从正态分布的假设下,投资者投资该证券的预期收益率和风险就可以通过期望值与方差加以描述。

(4)资产具有无限可分性。在上述假设基础上,通过揭示资产组合的可行集,并从中分离出资产组合的有效集,再结合投资者的效用无差异曲线,最终得到投资者的最优选择,这是马科维茨资产组合理论的逻辑脉络和核心内容。

(二)有效边界与投资者效用

1. 衡量资产的期望收益和风险

在对资产组合理论进行进一步介绍之前,我们需要先了解资产组合理论中的基础概念。

所谓期望收益率,即未来收益率的期望值。其计算公式可以表述为:

$$E(r) = \sum (\text{收益率的概率}) \times (\text{可能的收益率}) \tag{3.1}$$

记作

$$E(r) = p_1 r_1 + p_2 r_2 + \cdots + p_n r_n = \sum p_i r_i \tag{3.2}$$

工中,p_i 为收益率的概率,r_i 为可能的收益率。

通常,可以通过参考历史样本数据,利用收益率的算术平均值来估计预期收益。

【例3.1】预期收益率的计算

在可供选择的投资中,假定投资收益可能会由于市场运行情况的不同出现几种结果(见表3-1)。如在市场运行良好的环境中,该项投资在下一年的收益率可能达到20%;而当市场处于熊市时,投资收益将可能是-20%;如果市场维持正常状态运行,该收益率是10%。

表3-1 不同情况下的收益率

市场状况	概率	收益率(%)
牛市	0.15	20
熊市	0.15	-20
正常运行	0.70	10

根据以上数据,即可算出该投资下一年的预期收益率:

$$E(r) = 0.15 \times 0.20 + 0.15 \times (-0.20) + 0.70 \times 0.10 = 0.07 \tag{3.3}$$

资产组合的另一个特征——风险。风险一般定义为实际收益对预期收益的偏离，数学上可以用预期收益的方差来衡量。

资产组合的方差较难计算，我们先来计算单个资产的方差，其公式为

$$\sigma^2 = \sum p_i (r_i - E(r))^2 \tag{3.4}$$

标准差为方差的平方根，公式为

$$\sigma = \sqrt{\sum p_i (r_i - E(r))^2} \tag{3.5}$$

使用表 3-1 中的数据，可以计算出标准差：

$$\sigma \approx 0.118\ 7$$

资产组合的方差不是各资产方差的简单加权平均，而是资产组合的收益与其预期收益偏离数的平方，在两资产组合的情况下：

$$\sigma_p^2 = w_1^2 \sigma_1^2 + w_2^2 \sigma_2^2 + 2 w_1 w_2 \sigma_{1,2} = w_1^2 \sigma_1^2 + w_2^2 \sigma_2^2 + 2 w_1 w_2 \rho_{1,2} \sigma_1 \sigma_2 \tag{3.6}$$

式中，w_i 是资产 i 的权重，σ_i 是资产 i 的标准差，$\sigma_{i,j}$ 是资产 i 与 j 的协方差，$\rho_{i,j}$ 是资产 i 与 j 的相关系数。

对 n 个资产构成的组合，其方差的一般公式为

$$\sigma_p^2 = \sum_{i=1}^{n} x_i^2 \sigma_i^2 + \sum_{i=1}^{n} \sum_{j=1}^{n} x_i x_j \mathrm{cov}(x_i, x_j) \tag{3.7}$$

式中，$i \neq j$。

2. 风险资产的可行集与有效集

风险资产的可行集（feasible set）是指资本市场上由风险资产形成的所有投资组合的期望收益和方差的集合。将所有投资组合的期望收益率和标准差的关系描绘在期望收益率—标准差坐标平面上，封闭曲线上及其内部区域表示可行集。

而有效集（efficient set）则是基于风险资产的可行集，从中分离出相同预期收益率下风险最小的组合，是从理论上确定投资者投资组合的另一基础性工具。

【例 3.2】两个风险资产（股票型基金与债券型基金）的可行集

通过改变股票型基金的投资权重，可以计算出不同权重下资产组合的风险与收益，某基金不同权重下的风险与收益如表 3-2 所示。

表 3-2　不同权重下基金的风险与收益

股票基金投资权重	风险	收益率
0%	8.2%	7.0%
5%	7.0%	7.2%
10%	5.9%	7.4%
15%	4.8%	7.6%
20%	3.7%	7.8%
25%	2.6%	8.0%

续表

股票基金投资权重	风险	收益率
30%	1.4%	8.2%
35%	0.4%	8.4%
40%	0.9%	8.6%
45%	2.0%	8.8%
50%	3.1%	9.0%
55%	4.2%	9.2%
60%	5.3%	9.4%
65%	6.4%	9.6%
70%	7.6%	9.8%
75%	8.7%	10.0%
80%	9.8%	10.2%
85%	10.9%	10.4%
90%	12.1%	10.6%
95%	13.2%	10.8%
100%	14.3%	11.0%

使用上述数据作图,得到图3-1,从中可以看出,随着收益的增加,风险是先减少然后增加的。其中有些资产组合优于其他组合,在风险水平相同的时候收益更高,而在收益相同的时候风险更小,这就是有效集。

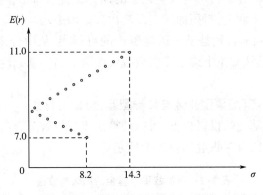

图3-1 不同权重下的风险与收益

3. 不同相关系数对风险的影响

接下来对相关系数进行分析。之前我们得到的资产组合方差的计算公式为:

$$\sigma_p^2 = w_1^2 \sigma_1^2 + w_2^2 \sigma_2^2 + 2 w_1 w_2 \sigma_{1,2} = w_1^2 \sigma_1^2 + w_2^2 \sigma_2^2 + 2 w_1 w_2 \rho_{1,2} \sigma_1 \sigma_2 \qquad (3.8)$$

用方差对相关系数求导,可得:

$$\frac{\mathrm{d}\sigma_p^2}{\mathrm{d}\rho_{1,2}} = 2 w_1 w_2 \sigma_1 \sigma_2 > 0 \quad (\text{假设不进行卖空,即} w_1, w_2 > 0) \qquad (3.9)$$

可知,在其他参数不变的情况下,相关系数越大,组合方差越大,风险越大,要想降低组合的风险,就要降低资产间的相关系数。

【例3.3】不同相关系数下的可行集

给出两种证券1和2的相关信息$E(r_1) = 20\%$,$E(r_2) = 25\%$,$\sigma_1 = 10\%$,$\sigma_2 = 20\%$,通过改变相关系数,计算出不同状态下的收益和标准差,进而画出可行集,如图3-2所示。

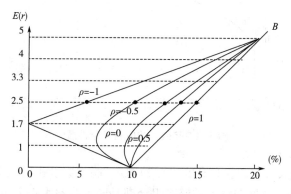

图3-2　不同相关系数下的可行集

4. 多个风险资产的可行集与有效集

多个风险资产的可行集:由n个基本证券构成的资产组合,由于权重不同而有无穷多个组合,所有这些证券组合构成一个可行集。

最小方差资产组合:最小方差资产组合在可行集中的方差最小,如图3-3所示。

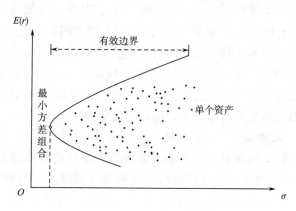

图3-3　多个风险资产的可行集与有效集

多个风险资产形成的有效集是可行集中风险水平相同而收益更高,或收益相同时风险更小的部分,图3-3中弧线的上半部分即为有效边界。

根据马科维茨投资组合理论的前提条件,投资者为理性个体且遵循不满足假定和回避风险行为:①投资者在既定风险水平下要求最高收益率;②在既定预期收益率水平下要求最低风险。此二原则即所谓有效集原则。

在图 3-4 中,按原则①,则 M 点到 H 点的边界之下的点可以全部不用考虑。M 为最小风险点,H 为最大风险点。按原则②,则 FMH 曲线右侧的点可以完全去除。H 点和 F 点分别为期望收益率的最大点和最小点。

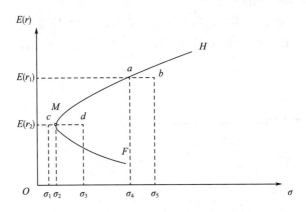

图 3-4　有效集的收益风险性质

为了更清晰地表现资产组合有效边界的确定过程,这里我们集中揭示可行集左侧边界的双曲线 FMH。该双曲线上的资产组合都是同等收益水平上风险最小的组合,因此该边界线称为最小方差资产组合的集合,如图 3-4 所示。

图 3-4 中,既定收益水平下,边界线上的 a 点所对应的风险为 σ_4,而同样收益水平下,边界线内部的 b 点所对应的风险则上升为 σ_5。

FMH 曲线左侧端点处的 M 点,其资产组合是所有最小方差资产组合集合中方差最小的,被称为最小方差资产组合(minimum variance portfolio,MVP)。图 3-4 中,M 点左侧的 c 点,其对应的风险水平为 σ_1,但它脱离了可行集;M 点右侧的 d 点则在同样收益 $E(r_2)$ 水平下,风险上升为 σ_3。也就是说,同时满足前述两条有效集原则的只剩下 MH 边界,我们将其称为有效集,即资产组合的有效边界(efficient frontier)。

有效边界的一个重要特性是上凸性,即随着风险增加,预期收益率增加的幅度减慢。在某种意义上,有效边界是客观确定的,即如果投资者对证券的期望收益率和方差协方差有相同的估计,则他们会得到完全相同的有效边界。

5. 投资者效用、风险偏好与最优选择

作为一名投资者,如何对有效边界上无数种资产组合进行选择是一个问题。到底哪种选择才是最优?这里可以用效用函数来刻画这个问题。一般情况下,效用函数可以表示为:

$$U = E(r) - 0.005A\sigma^2 \tag{3.10}$$

式中,U 为投资者效用,A 为投资者的风险厌恶指数;系数 0.005 是一个约定俗成的按比例计算方法,它使得我们对预期收益率的代入计算用的是小数而不是百分比符号。

不同投资者有不同的风险偏好。总体上,我们可以依据投资者对风险的态度,将投资者分为风险厌恶型、风险中性和风险偏好三种类型。投资者对风险的不同偏好决定了风险厌恶系数 A 的取值:风险厌恶型投资者的风险厌恶系数大于 0,风险中性投资者的风险厌恶系数等于 0,而风险偏好型投资者的风险厌恶系数小于 0,下面我们以风险厌恶投资者为例来具体说明这个问题。

(1)风险厌恶型投资者的无差异曲线。无差异曲线表示在一定的风险和收益水平下(即在同一曲线上),投资者对不同资产组合的满足程度是无区别的。如图 3-5 所示。

以风险厌恶型投资者举例,风险厌恶型投资者的 A<0,在这种情况下,风险相同时,高预期收益会提高效用;而预期收益相同时,高波动性(风险)将降低效用。

风险厌恶型投资者的无差异曲线具有三个特点:

①斜率为正。为了保证效用相同,如果投资者承担的风险增加,其所要求的收益率也会增加。在一定风险水平上,为了让其承担等量的额外风险,必须给予其更高的额外补偿。

②下凸。随着风险的增加,投资者每多承担一定的风险,对于期望收益率的补偿需越来越高。

③任意两条无差异曲线都不相交,越靠左上的无差异曲线,表示效用越大。这里以图 3-5 为例。图中 A 与 B 相比,在风险相同条件下预期收益更高,在预期收益相同时风险更低,这说明 A 曲线具有比 B 曲线更高的投资者效用。

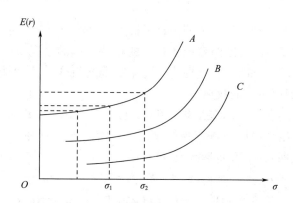

图 3-5　风险厌恶型投资者的无差异曲线

(2)风险厌恶型投资者的最优选择。由于有效边界是上凸的,而效用曲线是下凸的,两条曲线必定在某一点相切,切点代表了为了达到该投资者最大效用而应该选择的最优组合。如图 3-6 所示。

(三)资本配置与最优资产组合的确定

1. 风险资产与无风险资产的配置

(1)无风险资产。无风险资产是指其收益率确定的资产,其资产的最终价值也不存在任何不确定性,其预期收益率与实际收益率不存在任何偏离,方差为零。

其协方差也具有一些奇妙的性质,假设有无风险资产 rf 与资产 i,见下式:

$$\sigma_{rf,i} = \rho \sigma_{rf} \sigma_i = \rho \cdot 0 \cdot \sigma_i = 0 \tag{3.11}$$

(2)资本配置的含义。要使一个资产组合具有分散或降低风险的功能,其前提条件之一是降低组合中各资产之间的协方差或相关系数。

由于无风险资产的收益率与风险资产的收益率之间的协方差为零。因此,控制资产组合风险的一个直接方法,即将全部资产中的一部分投资于风险资产,而将另一部分

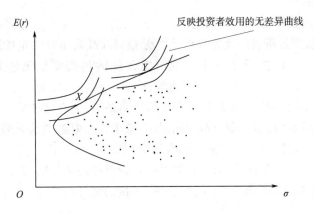

图 3-6　风险厌恶型投资者的最优选择

投资于无风险资产。

　　资本配置,是指根据风险与收益相匹配的原则,将全部资产投资于风险资产和无风险资产中,并决定这两类资产在一个完全资产组合中的比例(权重)。

　　完全的资产组合(complete portfolio),是指既包括风险资产也包括无风险资产的资产组合。

　　如果我们已经按照马克维茨模型确定了最优风险资产组合,则一个资本配置过程,实际上即是在不改变风险资产组合中各资产的相对比例的情况下,将财富从风险资产向无风险资产进行转移;或者说,是在一个完全的资产组合中,降低风险资产组合的权重,而提升无风险资产组合的权重。

　　完全资产组合的收益与标准差也可以很方便地计算出来:

　　假设完全资产组合中风险资产的权重为 w_i,预期收益为 $E(r_i)$,标准差为 σ_i,则完全资产组合的预期收益、方差与标准差为

$$E(r_p) = (1 - w_i)\, r_{rf} + w_i\, E(r_i) = r_{rf} + w_i(E(r_i) - r_{rf}) \tag{3.12}$$

$$\sigma_p^2 = (1 - w_i)^2\, \sigma_{rf}^2 + w_i^2\, \sigma_i^2 + 2 w_i(1 - w_i)\, \sigma_{rf,i} = w_i^2\, \sigma_i^2 \tag{3.13}$$

$$\sigma_p = w_i\, \sigma_i \tag{3.14}$$

　　(3)无风险资产与风险资产构造的投资组合。任意风险资产可以与无风险资产(通常选择国库券)构造资产组合。无风险资产与任意风险资产构造资产组合,将形成一条资本配置线(CAL),如图 3-7 所示。

　　2. 资本配置线

　　对于任意一个由无风险资产和风险资产所构成的组合,其相应的预期收益率和标准差都落在连接无风险资产和风险资产的直线上。该线被称作资本配置线(CAL),下面我们从一个简单的例子开始,逐步得到一般性结论。

【例 3.4】完全资产组合的收益与风险

　　假设一个全面的资产组合由一个风险资产和一个无风险资产构成,其中风险资产的预期收益率(以 r 表示)为 16.2%,标准差为 12.08%;无风险资产的预期收益率(以 r_f 表示)为 4%。依据表 3-3 来构建 5 个资产组合,命名为 $C_i(i = 1,2,3,4,5)$,并可根据之前提到的公式计算出预期收益与标准差。

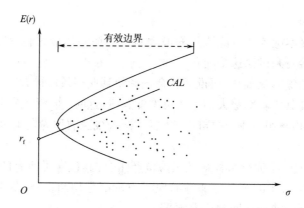

图 3-7 资本配置线

表 3-3 完全资产组合中两种资产的权重、预期收益与标准差

	C_1	C_2	C_3	C_4	C_5
风险资产权重	0.00	0.25	0.50	0.75	1.00
无风险资产权重	1.00	0.75	0.50	0.25	0.00
预期收益(%)	4.00	7.05	10.10	13.15	16.20
标准差(%)	0.00	3.02	6.04	9.06	12.08

将表 3-3 中的数据绘制成图,见图 3-8。

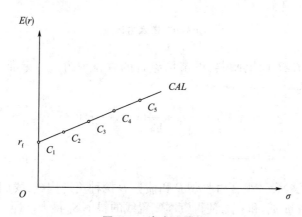

图 3-8 资本配置线

利用上一部分推出的公式,我们还可以导出资本配置线的方程。

上一部分我们得到了 $\sigma_p = w_i \sigma_i$,这也可以表示为 $w_i = \sigma_p / \sigma_i$,将其代入预期收益的公式,可以得到

$$E(r_p) = r_{rf} + \frac{\sigma_p}{\sigma_i}(E(r_i) - r_{rf})$$
(3.15)

上述公式即为资本配置线,斜率为 $\dfrac{E(r_i) - r_{rf}}{\sigma_i}$。

3. 资本市场线

你是否想过资本配置线可能达到的最大斜率？在到达最大斜率时，资本配置线会发生什么？我们接下来讨论这个问题。

存在着无数条资本配置线，而投资者会选择使其期望效用最大的一条，风险厌恶型投资者更是会选择其中斜率最大的一条资本配置线，这时，资本配置线与有效边界切于一点，该点代表着市场组合 M，这样的一条资本配置线也被称为资本市场线（CML）。如图3-9所示。

市场组合 M 是一个完全多样化的风险资产组合，其包含了所有的风险资产与无风险资产。市场组合 M 中的每一种证券的现时市价都是均衡价格，如果偏离均衡价格，交易的买压或卖压会使价格回到均衡水平。

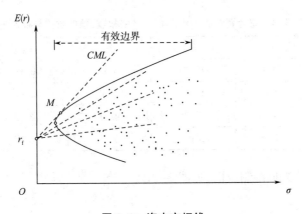

图3-9 资本市场线

通常情况下，CML 向上倾斜，设市场组合的收益率为 r_M，标准差为 σ_M，则可将 CML 的公式表示为

$$E(r_p) = r_{rf} + \frac{\sigma_p}{\sigma_M}(E(r_M) - r_{rf}) \tag{3.16}$$

CML 的斜率为 $\dfrac{E(r_M) - r_{rf}}{\sigma_M}$。

若假设上述风险资产组合由股票 E 和债券 D 两种资产构成，我们的任务是找出这两种资产的各自权重 w_D 和 w_E，使得资本配置线的斜率 S_p 最大。即

$$\max S_p = \frac{E(r_p) - r_{rf}}{\sigma_P} \tag{3.17}$$

$$\text{s.t. } w_D + w_E = 1 \tag{3.18}$$

其中：

$$E(r_p) = w_D E(r_D) + w_E E(r_E) \tag{3.19}$$

$$\sigma_p^2 = w_D^2 \sigma_D^2 + w_E^2 \sigma_E^2 + 2 w_D w_E \sigma_D \sigma_E \rho_{DE} \tag{3.20}$$

将上面两式代入目标函数，并令 $\dfrac{\partial S_p}{\partial w_D} = 0$，可求得 w_D：

$$w_D = \frac{[E(r_D) - r_f]\sigma_E^2 - [E(r_E) - r_f]\text{cov}(r_D, r_E)}{[E(r_D) - r_f]\sigma_E^2 + [E(r_E) - r_f]\sigma_D^2 - [E(r_D) - r_f + E(r_E) - r_f]\text{cov}(r_D, r_E)} \tag{3.21}$$

w_E 可由 $w_E = 1 - w_D$ 算出。

4. 最优完全资产组合的确定

在确定了资本市场线之后，投资者仍然会依据效用最大化的原则选择资产组合，图3-10所显示的则是风险厌恶型投资者对于完全资产组合的选择。

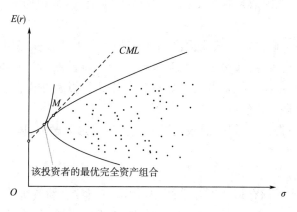

图 3-10　最优完全资产组合

(四) 马科维茨资产组合理论的缺陷

马科维茨于1952年提出的均值方差模型正式将资产配置由实践上升到了理论的层面，通过使用期望和方差来衡量资产组合所具有的收益和风险，将资产配置问题转化为多目标的优化问题。但其中也存在着一些缺陷，而这是我们在实践中不可忽略的。

当我们对现实市场建模时，不可避免地会将现实生活简化为一个个假设来帮助我们进行理论上的推理，而这有时会产生严重的偏离，成为理论的漏洞。

均值—方差模型局限于单期的投资，属于静态模型，而在现实生活中，往往是在多期投资中面临着选择。

均值—方差模型仅仅使用方差来衡量资产组合的风险，并且在对待收益的正负离差上，没有区分收益和损失，不符合投资者实际的风险感受。在现实生活中，我们往往更加看重"得失"中的"失"。当收益分布呈现出非对称的形状时，同一均值和方差对应的峰度和偏度不同；而在投资组合的构建中，忽视峰度和偏度十分容易产生高风险的组合。

在实践中，马科维茨模型的输出结果不具备稳定性，它对于输入的微小变动过于敏感，导致对于收益和风险的估计误差会极大地影响资产权重的选取。

二、托宾收益风险理论

詹姆斯·托宾（James Tobin，1918—2002）是世界上又一位著名的经济学家，他曾经在1981年获得诺贝尔经济学奖。授予其诺贝尔经济学奖的理由是：托宾的贡献涵盖了经济研究的多个领域，包括经济学方法、风险理论等，并均有建树，尤其是家庭和企业行为，并在宏观经济学纯理论和经济政策的应用分析方面独辟蹊径。

我们所熟知的谚语"不要将所有鸡蛋放在一个篮子里"就是源自他口。下面我们来介绍托宾的风险收益理论①。

（一）理论简介

托宾在了解马科维茨的研究之前，就已经开始了对资产分散化的研究，但他的研究目的却与马科维茨不同。在哈佛大学的时候，他被凯恩斯的《就业、利息与货币通论》所吸引。在这本书中，凯恩斯提出了流动性偏好的概念，人们根据资产的流动性来持有现金。

但该书中有两个假设之后被证伪：一个是利率水平基本上是稳定不变的，另一个是投资者要么全部持有现金，要么全部持有风险资产。前者被第二次世界大战后的社会现实所打破，而后者不符合投资者的实际行为。托宾的贡献在于，他提出：消除了这两个假设流动性偏好理论仍然成立。

托宾认为，收益带来正效用，总效用随着收益的增加而增加；风险带来负效用，总效用随着风险的增加而减少。

（二）理论假设

托宾认为，资产的保存形式不外乎两种：货币与债券。债券被称为风险资产，货币被称为无风险资产。持有货币虽然没有收益，但也没有风险；持有债券可以获得收益，但也要承担债券价格下跌而损失的风险。

风险投资者分为三种类型：风险规避者、风险喜好者、风险中立者。这三者会选择不同的货币与债券的组合。而托宾以风险厌恶者作为一般性的投资者个体，对其在不确定的收益和风险的情况下所做出的选择进行了研究。

（三）具体内容

当某人的资产中只有货币而没有债券，为了获取收益，他会使用一部分货币购买债券，这样一来，货币在资产中的比例减少，债券在资产中的比例增加，收益的边际效应递减而风险的负效用递增，直到增加债券带来的收益正效用与债券带来的风险负效用相抵，投资者会停止他使用货币购买债券的行为。

同理，若某人的全部资产都是债券，这时减少一部分债券换成货币，所带来的风险减少的正效用大于收益减少带来的负效用，于是他就会减少一些债券并将它们换为货币。当减少债券带来的收益负效用与减少风险带来的正效用相抵时，投资者就会停止置换的行为。

投资者的无差异曲线可表示为图3-11。在同一条无差异曲线上，投资者的效用相同。无差异曲线反映了投资者对于收益率与风险的权衡，在权衡的过程中，投资者最终会达到两种资产持有比例的平衡。

托宾的理论不仅使得凯恩斯的理论有了更加坚实的基础，也使得证券的决策与分析方法变得更有效率。

设债券的持有比例为 x，现金的持有比例为 $y = 1 - x$。当所持有的资产全部为现金时，预期收益与风险均为0；当所持有的资产全部为债券时，预期收益率为 $\hat{r}$，风险为 $\hat{\sigma}$；当投资者持有 x 比例的债券，持有 y 比例的现金时，预期收益为 $x\hat{r}$，风险为 $x\hat{\sigma}$。于

---

① 本部分内容参考了托宾（Tobin）于1958年2月在 *The Review of Economic Studies* 发表的文章《作为处理风险行为的流动性偏好》。

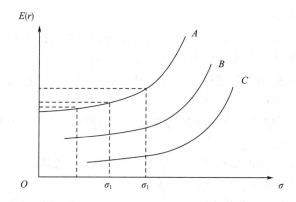

图 3-11 风险厌恶型投资者的无差异曲线

是,可以得到资产组合的收益率:

$$r = \frac{\hat{r}}{\sigma}\sigma \quad \text{或者} \quad r = K\sigma(K = \frac{\hat{r}}{\sigma}) \tag{3.22}$$

这说明,资产组合的预期收益 r 与其风险 σ 之间存在线性关系。$r = K\sigma$ 是一条由原点出发,斜率为 K 的直线,直线上面的点对应着不同货币和债券比例下的预期收益率和风险的组合;该直线与无差异曲线的切点即为投资者的资产组合均衡点。

如图 3-12 所示,I_1、I_2、I_3、I_4 为投资者的一系列无差异曲线,$OC(r_1)$、$OC(r_2)$、$OC(r_3)$、$OC(r_4)$ 为不同债券利率水平下的投资机会线,大小关系为 $r_1 < r_2 < r_3 < r_4$,投资机会线与无差异曲线分别相切于 T_1、T_2、T_3、T_4 点,代表投资者在不同利率水平下满足预期收益和风险无差异要求的货币和债券持有比例,使得投资者效用最大化。当债券比例为 0 时,收益 r 为 0,风险 σ 也为 0。随着利率水平不断上升,OC 的斜率也不断增大,这时,投资均衡点由 T_1 移到 T_2 再到 T_3,投资者的债券比例不断上升,而现金比例不断下降。这种变化反映出了利率变化与债券、现金投资比例的变化之间的关系,具体来说,当利率上升时,投资者持有的债券增加,持有的现金下降;当利率下降时,投资者持有的债券减少,持有的现金增加。托宾是以投资者对未来预期的不确定性为前提,解释了现金和风险资产以一定比例同时持有的资产分散化行为,也同时说明了投机性货币需求与利率的负相关关系。

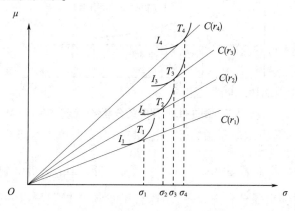

图 3-12 不同利率下的投资行为

(四) 理论的局限性

虽然托宾的风险收益理论对相关理论的研究做出了卓著的贡献,尤其是在去除了利率水平不变与投资者要么全部持有现金要么持有风险资产这两个假设条件下,证明了凯恩斯的流动性偏好理论仍然成立,但是,细心的读者应该已经可以发现,该理论并不能完全包含我们今天的现实生活。

首先,托宾的风险收益理论并没有包含今天的股票等资产,类似的,也没有考虑一些非金融资产,如私募股权、不动产等。

托宾的风险收益理论也没有考虑到现实生活中的通货膨胀。在现实生活中,持有货币是有机会成本的。相同的 1 元钱,在 30 年前与今天的购买力是不同的。若你在 30 年前捡到 1 元钱,也许会想着什么时候还能用它吃一顿饭,但假如你忘了拿出来花,直到今天你才想起准备花掉这 1 元钱,那么它可能连一瓶水都买不到了。

 阅读资料

分散化投资

在前面的分析中,我们已经指出,投资风险总体上可以划分为系统性风险和非系统性风险两部分。构建一个完全的资产组合,其最大的功效是,理论上它可以分散掉全部的非系统性风险(注意,是理论上)。

图 3-13 中的横轴代表资产数量,由图可见,随着组合中资产数量的增加,一个资产组合所承受的非系统性风险逐渐降低,当然,其前提条件是进入组合中的资产之间的相关系数要尽可能低。分散化投资可以消除部分非系统性风险,但无法消除所有的风险。系统性风险是分散化投资无论如何也无法消除的。

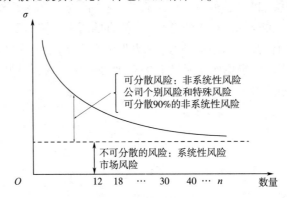

图 3-13 风险的分散化

下面给出严谨的证明。

我们使用夏普的指数模型[1]来证明这个问题。事实上,使用哪种模型并不会对结论造成干扰。

---

① 该模型是在本书第四章所介绍的资本资产定价模型基础上发展起来的。

我们选择由 n 个证券构成的组合,每个证券的权重相等(即每个证券的权重都为 $\frac{1}{n}$),每个证券的超额收益率为:

$$R_i = \alpha_i + \beta_i R_M + e_i \tag{3.23}$$

式中,R_i 为某个证券 i 的超额收益率;R_M 为市场组合的收益率;e_i 代表每个证券的特殊风险(即非系统性风险);α_i 为截距项,表示不随风险而变动的收益率。

组合的超额收益率为:

$$R_p = \sum w_i R_i = \sum \frac{1}{n} R_i = \sum \frac{1}{n}(\alpha_i + \beta_i R_M + e_i) = \frac{1}{n} \sum \alpha_i + (\frac{1}{n} \sum \beta_i) R_M + \frac{1}{n} \sum e_i \tag{3.24}$$

可以看出,组合对于市场的敏感度为:

$$\beta_p = (\frac{1}{n} \sum \beta_i) \tag{3.25}$$

组合的非市场收益为:

$$\alpha_p = \frac{1}{n} \sum \alpha_i \tag{3.26}$$

组合的非系统风险可表示为:

$$e_p = \frac{1}{n} \sum e_i \tag{3.27}$$

组合的方差可以表示为:

$$\sigma_p^2 = \beta_p^2 \sigma_M^2 + \sigma^2(e_p) \tag{3.28}$$

进一步计算 $\sigma^2(e_p)$,可得:

$$\sigma^2(e_p) = \sum \left(\frac{1}{n}\right)^2 \sigma^2(e_i) = \frac{1}{n^2} \sum \sigma^2(e_i) \tag{3.29}$$

$$\lim_{n \to \infty} \sigma^2(e_p) = \lim_{n \to \infty} \frac{1}{n^2} \sum \sigma^2(e_i) = 0 \tag{3.30}$$

所以,随着组合的分散化程度越来越高,更多的股票被加入投资组合中,公司层面的风险会被消除,而这降低了非系统性风险,只留下与市场相关的部分。

然而,这也存在着一个问题:在现实生活中,我们可以持有的资产是有限的,这使得我们虽然可以通过分散化投资来分散风险,但我们却不能"完美"地消除非系统性风险,这就成为分散化投资在市场实际操作中的一个局限。

第二节　证券投资基金组合的构建

本节我们将第一节中的理论具体化,讲解组合构建的过程。首先讲解组合构建的大致流程,使读者对组合构建的整体流程有一个大概的了解;然后对实际组合构建中可以配置的资产进行介绍。

一、组合构建的过程

(一) 资产配置

1. 资产配置是什么

所谓资产配置(asset allocation),是指依据欲达成的(既定的)理财目标,以资产的风险最低与收益最高为原则,将资金有效率地分配在不同资产类别上,构建能够增加收益并控制风险的投资组合。这与我们常说的"不要把鸡蛋放在同一个篮子里"是同一个道理,强调了分散投资的重要性。

2. 资产配置的任务

资产配置主要有下列四项任务:

(1)确定现金资产与非现金资产之间的资产配置比例;

(2)确定在以股票为主的风险资产和以固定收益类证券为主的无风险资产之间的资产配置比例;

(3)确定常规资产和另类资产之间的最佳配置比例;

(4)确定在国内资产和国际资产之间的资产配置比例。

(二) 资产配置的方式

在资产配置的实际操作中,可以将资产配置的方式分为战略性资产配置、战术性资产配置和动态资产配置。

1. 战略性资产配置

战略性资产配置(strategy asset allocation)也称为政策性资产配置(policy asset allocation),它是指投资者根据投资目标和所在国的法律限制,确定资产分配的主要资产类型以及各资产类型所占的比例,以建立最佳长期资产组合结构。

(1)战略性资产配置的基本要素:

第一,确定投资组合里面可以包括的合适资产的投资范围;

第二,确定这些合适的资产在计划持有期内的预期回报率和风险水平;

第三,在估计各种资产的预期回报率和风险之后,利用投资组合理论和资产配置优化模型,找出在每一个风险水平上能提供最高回报率的投资组合集,并确定资产组合的有效前沿;

第四,在可容忍的风险水平上选择能提供最高回报率的投资组合,作为战略资产配置——在资产组合的有效前沿上选择最合适的组合点。

(2)战略性资产配置的三大类型:

根据资产配置对于风险与收益的权衡,战略性资产配置可以分成三大类型:

第一,高收益高风险型。采用这种配置战略的投资目标是注重资本增值,使投资者的资金能在一定时间内获得较大的成长幅度。

第二,长期成长与低风险型。采用这种配置战略的投资目标是注重长期投资,使投资者获得较稳定的投资报酬,减少投资风险。

第三,一般风险与收益平衡型。采用这种配置战略的投资目标是根据市场的变化,适时调整投资组合,实现收益与风险平衡,使投资者能定期得到合理的收益,并将部分收益转化为再投资。

（3）战略性资产配置的效用函数。战略性投资者的效用与资产组合的收益和风险有关。对于风险厌恶的投资者而言，预期收益均值越大，效用越大；预期收益方差越大，效用越小。一般来说，某个战略性投资者的效用函数表达式如下：

$$U_p = R_p - \sigma_p^2/\tau \tag{3.31}$$

式中，U_p 表示投资者的预期效用；R_p 表示投资者对投资组合 P 的预期收益均值；σ_p 表示投资对资产组合 P 的预期收益标准差；τ 表示投资者的风险承受能力。

对于稳健保守型投资者来说，其风险承受能力较小，因而承担风险会很大程度上减少其效用。对于积极进取型投资者来说，其承担风险不会显著地减少其效用。

（4）战略性资产配置的最优化模型。战略性资产配置的基本原理是马科维茨的投资组合理论。首先要求在给定的可投资的资产类别上求出有效前沿组合，在给定风险水平的条件下求方差最小的投资组合，或者在给定方差水平下求期望收益率最大的投资组合。

具体步骤是：首先，根据几大类资产的预期收益情况，求出这几类资产的组合的有效前沿；其次，根据对投资者效用函数的估计给出等效用曲线族；最后，求出有效前沿与等效用曲线的切点。

该切点 A 就是能给投资者带来最大效用的资产配置组合。

图 3-14 形象地说明了上述资产配置组合的最优化选择过程。

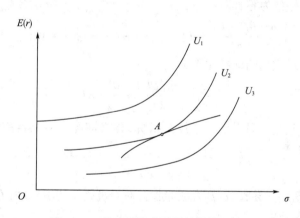

图 3-14　战略性资产配置的最优化选择

2. 战术性资产配置

战术性资产配置（tactical asset allocation）是指证券投资基金通过对市场波动性进行有效的预测，并在中期或短期内对长期资产配置比例的某种偏离，进而获取额外的收益。因此可以说，战术性资产配置是中短期投资管理过程中的决定环节。

（1）战术性资产配置的理论基础。战术性资产配置实质上假定投资者的风险承受能力与效用函数是较为稳定的，在新形势下没有发生大的改变，于是只需要考虑各类资产的收益情况变化。因此，战术性资产配置的核心在于对资产类别预期收益的动态监控与调整，而忽略了投资者是否发生变化。

（2）战术性资产配置的特征分析。

第一，战术性资产配置一般是建立在一些分析工具基础上的客观、量化过程。这些分析工具包括回归分析或优化决策等。依赖或部分依赖主观判断的方法不能称为战术性资产配置,而只能称为常规平衡管理。量化分析结果有助于投资者更有效地执行既定规则。

第二,战术性资产配置主要受某种资产类别预期收益率的客观测度驱使,因此属于以价值为导向的过程。可能的驱动因素包括在现金收益、长期债券的到期收益率基础上计算股票的预期收益,或按照股票市场股息贴现模型评估股票预期收益变化。

第三,战术性资产配置规则能客观地测度出哪一种资产类别已经失去市场的注意力,并引导投资者进入这一不受人关注的资产类别,其动机来源于这样一个事实:不被市场关注的投资类别通常需要支付更高的收益率才能够吸引资本的流入,因此预期收益率较高。

(3)战术性资产配置的一般模型。在既定的经济变量下,投资组合的期望收益和方差为:

$$E(R_{t+1} \mid I_t) = w \cdot E(S_{t+1} \mid I_t) + (1-w)C \tag{3.32}$$

$$\sigma_{R/I}^2 = w^2 \sigma_{S/I}^2 \tag{3.33}$$

式中,C 为投资组合中的现金资产;w 为投资组合中证券的比重;$E(S_{t+1} \mid I_t)$ 为给定时刻 t 的经济参数对 $t+1$ 期证券收益的方差。

$$E(U_{t+1} \mid I_t) = E(R_{t+1} \mid I_t) - \frac{\sigma_{R/T}^2}{RT} \tag{3.34}$$

式中,$E(U_{t+1} \mid I_t)$ 为投资者在 $t+1$ 期的期望效用;RT 为投资者对风险的忍受力。最大化效用要求一阶导数为零,即:

$$\frac{dE(U_{t+1} \mid I_t)}{dw} = E(S_{T+1} \mid I_t) - C - \frac{2w \sigma_{S/T}^2}{RT} = 0 \tag{3.35}$$

从中我们得出最优化的证券比重为:

$$w^* = \left(\frac{E(S_{t+1} \mid I_T) - C}{2\sigma_{S/I}^2}\right) \cdot RT \tag{3.36}$$

假定投资者在建模时只考虑一个经济指标,并将该经济指标目前水平和证券未来收益的关系表示如下:

$$S_{t+1} = \bar{S} + \beta I_t + e_{t+1} \tag{3.37}$$

式中,S_{t+1} 为下一期的证券收益;β 为证券收益对经济指标的敏感度;I_t 为 t 时刻经济指标的水平,e_{t+1} 为误差项。

然后,将经济指标进行调整,使其均值为 0 而方差为 1。证券收益、误差项均符合正态分布。这样,给定经济指标情况下,证券收益的期望值为:

$$E(S_{t+1} \mid I_t) = \bar{S} + \beta I_t \tag{3.38}$$

给定经济指标,证券收益的方差则取决于方程中误差项的方差:

$$\sigma_{S/I}^2 = \sigma_e^2 = \sigma_S^2(1-\rho^2) \tag{3.39}$$

当投资者不拥有信息时,证券收益方差和长期证券收益的方差一样。当投资者拥有完全信息时,证券收益方差为 0。将上式代入公式(3.37),可得到给定投资者信息拥有度时最优化投资组合中的证券的比重:

$$w^* = \frac{(\bar{S} + \rho \sigma_S I_t - C)RT}{2(1-\rho^2)\sigma_S^2} \tag{3.40}$$

不拥有信息的投资者的最优决策为:

$$w^* = \frac{(\bar{S} - C)RT}{2\sigma_S^2} \tag{3.41}$$

战术资产配置是中短期投资管理过程中的决定环节,特别是在短期的市场波动中,有效的战术资产配置是投资者在市场获利的重要技术手段。因此,战术资产配置是建立在对资产的短期风险和收益特征预测能力之上的,而短期预测能力的强弱,直接关系到战术资产配置的成败。

(4)择时与择股。测度市场时机的模型很多,最基本的两个模型为 T-M 模型和 H-M 模型。

Treynor 和 Mazuy 最早对市场时机把握能力进行了计量分析,他们认为如果基金能够对市场收益做出判断的话,基金的组合收益与市场收益之间可能存在一种非线性的函数关系。该模型一般称为 T-M 模型,用来预测基金对市场时机的选择能力,其表达式为:

$$R_i - R_f = \alpha + \beta(R_m - R_f) + \gamma(R_m - R_f)^2 + \varepsilon \tag{3.42}$$

H-M 模型是 Henriksson 和 Menton 在 1981 年提出的。该模型是在线性指数模型中加入一个虚拟变量,以对基金经理的市场把握能力进行评价,表达式如下:

$$R_i - R_f = \alpha + \beta(R_m - R_f) + \gamma(R_m - R_f)D + \varepsilon \tag{3.43}$$

对于证券选择的经典表述是特雷纳—布莱克模型(T-B 模型)。T-B 模型的核心公式为:

$$r_k = r_f + \beta_k(r_M - R_f) + e_k + \alpha_k \tag{3.44}$$

图 3-15 表示的是积极资产组合与消极资产组合的优化过程。图中的虚线是有效边界,表示所有定价合理证券的集合,即它们的阿尔法均为 0。

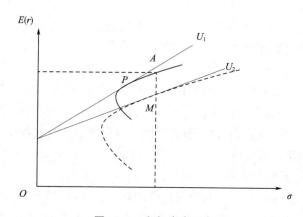

图 3-15　积极资产组合

根据定义,市场指数资产组合位于有效边界上并与资本市场线相切,即 M 点,而定价不合理的证券构造的积极资产组合 A 一定会在这条资本市场线上方。根据构造两资产的最佳风险资产组合原理,最优组合点就在 M 点和 A 点之间,即与资产配置线相切的 P 点。

3. 动态资产配置策略

动态资产配置(dynamic asset allocation)是指在确定了战略资产配置之后,对资产配置的比例进行动态管理。

根据投资者的风险承受能力的不同,可以将动态资产配置策略分为三种类型:

- 购买并持有策略;
- 恒定混合策略;
- 投资组合保险策略。

三种动态资产配置策略都是在投资者风险承受能力的不同基础上进行投资管理,因而具有不同策略特征,并在不同市场环境变化中具有不同的表现,同时它们对有效地实施策略也提出了不同的市场流动性要求,具体如表3-4所示。

表 3-4　不同市场情况下的配置策略

配置策略	市场上升或下降	支付模式	有利的市场环境	要求的流动速度
购买并持有	不行动	直线	牛市	小
恒定混合	下降购买、上升出售	凹型	易变、无趋向	适度
投资组合保险	下降出售、上升购买	凸型	强趋势	高

首先,配置策略的适用性好坏关键在于这种策略的风险支付与投资者的风险忍受程度(可以用效用函数表示)相适应度的高低。

其次,要看市场的走势情况。一个强趋势的市场对购买并持有策略和投资组合保险特别有利,而易变的、无趋向的市场对恒定比例策略最有利,但对投资组合保险不利。

最后,还要看市场及所持有资产的流动性。购买并持有策略要求的流动性仅仅是在开始实施时,而恒定比例策略要求流动性适度是因为其交易似乎是持久的,投资组合保险策略本质上要求最大的流动性。

因此,需要考虑投资者的风险厌恶程度、市场的走势以及对流动性的要求等因素,寻找一种适合所有投资者的动态资产配置策略。

(三)行业配置

如何在现实市场众多的行业中选择你所需要投资的行业,是一门不小的学问。要对行业进行选择,首先要对行业进行分析,观察其特征,然后做出行业判断与投资选择。为投资者提供详尽的行业投资背景资料,有助于投资者确定行业投资重点,帮助投资者选择投资企业和确定持股时间。

1. 行业分析的主要内容

行业分析的目的是描述和分析公司运营的环境,通常包括下列六个方面:

(1)行业描述:确定行业范围、主要客户类型、主要原材料和供应商、主要技术特点。

(2)行业环境:分析影响行业发展的外部因素,包括科技进步、政府监管、社会进步、人口变化和国外竞争。

(3)行业分类:分析行业周期以及行业与经济周期的关系。

(4)行业规模:需求方面包括客户数量、产品销量等,供给方面包括厂商数量、生产能力和使用比例等。

(5)行业增长:分析需求数量和价格的变动趋势,预测销售数量和销售额的增长率。

（6）行业利润：回顾行业过往经营业绩，分析变动原因，判断行业的长期利润前景，并预期行业利润率的变动模式。

2. 行业的经济周期敏感度

（1）行业与经济周期的关系。根据行业与经济周期的关系，可以将行业分为两类：周期性行业、防御性（非周期性）（defensive）行业。

（2）影响行业对经济周期敏感度的因素。行业对经济周期敏感度的因素主要有三个：销售额对经济周期的敏感度、经营杠杆率、融资杠杆率。

①销售额对经济周期的敏感度。对经济周期敏感度最低的是生活必需品行业，其中包括食品、药物和医疗服务。另一些行业如烟草生产商和影视业也属低敏感度的行业；相反，像生产机器设备、钢铁、汽车和交通工具这一类产品，它们对经济周期有很大的敏感度。

②经营杠杆率。它反映了企业固定成本与可变成本之间的分配比例关系。如果企业中的可变成本相对较高，那么它对经济环境的敏感性就比较低。而高固定成本公司的利润额对销售的敏感度要大得多，因为其成本固定不能抵消其收入的变动，经济形势的任何细微波动都会对其赢利能力产生影响。

③融资杠杆率。负债的利息支付与销售额无关，它可以看作是能提高净利润敏感度的固定成本。

3. 行业竞争结构

（1）行业竞争力。决定公司盈利能力首要的和根本的环境因素是行业的竞争结构。国家的产业政策包括行业政策法规、税收及财政补贴等，它会对行业的发展速度、方向及竞争方式产生很大影响，应密切关注和研究。

我们在分析行业竞争结构时，主要运用迈克尔·波特提出的"波特五力分析法"，其包括如下五个主要因素：

第一，潜在加入者的进入威胁。投资者在选择股票时必须考虑新进入企业可能带来的威胁。

第二，替代产品威胁。投资者应当选择替代产品威胁小的行业进行投资。

第三，公司产品买方的议价能力。投资者在选择股票时，要选择买方议价能力小的行业。

第四，公司供应商的议价能力。投资者要选择供应商的议价能力相对较小的行业。

第五，现有的竞争威胁。当所处行业增长缓慢，有众多势均力敌的竞争对手，或者行业的退出壁垒较高的时候，行业的竞争将异常激烈。

波特五力分析法如图3-16所示。

（2）行业竞争结构分析要点。实际操作中，行业竞争力分析特别要注意分析如下几点：

第一，进入壁垒，包括规模经济、资本要求、产品差别、品牌效应、客户忠诚度、政府监管（包括业务牌照、知识产权、污染控制）。

第二，替代产品的威胁。两个处于不同行业中的企业，可能会由于所生产的产品互为替代品，从而产生相互竞争行为。

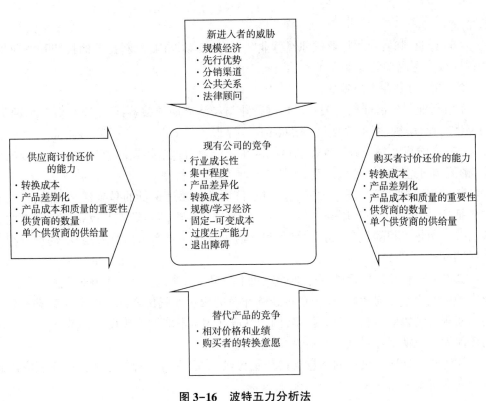

图 3-16　波特五力分析法

第三,谈判能力。如对供应商/购买者的重要性,以及产品差别和价格差别。

第四,行业生命周期。行业生命周期指的是从行业的产生到消失所经历的全过程,如图 3-17 所示。生命周期分析就是从纵向的角度,对一个行业现在所处的发展阶段和今后的发展趋向做出分析和判断。

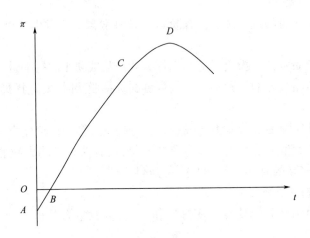

图 3-17　行业的生命周期

在图 3-17 中,横轴为企业的生命期间 t,纵轴为企业利润 π。其中 $A \to B$ 为初创期;$B \to C$ 为成长期;$C \to D$ 为成熟期;D 点后进入衰退期。

一般来说,初创期的企业利润为负,且创业失败的可能性较大,一般适于风险投资;

成长期企业利润呈上升趋势,从而股票价值趋于上升,是风险规避型投资者的最佳介入期;成熟期企业发展平稳,利润处于历史最好水平,是风险中性投资者的最佳选择;衰退期企业处于自身的产业转型(二次创业)阶段,又存在被购并的可能,同时也有破产的可能,是风险偏好投资者的选择。

(四)证券选择

1. 证券选择概述

证券选择的本质是对证券所代表的公司进行选择。公司分析一般包括下列几个内容:

(1)公司描述:确定主要产品、客户及其类型、生产要素的供给、生产的组织、技术水平、组织结构、营销体系和竞争策略;

(2)竞争策略:确定公司策略的类型,并依据行业分析和业绩回顾评价其有效性;

(3)竞争优势:确定公司的优势(strength)、劣势(weakness)、机会(opportunity)、威胁(threat),是否形成可持续的竞争优势,进一步发展竞争优势的计划和实施情况;

(4)财务状况:分析企业的资产状况、流动性、经营效率和盈利能力等,分析公司过往业绩及其变动趋势;

(5)策略支持:了解公司为实施竞争策略和发展竞争能力而在经营管理、投资管理、融资政策和分配政策上的计划和实现情况。

2. 公司策略的有效性

以下方面在评价公司策略的有效性上具有重要意义:

(1)市场份额和营业收入的变动;

(2)销售毛利、净利润和 ROE 的变动;

(3)公司和产品的形象和声誉的变动;

(4)资信评级和股票价格的变动;

(5)技术水平、产品质量等的领先程度;

(6)竞争地位和竞争优势的变动。

3. 竞争优势

公司的竞争优势是公司取得高于行业平均利润水平的能力,它可以来自三个相互联系的方面:

(1)资源:指公司拥有的专利、专有技术、商标、品牌、声誉、客户基础、组织结构、企业文化、技术专长。

(2)能力(核心竞争力):指公司相对于竞争者可以做的好得多的某种或某些活动。

(3)定位:指公司相对于竞争对手选择进行某种或某些不同的活动,或者以某种不同的方式进行特定的活动。公司可以通过选择所提供产品的类型、客户类型和接触客户的方式进行定位。

4. 财务报表分析

财务报表分析即对于公司披露的财务报表进行分析。财务报表分析的方法多样,在实际工作中,主要包括财务比率分析方法与财务建模分析方法。要对公司的财务报表进行分析,首先要对公司披露的财务报表进行的财务造假、财务粉饰进行识别,只有保证财务分析输入信息的准确性,才有可能输出有价值的投资观点。

（1）财务比率分析。主要指标包括：短期偿债能力比率，长期偿债能力比率，资产管理能力比率，盈利能力比率，利润留存比率，可持续增长率，等等。

（2）财务建模分析。这是指根据已知的信息，对公司的财务报表过去的变动规律加以总结，并结合市场相关信息对公司未来进行预测，从而计算出公司当前的投资价值。

财务报表分析不是本书的重点，并且市面上的财务报表分析书籍多种多样，故本书只做简要概述，不再对财务报表分析进行深入解读。

二、资产选择

（一）资产的分类

1. 股票资产

股票资产可以依据行业增长周期性与经济增长周期性的相关程度进一步细分为四类子类别资产，分别是成长性行业、周期性行业、防守型行业和资源类行业。另外，股票资产可以依据市值的大小进一步细分为三类子类别资产：大盘股、中盘股和小盘股；还可以依据国别的不同细分为国内股票和国际股票等。

2. 固定收益类证券

固定收益类证券（fixed income security）是指在一定时期内，证券的发行者依据招募说明书上面事先约定的利率支付给投资者利息，使得投资期间每单个期间的收益较为确定的证券。

固定收益类证券按照期限来划分可以细分为货币市场固定收益类证券和资本市场固定收益类证券。

货币市场固定收益类证券是指到期期间在 1 年以内的固定收益类证券，主要包括国库券、可转让大额定期存单、银行承兑汇票、商业本票和国债回购。

资本市场固定收益类证券是指到期期间在 1 年以上的固定收益类证券，主要包括中长期国债、金融债券、企业债券、可转换债券、认股权证、零息债券、浮动利率债券和国际债券等。

（1）国债。国债是指政府为满足重大项目建设或者国库的需要，由财政部委托中央银行通过招投标的方式向投资者发行的债券。国债的信用级别最高，流动性最好，一般被视为无风险资产。

（2）金融债券。金融债券是指由以银行为主体的金融机构发行的金融企业债券，由于以银行信用作担保，金融债券的风险要比普通公司债券低得多。

（3）公司债券。公司债券是指由股份有限责任公司担任发行主体，以公司信用作担保向投资者发行的债券。公司债券的风险相对于国债和金融债券较高，票面利率或者收益率相对于国债和金融债券也较高。依照有无担保和抵押，可以分为有担保公司债券、无担保公司债券和金融机构担保公司债券。

（4）可转换债券。可转换债券是介于公司债券和普通股之间的一种混合金融衍生产品，投资者拥有在一定时期内选择是否按照一定的转换价格和转换比例将可转换公司债券转换成为公司普通股票的权利。在可转换债券转换成为公司股票以前，可转换债券的持有人是公司的债权人，一旦转换成为公司股票以后，就成为公司的股东。

(5)零息债券。零息债券是指以贴现方式发行,投资者持有期间不向投资者支付利息,到期按照面值偿还的债券,面值和发行价格之间的差额就是投资者的报酬。

(6)认股权证(warrant)。认股权证又称为窝轮(窝轮是从 warrant 音译过来的),可以由发行股票的公司或者第三者发行,赋予权证持有人在特定时期内,按照约定的价格,购买或者卖出一定数量的股票(正股)的权利。它按照买卖方向的不同,分为认购权证(call warrant)和认沽权证(put warrant)。

3. 金融衍生品

金融衍生品指的是其价值依赖于标的资产的价值而变动的产品,共包括标准化和非标准化的两种。

金融衍生品具有两种特性:高杠杆性、零和博弈。高杠杆性是指衍生产品的交易一般采用保证金制度,这使得标的资产价格的边际很可能会使保证金全部损失。零和博弈是指衍生品交易双方的盈亏完全是负相关的,并且净损益之和为 0。

根据产品形态,金融衍生品可以分为期货、远期、互换、期权四大类。

(1)期货与远期。期货与远期都是双方约定在未来某一特定时间、以某特定的价格、买卖特定数量的资产,但两者在合约内容上有所不同。期货合约是交易所制订的标准化合约,合约中对于合约的到期日以及所买卖的资产的种类、质量、数量做出了统一规定,而远期是依据双方的特别需求,签订的"个性化"合约。

(2)互换。互换是交易双方约定在未来的一段时间内交换一系列现金流的合约,其本质是双方对于对方资产的需求。互换可以分为利率互换、货币互换、汇率互换、商品互换、信用互换等。

(3)期权。期权是一种选择权,它赋予持有者在未来特定的时间内以特定的价格买入或卖出一定数量的特定商品的权利。期权的持有者所具有的是一种权利而不是义务,既可以实施该权利,也可以放弃该权利。

4. 另类资产

另类资产是指除了股票、债券、期货等资产之外的资产,包括私募股权、风险投资、不动产、矿业、杠杆收购、基金的基金等多个种类。由于另类资产的种类多且特性多样,本部分不再对另类资产进行详细的介绍,读者可以参考市面上讲解另类资产的教材。

(二)资产选择需要遵循的原则:契约标准、分散化、安全性

1. 契约标准

契约型基金和公司型基金虽然有一定的区别,但它们都是依照一定的契约设立的。契约型基金依照投资者、管理人、托管人之间所签署的合同而设立,而公司型基金依照公司章程而设立。

所以基金的运作首先必须符合其设立所依据的基金合同、公司章程,基金资产选择的范围也必然要先符合契约标准。

2. 分散化

在经济日益全球化,特别是我国金融市场与资本市场不断国际化的背景下,投资管理者所构建的资产组合也可以包含海外资产。全球性的资产配置天然可带来投资的分散化,具体可以分为"国别效应"和"行业效应",如表3-5所示。

表3-5　分散化中的"国别效应"和"行业效应"

	基于"国别效应"的"市场分散化原则"	基于"行业效应"的"行业分散化原则"
风险分散效应的来源	各国(地区)独立的货币、财政和汇率政策所造成的不同国家(地区)市场之间的分隔状态,导致了各国(地区)市场之间的低相关	各国(地区)不同的产业结构、行业重点、产业周期、市场壁垒等导致了具有不同行业特点的国家(地区)市场之间的低相关性
资产配置策略	只要将不同市场的证券进行组合就可以有效地提升效率前沿	在构建证券组合时需要重点关注不同国家(地区)的行业倾向,只有将不同行业的证券进行组合才能最大限度地提升效率前沿

表3-4所示的资产配置中的国别效应和行业效应可以表示为图3-18。

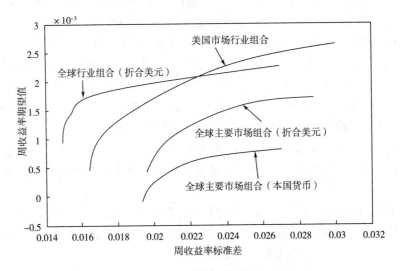

图3-18　资产配置中的国别效应和行业效应

通过比较不同类型组合的有效集,进而分析国际主要证券市场间国别效应和行业效应的静态特征,可以发现:

(1)全球行业组合与美国市场行业组合的有效集明显优于全球主要市场组合的有效集,显示在全球经济一体化发展迅速的形势下,各主要证券市场之间的相关性明显增加,因此国别效应明显降低;相反,由于大量跨国公司的存在,事实上造成了上市公司的"全球化分散效应",因此即使在美国市场构建行业组合,其风险收益特征也明显优于在全球各主要市场之间构建市场组合。

(2)从行业组合来看,在组合的风险程度较低(即标准差较小)的情况下,全球行业组合的有效集优于美国市场行业组合,而在组合的风险程度较高的情况下则相反。也就是说,在本章所涉及的时间窗口内,风险容忍度较低(风险厌恶程度较高)的投资者相对更适合于投资全球行业组合,而风险容忍度较高(风险厌恶程度较低)的投资者则更适合于在美国市场构建行业组合。

(3)从市场组合来看,(至少在风险相对较高时)折合成美元的全球主要市场组合的有效集要优于以其本国货币计价的全球主要市场组合。该结果与一个重要问题有关,即全球化投资是否需要对冲汇率风险。在本章的分析中,折合成美元的市场组合相当于将投资组合的收益直接转换成美元,而不考虑汇率风险对冲;而以本国货币计价的市场组合相当于不考虑该国货币与美元之间的汇率风险,即对汇率风险进行了完全的对冲(且不考虑风险对冲成本)。

3. 安全性

公募基金对资产的选择通常要求比较高的安全性,这主要是由公募基金所面向的人群与公募基金存在的意义决定的。我国的公募基金主要面向的是广大投资者,而我国公募基金存在的意义是为基金持有人的投资保值增值。

安全性的一个反例是对冲基金,对冲基金充分利用了各种金融衍生产品的杠杆效应,承担高风险并追求高收益,采用各种交易手段进行对冲、套保来获取平常不可能达到的高收益,但通常也承受着巨大的风险。

三、现金配比

现金作为基金投资组合中流动性最强的资产,既是一种机会,也是一种成本。

(一)基金的赎回压力与过往业绩

开放式基金面临着各种各样的赎回压力,当投资者赎回基金时,基金管理人需将投资者持有的基金份额收回,并将资金退还给投资者,这被称为现金申赎。因此,基金管理人需要在投资组合中持有一定比例的现金,基金面临的赎回压力越大,基金投资组合中的资金被消耗得越快,因此,赎回压力越大的基金,其资产组合中持有的资金比例也会越大。

封闭式基金由于发行总额和发行期在设立时已经确定,因此与开放式基金相比,没有那么大的赎回压力,封闭式基金持有资金主要是为了满足投资策略的需要。

赎回压力主要是针对现金申赎而言的,如果不存在现金申赎,那么也就不存在这种压力。ETF 就是这样的一种基金,ETF 的一种特性是实物申赎,也就是说,投资者需要使用一揽子股票申购基金份额,当投资者赎回时,投资者要使用基金份额换回一篮子股票。

过往业绩也会对基金的资金配比产生一定的影响。过往业绩较好的基金更加容易得到投资者的青睐,从而表现出净申购行为,这为投资组合提供了可用资金,这时基金组合与正常相比,只需要持有相对较少的资金数量。

(二)基金的投资策略

基金的投资策略需要持有资金来满足,资金为投资策略的执行提供了一种机会。想象以下情况,市场上出现了投资机会,该机会完美符合你的投资策略。这时,你有所需资金,也有可能没有所需资金。当你有所需资金时,你可以很好地执行策略;如果你没有所需资金,那么你就不能执行策略,或者你可能需要卖出资产来获取所需资金,但需依据资产的流动性付出相应的成本。

由此可见,所持有的资金构成了一种满足投资策略的"选择权",持有更多的资金可以更好地满足投资策略,但持有越多的资金,机会成本也会越大。

当投资策略更多地需要挖掘短期机会,投资组合中需要更多地持有资金,若投资策略专注于长期持有,投资组合的资金需求会相对小一些。

四、最优组合规模

之前我们介绍过投资组合分散化的作用,我们发现:随着投资组合的分散化程度越来越高,更多的股票被加入投资组合中,公司层面的风险会被消除,从而非系统性风险趋于0,只有与市场相关的系统性风险部分。

但这也存在一些问题。一个是在现实投资管理中,我们可以持有的资产是有限的;另一个是在现实操作中,我们为了知道一个证券是否具有投资价值,往往会付出各种各样的成本、利润、时间与精力。那么在通常情况下,投资组合中持有多少只证券为佳呢?这里我们以一个实证研究的案例对该问题进行分析。

 案 例

基金的最优组合规模[①]

一、案例概要

本案例选择中国 2004 年 10 月 1 日前成立的 8 种投资风格共 133 只证券投资基金,根据其在 2005 年 1 月 1 日至 2008 年 3 月 31 日共 161 周的数据,依照非回置等权抽样的方法构建基金组合。在研究基金组合规模与组合风险和绩效关系的基础上,着重探讨了基金组合所含风格类型以及基金组合风格丰富化指标与组合风险和绩效的关系。在上述研究的基础上,提出了综合规模和风格双因素的基金最优组合构建原则,并得出了最适度风格类型模型和最适度风格丰富化指标模型。

二、抽样方法

从 133 只基金中随机抽取 1 只基金,计算标准差和夏普指数;从剩下的 132 只基金中随机抽取另 1 只基金,与之前的基金构成 2 只基金的投资组合,计算组合标准差和夏普指数;按此类方法一直计算下去,直到基金组合规模达到 100 只为止;将上述过程重复 5 000 次,以减少随机抽样带来的误差,使结果具有稳健性,最后计算每种规模基金组合的平均标准差、平均夏普指数。

三、实证结果

最终的实证结果如图 3-19 所示,可以看出,随着组合规模 N 的增加,组合的平均标准差逐渐减小,而组合的平均夏普指数也不断增加,但随着组合规模 N 越来越大,其减少和增加的幅度越来越有限。

四、结果与讨论

从图 3-19 中的两幅图可以看出,随着基金组合规模的扩大,基金组合平均标准差不断减小,平均夏普指数不断增大。当组合内基金数量由 1 只增加到 30 只时,基金组合平均标准差减小幅度很大(下降了 10.55%),平均夏普指数上升幅度也很大(上升了3.78%);此后组合规模再增加,组合风险和绩效的变动幅度越来越小,特别是组合规模

---

① 详见李学峰、魏娜、王兆宇,2010:《基于规模与风格的证券投资基金最优组合构建研究》,发表于《金融发展研究》2010 年第 3 期。

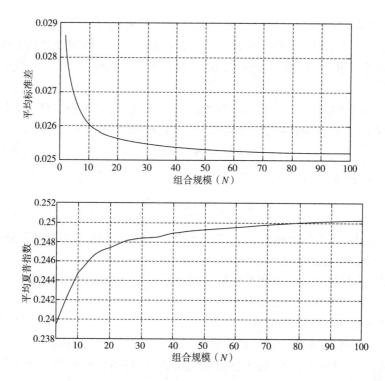

图 3-19　实证结果

资料来源:李学峰、魏娜、王兆宇:"基于规模与风格的证券投资基金最优组合构建研究",
《金融发展研究》,2010 年第 3 期。

达到 40 只基金之后,无论是平均标准差还是平均夏普指数都基本趋于稳定,基金组合的系统风险约为 0.025 2。这就在一定程度上印证了国内外已有研究所得出的存在基金最优组合规模的结论。考虑到随着组合规模的扩大所带来的管理成本的提高,就本文的研究样本和研究期间,可以初步得出基金最优组合规模在 30~40 只基金的结论。

五、组合构建的合理性①

(一)合理性评价的总体思路

1. 风险与收益相匹配的一般原则与最优原则

一般原则:根据资本资产定价模型(CAPM),证券的预期收益率与其所承担的系统性风险之间是正相关关系,即投资的高收益将伴随较高风险,而较低收益的投资所承担的风险也将较低,这种对应关系即是风险与收益相匹配的一般原则。

最优原则:根据马科维茨资产组合理论,理性投资者具有不满足和风险厌恶的特点,即在一定风险下追求更高的收益,或是在一定收益下追求更低的风险,从而达到风险与收益的最优匹配。

2. 风险与收益指标的选定

(1)表征风险的指标:依据经典的组合理论,一个充分分散化的投资组合将消除所

---

① 这部分内容引自李学峰:《投资组合管理》第二版,清华大学出版社,2021。

有的非系统性风险,因而选择系统性风险 β_p 作为表征风险的指标。β_p 的含义是:如果投资组合的 $\beta_p = 1$,其系统性风险与市场风险一致;如果 $\beta_p > 1$,该组合的系统性风险大于市场风险;而如果 $\beta_p < 1$,则组合的系统性风险小于市场风险;$\beta_p = 0$,则该组合无系统性风险。

(2)表征收益的指标:一个证券组合的收益用 R_p 表示,它等于该组合中各股票的收益 R_i 的加权平均,权重为各种股票的市值占该组合总市值的比重 X_i,即:

$$R_p = \sum R_i X_i \tag{3.45}$$

式中,t 期的 R_i 由 R_{it} 表示,有:

$$R_{it} = \frac{P_{it} - P_{i(t-1)} + D_{it}}{P_{i(t-1)}} \tag{3.46}$$

式中,P_{it} 为股票在 t 期的价格,$P_{i(t-1)}$ 为股票在 $t-1$ 期的价格,D_{it} 为 t 期分得的股利。

(二)风险与收益相匹配的量化表述

把上面给出的风险与收益相匹配的一般原则与最优原则进行量化表述,以便最终建立起投资组合合理性评价的综合指标。

1. 基于一般原则的量化表述

根据一般原则,投资组合的收益应该与其所承担的市场风险相匹配,即有什么样的风险就应该有什么样的收益。而根据 β 值的定义,市场组合的所有资产的加权平均 β 值必定为 1。

这样我们即可得到投资组合与市场组合的 β 值关系式 β_{pm}:

$$\beta_{pm} = \beta_p - 1 \tag{3.47}$$

接着来看收益方面的指标。我们将投资组合的收益与市场基准组合的收益之间的关系定义为 R_{pm},其关系表达式为:

$$R_{pm} = R_p - R_m \tag{3.48}$$

结合以上两个公式,R_{pm} 和 R_m 有如下的符号搭配,对应一般原则下的三种情况:

(1)情况 1:$\beta_{pm} < 0$ 而 $R_m \geqslant 0$,或 $\beta_{pm} = 0$ 而 $R_{pm} > 0$。

该情况的特征是:在所承担风险低于市场基准组合的前提下,获得了等于或高于市场基准组合的收益;或在所承担风险等于市场基准组合的前提下,获得了高于市场基准组合的收益。上述特征即所谓的低风险对应高收益,反映了投资者充分把握市场(非有效的)机会,战胜了市场。因而这种状态可以体现投资者具有把握和利用市场状态的能力,可以判定,这种情况是在一般原则下合理性"高"的状态。

(2)情况 2:$\beta_{pm} > 0$ 且 $R_{pm} > 0$,或 $\beta_{pm} < 0$ 且 $R_{pm} < 0$,或 $\beta_{pm} = 0$ 且 $R_{pm} = 0$。

其特征是:在承担风险高于市场基准组合的前提下,所得收益也高于市场基准组合;或者在承担风险低于市场基准组合的前提下,所得收益亦低于市场基准组合;又或者在承担风险等于市场基准组合的前提下,所得收益等于市场基准组合。该种状态下,高风险对应高收益,低风险对应低收益,能够较好地体现风险与收益匹配的一般原则。可以判定该情况是一般原则下合理性"中等"的状态。

(3)情况 3:$\beta_{pm} > 0$ 但 $R_{pm} \leqslant 0$,或 $\beta_{pm} = 0$ 但 $R_m < 0$。

其特征是:在承担风险大于市场基准组合的前提下,所得收益等于或低于市场基准组合;或者在承担风险等于市场基准组合的前提下,所得收益低于市场基准组合。该种状态下,高风险对应低收益,不符合风险收益匹配的一般原则。可以判定情况3是一般原则下投资组合合理性"低"的状态。

2. 基于最优原则的量化表述

要考察在给定的风险水平下投资组合是否获得了更高的收益,需综合考虑风险和收益。因此,在这里将收益用风险进行调整,形成 R_{rp},它等于组合的收益 R_p 与组合的风险 B_p 之比,该比值的含义是投资组合承受单位系统风险时的收益,代表收益率与系统性风险之间的对应关系。

由于市场是所有证券的集合,因而可以作为比较的基准。市场也会有收益(即市场收益率)和市场总体风险(即市场的 β 值)之间的对应关系,两者的比值 R_m/β_m 即反映市场收益与风险的这种对应关系,我们将其命名为 R_{rm}。由于市场总体的系统性风险 β_m 为1,于是得到 $R_{rm}=R_m$。这里,市场收益率 R_{rm} 被赋予了新的含义,即整个市场的风险与收益的对应关系。

由投资组合的 R_{rp} 与比较基准 R_{rm} 可得:

$$MD = R_{rp} - R_{rm} \tag{3.49}$$

式中,MD 即为衡量某投资组合在最优原则下风险与收益匹配性状况的指标。MD 值可能存在正、负两种情况。

(1)$MD>0$,说明在承担相同风险水平的状况下,投资组合的收益高于市场基准,在非有效的市场中符合风险与收益的最优匹配原则,并且从投资者的角度,该种情况是最优原则下投资组合合理性"高"的状态。

(2)$MD<0$,说明在承担相同系统风险水平的状况下,投资组合的收益低于市场基准,未能满足最优原则,可以判断,该情况是最优原则下合理性"低"的状态。

(三)投资组合合理性的综合评价

1. 一般原则与最优原则的关系

通过一般原则与最优原则匹配状态衡量模型可以看出,两种原则是存在紧密联系的。

(1)如果某投资组合的合理性在一般原则下属于"高",它在最优原则下一定也属于"高":当 $\beta_{pm}=\beta_p-1<0$ 且 $R_{pm}=R_p-R_m>0$ 时,则 $\dfrac{R_p}{\beta_p}>R_m$,即 $MD=R_p/\beta_p-R_m>0$,因而由一般原则下合理性"高"的状态可以推出最优原则下合理性"高"的状态,即"低风险高收益"的组合一定能够获得超过市场基准的收益。

(2)如果该组合的合理性在一般原则下属于"低",那么它一定在最优原则下也属于"低":当 $\beta_{pm}=\beta_p-1>0$ 且 $R_{pm}=R_p-R_m<0$ 时,则 $\dfrac{R_p}{\beta_p}<R_m$,即 $MD=\dfrac{R_p}{(\beta_p)}-R_m<0$,因而由一般原则下合理性"低"的状态可以推出最优原则下合理性"低"的状态,即"高风险低收益"的组合一定能获得低于市场基准的收益。

(3)如果该组合的合理性在一般原则下属于"中等",则它在最优原则下既有可能属于"高"也有可能属于"低":β_{pm} 与 R_{pm} 正负号相同时,无法确定 MD 值的正负号,因而不能推定一般原则下合理性"中等"的状态一定对应最优原则下合理性"高"或"低"的状态,即一般原则下"风险与收益相匹配"的组合也是有区别的,一部分能够获得超过市场基准的收益,另一部分则获得低于市场基准的收益。

2. 投资组合合理性的综合评价指标

基于以上分析,综合考虑一般原则与最优原则的投资组合合理性判断标准如表 3-6 所示。

表 3-6 合理性评价标准

情况	一般原则下合理性判定	最优原则下合理性判定	综合评价	投资组合合理性综合评价
1	高	高	低风险对应高收益,获得超市场基准收益	最高
2	中等	高	一般原则下风险与收益相匹配,获得超市场基准收益	较高
3	中等	低	一般原则下风险与收益相匹配,未获得超市场基准收益	较低
4	低	低	高风险对应低收益,未获得超市场基准收益	最低

 案　例

汇添富价值精选 A(519069.OF)的资产组合及其合理性

一、一般原则

2017 年第四季度至 2020 年第三季度,汇添富价值精选 A(519069.OF)的 β_p 与市场组合的 β 之间的关系如表 3-7 所示。

表 3-7　2017 年第四季度至 2020 年第三季度汇添富价值精选 A(519069.OF)的 β

时　间	β_p	$\beta_{pm} = \beta_p - 1$
2017 年第四季度	1.54	0.54
2018 年第一季度	0.92	−0.07
2018 年第二季度	1.01	0.01
2018 年第三季度	1.03	0.04
2018 年第四季度	0.89	−0.10
2019 年第一季度	0.83	−0.16
2019 年第二季度	0.98	−0.02
2019 年第三季度	0.86	−0.13
2019 年第四季度	0.81	−0.19
2020 年第一季度	1.00	0.00

时 间	β_p	$\beta_{pm} = \beta_p - 1$
2020 年第二季度	0.94	-0.05
2020 年第三季度	0.86	0.00

汇添富价值精选 A(519069. OF)的 R_p 与市场组合的 R_m 的关系如表 3-8 所示。

表 3-8　2017 年第四季度至 2020 年第三季度汇添富价值精选 A(519069. OF)的收益率

时 间	R_p	R_m	R_{pm}
2017 年第四季度	3.07	3.83	0.76
2018 年第一季度	-0.15	-4.62	-4.47
2018 年第二季度	0.39	-9.67	-10.06
2018 年第三季度	0.45	0.91	0.46
2018 年第四季度	-4.02	-8.51	-4.49
2019 年第一季度	13.36	30.40	17.04
2019 年第二季度	-0.91	-3.73	-2.82
2019 年第三季度	0.25	-3.08	-3.33
2019 年第四季度	3.86	6.75	2.89
2020 年第一季度	-5.29	-11.22	-5.93
2020 年第二季度	9.46	13.30	3.84
2020 年第三季度	6.89	7.99	1.1

对于汇添富价值精选 A(519069. OF)一般原则下的合理性评价,见表 3-9。

表 3-9　基于一般原则的合理性评价

时 间	β_{pm}	R_{pm}	一般原则
2017 年第四季度	>0	<0	低
2018 年第一季度	<0	>0	高
2018 年第二季度	>0	>0	中等
2018 年第三季度	>0	<0	低
2018 年第四季度	<0	>0	高
2019 年第一季度	<0	<0	中等
2019 年第二季度	<0	>0	高
2019 年第三季度	<0	>0	高
2019 年第四季度	<0	>0	中等
2020 年第一季度	>0	>0	中等
2020 年第二季度	<0	<0	中等
2020 年第三季度	<0	<0	中等

在 2017 年第四季度至 2020 年第三季度这 12 个季度中,汇添富价值精选 A (519069.OF) 只有两个季度处于"低"的状态,不符合风险收益的一般原则;有六个季度处于"中等"的状态,较好地体现了风险与收益相匹配;有 4 个季度处于"高"的状态,战胜了市场。总体来看,该基金在既定风险下,基本获得了相应收益,甚至有超额收益。

二、最优原则

2017 年第四季度至 2020 年第三季度中,汇添富价值精选 A (519069.OF) 的 R_{rp} 与比较基准 R_m 以及 MD 如表 3-10 所示。

表 3-10　基于最优原则的合理性评价

时　间	R_{rp}	R_m	MD	最优原则
2017 年第四季度	1.99	3.82	1.83	低
2018 年第一季度	-0.16	-4.62	-4.46	高
2018 年第二季度	0.38	-9.61	-9.99	高
2018 年第三季度	0.42	0.91	0.49	低
2018 年第四季度	-4.46	-8.52	-4.06	高
2019 年第一季度	16.05	30.40	14.35	低
2019 年第二季度	-0.92	-3.73	-2.81	高
2019 年第三季度	0.28	-3.08	-3.36	高
2019 年第四季度	4.75	6.74	1.99	低
2020 年第一季度	-5.26	-11.22	-5.96	高
2020 年第二季度	9.96	13.30	3.34	低
2020 年第三季度	7.94	7.99	0.05	低

三、综合评价

综合一般原则与最优原则来看,汇添富价值精选 A (519069.OF) 的表现如表 3-11 所示。

表 3-11　综合性评价

时　间	一般原则	最优原则	综合评价
2017 年第四季度	低	低	最低
2018 年第一季度	高	高	最高
2018 年第二季度	中等	高	较高
2018 年第三季度	低	低	最低
2018 年第四季度	高	高	最高
2019 年第一季度	中等	低	较低
2019 年第二季度	高	高	最高
2019 年第三季度	高	高	最高
2019 年第四季度	中等	低	较低

续表

时　间	一般原则	最优原则	综合评价
2020 年第一季度	中等	高	较高
2020 年第二季度	中等	低	较低
2020 年第三季度	中等	低	较低

综合一般原则与最优原则来看,在 12 个季度中,汇添富价值精选 A(519069. OF)有 4 个季度评价为"最高",2 个季度评价为"较高",4 个季度评价为"较低",2 个季度评价为"最低"。可以发现,该基金较为优秀,并且在实现高收益的同时,兼顾了稳定性。

第三节　证券投资基金的投资决策体制与程序

本节主要讲述的是,作为基金的管理者如何科学地管理基金。首先对证券投资基金的当事人做一介绍,以使管理者明确其在基金运作过程中的位置;然后将视角缩小到投资基金管理者,对管理者的参与部门及其之间是如何进行协作进行讲解,并介绍更加一般化的投资管理程序;最后以长信基金的决策程序为例,将知识具体化,代入现实,使读者了解现实中的基金管理人是如何进行决策的。

一、决策体制

(一)证券投资基金的当事人(投资者、管理者、托管人)及其之间的关系

《中华人民共和国证券投资基金法》规定了我国证券投资基金的当事人有三种,分别为基金投资者、基金管理人、基金托管人,他们之间的关系如图 3-20 所示。

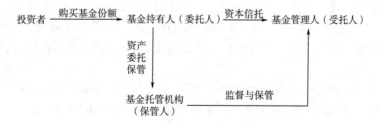

图 3-20　证券投资基金当事人之间的关系

1. 基金持有人与基金管理人之间的关系

在基金的当事人中,基金持有人与基金管理人之间的关系是委托人、受益人与受托人的关系,也是所有者和经营者之间的关系。

2. 基金管理人与基金托管人之间的关系

基金管理人与基金托管人的关系是相互制衡的关系。基金管理人由投资专业人员组成,负责基金资产的经营。

托管人由主管机关认可的金融机构担任,负责基金资产的保管,依据基金管理机构的指令处置基金资产,并监督管理人的投资运作是否合法合规。

3. 基金持有人和基金托管人之间的关系

基金持有人与托管人之间的关系是委托与受托的关系,也就是说,基金份额持有人将基金资产委托给基金托管人保管。

(二) 证券投资基金的决策体制

1. 投资管理的部门设置

基金的投资管理流程主要涉及以下的部门以及相关责任人:投资决策委员会、风险控制委员会、基金经理、研究部、交易室、财务综合部。

(1)投资决策委员会。投资决策委员会是基金管理公司管理基金投资的最高决策机构,由各个基金公司自行设立,是非常设的议事机构。投资决策委员会一般由基金管理公司的总经理、分管投资的副总经理、投资总监、研究部经理、基金经理等组成。

投资决策委员会的主要工作为根据合同来确定基金的投资理念、投资原则、投资限制,批准可投证券备选库及核心证券库的建立及调整,对基金经理做出投资授权,评价基金经理的管理绩效,讨论风险控制委员会提交的投资风险评估及绩效分析报告等。

(2)基金经理。基金经理在公司的投资管理体系中起着至关重要的作用,具体负责投资的日常营运和管理。基金经理需要负责投资管理的日常运作,包括但不限于拟定投资策略报告、制定执行投资组合方案、制定并下达日常交易指令、定期总结组合情况并向投资委员会汇报等。

(3)研究部。研究部是基金投资运作的基础部门,通过对宏观经济形势、行业状况、上市公司等的详细分析和研究,提出行业资产配置建议,选出有投资价值的上市公司并负责建立和维护可投证券备选库和核心证券库,向基金投资决策部门提交研究报告及投资计划建议。

为了做好研究,研究部还负责对所关注行业内的上市公司进行实地调研,以更好地提供投资建议。

(4)交易部。交易部是基金投资运作的具体执行部门,负责投资组合交易指令的审核、执行与反馈。在实际操作中,对于基金经理发出的不符合法律法规、投资管理制度规定,或者违反公司风险控制管理规定的交易指令,交易部有权暂停执行并立即向风险控制委员会报告。

(5)财务部。财务部负责公司的交易清算、会计核算,具体负责资金的调拨和交易清算、会计工作、编制定期对账单等,财务部还要负责开户、申购、赎回、登记和清算等工作。

(6)风险控制委员会。风险控制委员会是公司投资决策委员会领导下的常设机构,是公司最高风险控制机构。其职能主要是建立基金公司风险控制的策略、原则和具体制度,研究和评估公司资产管理中潜在的风险,处理公司正在面对或即将面对的声誉风险及其他重大风险事件。此外,风险控制委员会还需要定期制定风险评估报告上报投资决策委员会。

2. 投资管理的决策体制

上述各个部门在实际的投资管理中各司其职,并通过各部门之间的协调配合和严密程序而形成现实中的投资管理决策体制,如图3-21所示。

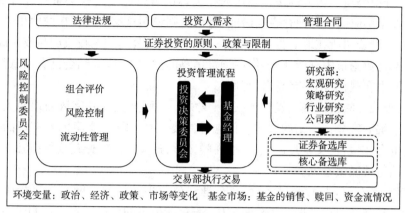

图 3-21 投资管理的决策体制

二、投资管理程序

(一)形成投资决策

投资策略的制定是投资交易的基础环节,主要受限于三个方面:法律法规,客户需求,基金合同。法律法规与基金合同是投资决策的底线,即投资策略不能超越法律的限制,并且需要符合合同的要求。客户需求同样是应考虑的重要内容,客户的风险偏好、投资期限、需管理的资产规模对于投资策略的制定具有重要影响。投资决策的形成步骤包括:

(1)研究部提供研究报告。

(2)投资决策委员会参考研究部提供的研究报告,根据现行法律法规和基金合同的有关规定,形成基金投资的投资范围、投资目标等总体投资策略。

(3)投资部制定投资组合的具体方案。

(二)调研和研究

1. 调研

调研可以分为网络调研与实地调研两种方式。这两种都是调查与搜集信息的重要手段。

(1)网络调研。网络调研是通过网络来获取相关公司的信息来为决策提供依据或为下一阶段打好基础。网络调研主要有5种不同的方法:

第一,通过公司官方网站了解基本信息。公司网页一般包含了公司的主要业务、近期新闻等,通过公司网页可以先建立对一个公司的初步认识。

第二,查找有关公司经理层的背景。公司官方网站一般会列出公司的主要管理层。通过在搜索引擎上搜索管理层主要成员的相关信息(如公司某管理层的出身)可以帮助我们更好地了解一家公司的渊源。例如,公司主要管理层的过往经历或者专业层次有助于我们更好地了解公司的行为。如果公司的老板是学者创业,那么需要关注公司的知识产权的获得方式;如果公司的老板从销售起家,则需要关注公司对于研发的投入是否稳定且足够重视;如果公司的老板是资本市场出身,则需要关注公司是否存在资本运作等行为。

第三,查找公司的相关诉讼。公司的相关诉讼可以通过公检法系统进行查询。若某公司与多家供应商或客户存在纠纷或者诉讼,则说明这家公司存在诚信相关的风险。

第四,查看公司所在地的行业论坛。一般情况下,公司的老板或产品或多或少都会在各地方的行业论坛中有所涉及,但在浏览信息的过程中,需要结合已有信息判断信息的来源以及主客观性,不要轻易做出判断。

第五,查找并阅读网络上发布的报告、文章。在网上查找并阅读公司相关的报告、文章也是了解一家公司不错的方式。但同样需要注意,报告、文章的发布者的信息、知识有限性也会使报告、文章片面主观化,在阅读报告、文章的时候需要保持独立思考,并对其中的结论持谨慎态度。

(2)实地调研。实地调研是调查者亲身到公司中调研。与网络调研相比,实地调研的最大优势就是可以获取一手信息,从而避免了信息的污染。在实地调研中,调查者的亲身经历也是不可或缺的。通过开展实地调研,调查者不仅能实际观察上市公司的生产研发设备,明晰公司的真实运营状况和战略布局,还能感受当地的经济发展水平,并获得与公司管理者深入交流的机会。通过与公司管理者的深入交流,还可以了解公司对于同行业竞争者的看法、当前面临的难题、未来的发展方向等。

2. 研究

研究的意思是主动寻求根本性原因与更高可靠性的依据。在这里,研究是通过对信息的加工,形成对于某一公司的看法,具体包括基本面、未来发展空间、行业竞争地位、公司特有优势等。

研究是调查的目的,调查为研究提供可靠而全面的信息,研究与调研密不可分。

(三)构建投资组合

在实际操作中,基金经理根据投资决策委员会的投资战略及研究部门的研究报告,结合对证券市场、上市公司、投资时机的分析,拟定所管理基金的具体投资计划,包括资产配置、行业配置、重仓个股投资方案。

(四)执行交易指令

首先,在自主权限内,基金经理通过交易系统向交易室下达交易指令。

其次,交易总监审核投资指令(价格、数量)的合法合规性,并将指令分派给交易员。

最后,交易员接收到指令后有权限根据自身对市场的判断选择合适时机完成交易。

(五)绩效评估与组合调整

1. 绩效评估与方法

绩效评估根据服务对象的不同,主要有两个不同的作用。对基金经理来说,可以根据基金的绩效评估结果,对投资策略和投资组合进行适当调整,来达到改善投资业绩的目的。对公司管理层来说,则可以对基金经理进行业绩考核与能力评定,可以说,基金经理的薪酬一定程度上取决于其管理基金的绩效。

2. 组合的调整

组合的调整即基金管理人在约定的范围内,根据市场以及上市公司实际情况的变化,对组合中资产的类别、比重进行调整,以达到更优的风险—收益配比,从而获得更好绩效的过程。

具体的绩效评估组合调整策略与方法,本书将在第五章加以介绍。

（六）风险管理

基金管理公司通常会成立风险管理委员会以及风控、监察部门,根据相关法律法规建立一套完整的合规风险控制体系管理制度,并在基金合同和招募说明书中予以明确,保障基金投资者的合法权益。风险管理部、监察稽核以及其他相关部门会对组合的投资交易进行事前审批、事中监控、事后报告等工作。

案 例

长信基金的投资管理决策程序

长信基金(全称"长信基金管理有限责任公司")由长江证券股份有限公司、上海海欣集团股份有限公司、武汉钢铁有限公司共同发起设立,2003 年 4 月 28 日经中国证券监督管理委员会批准,于 2003 年 5 月 9 日成立,注册资本金 1.65 亿元人民币。公司经营范围包括发起设立基金、基金管理业务和中国证监会批准的其他业务。

公司的投资管理决策分为两大部分,一是投资管理架构(见图 3-22),二是投资管理流程(见图 3-23)。如果说投资管理架构是冰冷的管理框架,那么投资管理流程则是一个生动的故事,故事讲的是如何做好投资管理这件事。

公司架构如图 3-22 所示。公司设投资决策委员会和内部控制委员会,分别负责基金财产的重大投资决策和风险控制。研究发展部、投资管理部和基金事务部,分别负责基金投资的研究、投资及清算工作。研究发展部与投资管理部的分立,既在研究与投资间设立防火墙,又保障了两者的紧密结合。投资管理部与交易管理部的分立,保证了投资决策与具体执行的有效分离。监察稽核部门负责对投资管理过程中的合法合规性进行监察。

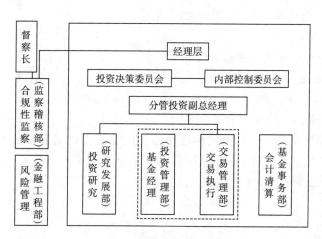

图 3-22　投资管理架构

资料来源:长信基金官网(cxfund.com.cn)。

图 3-23 展示的是长信基金的投资管理流程。包括：投资决策委员会对基金资产配置等重大投资决策形成决议；基金经理根据投资决策委员会的决议，形成基金投资计划；研究发展部负责构建及维护基金股票池，为基金投资提供决策依据；交易管理部统一执行证券投资组合计划；风险控制委员会根据市场变化对投资组合提出风险防范措施；监察稽核部对投资组合计划的执行过程及结果的合法合规性进行日常监督。

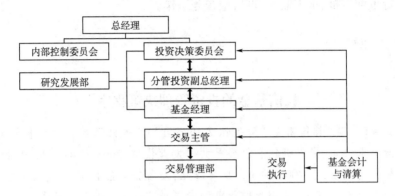

图 3-23　投资管理流程

资料来源：长信基金官网（cxfund.com.cn）。

对于做好投资管理这件事来说，良好的投资管理架构以及畅通的投资管理流程，两者不可或缺。对于做出投资决策来说，要保证权利与相关责任对称，使做出的决策有效、明确，最终保证投资原则的稳健、规范、高效。

本章练习题

一、概念题

无差异曲线、最小方差组合、可行集、有效集

二、选择题

1. 下列哪个资产一定不在有效边界上？（　　　）

A. $E(r) = 3\%$，$\sigma = 4\%$

B. $E(r) = 6\%$，$\sigma = 7\%$

C. $E(r) = 4\%$，$\sigma = 6\%$

2. 资产 1 的期望收益率为 3%，标准差为 2%，资产 2 的期望收益率为 6%，标准差为 6%（两种资产完全负相关）。若以这两种资产为基础资产构造一个最小方差组合，则资产 1 与资产 2 的权重是（　　　）。

A. 30%，70%

B. 60%，40%

C. 75%，25%

3. 以下列三只股票构建了投资组合（见表 3-12），该投资组合的期望收益率是（　　　）。

表 3-12 不同股票的买入情况

证券名称	中国国贸	钢联股份	华夏银行
证券代码	600007	600010	600015
组合中股份	100	200	100
初始买入价	5.98 元	4.29 元	4.36 元
总投资	598 元	858 元	436 元
期望收益率	5%	7%	3%

A. 4.945%

B. 5.448%

C. 5.706%

三、案例分析

表 3-11 列示了在不同情况下两种资产的收益率大小,请回答以下几个问题:

(1)根据表 3-13 计算出两种资产的预期收益率及标准差。

(2)根据表 3-13 计算出两种资产收益率的协方差。

(3)若以上面两种资产构建一个最小方差组合,两种资产间的比重是多少?

表 3-13 不同市场状况下资产的收益率

市场状况	概率	资产 1 收益率	资产 2 收益率
牛市	0.15	20%	8%
熊市	0.15	-20%	6%
正常运行	0.70	10%	7%

证券投资基金的投资策略

本章开始将讨论证券投资基金的投资策略。何谓投资策略？简单来讲，就是基金经理及其团队综合自己的风险承受水平和投资需求配置资产，以实现特定的投资目的。比如在市场上经常听到的所谓"赚 α"和"赚 β"，其实就是通过不同的投资策略来获取收益。那么什么是" α"和" β"？不同的投资策略都有什么样的特点？要如何实现这些投资策略呢？本章将一一为大家介绍。在正式介绍投资策略之前，需要大家了解一些基本的理论模型，因此，本章将从资本资产定价模型（CAPM）和套利定价理论（APT）出发，在简要介绍有关资产定价模型之后，再为大家讲解几种常见的投资策略及其操作。

第一节 理论依据：资本资产定价模型

资本资产定价模型（capital asset pricing model，CAPM）是由夏普（William Sharpe）、林特纳（John Lintner）、莫辛（Jan Mossin）等人在马科维茨资产组合理论的基础上提出的，用以反映证券市场中资产的风险与预期收益率之间的关系，该模型广泛运用于证券投资决策、公司财务等领域，是现代金融学的基石之一。

一、模型的含义

资本资产定价模型，我们分为"资本资产"和"定价模型"两部分来分别介绍。资本资产一般定义为任何能够创造终点财富的资产。定价模型意味着 CAPM 是用于资产定价的模型。正如商品市场上的商品交易需要定价，资本市场上作为满足投资者投资需求的"商品"——资本资产，同样也需要为其定价。具体来说，CAPM 所阐述的，是当资本市场中的投资者皆采用马科维茨资产组合理论来选择最优资产组合时，市场上资产的均衡价格是如何在收益与风险的权衡中产生的。

二、模型的假设

资本资产定价模型是建立在如下一系列的假设基础上的：

（1）投资者通过投资组合在单一投资期内的预期收益率和标准差来评价其投资组合的收益与风险，并通过马科维茨均值—方差模型确定有效投资组合。

（2）所有投资者对于证券资产的期望收益率、方差、协方差以及经济形势有一致预期。也就是说，依据马科维茨模型，在给定证券价格和无风险利率下，所有投资者对证券的预期收益率和协方差矩阵相同。这一假设也被称为"同质期望"假设。

（3）投资者是满足风险厌恶假定的理性个体，即在相同收益水平下偏好风险较低的资产选择。

（4）市场上存在一种无风险资产，投资者可以按无风险利率借进或借出任意数额的无风险资产且这个无风险利率对所有投资者而言都是相同的。

（5）税收、手续费、佣金等交易成本都忽略不计。如果考虑交易成本，则交易成本将会影响资产的收益率，从而影响投资者决策，比如在选择资产组合时，资产是否已经持有将成为考虑因素。

（6）资产可以无限分割。

（7）资本市场是有效的，所有投资者的信息和机会完全平等，同时所有投资者都是价格接受者，单个投资者对资产价格的影响微不足道。

三、CAPM 模型

在之前的章节中，我们通过对马科维茨资产组合理论的学习已了解到，如果大家都通过马氏理论来选择资产组合，那么最终所有投资者都将根据自己的风险承受水平，将自己的资金按一定比例投入无风险资产和市场组合 M 中去。由于每个投资者都仅持有一定数量的市场组合或无风险资产，因此，资本市场中各个资产的市值占市场总市值的比例应该与市场组合 M 一致，此时市场组合 M 的波动和不确定性影响着整个资本市场的波动和不确定性，我们可以将其视为系统性风险。

在这个理论基础之上，CAPM 认为风险资产的收益率受两方面影响：一个是无风险收益，一个是受 β 影响的系统性风险收益。公式为：

$$E(R_P) = r_f + \beta_p [E(R_M) - r_f] \tag{4.1}$$

式中，$E(R_P)$ 表示资产 p（可以为单个证券也可以为证券组合）的预期收益率，$E(R_M)$ 表示市场的期望收益率；r_f 为无风险收益率，一般用国库券收益率表示；$[E(R_M) - r_f]$ 表示市场溢价；β_p 用来指代资产 p 相对于整个股市的价格波动情况，也用来衡量资产 p 所承担的系统性风险，具体公式为：

$$\beta_p = \frac{\mathrm{cov}(R_M, R_p)}{\sigma_M^2} \tag{4.2}$$

由上式可得，市场组合的 β 为 1。

资产 p 的预期收益率 $E(R_P)$ 由无风险收益率 r_f 和系统性风险收益率 $\beta_p [E(R_M) - r_f]$ 两部分组成，由于投资者通过马科维茨投资组合理论已经将非系统性风险消除了，所以资产收益中没有包含承担资产特有风险带来的额外收益。在 CAPM

假设条件成立的情况下,CAPM 可以用来解释不同资产收益的横截面差异。由于对不同的资产而言,市场收益 $E(R_M)$ 和无风险收益 r_f 都是一样的,因此资产的定价就由系统性风险 β 决定。

 阅读资料

CAPM 公式的证明

关于 CAPM 公式证明:

$$\sigma_M^2 = x_1 \sigma_{1M} + x_2 \sigma_{2M} + x_3 \sigma_{3M} + \cdots + x_i \sigma_{iM} \tag{4.3}$$

式中,$x_i \sigma_{iM}$ 是投资比重为 x_i 的第 i 种成员证券对市场组合 M 的风险贡献大小的绝对衡量,而 $\beta_i = \dfrac{x_i \sigma_{iM}}{\sigma_M^2}$ 是投资比重为 x_i 的第 i 种成员证券对市场组合 M 的风险贡献大小的相对衡量。

$[E(R_M) - r_f]$ 可被视为市场对市场组合 M 的风险补偿,即相当于对方差 σ_M^2 的补偿,于是,单位资金规模的证券 i 的期望收益补偿存在如下关系:

$$x_i[E(R_i) - r_f] = [E(R_M) - r_f] \frac{x_i \sigma_{iM}}{\sigma_M^2} \tag{4.4}$$

两边同时消去 x_i,于是有:

$$E(R_i) = r_f + \beta_i[E(R_M) - r_f] \tag{4.5}$$

即得证。

四、证券市场线

资本资产定价模型的结果如果用图像来表示,就是证券市场线(security market line,SML)。证券市场线主要用来说明,当市场处于均衡状态时,所有资产都"价如其值",市场上没有"便宜货",此时投资组合的期望收益与系统风险程度 β 系数之间呈现线性关系。如图 4-1 所示,以纵轴代表资产的期望收益率,横轴代表资产 i 的 β 系数,那么证券市场线就是从无风险收益率处引出的一条向上倾斜的射线,当 β 系数为 1 时,期望收益率为市场期望收益率。SML 用公式表示为:

$$SML: E(R_i) = r_f + \beta_i[E(R_M) - r_f] \tag{4.6}$$

证券市场线能够帮助我们比较资产的风险与收益率之间的关系是否处在均衡水平。如果资产落在证券市场线的上方,代表在相同风险下有比较高的收益率,也就是资产的价格被低估,应该买进;如果资产落在证券市场线的下方,代表资产的价格被高估,应该卖出。

我们不妨举一个例子来加深理解。已知资产 i 的风险系数 $\beta_i = 1.5$,无风险收益 $r_f = 3\%$,且市场收益率 $E(r_M) = 10\%$。则该资产 i 的期望收益率 $E(R_i)$ 可以通过 SML 公式求得。即有:

$$E(R_i) = r_f + \beta_i[E(R_M) - r_f] = 3\% + 1.5 \times (10\% - 3\%) = 13.5\%$$

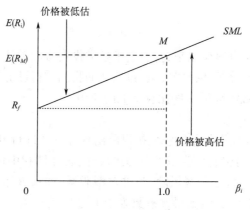

图 4-1 证券市场线

五、资本市场线与证券市场线的比较

为了能够更好地理解证券市场线以及避免与之前章节中介绍的资本市场线（CML）混淆，这里将它们放在一起进行比较。

虽然二者皆用于描述资产或者资产组合的期望收益率与风险之间的关系，但是它们也存在如下区别：

（1）直观来看，在资本市场线的图中，横坐标表示的是总体风险 σ，而在证券市场线的图中，横坐标表示的是系统性风险的测度 β_i。因此可以看出，虽然二者都描述的是资产或者资产组合的期望收益率与风险之间的关系，但资本市场线描述的是期望收益率与总体风险之间的关系，而证券市场线描述的是期望收益率与系统性风险之间的关系[①]。

（2）资本市场线中的资产是所有风险资产与无风险资产构成的有效资产组合的集合，反映的是有效资产组合的期望收益率和风险程度之间的关系。资本市场线之上的每一点都是一个有效资产组合，其中 M 是由全部风险资产构成的市场组合，线上各点是由市场组合与无风险资产构成的资产组合。证券市场线反映的则是定价合理的单项资产或任意资产组合的期望收益与风险程度之间的关系。简单来说，资本市场线上各点反映的是市场组合与无风险资产之间的不同配比，而证券市场线上各点则代表任意一项定价合理的资产或资产组合。

（3）资本市场线与证券市场线斜率的含义以及对投资者风险偏好的表现也不同。资本市场线的斜率反映的是最佳风险资产组合 M 的夏普比率，投资者个人对于风险的态度只反映在对市场组合 M 和无风险资产的配比上。而证券市场线的斜率则表示资产的合理定价，如果资产的 β 增加了，相应地也要增加资产的收益率，市场对于风险的厌恶感越强，证券市场线的斜率就越大，单位风险增加要求的额外收益率也就越高。

---

① 这实际上意味着两条线代表了不同状态的投资组合。资本市场线描述的是全部风险，意味着此时的投资组合并非最优组合——还承担着非系统性风险；证券市场中的风险仅仅是系统性风险，因此其组合是一种最优组合——已经分散掉了非系统性风险。详见：李学峰：《投资学》第四版，科学出版社，2021。

六、应用与评价

资本资产定价模型自诞生以来,就引起了各类投资者的关注,这是因为它能够指导我们进行一系列的投资分析和投资决策,包括帮助我们进行证券资产的分类、效绩评价等。接下来我们介绍 CAPM 的一些比较常见的应用。

(一)进行证券分类

CAPM 模型的一大应用是帮助我们按风险给证券资产进行分类。通过比较证券资产 β 系数与 1 的大小,可以将证券资产分为进攻性、防守性和中性三类。如果资产的 β 系数大于 1,意味着风险大于市场风险,为进攻型股票;如果 β 系数小于 1,意味着风险小于市场风险,为防守型股票;如果 β 系数等于 1,意味着风险等于市场风险,为中性股票。通过 CAPM 模型的分类,使得投资者能够根据风险偏好以及市场大势选择资产。

(二)证券投资决策

正如之前在介绍 SML 时所提到的,CAPM 提供了资产的均衡价格,帮助我们对证券资产的价格是否高估或者低估进行判断,以此来做出是否买入或者卖出资产的决策。如果通过 CAPM 计算得出的资产均衡价格与资产的真实价格不等,比如均衡价格大于真实价格,则可以选择买入该资产,反之亦然。

(三)基金效绩评价

在 CAPM 的基础上,还建立了一些用于投资效绩评价的公式,比如詹森测度、特雷纳测度等,用以衡量基金的风险调整收益。此外,如果假设条件成立,理论上 CAPM 能够解释资产收益横截面的差异,那么,我们通过计算基金超额收益中 CAPM 不能解释的部分(俗称" α "),就能够衡量基金经理的投资技能。

(四)公司财务

CAPM 模型也可以帮助我们在项目决策中判断项目是否可行。

某项目的预期收益率为:

$$R_e = \frac{Q - P}{P} = r_f + \beta_i \left[E(R_M) - r_f \right] \tag{4.7}$$

可得

$$P = \frac{Q}{1 + r_f + \beta_i \left[E(R_M) - r_f \right]} \tag{4.8}$$

式中,Q 表示该项目未来的出售价格,P 为该项目的均衡价格,如果项目的投资成本小于 P,则该项目具有可行性。

七、CAPM 的扩展

通过前面的学习,我们对于 CAPM 的基本概念及运用已经有了初步了解。但如果回到实际操作中,却可能发现 CAPM 并没有那么"好用",其中一个很重要的原因是,CAPM 的假设条件有些"严苛",在现实生活中很难达到。接下来我们将通过放松一些 CAPM 的假设条件以及加入一些 CAPM 没有考虑到的因素,简单介绍一些基于经典 CAPM 的扩展模型。

(一)零贝塔模型

CAPM 的假设条件之一:市场上存在一种无风险资产,投资者可以按相同的无风险利率借入或借出任意数额的无风险资产。通过这一假设条件,我们就可以由 y 轴引出一条射线与有效集相切,获得市场资产组合,由于对于所有投资者而言无风险利率是相同的,因此,只会射出一条射线,只能获得一个市场资产组合。但是在现实市场中,由于受到各种限制,可能对于每个投资者而言,无风险利率是不同的,此时市场资产组合不再是投资者共同的理想资产组合,CAPM 所导出的预期收益—贝塔关系也就不再反映市场均衡。此时,我们就需要引入零贝塔模型。

要理解零贝塔模型,首先需要了解有效资产组合的方差—均值存在的三个性质:

(1)任何有效资产组合组成的资产组合仍然是有效资产组合。

(2)有效边界上的任意资产组合在最小方差组合集合的下半部分(无效部分),均有相应的"伴随性"或对应性资产组合存在,由于这些伴随性资产组合与有效组合是不相关的,因此这些组合可视为是有效资产组合中的零贝塔资产组合。

(3)任何资产的预期收益都可以由任意两个边界资产组合的预期收益的线性函数表示。

如图 4-2 所示,过有效资产组合 P 和 Q 分别做切线,使之与 y 轴相交,再引平行线与资产组合边界相交,获得"伴随性"资产组合 $Z(P)$ 和 $Z(Q)$ 的收益率和标准差。

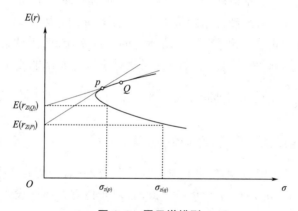

图 4-2　零贝塔模型

根据性质 3,假设资产 i 可由边界资产组合 P 和 Q 构成,则:

$$E(r_i) = \omega E(r_P) + (1 - \omega)E(r_Q) \tag{4.9}$$

若求得资产 i 与资产组合 P 的协方差 $\mathrm{cov}(r_i, r_P)$,则可得:

$$\mathrm{cov}(r_i, r_P) = \mathrm{cov}(\omega r_P + (1 - \omega)r_Q, r_P) = \omega \sigma_Q^2 + (1 - \omega)\mathrm{cov}(r_P, r_Q) \tag{4.10}$$

得出

$$\omega = \frac{\mathrm{cov}(r_i, r_P) - \mathrm{cov}(r_P, r_Q)}{\sigma_P^2 - \mathrm{cov}(r_P, r_Q)} \tag{4.11}$$

则任意资产 i 的预期收益的表达式为:

$$E(r_i) = E(r_Q) + [E(r_P) - E(r_Q)]\frac{\mathrm{cov}(r_i, r_P) - \mathrm{cov}(r_P, r_Q)}{\sigma_P^2 - \mathrm{cov}(r_P, r_Q)} \tag{4.12}$$

根据性质(2),市场资产组合 M 同样存在一个最小方差边界上的零贝塔伴随性资产组合 $Z(M)$。再根据性质(3),即可用市场资产组合 M 以及 $Z(M)$ 来表示任何证券的

收益。这里,由于 $\text{cov}(r_M, r_{Z(M)}) = 0$,因此有:

$$E(r_i) = E(r_{Z(M)}) + [E(r_M) - E(r_{Z(M)})] \frac{\text{cov}(r_i, r_M)}{\sigma_M^2} \qquad (4.13)$$

该式即零贝塔资产组合模型,其中的 $E(r_{Z(M)})$ 取代了 r_f。

(二) 流动性 CAPM

CAPM 的假设之一:税收、手续费、佣金等交易成本都忽略不计,换句话说,就是所有资产都具有完全的流动性。然而在实际生活中,交易成本是存在的,几乎没有资产具有完全的流动性。

1. 流动性对投资者资产选择的影响

某个资产的流动性,可以理解为把该资产转化为现金所需要的时间与费用,所需要的时间越长、费用越高,也就意味着该资产的流动性越差。在实际投资中,投资者更愿意选择那些流动性高的资产,这也就导致了流动性高的资产预期收益更高,这部分流动性溢价将会表现在资产价格中。因此,流动性是资产定价中的重要因素。那么,如何在CAPM 模型中考虑流动性溢价呢?我们可以参考一些学者的研究思路[1]。

为了更好地理解流动性溢价对资产价格的影响,我们首先假设市场上存在大量不相关的证券,因此,一个完全分散的资产组合其标准差应该为 0,进而收益率应该为无风险收益率。此外证券从流动性角度可以分为两类,分别是可流动的证券 L 和不可流动的证券 I,每类证券都有流动费用,流动性差的流动费用高,因此证券 L 的流动费用 C_L 要小于 C_I。由于流动费用是一次性的,因此对于持有 h 期的投资者而言,L 类证券的流动费用以每期 $\left(\frac{C_L}{h} \right)$ 的速度递减,I 类证券的流动费用以每期 $\left(\frac{C_I}{h} \right)$ 的速度递减。如果投资者打算持有 L 类证券 h 期,则其净预期收益率为 $E(r_L) - \frac{C_L}{h}$。最后,我们假设单个证券存在流动性溢价,其中 L 类证券的毛预期收益率为 $r + x C_L$,I 类证券的毛预期收益率为 $r + y C_I$,此处的 x 和 y 应该皆小于 1[2]。此时,对于持有 h 期的投资者而言,L 类证券的净预期收益率为 $r + x C_L - \frac{C_L}{h}$,$I$ 类证券的毛预期收益率为 $r + y C_I - \frac{C_I}{h}$。图 4-3 表现了 L 类证券、I 类证券以及无风险资产的净收益率和持有期情况。

根据前面对流动费用的分析,持有期越短,两类证券的流动费用越高,从而其净收益率就越低。当持有期短到一定程度,比如短于图中的 h_{rL} 时,两类证券的收益率都低于无风险收益率 r,此时投资者宁愿选择持有无风险资产。随着持有期的延长,证券的净收益率随着流动费用被分摊而变大,当持有期超过 h_{rL} 时,流动性相对较好的 L 类证券的收益率就高于无风险收益率,此时投资者会选择持有 L 类证券。随着持有期的进一步延长,当持有期超过 h_{LI} 时,流动性相对较差的 I 类证券将有更高的收益率。

2. 均衡(非)流动溢价的决定

首先来看 I 类证券的非流动溢价,当持有期为 h_{LI} 时,L 类证券和 I 类证券的收益率

---

① Zvi Bodie, Alex Kane and Alan J. Marcus. Investments (5th edition). The McGraw-Hill Companise, 2002.
② 否则分散化的资产组合的净收益率将高于无风险资产的净收益率。

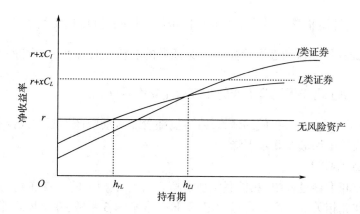

图4-3　流动性CAPM

在边际上是相等的,即

$$r + xC_L - \frac{C_L}{h_{LI}} = r + yC_I - \frac{C_I}{h_{LI}}$$

求解 y 可得:

$$y = \frac{1}{h_{LI}} + \frac{C_L}{C_I}\left(x - \frac{1}{h_{LI}}\right) \tag{4.14}$$

I 类证券的预期毛收益率为

$$r_I = r + yC_I = r + xC_L + \frac{1}{h_{LI}}(C_I - C_L) \tag{4.15}$$

已知

$$r_L = r + xC_L \tag{4.16}$$

因此 I 类证券对 L 类证券的非流动溢价为

$$r_L - r_I = \frac{1}{h_{LI}}(C_I - C_L) \tag{4.17}$$

接下来确定 L 类证券的非流动性溢价。当持有期位于 h_{rL} 时,边际投资者投资于 L 类证券所获得的收益率与无风险资产收益率相等,即

$$r + xC_L - \frac{C_L}{h_{rL}} = r \tag{4.18}$$

可得

$$x = \frac{1}{h_{rL}} \tag{4.19}$$

则 L 类证券的收益率为

$$r_L = r + xC_L = r + \frac{1}{h_{rL}}C_L \tag{4.20}$$

从而得到 L 类证券对于无风险资产的非流动性溢价:

$$r_L - r = \frac{1}{h_{rL}}C_L \tag{4.21}$$

综上所述,我们可以得到以下结论:

(1)均衡预期收益率应该足以弥补交易费用。

（2）非流动性溢价是交易费用的非线性函数，且两者呈负相关关系。

（3）I 类证券的非流动性溢价高于 L 类证券的非流动性溢价 $\frac{1}{h_{LI}}(C_I - C_L)$；$L$ 类证券的非流动性溢价高于无风险资产的非流动性溢价 $\frac{1}{h_{rL}}C_L$。

此外，由于 $h_{LI} > h_{rL}$，我们的最终结论是：随着非流动资产不断注入投资组合，投资组合的风险收益增加额在逐步下降。

3. 流动性 CAPM

上述分析和推导过程中，我们假定所有资产都是不相关的。现在我们引入存在系统性风险且彼此相关的资产。这里假定，对每一水平的 β 系数，在该风险等级中都存在大量证券，且这些证券都有不同的交易费用。由此，以上的分析就可以应用于每一风险等级，其结果是将非流动溢价加到系统性风险溢价——CAPM 风险溢价之中，这样，即得到包括流动性效应的 CAPM：

$$E(r_i) - r_f = \beta_i[E(r_M) - r_f] + f(C_i) \tag{4.22}$$

式中，$f(C_i)$ 是在 i 证券交易费用确定的条件下，测度非流动溢价效应的交易费用的函数，并且 $f(C_i)$ 是关于 C_i 的一阶单调递增函数，其二阶导数为负数。

第二节　因素模型与套利定价模型

通过之前章节的学习，我们知道了如何运用马科维茨资产组合理论来构建资产组合，但在实际操作中不难发现，运用马科维茨方法面临的一个难题就是计算量巨大。例如，如果一个投资者能够详细分析 50 只股票，这意味着他需要做出如下计算：

（1）$n = 50$ 个预期收益的估计；

（2）$n = 50$ 个方差估计；

（3）$\frac{(n^2 - n)}{2} = 1\,225$ 个协方差估计。

共计 1 325 个估计值。更不用说将股票规模增至 100 只或更多了。庞大的计算量足以让投资者生畏。此外，在对 CAPM 的检验过程中，也不难发现，影响证券预期收益率的因素除了市场风险之外，还有其他因素同样会对预期收益率产生影响。

那么，有没有模型能够解决上述两个问题呢？一方面能够减少计算量，另一方面能够考虑更多影响证券定价的因素。答案是肯定的，下面我们将介绍套利定价模型（arbitrage pricing theory，APT）

一、因素模型

因素模型是假设证券的回报率与不同的因素波动（相对数）或者指标的运动有关的证券定价模型。因素模型具有以下三个特点：第一，因素模型中的因子应该是能够影响市场上所有证券收益率的因素；第二，在构建因素模型时，我们假设两个证券的相关性是由于它们对因子变动的共同反应造成的；第三，证券收益率存在不能为因素模型所解释的部分,这部分为证券独有,与因素模型中的因子无关。

根据因素模型中因子的数量,我们又可将模型分为单因素模型和多因素模型。

(一) 单因素模型

1. 定义

所谓单因素模型,顾名思义,指的就是模型中只存在一个能够影响市场上所有证券收益率的因子。这个因子如果发生了非预期的变化,则整个证券市场的收益率都会因此发生非预期的变化。这就是系统性风险存在的原因。在现实生活中,这种例子很常见,比如经济周期、利率等因素,都会对大部分证券产生影响。当然,除了上述提到的公共因素(系统性)影响之外,公司自身的内部因素(非系统性)同样会对证券的收益率产生影响,因此,我们可以得到下面这个公式:

$$R_i = E(R_i) + m_i + e_i \tag{4.23}$$

式中,R_i 表示证券的持有期收益率,$E(R_i)$ 是证券持有期期初的预期收益率,m_i 是证券持有期内非预期的宏观因素变化对证券收益的影响,e_i 是证券持有期内非预期的独立于宏观经济因素的公司内部因素变化对证券收益的影响。即

实际收益=期望收益+系统因素+非系统因素

由于不同的企业对宏观因素的敏感性不同,我们可以用 β 来反映不同的敏感性,用 F 表示宏观因素中的非预期成分,由此可得:

$$R_i = E(R_i) + \beta_i F + e_i \tag{4.24}$$

由此我们就可以得到证券收益的单因素模型。此处蕴含着两个假设:一个是非系统性因素与系统性因素不相关,即 $\text{cov}(F, e_i) = 0$;另一个是证券之间的非系统性因素之间不相关,即 $\text{cov}(e_j, e_i) = 0$。在上述的两个前提下,我们可以推导出持有期收益率的方差为

$$\sigma_i^2 = \beta_i^2 \sigma_F^2 + \sigma_{ei}^2 \tag{4.25}$$

式中,σ_F^2 为宏观因素风险,可称为系统性风险,σ_{ei}^2 为公司特有风险。

2. 市场模型

如果我们把单因素模型中的因素 F 用市场指数来代表,那么我们就可以称这个单因素模型为市场模型。

根据单因素模型的定义,证券收益率是由三部分组成的,包括:当非预期因素为 0 时的证券收益率、非预期的宏观因素变化对证券收益的影响、非预期的独立于宏观经济因素的公司内部因素变化对证券收益的影响。其中,如果我们用 α_i 表示市场超额收益率为 0 时证券的超额收益率,市场指数的超额收益即 $[E(R_M) - r_f]$ 表示非预期的宏观因素,e_i 是证券持有期内非预期的独立于宏观经济因素的公司内部因素变化对证券收益的影响,R_i 表示证券的实际超额收益率,就可以得到市场模型:

$$R_i = \alpha_i + \beta_i [E(R_M) - r_f] + e_i \tag{4.26}$$

这个式子表示证券的超额收益由两种风险影响:一个是由市场指数决定的系统性风险,另一个是企业特有的风险。由此,证券收益率的方差也自然受到两部分的影响:一个是源于市场指数的方差,即 $\beta_i^2 \sigma_M^2$;另一个是源于公司特有因素不确定性的方差,即 $\sigma^2(e_i)$。

由于系统性风险与公司特有不确定性之间的协方差为 0,因此我们可以得到证券 i 收益率的方差为:

$$e_i^2 = \sigma^2(e_i) + \beta_i^2 \sigma_M^2 \qquad (4.27)$$

（二）多因素模型

1. 定义

单因素模型将收益分解成了系统性和非系统性两个部分，但实际上系统性因素 F 本身也受多种因素共同影响，如果存在多个系统性因素，且不同公司对不同的系统性风险有不同的敏感性，那么只用单因素模型很难对风险因素进行精确计量。因此引入多因素模型：

$$R_i = E(R_i) + \sum_j \beta_{ij} F_j + e_i \qquad (4.28)$$

式中，$\beta_{ij} F_j$ 表示系统因素 j 对证券 i 收益的影响。

在运用多因素模型时，比较关键的点是如何确定和选择系统性因素。一般而言，对因素的选择遵循两个原则，一个原则是选择与证券收益直接相关的宏观因素，另一个原则是选择那些投资者最关心的因素。

2. Fama-French 三因子模型

CAPM 的建立为股票的定价提供了思路，但一系列的实证研究表明，仅用 β 来解释股票收益率效果并不好。1992 年，Fama 和 French 指出，除了 β 之外，市值、账面市值比这两个指标在实证过程中表现出与股票收益率更高的相关性[1]。1993 年，二人构建了一个三因子模型来解释股票收益率的横截面差异，即：

$$E(R_{it}) - R_{ft} = \beta_i(R_{mt} - R_{ft}) + s_i(SMB_t) + h_i(HML_t) \qquad (4.29)$$

上式即为 Fama-French 三因子均衡定价模型。其中，$E(R_{it}) - R_{ft}$ 表示股票的超额收益率；$R_{mt} - R_{ft}$ 表示市场风险溢价因子，即市场投资组合的超额收益率；SMB_t 表示市值因子，即做多市值较小的公司与做空市值较高的公司的投资组合的收益率；HML_t 表示账面市值比因子，也叫价值因子，即做多 BM 公司的同时做空 BM 公司的投资组合的收益率。

SMB_t 和 HML_t 的因子构建过程为：

首先对股票市场中的股票按其 6 月份的市值进行排序，以 50% 为分水岭分为大市值样本(B)和小市值样本(S)，然后依据上年的总市值和净资产计算账面市值比，将股票分为三类，30% 的高价值(H)、40% 的中等价值(M)和 30% 的低价值(L)。如表 4-1 所示，结合上述两种分类维度，我们一共可以将股票分为 6 类，分别是 SH、SM、SL、BH、BM 和 BL。

表 4-1 股票分类

	大市值(B)	小市值(S)
高价值(H)	BH	SH
中等价值(M)	BM	SM
低价值(L)	BL	SL

① Fama E F, French K R. The cross - section of expected stock returns[J]. The journal of finance, 1992, 47(2): 427-465.

$$SMB = \frac{SH + SM + SL - BH - BM - BL}{3} \qquad (4.30)$$

$$HML = \frac{SH + BH - SL - BL}{2} \qquad (4.31)$$

这样,我们就可以得到价值因子和市值因子了。

二、套利定价理论

通过前面的内容我们认识了因素模型,而套利定价模型就是在因素模型的基础上加入套利均衡的条件。假设所有的资产都遵循"一价定律",即同样的资产在不同的市场上只有一个均衡价格,当"一价定律"被违反时,就意味着存在套利机会。套利定价模型(arbitrage pricing theory, APT)即通过对套利条件和行为的研究,揭示出套利定价模型及其对市场均衡的影响。套利定价模型本质上是一个多因素定价模型。

(一)套利的概念

套利(arbitrage)即无风险套利,是指利用一个或多个市场上存在的各种价格差异,在不冒任何风险或冒较小风险的情况下赚取大于零的收益的行为。

1. 套利的类型

套利可以分为空间套利,时间套利和工具套利。

空间套利,又称地理套利,是指在一个市场上低价买进某种商品,而在另一市场上高价卖出同种商品,从而赚取两个市场间差价的交易行为。比如投资者在相对高价的市场卖出资产,而在相对低价的市场买入资产。在高价的市场出售资产所得资金用于在低价的市场购买资产,利用这种高低价市场的价格联系,获取套利。这即是空间套利。

时间套利是指同时买卖在不同时点交割的同种资产,比如投资者在当前购买(或卖出)一种资产,同时承诺在将来某个时间卖出(或买进)该项资产。它是在两个不同的时间同时进行的买卖一种资产的行为。

工具套利是利用同一标的资产的现货及各种衍生证券的价格差异,通过低买高卖来赚取无风险利润的行为。在这种套利形式中,多种资产或金融工具组合在一起,形成一种或多种与原来有着截然不同性质的金融工具,这就是创造复合金融工具的过程。

2. 无风险套利的行为特点

无风险套利的行为特点如下:

(1)总投资为零。也就是说,卖出和买入两种行为并存。

(2)不承担风险。一种情况是风险因素相抵消,如不同的市场中买卖同一种类但是不同定价的证券;另一种情况是,虽然标的并非完全相关,但在确凿的市场参数条件下,预期投资行为是近似无风险的。

(3)套利主体不确定。不一定是所有投资者,可能是少数投资者发现了套利机会,但是持有的头寸巨大。

(4)瞬时性。套利机会稍纵即逝。

3. 无套利均衡

套利机会大量和持续性出现,意味着市场处于非均衡状态,此时投资者的套利行为将最终消除套利机会,使市场恢复均衡。这一状态下的市场称为无套利均衡,它是指即使很少的投资者能发现套利机会,但通过动用大笔资金获利,也能通过价格变动,很快恢复均衡的结果。

现代金融研究的基本方法是无套利均衡(no-Arbitrage)分析方法。在金融资产的定价分析过程中,无套利定价法既是一种定价的方法,也是定价理论中最基本的原则之一。

事实上,确定无套利价格是金融资产定价的核心,其价值与意义在于:无套利价格至少可以用于金融产品的创新、资产管理、对持有的组合资产进行市值计算以及与实际价格作比较,以发现短期内可能出现的价差等。

4. 套利投资组合的条件

一个有效的套利组合必须同时满足如下三个条件:

(1)应是一个不需要投资者增加额外资金的组合。以 Δx_i 表示投资者对证券 i 的持有量的改变量,则该条件要求:

$$\Delta x_1 + \Delta x_2 + \cdots + \Delta x_n = 0$$

即组合中各证券之间的持有量具有可替代性(有增加也有减少),但组合中所有证券持有量的总体变化为0(增减抵消)。这一条件表明:投资者群体一方面要大量购入头寸,另一方面还要大量卖出头寸;而且买卖行为是同时进行的。

(2)该组合对任何因素都没有敏感性,即组合不存在额外风险,换言之,组合的系统风险为0,即 $\beta_i = 0$。这正是所谓无风险套利的原因。

(3)组合的预期收益必须为正,即:

$$x_1 E(r_1) + x_2 E(r_2) + \cdots + x_n E(r_n) > 0 \tag{4.32}$$

否则构建组合是没有意义的。由此可见,有效的套利组合是有吸引力的,因为不需要额外资金,无额外风险,收益为正。

 案 例

套利投资组合的构造

在本案例中,我们假设某基金经理试图通过4只股票构建资产组合进行套利,基本思路为:通过历史数据估计各个股票之间的相关性,并且构建相关系数矩阵,将相关系数为负数的股票进行组合以降低组合的风险,然后通过买入收益更高、风险更低的投资组合,卖出与组合正相关的股票进行套利。

该基金经理首先选择了股票 A、股票 B、股票 C、股票 D 四只股票进行套利组合构建,股票相关信息如表4-2所示。

表4-2　股票相关情况

	当前价格(元)	预期收益率(%)	标准差(%)
股票 A	22.45	17.78	42.17
股票 B	11.29	4.53	40.26
股票 C	58.75	32.17	49.60
股票 D	5.73	19.38	43.70

为了确定股票的期望收益率,基金经理及其团队将宏观经济状况划分为四个时期:高通货膨胀高实际利率、高通货膨胀低实际利率、低通货膨胀高实际利率、低通货膨胀低实际利率。该基金经理选取 2010 年以来 CPI 的同比变动和世界银行公布的中国实际利率,分别反映我国通胀情况和实际利率情况。之后,为了划分区间,该基金经理分别对两个指标取平均值,超过平均值的区间定义为"高区间",低于平均值的区间定义为"低区间"。根据 2010 年以来各类时期分别出现的时间长短,计算得出高通胀高利率、高通胀低利率、低通胀高利率以及低通胀低利率出现的概率分别为 15.83%、19.17%、44.17% 和 20.83%。每只股票在各时期的收益率结果如表 4-3 所示。

表 4-3 4 只股票在不同环境下的预计收益率

	预计收益率(%)			
	高实际利率		低实际利率	
	高通货膨胀	低通货膨胀	高通货膨胀	低通货膨胀
概率(%)	15.83	44.17	19.17	20.83
股票 A	21.27	7.27	38.97	17.91
股票 B	32.34	16.26	−26.63	−12.80
股票 C	46.64	53.19	−12.58	17.80
股票 D	0.29	31.49	58.07	−27.42

接着,已知相关系数计算公式为 $\rho_{i,j} = \dfrac{\text{cov}(R_i, R_j)}{\sigma_i \cdot \sigma_j}$,该基金经理两两计算得到 4 只股票的相关系数矩阵如表 4-4 所示。

表 4-4 4 只股票相关系数矩阵

	股票 A	股票 B	股票 C	股票 D
股票 A	1	−0.62	−0.87	0.46
股票 B	−0.62	1	0.92	−0.27
股票 C	−0.87	0.92	1	−0.35
股票 D	0.46	−0.27	−0.35	1

鉴于股票 A 和股票 B、股票 C 之间的相关系数为负,和股票 D 的相关系数为正,该基金经理用股票 A、股票 B 和股票 C 构建资产组合,将股票 D 与该资产组合进行套利操作。此处假设以 3 只股票等比例构建投资组合,价格、收益率和标准差对比如表 4-5 所示。

表 4-5 资产组合与股票 D 对比

	当前价格(元)	期望收益率(%)	标准差(%)
资产组合	92.49	25.3	20.52
股票 D	5.73	19.38	43.70

套利操作:与股票 D 相比,资产组合能够以更低的风险获得更高的收益,因此,通

过卖出 92.49 股股票 D,同时买入 5.73 股资产组合,即股票 A、股票 B、股票 C 各买入 5.73 股,便可以实现套利。

(二)套利定价理论的假设和主要观点

1. 假设

(1)市场是完全竞争的、无摩擦的。——套利的可实施性

(2)投资者是追求效用最大化的:当投资者具有套利机会时,他们会构造套利证券组合来增加自己的财富。——套利的主观性

(3)所有投资者有相同的预期,特别是投资者一致认为,任一证券的收益率都是影响该证券收益率的 k 个因素的线性函数。——投资者具有同质预期

(4)市场上证券的种类远远大于因子的数目 k。——保证有足够多的证券来分散风险

(5)随机误差项为非系统风险,与所有影响因素正交。

2. 主要观点

(1)套利行为是利用同一资产的不同价格赚取无风险利润的行为;在一个高度竞争的、流动性强的市场中,套利行为将导致差价消失,最终使市场趋于均衡。

(2)APT 理论认为,套利行为是市场效率(市场均衡)的决定因素之一。如果市场未达到均衡,市场上即存在套利机会,投资者会利用差价买入或卖出,直至套利机会消失、市场恢复或达到均衡。

(3)套利机会主要表现于差价的存在,因此,凡是影响价格的因素都会影响套利机会是否存在。

(三)套利定价模型

APT 假设市场上的证券种类远远大于因子的数目 k,即市场上有足够的证券来分散风险,此处被分散的风险指的不是系统性风险,而是非系统扰动项 e_i。我们可以构建一个由 n 只股票组成的投资组合,此处 n 足够大,每只股票的权重为 ω_i($\omega_i < 1$,$\sum_i \omega_i = 1$),假设此投资组合的收益率由 1 个系统性因素影响,则这个投资组合 p 的收益率表示为:

$$R_p = E(R_p) + \beta_p F + e_p \tag{4.33}$$

式中,β_p 为 n 个股票 β_i 的加权平均,即 $\beta_p = \sum_i \omega_i \beta_i$;$e_p$ 为 n 个股票 e_i 的加权平均,即 $e_p = \sum_i \omega_i e_i$

在计算投资组合 p 的方差时,可以得到:

$$\sigma_p^2 = \beta_p^2 \sigma_F^2 + \sigma_{ep}^2 \tag{4.34}$$

式中,$\sigma_{ep}^2 = \sum_i \omega_i^2 \sigma_{ei}^2$,当 n 足够大的时候,σ_{ep}^2 趋于 0。即在充分分散化的投资组合的收益率为:

$$R_p = E(R_p) + \beta_p F \tag{4.35}$$

此处我们可以假设系统性因素为市场溢价,即 $F = [E(R_M) - r_f]$,当 F 等于 0 时,意味着此时既无系统性风险,也无非系统性风险,可得 $E(R_p)$ 应为无风险收益 r_f,将变

量代入式子中,就可以得到与 CAPM 相同的公式 $R_P = r_f + \beta_i [(R_M) - r_f]$。

不过值得注意的是,虽然得到的公式与 CAPM 相同,但实现的路径却不同,与 CAPM 需要寻找市场组合不同,APT 是通过套利机制实现资产的均衡价格的。

当然,除了单因素构成的套利定价模型,也存在多种因素共同影响资产收益率的多因素模型,模型如下:

$$R_P = E(R_P) + \sum_j \beta_j F_j \tag{4.36}$$

该式表示资产组合的收益率 R_P 受 j 种系统性因素 F_j 影响。

（四）对套利定价理论的进一步研究

1. 因素的识别

套利定价模型的出现虽然为资产定价提供了工具,但它本身并没有告诉人们具体的因子包括哪些,因此,如果要应用 APT 来定价,首先需要对市场上重要的因素进行辨别和估计。

就股票价格而言,其定价一般由两部分决定,分别是红利和贴现率。红利与未来的经济状况如 GDP 增长率和工业生产增长率有关;贴现率则跟通货膨胀率和利率有关。因此,重要的因子应具有下列特征:

（1）应该包括表明总的经济行为的指标;

（2）应该包括通货膨胀;

（3）应该包括某种利率。

一般而言,在学术研究和实际分析中,我们会确定 3~5 个因素,如,根据特定的研究可以设定因子为 GDP 增长率、长短期利率差、石油价格变化率、国防开支增长率等。

2. 因素模型的估计

主要运用如下方法进行估计:

（1）时间序列方法。这是最直观的方法。该方法假设投资者事先知道影响证券回报率的因素,其中准确度量因素值是关键。

（2）横截面方法。即先估计敏感度,再估计因素的值,应用时要注意计量经济学上与时间序列方法的区别。

（3）因子分析方法。在我们既不知道因素的值,也不知道对因素的敏感度的情况下,适用该方法。

（五）资产组合理论、资本资产定价模型与套利定价理论

马科维茨的资产组合理论引入均值—方差偏好,指出投资者在选择与组建资产组合时,一方面不必然选择资产预期收益率最高的资产或资产组合,因为要考虑风险,另一方面也不是选择越多的资产越好,需要考虑不同资产之间的相关性。它通过对证券收益率、风险的分析以及统计分析,寻找在不同收益率水平下风险最小的静态最优资产组合,即"有效边界"。

而资本资产定价模型则是假设投资者们皆按照马科维茨资产组合理论选择资产组合,从而得出资产的内在价值,那么,在市场出现不均衡（资产的实际价格与内在价格不符）时,大量投资者会通过对头寸的小幅调整来实现市场由非均衡到均衡。

资本资产定价模型苛刻的假设条件影响了它的实用性和有效性。罗斯提出了相比资本资产定价模型而言假设条件更宽松的套利定价模型。它延续了对证券期望收益率

与风险的分析,但与 CAPM 不同的是,其理论上通过小部分套利者的套利行为实现市场的无套利状态。此外,当 APT 为单因素且因子为市场组合时,套利定价模型与资本资产定价模型的关系类似。因此,可以将套利定价模型看作是广义的资本资产定价模型。

CAPM 和 APT 两者的主要区别在于:

第一,CAPM 是均衡模型;APT 不是均衡模型。

第二,在 CAPM 中,证券的风险用 β 系数来解释,但没有告诉投资者风险来自何处。而在 APT 中,则用多个因素来解释风险。

第三,CAPM 假设投资者是风险厌恶者,而 APT 没有对投资者的风险偏好进行假定。

第四,CAPM 理论建立在马科维茨的有效组合基础之上,大量投资者通过对头寸的小幅调整帮助市场实现由非均衡到均衡。在 APT 中,它是建立在一价定律的基础上的,通过小部分套利者的套利行为实现市场的无套利状态。

这也可以用两个等式来表达:

$$最优投资组合理论+市场均衡=CAPM$$
$$因素模型+无套利=APT$$

 阅读资料

股票估值的传统手段

对股票进行估值主要分为绝对估值法和相对估值法。

绝对估值法包括股利折现模型和无杠杆自由现金流折现模型等,其中股利折现模型指的是将股票的股利现金流按投资者的必要收益率进行折现从而得到股票的价格。自由现金流折现模型指的是通过将企业的自由现金流进行折现得到企业价值,通过价值分拆得到企业的股权价值,而后将股权价值除以股票数量即可得到股价。这里我们以自由现金流折现模型为例,可以把估值步骤分为以下几步:

(1)预测股票 i 对应企业的未来自由现金流 f_t,为了简便处理此处我们假设自由现金流保持不变。

(2)通过 CAPM 得到企业 i 的股权资本收益率 e_i。

(3)计算企业 i 的债券资本收益率 b_i。

(4)由股权资本收益率 e_i 与债权资本收益率 b_i 以及企业的资本结构计算出企业的加权平均资本成本 $WACC_i$。

(5)对股票的未来现金流进行折现得到股票 i 的现价。

$$p_i = \sum_{t=1}^{+\infty} \frac{f_t}{(1 + WACC_i)^t} \tag{4.37}$$

可以看出,绝对估值法的假设条件比较严苛,从股利折现模型的角度来看,我国许多股票的股利现金流其实不好预测,而从无杠杆自由现金流折现模型的角度来看,如果企业尚处于发展期,其现金流可能为负数。因此,我们可以选择相对估值法。

相对估值法主要有 PE 法、PB 法等以特定估值参数为参考的估值法,这些方法的

思路都大同小异。我们以 PE 法为例,主要步骤为:

(1)找出与目标企业相似的企业,计算出相似企业的平均 PE。

(2)得出目标企业的每股收益。

(3)通过目标企业的每股收益以及相似企业的平均 PE 值倒推出目标企业的每股价格。

在实际操作中,我们主要通过目标企业的 PE 值与行业内相似的企业进行横向比较,或者与目标企业历史 PE 值进行纵向比较,来看此时目标企业股票股价是否高估或者低估。

第三节　证券投资基金的投资策略

本节将开始正式介绍证券投资基金的投资策略。根据不同的理论依据,投资策略可以分为被动管理策略和主动管理策略。在厘清二者的基本概念之后,我们将重点介绍 β 策略和 α 策略。

一、被动管理策略

被动管理策略即指数化策略。有效市场理论认为,投资者意图寻找超额收益的方式皆是"无用功",因为市场上资产的价格已经反映了资产现有的所有信息了。那么,什么是有效市场理论?为什么寻找超额收益的方式是"无用功"?被动管理策略有什么优势?这些问题或许能在接下来的内容中找到答案。

(一)市场有效性理论

被动管理策略的理论依据就是有效市场理论,即如果市场是充分有效的,则资产的价格均真实准确地反映了该证券以及发行人在该时点上所有的信息,投资者无法根据额外信息获取超额收益,此时最好的投资方式就是实行被动管理策略。

1. 有效市场成立的前提

Shleifer 指出,资本市场有效性的命题之所以能够成立,是有三大前提的[1],包括:

(1)投资者是理性的。投资者对于资产的价格是通过综合各种信息理性评估得来的。

(2)即使投资者是不理性的,但是由于投资者的不理性是随机的,有些人可能高估资产价格,有些人可能低估资产价格,因此两方面的不理性能够抵消。

(3)就算部分投资者具有相同的预期和不理性行为,导致市场上的不理性因素无法相互抵消,此时也能通过市场套利机制来使得价格恢复理性水平。

2. 有效证券市场应具备的条件

一个有效的证券市场应该具备下列四种条件:

(1)信息公开的有效性,即证券的所有信息应该都能及时准确地在市场上公开。

---

① Shleifer A. Inefficient markets:An introduction to behavioural finance[M]. Oxford University Press,2000.

(2)信息获得的有效性,即证券的所有信息都能够完整地被投资者获得。

(3)信息判断的有效性,即所有投资者都能够依据市场公开的消息做出一致的价值判断。

(4)投资行为的有效性,即所有投资者都能够依据获得的消息做出及时准确的行为应对。

我们可以根据市场已经满足的条件来对市场的有效性进行分类。

3. 有效市场的分类

根据有效证券市场应具备的条件,我们可以把市场有效的程度分为三种类型,即:弱有效市场,半强有效市场,强有效市场。

(1)弱有效市场。该市场满足上文提到的信息获得的有效性和投资行为的有效性,换句话说,在弱有效市场中,存在信息不完全公开和信息不完全解读。

信息不完全公开:比如,市场上只有对历史信息的公开,而对于现在以及未来的信息公开不完全,存在内幕消息;

信息不完全解读:比如,机构投资者的信息解读能力强于个人投资者,或者掌握内幕消息的投资者对信息的解读能力强于未掌握内幕消息的投资者。

在弱有效市场中,股票价格只包含了历史信息,因此,虽然运用历史信息的技术分析是无效的,但投资者仍然可以通过基本面分析等方式获取和解读当下公开的信息,从而获取超额收益。

(2)半强有效市场。半强有效市场满足信息获得的有效性、信息判断的有效性和投资行为的有效性,换句话说,在半强有效市场上存在信息公开的不完全性,存在着内幕消息。在这种情况下,市场上所反映的信息只有公开信息和历史信息,因此除了技术分析无效,投资者依靠基本面分析等方式获取和解读当下的信息也无法获取超额收益,但拥有内幕消息的投资者可以通过内幕消息获取收益。

(3)强有效市场。强有效市场上,满足信息公开的有效性、信息获得的有效性、信息判断的有效性以及投资行为的有效性。在强有效市场,市场上资产的价格包含了历史信息、公开信息以及内幕信息,也就意味着投资者对信息进行分析已无法获取超额收益了。

4. 有效市场理论的推论

在了解了有效市场理论的基本概念和相关内容后,我们可以得出以下推论:

首先,如果市场的确是有效的,那么也就意味着市场是不可战胜的,我们无法获取超越市场收益的报酬。这不难理解,毕竟你很难想象在一个信息完全公开、充满成千上万个精明投资者的市场上会出现"便宜货",当然,虽然你无法战胜市场,但你依然能够得到市场的公平回报。

其次,有效市场的源泉是竞争。正是因为市场上存在着许多"精明"的投资者,才能使得市场一旦出现偏离均衡的迹象,即出现套利机会,这些投资者之间就会竞争从而短时间内去填补这一空隙,使得市场迅速恢复均衡状态。

最后,当发现市场上的确存在所谓的"便宜货",即收益与风险不匹配,存在高于市场收益的超额收益时,应思考是否存在未被察觉的潜在的风险。

当然,虽然我们无法用有效市场理论通过分析获取超额收益,但是进行合适的组合

管理依然是值得提倡的,原因有三:

(1)组合管理能帮助我们分散非系统性风险,减少我们投资的风险。

(2)组合管理能帮助我们按照自己的风险承受能力去选择合适的投资组合。

(3)组合管理能满足我们其他方面的需求,比如赋税考虑、流动性考虑等。

(二)被动管理策略的定义

被动管理策略指的就是指数化的投资策略。被动投资者认为市场是足够有效的,资产价格已经及时、充分、准确地反映了资产内在价格的所有信息,因此很少去关注个股的情况,而是跟随市场大势赚取市场收益,承担市场风险。被动管理策略通常见于指数基金中,通过复制大盘或某个指数中的全部或部分证券,从而获得与该指数相同的收益率。其中,指数基金按照指数构成可以划分为宽基指数、行业指数、策略加权指数等。

(三)被动管理策略的优势

被动管理策略即跟踪指数收益的投资策略。作为基金管理者,其采用被动管理策略的优势包括以下几个方面:

1. 成本相对较低

由于被动管理策略是通过跟踪指数来获取收益的,因此基金管理者不需要投入大量的资金用于投研方面的支出,比如研究个股的价值是否偏离均衡价值以及预测股票市场和宏观经济走势,因此减少了管理费用。此外,由于采用被动投资策略的基金管理者之间差异化低,因此只能依靠较低的费用吸引基金投资者,进一步减少了基金投资者的成本。

2. 风险较低

采用被动管理策略跟踪指数获取收益,意味着投资组合是充分分散化的,且由于组合中的证券持股比例与市场一致,因此被动管理策略下的投资组合只存在系统性风险,其非系统性风险都被分散了。投资者可以与市场“共进退”,赚取市场的 β 收益。

3. 缓解代理问题

被动管理策略意味着基金管理者能够自主操作的空间小,只能通过跟踪指数的方式改变自身的投资组合,也就意味着具有强纪律性,减少了投资者与管理者之间的信息不对称,可以有效遏止基金管理者为了自己的利益而损害投资者利益的行为(比如“老鼠仓”),从而缓解代理问题,减少代理成本。

 阅读资料

中国的指数型基金

相较于欧美发达国家,我国指数型基金发展起步较晚。我国第一只开放型指数型基金是由华安基金管理公司于 2002 年 10 月发行的华安上证 180 指数增强型证券投资基金。其业绩基准为 95%×MSCI 中国 A 股指数收益率 + 5%×金融同业存款利率。可以看出,该指数基金以 MSCI 中国 A 股指数为跟踪标的,当时募集资金共计 30.94 亿元人民币。但由于是指数增强型基金,故并非完全意义上的复制指数的基金。我国第一只完全复制指数的指数基金是在 2003 年 2 月由万家基金管理公司发行的"万家 180 指数证券投资基金",其选择以上证 180 指数作为跟踪目标指数。2004 年年底,内地推出了第一个 ETF 产品——上证 50ETF。

近年来我国指数基金市场持续快速发展,目前我国指数型基金的市场规模已经属于巨无霸的量级了。截至 2021 年末,市场上共计 1 252 只指数基金,规模合计 20 746.18 亿元(不含 ETF 联接基金),其中,ETF 规模合计 11 269.74 亿元,在指数基金资产规模中占比 54.32%. 普通指数基金规模 6 316.58 亿元,规模占比 30.45%,LOF 基金规模 3 159.85 亿元,规模占比 15.23%。除了规模大,指数基金市场还有一个特点就是集中度高,虽说有 108 家基金公司,但是市场上前 8 家基金公司的管理规模占比便已过半,其中,华夏基金管理公司拥有 70 只指数基金,合计规模为 2 614.06 亿元,规模占比为 12.6%。

除了市场规模,指数基金的种类也逐渐丰富,依据中国银河证券基金分类体系,在指数基金的一级分类下,按照基金是否实施指数增强或指数优化分为标准指数和增强指数,加上 ETF 基金和 ETF 链接基金,构成 4 种二级分类,再将标的股票指数分为规模指数、行业指数、风格指数、主题指数、策略指数,合计 5 个指数类型,结合四种二级分类共生成 20 种平行的三级分类。比如标准主题指数股票型基金、增强规模指数股票型基金、行业指数股票 ETF 基金等。

二、主动管理策略

主动管理策略是指资产管理者希望通过研究个股以及预测市场走势,进行积极的资产组合管理行为,以获取超额收益,以图战胜市场。这在完全有效市场中是不可行的,因为在有效市场中,证券的价格已经将资产信息全都表现出来了。可是市场并不总是有效的,或者说,市场压根还没达到有效的状态,此时采取主动管理策略就是有利可图了。

（一）积极策略的适用性

在有效市场假说下,资产价格已经反映了所有信息,因此投资者无法通过积极的管理行为获取超额收益,那么主动管理策略是否适用呢?实际上,关于市场究竟是否有效的争议一直都未停歇,而这些争议也给主动管理策略的适用性提供了理论基础。

1. 有关有效市场假说的争议

正如前文对有效市场前提的论述,有效市场命题成立的前提主要有三方面。实际上可以看出这三个前提并不是并行的,而是呈递进关系的,原因就是这三个前提实际上是在有效市场命题的争议中逐步提出的:

正方:投资者是理性的。资产价格是通过理性评估得出的。

反方:投资者是不理性的,处置效应、锚定效应等不理性行为能有效佐证。

正方:即使投资者不是理性的,也可以通过随机的投资行为将不理性因素抵消。

反方:投资者的不理性行为往往是同向的,比如羊群行为。

正方:即使不理性因素不能得到抵消,市场也能通过套利机制实现资产价格回归均衡。

反方：由于套利活动可能存在局限性，因此资产价格并不能通过套利行为快速地回到均衡。

2. 套利行为的局限性

通过对市场是否有效的争议进行简单梳理，我们可以发现，套利活动的局限性可能导致市场不是有效的。那么，套利活动的局限性表现在哪些方面呢？

首先，套利活动在实际操作时是通过买卖行为实现风险对冲从而套取无风险收益，但这一行为的前提是存在能够实现对冲的产品。比如在我国的证券市场中，就不能实现每个证券资产都有对应的对冲手段，缺少实现对冲的产品相当于无法通过套利将风险完全消除，暴露的风险敞口可能使套利者遭受损失。

其次，在市场不充分有效的时候，即市场上存在着非理性因素（比如噪声交易者），这些非理性因素可能使得资产价格长时间、大幅度地偏离均衡价格，因此就算套利者发现了资产价格偏离并且反向操作，此时如果资产价格受到噪声交易者的影响更大，反而使得套利者变"套牢者"。

最后，相关的法律法规同样也有对套利活动的限制。

3. Grossman-Stiglitz 悖论

实际上，Grossman-Stiglitz 悖论对于有效市场也提出了质疑：如果所有的信息都被反映到了资产的价格中，由于信息获取存在成本，那么就意味着投资者没有动力去收集和分析信息，但是，如果不去收集和分析信息，这些信息又如何反映到资产价格中去呢？因此，就算是有效的市场，肯定也存在着偶发的、不连续的市场失效点，积极的投资者可以利用市场无效点去获取利润。

（二）主动管理策略的内容

主动管理策略的内容可以参照被动管理策略的内容来看。

首先，被动管理策略意味着跟踪市场指数以对投资组合中的证券资产进行配比。而对于意图战胜市场、获取超额收益的主动管理策略来说，自然要与市场不一样，具体表现在资产配比与市场组合中的比例不同（也称积极型头寸）。投资者可以利用自己对个股的研究以及对于市场走势和宏观经济的预测，对资产配比进行调整，构建积极型头寸。

其次，被动管理策略由于跟踪市场指数而获取的是市场收益，与市场"共进退"。而主动管理策略则是通过构建不同的资产头寸，意图获取超过市场组合的收益，也称超额收益，这部分收益我们往往称之为 α 收益。如果我们通过某个主动管理策略获取了超额收益，那么就可以称这个投资组合策略战胜了市场。

通过主动管理策略获取超额收益，对应的自然是额外的风险。由于资产配比与市场组合不同，主动管理策略下的资产组合往往有着与市场组合不同的波动性，也可以称该资产组合与市场组合有着不同的 β。由于系统性风险的存在以及政策对做空行为的限制，由主动管理策略形成的投资组合，其 β 应该大于 0。

最后，由于被动管理策略具有成本低、风险稳定、能缓解代理问题等优点，我们需要评价主动管理策略是否能给投资者带来更好的效用——如果主动管理策略带来的效用低于被动管理策略，那么我们自然也不需要采用更加"辛苦"的主动管理策略了。此外,我们也需要比较不同的主动管理策略之间的优劣,因此,需要对主动管理策略进行评价。通常的评价标准有夏普指数、特雷纳指数等,更多的内容我们将在后面的章节中给予介绍。

三、β 策略

证券市场的收益率是波动的,对于那些主要通过跟踪指数以赚取市场收益的投资者而言,是否能够采取一种策略,使得自己的投资组合收益率在跟随市场波动的同时,在市场收益上行时上行得更多,在市场收益下行时下行得更少? 这种策略是通过择时把握市场大势来调整投资组合,也称作 β 策略。

(一)什么是 β

关于 β,我们并不陌生。前面的章节中我们介绍过 CAPM,那时我们就已经引入了 β 的概念,即:

$$E(R_i) = r_f + \beta_i[E(R_M) - r_f] \tag{4.38}$$

式中,β_i 的数值等于资产组合收益 i 对市场组合收益的协方差除以市场组合收益的方差,即

$$\beta_i = \frac{\text{cov}(R_M, R_i)}{\sigma_M^2} \tag{4.39}$$

β_i 反映出的是资产组合 i 的超额收益率与市场组合 M 的超额收益率之间的相关关系,如果我们预计资产组合 i 的 β 系数为 1.2 且在未来一段时间内不变,同时我们预测大盘指数在未来一段时间的超额收益为 10%,那么我们就能合理推测资产组合 i 的期望超额收益率为 12%。此外,从公式我们也可以看出,资产组合 i 的风险也与市场组合的风险有关,因此,我们也可以用 β_i 来衡量资产组合的系统性风险的大小。

从 β 的概念我们也不难得到 β 收益的含义。β 收益是由于承担了市场系统性风险随着市场波动而获得的收益,承担越多则收益越多。

(二)什么是 β 策略

β 策略也称作趋势性策略,通过把握市场走势灵活改变自己投资组合的 β 值来获取超过市场组合的收益。具体而言,当市场呈现牛市时,即市场收益率波动上升时,根据 β 策略,我们应该增加投资组合的 β,以博取更高的收益;而当市场呈现熊市时,即市场收益率波动下行时,根据 β 策略,我们应该减少投资组合的 β,从而减少我们的损失。具体而言,由于我们认定市场组合的 β 为 1,当预测未来市场将波动上行时,应该把资产组合的 β 调整至大于 1;当预测未来市场将波动下行时,应该资产组合的 β 调整至小于 1。顺势而为,此消彼长,就能获得比市场更高的收益。而要评价某个主动管理策略的择时能力时,我们同样可以用 β 策略的理念。比如,当我们选用 CAPM 模型来解释资产收益时,我们可以引入 $\beta_{im} = \beta_i - 1$,通过比较不同时期资产组合的 β_{im} 与 0 之间的大小关系,就能初步判断该主动管理策略的择时能力了。具体的例子会在接下来的内容中涉及。

β 策略也存在一定的缺陷,其中最为突出的缺陷就是它的应用场景只限于市场收益大幅度波动的时候,比如牛市和熊市。如果市场处在横盘或者轻微震荡阶段,此时 β 策略的作用就不那么明显了。

（三）如何实施 β 策略

β 策略的实施简单来说主要包括两步：第一步，预测市场未来走势。第二步，调整资产组合的 β 。

虽说只是简单两步，但需要基金管理者有足够强的对未来市场大势的判断能力，特别是对于管理资产规模比较大的基金管理者而言，由于其基金持股规模大，如果短时间内调整资产组合可能造成股价的剧烈波动，从而影响基金效绩，因此，其调仓需要遵循以时间换空间的法则，在一段时间内进行调仓，从而达到资产配比目标。在这种条件限制下，对于市场走势的判断能力自然要求更高；如果判断错误，在市场下降的时候增加了自身资产组合的 β ，短时间内难以扭转资产配比将会给基金效绩带来严重的负面影响。调整资产组合的 β 比较好理解，资产组合的 β 是资产组合中各类证券的 β 按市值比例进行加权平均，当预测市场收益未来会上行时，就增加资产组合中 $\beta > 1$ 的证券的比例，反之亦然。

 案　例

β 策略的应用

这里，我们选用某只基金来分析其 β 策略的应用是否成功。

市场指数选用的是沪深 300 指数。无风险收益率选取一年定期存款收益率 1.5%。

首先，收集该基金 2010 年至 2021 年年中的周收益率，其中，周收益率的计算方式为基金的累计净值的增量除以上一期的累计净值，即 $i_w = \frac{J_{t+7}}{J_t} - 1$ ，其中， i_w 为基金周收益率， J_t 为基金在 t 时刻的累计净值。以同样的方式获取沪深 300 指数的周收益率 i_{wm} 。以半年为划分，以沪深 300 指数的周收益率减去无风险收益率的周收益率 $\left(即 1.5\% \times \frac{7}{365}\right)$ 为自变量，以基金的周收益减去无风险收益率的周收益率为因变量做回归，即可得到基金的 β 系数。公式为：

$$E(R_i) - r_f = \alpha_i + \beta_i \left[E(R_M) - r_f\right] \tag{4.40}$$

其次，根据基金实际组合的 β 值与市场组合 β 值的关系式，得到 $\beta_{im} = \beta_i - 1$ ，通过将每个时段的值与市场收益率做对比，可以得到图 4-4。

图 4-4 显示了 2010 年至 2021 年年中，该基金 β_{im} 与沪深 300 指数收益率之间的关系。具体来看，该基金的 β_{im} 长期在 0 以下，可知该基金总体的投资策略比较保守。就择时效果而言，2015 年以前，该基金的 β_{im} 走势皆与市场走势相反，比如，2012 年初市场走势下行而该基金的 β_{im} 上升，2013 年 8 月左右市场走势上升而该基金的 β_{im} 下行。2015 年以后择时能力有所提高，比如，2014—2015 年市场走势上升，基金的 β_{im} 也上升，2016—2018 年市场走势上升，基金的 β_{im} 也上升。

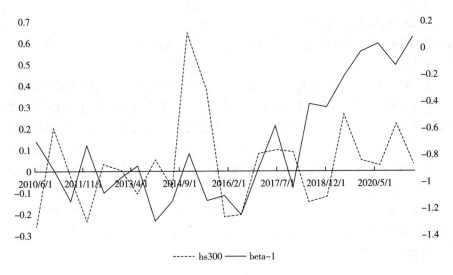

-------- hs300 ——— beta-1

图 4-4　市场收益与基金 β_{im}

四、α 策略

在讨论 β 策略时我们曾指出,虽然通过 β 策略我们能够在牛市时增加自身资产组合的 β 以及在熊市时降低资产组合的 β 从而赚取超越市场的收益,但是,一方面预测市场走势不容易,另一方面,实施 β 策略需要市场大幅波动,如果市场长期处于横盘状态或者波动不大,那么 β 策略也就没有用武之地了。此时,我们可以通过 α 策略获取超额收益。

(一)什么是 α

介绍 α 之前,我们同样需要引入 CAPM 来帮助理解。与介绍 β 策略不同的是,此处的 CAPM 公式多了一项 α,即:

$$E(R_i) - r_f = \alpha_i + \beta_i \left[E(R_M) - r_f \right] \tag{4.41}$$

通过移项可以得到:

$$\alpha_i = E(R_i) - r_f - \beta_i \left[E(R_M) - r_f \right] \tag{4.42}$$

可以看出,这里的 α 指的是个股或者资产组合的收益超越市场均衡收益(或者由市场风险决定的收益)的部分,我们同样可以引入 Fama-French 三因子模型,即

$$E(R_{it}) - R_{ft} = \alpha_i + \beta_i (R_{mt} - R_{ft}) + s_i (SMB_t) + h_i (HML_t) \tag{4.43}$$

通过移项可以得到:

$$\alpha_i = E(R_{it}) - R_{ft} - \beta_i (R_{mt} - R_{ft}) - s_i (SMB_t) - h_i (HML_t) \tag{4.44}$$

这里的 α 指的是个股或者资产组合的真实收益超越由三个因子收益决定的均衡收益的部分。

综上,我们可以给出 α 的定义:从个股角度来看,α 指的是个股偏离其均衡价格的程度。如果 $\alpha > 0$,则意味着个股的价格被低估,应该买入;如果 $\alpha < 0$,则意味着个股的价格被高估,应该卖出。

而从资产组合角度来看,α 指的是与因子收益无关、独立于市场、由资产组合管理人通过其优秀的管理能力获取的属于自己资产组合的收益(与此相对应的就是承担系统性风险而享有的 β 收益),每个主动管理策略的资产组合管理者都希望能够获取尽可

能多的 α 收益,它是资产组合管理者管理能力的体现。

（二）什么是 α 策略

通过对 α 收益的了解,不难得出 α 策略的定义。α 策略指的是资产组合管理者通过主动交易,选取价值被低估的股票纳入自己的资产组合从而获取独立于市场平均收益的超额收益。相对于 β 策略,α 策略不需要市场有明显的牛市或者熊市特征从而去被动地交易,而是通过专注于挑选个股构建资产组合来获取超额收益,因此,α 策略在市场横盘时也能获取收益。在牛市结束、出现结构性行情时,α 策略就格外重要了。在实际操作中,可以采用风险对冲手段,通过金融衍生工具等分离出资产组合的 β 风险,从而获得稳定的 α 收益。

不过,α 策略也存在一定的缺陷。一方面,α 策略在于通过选股挑选出价值被低估的股票,而在有效市场中,价格已经反映出证券所有的信息,因此市场越有效,资产组合管理者越难挑选出价值被低估的股票。另一方面,就算市场处于无效状态,α 策略也不一定有效。因为 α 策略要求挑选的价值被低估的股票最终会回到均衡,而如果在无效市场中,噪声投资者的存在可能导致资产价格长时间偏离均衡价格,此时,α 策略就不能很好地发挥作用了。

（三）如何实施 α 策略

实施 α 策略最重要的就是选股能力。可以"由上至下",通过分析宏观因素和政策背景选择行业赛道,再通过分析公司的经营和财务状况等选出股票;也可以"由下至上",从单个股票的角度出发进行选择,哪怕在一个不景气的行业中也存在着"黑马",可以创造超越市场的收益。相较于注重判断市场走势的 β 策略,α 策略的实施更需要对于个股的钻研能力。

 **案　例**

α 策略的应用

这里我们将通过一个案例,分析如何查看一个基金是否成功实现了 α 策略。

从个股角度来看,α 表示个股偏离其均衡价格。如果 $\alpha > 0$,则意味着个股的价格被低估,应该买入;如果 $\alpha < 0$,则意味着个股的价格被高估,应该卖出。这也就意味着可以通过查看每一期基金的调仓情况,查看该基金是否成功实现了 α 策略。具体地说,首先获取每个季度基金 A 前十大重仓股股票的持有情况(见表4-6),然后求取当期前十大重仓股的 α 值(见表4-7),如果当期前十大股票的 α 值大于 0 的比例高,则可以认为该基金成功实现了 α 策略。

为了运算简便,本案例依然采用 CAPM 求取股票的 α 值。无风险收益率采用 1.5%。

表4-6　基金 A 前十大重仓股

	1	2	3	4	5	6	7	8	9	10
2019 年中报	华鲁恒升	太阳纸业	中国神华	福耀玻璃	蒙娜丽莎	中国石化	海螺水泥	中国国航	精锻科技	北新建材

续表

	1	2	3	4	5	6	7	8	9	10
2019 年三季报	华鲁恒升	太阳纸业	蒙娜丽莎	中国神华	海螺水泥	福耀玻璃	中国石化	海信家电	北新建材	精锻科技
2019 年年报	华鲁恒升	太阳纸业	中国巨石	建发股份	海螺水泥	精锻科技	福耀玻璃	正泰电器	中国国航	鄂武商 A
2020 年一季报	华鲁恒升	建发股份	太阳纸业	中国神华	海螺水泥	口子窖	鄂武商 A	中国巨石	中国国航	中国化学
2020 年中报	华鲁恒升	建发股份	太阳纸业	中国巨石	口子窖	中国神华	中国国航	鄂武商 A	正泰电器	中国建筑
2020 年三季报	中国建筑	建发股份	中国神华	浙江龙盛	中国化学	华鲁恒升	口子窖	扬农化工	中国巨石	中国国航
2020 年年报	中国建筑	中国化学	建发股份	中国神华	浙江龙盛	华鲁恒升	扬农化工	中国国航	安徽合力	太阳纸业
2021 年一季报	中国建筑	建发股份	中国神华	中国化学	鄂武商 A	浙江龙盛	中国国航	华鲁恒升	健盛集团	华辰装备
2021 年中报	中国建筑	建发股份	中国神华	中国化学	鄂武商 A	健盛集团	浙江龙盛	扬农化工	华辰装备	华鲁恒升
2021 年三季报	中国建筑	建发股份	太阳纸业	中国神华	鄂武商 A	万科 A	浙江龙盛	上海医药	海利尔	健盛集团

表 4-7　基金 A 前十大重仓股当期的 α 值　　　　单位:%

	1	2	3	4	5	6	7	8	9	10
2019 年中报	-0.30	-0.43	-0.19	-0.52	-0.16	-0.09	0.64	-0.61	-0.41	0.28
2019 年三季报	0.43	0.63	0.30	0.06	0.56	-0.27	-0.21	-0.52	-0.19	-0.48
2019 年年报	1.04	1.34	0.18	-0.19	0.67	-0.54	-0.05	0.42	-0.43	0.61
2020 年一季报	0.20	-0.28	0.65	-0.40	1.22	-0.97	0.61	0.17	-0.55	0.24
2020 年中报	-0.35	0.13	-0.13	-0.60	-0.31	-0.46	-1.51	0.58	-0.23	-0.42
2020 年三季报	-0.54	0.09	-0.17	-0.07	-0.92	1.30	0.14	0.80	1.93	-0.50
2020 年年报	-0.43	-0.46	-0.87	0.21	-0.28	2.19	1.55	-0.07	1.02	1.47
2021 年一季报	0.01	-0.19	0.56	0.67	-0.85	-0.31	0.87	0.81	-0.26	-0.63
2021 年中报	-0.14	-0.08	0	1.68	0	0.50	0.04	-0.64	0.44	0.31
2021 年三季报	-0.02	0.34	-0.70	1.38	-0.56	-1.03	-0.09	0.14	0.05	0.50

由表 4-7 可以发现,10 期的前十大重仓股 α 值中,有 47 次 α 值为正数,选股正确率为 47%,说明从选股角度而言,该基金 α 策略并不算特别成功。

五、套利策略

(一)套利的定义

传统的套利,俗称就是"空手套白狼",指的是在"一价定律"的前提下,如果出现同一种实物资产或金融资产在同一市场(或不同市场)有不同价格,则通过低价买入、高价卖出来获取无风险收益的行为。由此我们可以得出套利行为的三个基本特征:无投入,无风险,有收益。无投入指的是通过同时进行的买入与卖出行为,套利方并没有支出;无风险指的是套利行为本身不承担风险;有收益指的是套利行为是有利可图的。

虽然"空手套白狼"听起来不是很好听,但实际上套利行为在金融市场上却是十分重要的存在,甚至很多时候我们希望去促进套利行为高效地运作,为什么这么说呢?因为套利行为本身是通过发现价格偏误并且做反向操作获取收益,套利行为的超额收益激励着投资者去发现证券价格偏误,并且促使证券价格回归均衡,从而使得金融市场的价格发现功能更加完善。比如,货币政策的传导也需要套利机制的作用,政策影响短期利率后通过期限套利传导到长期利率中,再通过信用套利实现无风险利率和风险利率的传导,最后通过金融市场和实体经济之间收益率的套利实现资金的流动。顺畅的套利行为将利率与实体经济联系起来,也使得货币政策的传导更有效。

（二）套利策略

1. 套利策略的定义

套利策略即是通过套利获取无风险收益的策略。依据套利的定义,实际上任何存在价格均衡偏移或者存在资产的不同价格都能做套利,比如,"代购"行为也可以看作是一种套利,因为某个商品在不同市场存在不同的价格,因此,通过转移商品就能获得价差减去套利成本的净利润。此外,套利的定义还可以扩展得更广,比如,所谓的"价差"不一定表现在资产价格上,套利也可能体现在由于各个地区的监管制度不同或者各个部门监管制度相互冲突而产生的监管套利,即金融机构通过注册地转换或者金融产品异地销售等方式谋取超额收益。

虽然套利行为本身的范围可以很广,但市场上的套利策略主要通过金融衍生工具实现。因为用金融衍生工具进行套利有如下好处:首先是金融衍生工具的流动性高,流动性高对于瞬时性的套利行为而言格外重要,毕竟套利机会可能稍纵即逝,如果不能通过高流动性快速实现盈利结算,那么套利策略的成功率将大打折扣;其次是对冲工具易得,套利的实现往往需要对价格走势相反的两类资产一买一卖以实现"0投入",从而将风险对冲,而金融衍生工具正好提供了大量相对应的对冲工具;最后是套利目标的多样性,通过对不同金融衍生工具的买卖组合能够实现投资者不同的套利目标。

当然,我们也要注意套利策略的障碍。比如交易成本的存在使得套利策略对套利机会有更高的要求,资金规模的限制使得资产价格不足以回归均衡,市场不充分有效而导致存在资产价格持续偏离均衡的风险,政策限制套利工具的使用,等等。

2. 套利策略的种类

传统的套利策略主要分为三类:跨市套利、跨期套利和跨品种套利。此外,还有一个比较特殊的套利策略——统计套利。

（1）跨市套利,指的是同一类资产在不同市场上出现价差(或预估会产生价差),且价差大于交易成本,因此,在价格较低的市场中买入,并在价格较高的市场中卖出,进行套利,等资产的价格回归均衡后再平仓,从而赚取超额收益。跨市套利如果涉及跨国交易的话,还要注意汇率风险。

（2）跨期套利,指同一商品在不同交割月份出现价差异常,因此,在价差回归均衡的期望下进行长短期跨期套利操作,买入被低估的合约,卖出被高估的合约。操作流程可以简述如下:首先依据历史数据推断合约不同月份价差的上下限,由于现货库存、仓单的供需关系等原因,价差可能突破上限和下限,一旦突破上限或下限,则开始套利操作,等到价差回归均值后再平仓。

（3）跨品种套利,指如果两个不同但相关性高的资产之间的价格平衡被打破,则可以通过买入被低估资产、卖出被高估资产进行套利。这个套利策略的前提是找到两个或两个以上的价格走势高度相关的资产,如果价格走势相关程度不大,则意味着二者之间的价差可能没有均值回归的趋势,从而导致套利策略失败。

但实际上,这三种套利策略可以结合使用,比如,跨市套利与跨品种套利结合,即在不同市场里,一旦发现一组高度相关的资产之间的价差出现偏移,则可以在被低估资产所在的市场买入被低估资产,在被高估资产所在的市场卖出被高估资产。

(4)统计套利。与传统的套利策略不同,统计套利不是通过构建无风险资产组合消除风险敞口进行套利,而是利用资产价格的历史数据去估计资产相关变量的概率分布情况,进而通过预测资产价格变化进行套利。由于不能确定资产价格的历史统计规律是否能够在未来延续,统计套利属于风险套利。这里以配对交易为例。其基本原理是通过历史数据找到两个价格走势相关性较高的资产,当这两种资产的相关性发生偏移时,则进行反向操作,直至未来这两种资产的相关性回归均衡,即可平仓了结、赚取收益。

案 例

应用股指期货进行套利

证券投资基金可以应用股指期货进行跨期套利或跨品种套利。这里所谓的跨期套利策略,是指反向交易不同月份股指期货合约,从价格差中获利,又分为多头跨期套利和空头跨期套利。当预期股票市场上涨时,月份较远的合约价格会比近期月份合约的价格更易迅速上升,投资者可进行多头跨期套利,即卖出近期月份合约、买入远期月份合约获利;当预期股票市场下跌时,投资者可进行空头跨期套利,即买入近期月份合约、卖出远期月份合约。

比如某基金在深证成分指数期货价格为 10 000 点时,预期股票市场会上涨,于是采取多头跨期套利策略,卖出一张 2 个月期的深证成分指数期货合约,买入一张 5 个月期的深证成分指数期货合约。一段时期后,2 个月期的深证成份指数期货价格为 10 500 点,该基金损失 5 万元[(10 500-10 000)点×100 元/点];5 个月期的深证成分指数期货价格为 11 500 点,该基金盈利 15 万元[(11 500-10 000)点×100 元/点],最终,基金盈利 10 万元。

这里所谓的跨品种套利策略,是指投资者对两种股指期货品种同时进行方向相反的交易。投资者进行跨品种套利交易时,着眼点在于相对于另一种股指期货合约而言,该种期指合约是否为强势合约,即该种股指期货合约在多头市场上是否上涨幅度较大或在空头市场中下跌幅度较小。比如,某基金预期深证成分指数相对于沪深 300 指数在今后的一段时期内将呈强势,此时深证成分指数期货价格为 9 500 点,沪深 300 指数期货价格为 3 000 点,基金买入一张 2 个月期的深证成分指数期货合约,同时卖出一张 2 个月期的沪深 300 指数期货合约,一段时间后股市上涨,深证成分指数期货价格为 11 500 点,沪深 300 指数期货价格为 3 500 点,该基金卖出一张 2 个月期的深证成分指数期货合约,同时买入一张 2 个月期的沪深 300 指数期货合约进行平仓。这样,该基金在深证成分指数期货上的盈利为(11 500-9 500)点×100 元/点=20 万元,该基金在沪深 300 指数期货上的损失为(3 500-3 000)点×300 元/点=15 万元,最终投资者盈利为 5 万元。

本章练习题

一、概念题

证券市场线、被动管理策略的理论基础、套利、Fama-French 三因子模型

二、选择题

1. 如果市场收益率 $E(R_M)$ 为 10%,无风险收益率 r_f 为 2%,股票 i 的 β_i 为 1.5,则按照 CAPM,股票 i 的预期收益率为（   ）

A. 15%

B. 14%

C. 12%

D. 11%

2. 套利定价模型 APT 与资本资产定价模型 CAPM 的不同之处有（   ）

A. 套利定价模型的假设条件更严苛。

B. 资本资产定价模型是多因素模型,而套利定价模型是单因子模型。

C. 套利定价模型与资本资产定价模型都假设投资者是风险厌恶者。

D. 套利定价模型不是均衡模型,资本资产定价模型是均衡模型。

3. 下列关于套利策略的说法中,错误的是（   ）

A. 套利本身是无风险或者风险很小的。

B. 跨品种套利指如果两个不同但相关性高的资产之间的价格平衡被打破,则可以通过买入被低估资产、卖出被高估资产进行套利。

C. 跨市套利指同一商品在不同交割月份出现价差异常,因此在价差回归均衡的期望下进行长短期跨期套利操作,买入被低估的合约,卖出被高估的合约。

D. 套利的前提是"一价定律"。

三、案例分析题

请仿照本章案例,选择一只基金检验其 β 策略是否有效。

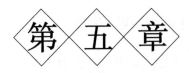

证券投资基金的绩效评价

　　基金经理构建最优组合的主要目的是在控制风险的前提下获得良好的投资绩效,本章即对投资绩效的评估模型和方法进行深入研究。这里首先要指出的是,任何投资绩效评估的方法都是相对的业绩评价,它是通过将投资结果与某一参照标准相比较而进行的。但需要明确的是,虽然是相对的评价,然而基金经理对自身投资绩效的评估,一是不能与其他投资者的投资结果进行比较,即"不要与别人比",其原因就是我们一直强调的,不同投资者对风险有不同的态度,而根据风险与收益相匹配的原则,也就会产生与其特定风险偏好相适应的收益;二是不能将目前的投资结果与自己的历史绩效相比,即"不能与自己比",否则会产生投资行为方面的逻辑悖论:为了使明年的绩效令自己满意,今年将设法大幅降低自己的投资业绩。这对于证券投资基金而言即形成了投资悖论:是激励基金经理创造更好的绩效,还是激励其最大限度地"隐藏"绩效呢?

　　绩效评估包括三个环节:第一个环节是确定投资绩效是好是坏;第二个环节是分析这一业绩的具体来源;第三环节是进一步研究这一业绩是否有持续性,即业绩表现是偶然断续的还是可持续的。

第一节　投资绩效的好坏:评价方法

　　现代投资绩效评价方法包括投资绩效评价指数和投资绩效评估方法 M^2,以及市场中常用的其他业绩评价方法。现代绩效评价方法是学术研究和实际投资领域中最为常见的评价方法。

一、投资绩效评价指数

　　投资绩效评价指数也称业绩指数。业绩指数即我们在基金市场中经常听到的经典的夏普业绩指数(Sharpe's performance index)、特雷的业绩指数(Treynor's performance index)和詹森业绩指数(Jensen's performance index)这三大指数评价模型。

（一）夏普指数

夏普指数以马科维茨资产组合理论为基础,是评价资产风险收益综合指标的其中一类方法。马科维茨资产组合理论中的资本市场线 CML 表明了期望收益率 $E(R_i)$ 与标准差 σ_i 之间的线性关系,即:

$$E(R_i) = r_f + \frac{[E(R_m) - r_f]}{\sigma_m^2}\sigma_i \tag{5.1}$$

式中, r_f 是无风险收益率, $E(R_m)$ 为市场组合的期望收益率, σ_m^2 是市场组合的方差。

虽然我们不知道参数 $E(R_i)$ 和 σ_i 的值,但可以通过投资组合的历史数据估算期望收益率(即投资组合的历史平均收益率)和标准差;而且通常假设这一估计是无偏估计,这样便可得到由历史数据估计的资本市场线。

资本市场线代表了市场组合与无风险资产之间的所有可能的组合,它的斜率越大,一定风险下的收益补偿就越高,如图 5-1 所示。

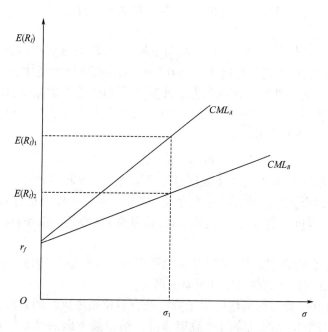

图 5-1　夏普指数资本市场线

同样的风险之下,斜率比较高的资本市场线的预期收益比较高,投资者也更倾向于对 CML 斜率更大的基金进行投资。夏普指数正是基于这个原理,以承担单位总体风险下组合获得的超额收益作为衡量组合业绩的指标。即:

$$PI_S = (\bar{R}_I - r_f)/\sigma_i \tag{5.2}$$

夏普指数的分子和分母均为百分数,其结果是不带单位的数字。某基金的夏普指数越大,表明在承担一定风险的情况下,该基金的投资组合获得的风险补偿(收益)越大,从而该基金的绩效就越高。

夏普指数的理论含义是,现实中任何一只基金或者任何一个投资者都不可能建立起理论上完备的投资组合,导致其承担的非系统性风险不能忽视,因此,要用总风险进行衡量。

【例 5.1】假设基金 A 的收益率为 41.89%,标准差为 165.00%,以同期一年期国库券收益率作为无风险收益率,即 r_f 为 2.22%。则基金 A 的夏普指数为:

$$PI_{SA} = (\bar{R}_I - r_f)/\sigma_i = \frac{41.89\% - 2.22\%}{165.00\%} = 0.240\ 4$$

以同期上证指数代表市场组合,可以计算出同期上证指数的收益率为 13.87%,标准差为 19.07%,无风险收益率 r_f 为 2.22%。所以同期市场组合的夏普指数为:

$$PI_{S上证} = (\bar{R}_m - r_f)/\sigma_m = \frac{13.87\% - 2.22\%}{19.07\%} = 0.610\ 9$$

从夏普指数来看,基金 A 的投资绩效并未战胜市场。

(二)特雷纳指数

与夏普指数基于资本市场线 CML 不同,特雷纳指数是基于证券市场线 SML 推导而来。特雷纳指数是用证券市场线 SML 评价投资组合(基金)的业绩。证券市场线代表了某个资产期望收益率与其 β 值的线性关系。其定义式为:

$$E(r_i) = r_f + [E(r_m) - r_f]\beta_i \tag{5.3}$$

式中,$E(r_i)$ 是特定资产(或投资组合)的期望收益率,β_i 是该资产(或组合)的 β 值。

当市场均衡时,所有资产都将正好落在 SML 上。而实际投资中,一些基金(组合)将位于 SML 上方,另一些则会落在下方。凡是位于 SML 上方的基金,即意味着该基金的组合"战胜了市场"。特雷纳指数以承担单位系统性风险下,组合获得的超额收益作为衡量组合业绩的指标。即:

$$PI_T = (\bar{R}_I - r_f)/\beta_i \tag{5.4}$$

其中的 $E(r_i)$ 和 β 可通过历史数据进行无偏估计。如果一个组合(或基金)的表现与市场一致,该组合正好落在证券市场线上;如果其由 CAPM 模型计算出的组合的期望收益率落在证券市场线的上方,则该组合(或基金)绩效优于市场;反之,则绩效低于市场。

特雷纳指数的隐含假定是:投资者构建了完备的资产组合,因此,其承担的非系统性风险为 0,从而只需考虑对系统性风险的覆盖。

在实际应用中,特雷纳指数给出了资产符合单位系统风险的超额收益率,衡量了资产组合对于每单位系统风险的收益率。特雷纳指数考虑的是系统风险,而不是全部风险,因此,无法衡量基金经理的风险分散程度。系统风险不会因为投资组合的分散而降低,因此,即便基金经理的风险分散做得很好,特雷纳指数也可能并不会因此变大。

【例 5.2】承例 5.1,这里我们假设基金 A 的 $\beta = 1.13$,由例 5.1 可知基金 A 的收益率为 41.89%,无风险收益率 r_f 为 2.22%。所以基金 A 的特雷纳指数为:

$$PI_{TA} = (\bar{R}_I - r_f)/\beta_i = \frac{41.89\% - 2.22\%}{1.13} = 0.351\ 1$$

由例 5.1 可知,同期上证指数的收益率为 13.87%,所以上证指数的特雷纳指数为:

$$PI_{T上证} = (\bar{R}_m - r_f)/\beta_m = \frac{13.87\% - 2.22\%}{1} = 0.116\ 5$$

从特雷纳指数来看,基金 A 的投资绩效相对较好,即该基金战胜了市场。

(三)詹森指数

夏普指数和特雷纳指数都能较好地给出不同基金投资绩效的排序,但却无法告诉我们基金表现优于或劣于市场基准组合的具体数值。詹森(Jensen,1966)以证券市场线(SML)为基础,构建了一个与实施积极管理的基金组合的系统风险相等的消极投资组合,他将积极管理组合的实际收益率与具有相同风险水平的消极投资组合的收益率进行比较,将二者之差作为衡量投资组合优劣的绝对绩效评价标准,此即为詹森指数。

詹森指数风险与收益的均衡关系为:

$$E(r_i) = r_f + [E(r_m) - r_f]\beta_i \tag{5.5}$$

詹森指数不纠结于基金经理是否建立了完备的投资组合,而是通过比较评估期的实际收益率和由 CAPM 推算出的期望收益率的大小,来判断基金或组合的绩效。通过在 CAPM 中加入詹森指数 α_i,得到:

$$r_i = r_f + \beta_i[E(r_m) - r_f] + \alpha_i \tag{5.6}$$

式中,α_i 为组合或基金的实际收益与 CAPM 的偏离程度:$\alpha_i > 0$,即基金的实际收益超过了与其风险相匹配的期望收益;$\alpha_i < 0$,即基金或组合的实际收益低于均衡的风险与收益匹配性。

因此,詹森指数的定义为:

$$PI_j = \alpha_i = r_i - r_f - \beta_i(\bar{R}_m - r_f) \tag{5.7}$$

$PI_j > 0$,表明基金或组合的实际收益超过了与其风险相对应的收益,即基金战胜了市场;反之,则未战胜市场。

詹森指数为绝对绩效指标,表示积极的投资组合收益率与相同的系统性风险消极投资组合收益率之间的差异。当詹森指数显著大于 0 时,表示积极的投资组合的绩效优于市场投资组合绩效;当詹森指数为零或小于 0 时,认为积极的投资组合无法获得超额收益。将詹森指数用于基金间投资绩效比较时,詹森指数越大越好。

詹森指数衡量的是投资组合的选择收益,它奠定了基金绩效评价的理论基础,是迄今使用最广泛的评价方法之一。但应该注意,与特雷纳指数相似,詹森指数用于基金间绩效评价也有一个隐含的假设,即资产组合的非系统性风险已经通过投资组合消除。忽略这个假设而使用詹森指数可能得到错误的信息[①]。

(四)三大业绩指数的比较和应用

首先,夏普指数与特雷纳指数尽管衡量的都是单位风险的收益率,但二者对风险的计量不同。夏普指数考虑的是总风险,而特雷纳指数考虑的是市场风险。当投资者将其大部分资金投资于一个基金时,他会比较关心该基金的全部风险,因此也会将标准差作为对基金风险的适宜衡量指标。这时,适宜的衡量指标就应该是夏普指数。当投资者不仅仅投资于无风险证券和单一基金组合,所要评价的投资组合仅仅是该投资者全部投资的一个组成部分时,就会比较关注该组合的市场风险,在这种情况下,β 会被认为是适当的风险度量指标,从而对基金绩效衡量的指标就应该是特雷纳

---

① 对该问题的详细分析,可参考李学峰:《投资组合管理》第二版,清华大学出版社,2020。

指数。

其次,夏普指数与特雷纳指数在对基金绩效的排序结论上有可能不一致。一般而言,当基金完全分散投资或高度分散,用夏普比率和特雷纳比率所进行的业绩排序是一致的。但当分散程度较差的组合与分散程度较好的组合进行比较时,用两个指标衡量的结果就可能不同。两种衡量方法评价结果的不同是由分散水平的不同引起的。一个分散程度差的组合的特雷纳指数可能很好,但夏普指数可能很差。此外,二者在对基金绩效表现是否优于市场指数的评判上也可能不一致。由于二者提供了关于业绩不同相互补充的信息,因此应同时使用。

最后,特雷纳指数与詹森指数只对基金经理所获得的超额回报的大小进行评价,而夏普指数还考虑了组合的分散程度。组合的标准差会随着组合中证券数量的增加而减少,因此夏普指数可以同时对组合的超额回报与分散程度加以考察。由于特雷纳指数与詹森指数对风险的考虑只涉及 β 值,而组合的 β 值并不会随着组合中证券数量的增加而减少,因此也不能对组合的分散程度做出考察。

二、投资绩效评估:M^2

用夏普指数来评价资产组合的业绩时,有时会遇到投资含义不好解释的情况。例如,对于组合 1 和组合 2,经测算其夏普指数分别为 $S_1 = 0.6$,$S_2 = 0.7$,表明组合 1 的绩效不如组合 2;然而另一方面,夏普指数 0.1 的差异从经济意义上解释存在困难。于是,来自摩根士丹利公司的李·莫迪格里安尼(Leah Modigliani)及其祖父弗兰克·莫迪格里安尼(Franco Modigliani)对夏普指数进行了改进,提出了“莫迪格里安尼的平方”,即 M^2 业绩评价指标。与夏普指数的思想类似,M^2 指标把全部风险作为风险的度量;同时,该指标也很容易解释为什么相对于不同的市场基准,指数会有不同的收益水平。

其基本思想,是将一定量的无风险资产头寸加入现有的证券投资基金组合中,通过调整资金配比,使得调整后的资产组合风险与市场指数的风险相等,然后通过比较它们之间的收益率,就可以观察到“相比于市场”基金的业绩水平。实现方法如下:设证券投资基金组合 P 的收益为 R_p,风险为 σ_p,市场指数组合 M 的收益为 R_M,风险为 σ_M,国库券 F 的收益为 R_F。则新构建的资产组合中原基金的占比为:

$$x = \frac{\sigma_M}{\sigma_p} \tag{5.8}$$

新组合的预期收益为:

$$R_p^* = xR_p + [1 - x] R_F \tag{5.9}$$

则 M^2 指标如下:

$$M^2 = R_p^* - R_M \tag{5.10}$$

式中,R_p^* 为样本期间内,经风险调整后的基金收益率;R_M 代表样本期间内,市场组合的收益率。M^2 越大,基金的业绩表现越好;反之,基金表现越差。具体如图 5-2 所示。

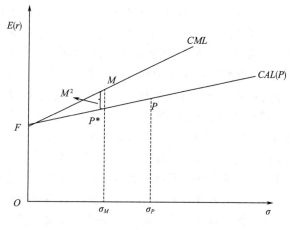

图 5-2　M^2 与资本市场线

以 M^2 评价基金绩效

假定我国市场上有一只股票型证券投资基金,当把一定量的国库券头寸加入其中后,这个经过调整的资产组合的风险就有可能与市场指数(如上证指数)的风险相等。例如,如果该股票型基金原先的标准差是上证指数的 1.5 倍,要想得到一个与上证指数的标准差一样的资产组合,即让组合的标准差降低 1/3,就需要对原有基金进行如下调整:新的资产组合应包含 2/3 比例的原有基金和 1/3 比例的国库券。

我们把经过上述调整的资产组合称为 P,通过简单的计算可知,此时它与上证指数就具备了相同的标准差。反之,如果原有基金的标准差低于上证指数的标准差,构建调整资产组合的方法就是卖空国库券,然后投资于该基金,最终也能够使调整组合的方差与上证指数一致。此时调整组合 P 和上证指数的标准差相等,于是我们只要通过比较它们之间的收益率就可以观察到它们之间的业绩差异。

假设原有股票型基金具有 42% 的标准差,而上证指数的标准差为 30%。因此,调整的组合应由 0.714 比例(30/42)的原股票型基金(假设期望收益率为 35%)和 0.286 比例(1-0.714)的国库券(期望收益率 6%)构成,调整后的组合具有 26.7% 的预期收益率 [(0.286×6%)+(0.714×35%)],比上证指数的平均收益率(假设为 28%)少 1.3%,所以该基金的 M^2 指标为 -1.3%,即业绩低于上证指数。

晨星基金评级①

晨星公司(Morningstar,Inc)于 1985 年首次推出基金评级(Morningstar Rating),借

---

① https://www.amac.org.cn/index/search/? key=晨星中国基金评级概要说明。

助星级评价的方式,协助投资人更加简便地分析每只基金在同类基金中的过往业绩表现。随着市场的发展,投资人由最初仅投资一两只基金到构建由多只基金形成的投资组合,意味着基金评级需要在更加细化的分类中进行,这样投资人在构建基金组合时,同一类型的基金彼此可相互替代。为此,1996 年,晨星公司引入分类星级(category rating)评价方法,对基金进一步细分。晨星评级将基金类别、投资风险和基金收益三者有效结合起来,全面评价基金的经营业绩,是一种较好的基金业绩评价方法。

晨星评级以基金分类作为评级基础,然后对同类基金采用星级评价方式进行基金评级。其核心指标 MRAR(晨星风险调整后收益)的衡量是以期望效用理论为基础,假定投资人为理性投资者,即此类投资人对于不确定的高收益和可预见的低收益情况的选择更倾向于可以预见的低收益,愿意放弃一部分预期收益来换取确定性较强的收益。在此前提下,根据每个基金的期末价值构造效用函数,然后计算期望效用并按照其数值高低对同类基金进行排名;评级分档基于正态分布函数。晨星基金评级建立在风险调整后收益的基础上。基金的投资是有风险的,风险是收益的不确定性。两只收益情况相同的基金,可能具有迥然不同的风险程度。因此,评价基金业绩时不能仅仅看回报率,还必须考察风险因素。晨星将每只基金的收益进行风险调整,然后再与同类基金进行比较,给予评级。

晨星基金评级以下面四个步骤进行具体操作:

第一,首先对基金进行分类,晨星中国开放式基金分类标准见表 5-1。

表 5-1 晨星中国公募基金(非 QDII)新分类标准

大类	晨星分类	说明
股票型基金	股票型基金	主要投资于股票类资产的基金。一般地,其股票类投资占资产净值的比例>70%
	香港股票型基金	主要投资于香港上市企业的基金。一般地,其股票类投资占资产净值的比例>70%,且有不少于80%的非现金资产投资于港股
	沪港深股票型基金	主要投资于在上海、深圳及香港上市企业的基金。一般地,其股票类投资占资产净值的比例≥70%,且有不少于10%投资于香港股票
	行业股票——医药	行业股票——医药生物基金主要投资于医药、医疗及健康护理公司的股票。其中大部分投资于一系列医药及医疗仪器生产商,亦有小部分基金集中投资于单一业务,例如医疗仪器或生物科技公司。一般地,其股票类投资占资产净值的比例>70%,且不少于50%的资产投资于上述行业的股票
	行业股票——科技、传媒及通信	主要投资于硬件及软件公司,不同的传媒及通信公司的基金。其中大部分偏重于投资有关电脑、半导体、软件、网络、互联网、有线电视、无线通信、通信设备及传统电话公司,亦有一些基金可能集中投资于单一业务。一般地,其股票类投资占资产净值的比例70%,且不少于50%的资产投资于上述行业的股票

大类	晨星分类	说　明
混合型基金	激进配置型基金	投资于股票、债券以及货币市场工具的基金，且不符合股票型基金和债券型基金的分类标准；其股票类资产占资产净值的比例>70%
	标准混合型基金	投资于股票、债券以及货币市场工具的基金，且不符合股票型基金和债券型基金的分类标准；其股票类投资占资产净值的比例<70%，其固定收益类资产占资产净值的比例<50%
	保守混合型基金	投资于股票、债券以及货币市场工具的基金，且不符合股票型基金和债券型基金的分类标准，其固定收益类资产占资产净值的比例>50%
	灵活配置型基金	投资于股票、债券以及货币市场工具，且在各资产类别配置上比较灵活的基金
	沪港深混合型基金	主要投资于上海、深圳及香港三地的股票、债券一级货币市场工具的基金，且不符合股票型基金和债券型基金的分类标准
可转债基金	可转债基金	主要投资于可转换公司债券（包括可分离交易可转债）的基金，其债券投资占资产净值的比例>70%，投资于股票和权证等权益类资产的比例不高于基金资产的20%
债券型基金	激进债券型基金	主要投资于债券的基金，其债券投资占资产净值的比例70%，纯股票投资占资产净值的比例不超过20%；其股票类资产占资产净值的比例20%
	普通债券型基金	主要投资于债券的基金，其债券投资占资产净值的比例>70%，纯股票投资占资产净值的比例不超过20%；其股票类资产占资产净值的比例<10%，且不符合短债基金的分类标准
	纯债基金	主要投资于债券的基金，其债券投资占资产净值的比例≥70%，不投资于权益类资产或可转换公司债券（可分离交易可转债的纯债部分除外），且不符合短债基金的分类标准
	短债基金	主要投资于债券的基金，仅投资于固定收益类金融工具，且组合久期不超过3年
货币市场基金	货币市场基金	主要投资于货币市场工具的基金，货币市场工具包括短期债券、央行票据、回购、同业存款、大额存单、商业票据等
保本基金	保本基金	基金招募说明书中明确规定相关的担保条款，即在满足一定的持有期限后，为投资人提供本金或收益的保障
另类	市场中性策略	主要投资于股票类资产，并利用做空工具建立空头头寸匹配多头头寸来减少系统性风险，一般地，相对沪深300指数的贝塔绝对值较小，通常小于0.3

大类	晨星分类	说　明
商品	商品	主要投资于挂钩大宗商品的衍生金融工具,主要包括能源、农业、工业用金属和贵金属
其他	其他	不属于以上任何分类;或由于使用特殊策略而不适合与以上分类的基金进行收益与风险评价

第二,衡量基金的收益。晨星公司用月度回报率(monthly total return)来衡量基金的收益。月度回报率反映在既定的月度内,投资人持有基金所获得的收益,并假设投资人将所得分红均用于再投资,不考虑税收、交易费用。计算公式如下:

$$TR = \left\{ \frac{N_e}{N_b} \Pi_{i=1}^{n} \left(1 + \frac{D_i}{N_i} \right) \right\} - 1$$

式中,TR 表示月度回报率,N_e 表示当月末的基金单位净值,N_b 表示上月末基金单位净值,D_i 表示在计算期间时点 i 单位基金分红金额,N_i 表示时点 i 的分红再投资所依照的基金单位净值,n 表示计算期内的分红次数。

此外,对于基金的份额拆细等情况,收益率计算将进行及时调整。

第三,计算基金的晨星风险调整后收益。"晨星风险调整后收益"(morningstar risk-adjusted return)是晨星星级评价的核心指标,又称 MRAR。MRAR 的衡量具有以下特点:

(1)未规定超额收益是服从特定分布的;

(2)在所有情况下,风险要受到惩罚;

(3)其理论基础——期望效用理论被专业投资人和分析师所接受。

MRAR 的衡量以期望效用理论(expected utility theory)为基础,该理论认为:比起无法预期的高收益,投资人更倾向于可预见的低收益,愿意放弃一部分预期收益来换取确定性较强的收益。在此前提下,根据每个投资组合的期末价值构造效用函数,然后计算期望效用并按照其数值高低对所有的投资组合进行排名。晨星根据每只基金在计算期间月度回报率的波动程度尤其是下行波动的情况,以"惩罚风险"的方式对该基金的回报率进行调整;波动越大,惩罚越多。如果有两只基金回报率相近,晨星对其中回报波动较大者给予更多的风险惩罚。通过上述方法,体现基金各月度业绩表现的波动变化,并更加注重反映基金资产的下行波动风险,从而奖励业绩持续稳定者,并减少由于基金短期业绩突出而掩盖内在风险的可能性。

第四,采用星级评价的方式,根据风险调整后收益指标,对不同类别的基金分别进行评级,划分为 5 个星级。晨星首先将每只具备 3 年以上业绩数据的基金根据其持仓特征进行归类,在同一类别的基金中,基金根据"晨星风险调整后收益"(Morningstar risk-adjusted return)指标由大到小进行排序:排名位于前 10% 的基金被评为 5 星;接下来的 22.5% 被评为 4 星;中间的 35% 被评为 3 星;随后的 22.5% 被评为 2 星;排名位于最后 10% 的基金被评为 1 星。

三、其他绩效评价方法

（一）最大回撤

最大回撤是衡量策略风险的重要指标，可理解为可能发生的最大亏损幅度，其值等于策略收益曲线上高点到后期最低点的回撤幅度的最大值，即在任一时间点向后推，基金净值到达最低点时，收益率回撤幅度的最大值，即这一指标描述了基金经理买入某资产可能出现的最为糟糕的情况。

首先，我们基于一个基金净值走势图（图5-3）来观察最大回撤。

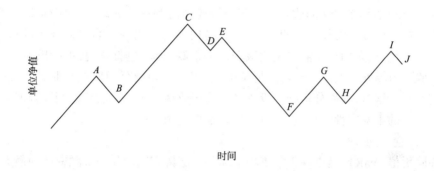

图5-3 最大回撤

第一步，找到图中的局部高点，有 A、C、E、G、I 五个点；

第二步，找到局部高点对应的后续最低点，分别是 $A \to F$、$C \to F$、$E \to F$、$G \to H$、$I \to J$。注意 A 对应的后续最低点是 F，而不是 B，因为 F 比 B 点更低。同样，C 点对应的后续低点也是 F，而不是 D 点，因为 F 比 D 点更低。

第三步，找出局部高点到后续最低点的最大跌幅，比较之后，显然 $C \to F$ 的跌幅最大，按照定义，最大回撤就是 C 到 F 的下跌幅度。

计算最大回撤的方法：

首先计算历史上每一天面临的最大回撤，例如从图中 B 点看，最大回撤是 $A \to B$；从 F 点看最大回撤是 $C \to F$；从 J 点看，最大回撤是 $I \to J$。因此定义阶段的最大回撤为：

$$D_t = 1 - NAV_t/\max\{NAV_1, NAV_2, \cdots, NAV_t\} \tag{5.11}$$

历史上的最大回撤为每一阶段最大回撤中的最大值，即上述回撤 $A \to B$、$C \to F \to J$ 中的最大值，即：

$$\text{Max\_}D = \max\{D_1, D_2, \cdots, D_t\} \tag{5.12}$$

最大回撤衡量一个策略的风险控制能力，描述了投资者可能面临的最大亏损。最大回撤的数值越小越好，越大说明风险越大。市场行情好坏也影响着基金回撤的幅度，牛市的回撤幅度自然比熊市要小。对比不同基金时，要在相同时间周期下比较回撤大小，选取的时间范围最好包括市场下跌周期，因为在熊市中更容易观察基金经理对净值回撤的控制力。考虑到基金涨跌具有不对称性，亏50%需要翻一倍,因此如果一只基金的最大回撤指标超出投资者承受能力范围,那么选择投资这只基金就需要谨慎。

(二)下行风险

下行风险是指由于市场环境变化,未来价格走势有可能低于分析师或基金经理所预期的目标价位的风险。从马科维茨资产组合理论出发,我们常用方差,即通过从收益率波动性的大小来评估风险大小。如果看波动率指标的话,对比长期大幅度上涨的基金和围绕均值有涨有跌的基金,我们不能认为长期上涨时的收益率的波动较大则其风险更大。我们的认知通常是将下跌视为风险,因此就有了下行风险。下行风险衡量了基金在下跌(或者收益率低于某个特定值)时的波动率,即

$$\sigma(r_i - r_f)^- = \sqrt{E\{[\min(r_i - r_f, 0)]^2\}} \tag{5.13}$$

式(5.13)表示资产 i 的收益率低于市场无风险利率的波动率,可衡量该资产的下行风险。在熊市或牛市长波动期间,下行风险很有可能出现。当未来资产目标价位的信息相对不足时,人们往往需要关注该资产的下跌风险,也就是说,下行风险多数应用在整个股票市场处于低迷并有可能持续下跌,以及公司及公司所在行业有较大的负面不确定性时。这时,即便分析师和投资者对公司业绩的预测和股价的判断合理且正确,但这些负面的不确定性一旦成真,目标价就不再适用。

(三)在险价值

在险价值(VaR),是指在正常市场情况下一定持有期内某一金融资产的最大损失,也即在一定概率水平(置信度)下,某一金融资产或证券组合价值在未来特定时期内的最大可能损失,其可以度量一项给定的资产或负债在一定时间里和在一定置信度下其价值的最大损失额。

用公式表示为:

$$P(\Delta P \Delta t \leqslant VaR) = a \tag{5.14}$$

式中:

P——资产价值损失小于可能损失上限的概率,其英文为 probability。

ΔP——某一金融资产在一定持有期 Δt 的价值损失额。

VaR——给定置信水平 a 下的在险价值,即可能的损失上限。

a——给定的置信水平。

例如,某一基金经理持有的证券组合在未来 24 小时内,在证券市场正常波动的情况下,VaR 值为 520 万元,置信度为 95%。其含义是该基金经理的证券组合在一天内(24 小时),由于市场价格变化而带来的最大损失超过 520 万元的概率为 5%,平均 20个交易日才可能出现一次这种情况;或者说有 95% 的把握判断该基金在下一个交易日内的损失在 520 万元以内。5% 的几率反映了金融资产管理者的风险厌恶程度,可根据不同的投资者对风险的偏好程度和承受能力来确定。

在正态假设下,VaR 的计算方法主要有历史模拟法、方差—协方差分析法、蒙特卡洛模拟法等。蒙特卡洛模拟法测算精度较高,是计算 VaR 的基本方法。第一,相对于作为局部估值法的方差—协方差法,蒙特卡洛模拟法是一种典型的完全估值法,可用于刻画非线性估值公式的金融资产的风险状况。第二,蒙特卡洛方法不受制于历史数据样本量的大小,对于过往数据量不足的金融资产和风险因子来说,采用历史模拟法会产

生较大偏差或导致结果显著性不高,而蒙特卡洛模拟法因为可以通过计算机手段模拟出大量随机风险因子,一定程度上可以克服样本不足的问题。蒙特卡洛模拟法假设金融资产的价格变动服从某种随机过程的形态,可以用计算机来仿真产生若干次可能价格的路径,并依此构建资产的模拟报酬序列,进而估计其风险值。选择价格随机过程,最常用的模型是几何布朗运动,即随机游走模型。

$$\mathrm{d}P_t = \mu_t \times P_t \times d_t + \sigma_t \times P_t \times \mathrm{d}z \tag{5.15}$$

式中,dz 是期望为 0、方差为 dt 的正态分布随机变量,P_t 为 t 时刻的资产价格,μ_t 和 σ_t 分别代表 t 时刻价格漂移率和波动率,简单情况下可定为常量。在实际研究中,我们通常将其转化为离散化的形式。

$$\Delta P_{t+1} = P_t(\mu_t \times \Delta t + \sigma_t \times \sqrt{\Delta t} \times \varepsilon_t) \tag{5.16}$$

式中,ε_t 一般假定为服从标准正态分布的随机变量。

基于这个模拟公式,我们通过每个月度历史价格数据估计该月度资产价格和资产的漂移率和波动率,然后通过随机数生成产生 ε 的模拟序列,以最后一个价格数据为起点,向后模拟后续的价格变化,得到资产的模拟价格序列,从而得出一定概率水平(置信度)下,某一金融资产或证券组合价值在未来特定时期内的最大可能损失。

第二节　投资绩效的来源:择时与择股能力

虽然影响基金业绩的因素非常多,但是 Fama(1972)认为,基金业绩可以通过投资管理者的两种预测能力进行分析:一是对于股票整体而言,预测个股价格走势的能力,即资产选择(择股)能力;二是预测整个股票市场总体价格走势的能力,即时机选择(择时)能力。

一、择股能力

所谓择股能力,是指管理者对个股的预测能力,具有择股能力的管理者能够通过买入价格低估的股票、卖出价格高估的股票,提高投资绩效。如图 5-4 所示。

图 5-4 中的斜线为证券市场线(SML),其中,市场收益率 r_M 为 9%,无风险利率 r_f,为 2%。假设投资组合 A 所实现的收益率为 $r_A = 8\%$,其市场风险为 $\beta_A = 0.67$,用 A 点表示。当投资组合处于市场风险水平 β_A 时,所期望获得的收益率为 $r_{\beta_A} = 6.7\%$。这一期望收益率由两部分构成,即无风险利率 2% 以及风险溢价 4.7%。投资组合实际获得的收益率为 8%,比期望值高 1.3%,这一增加值即为股票选择的收益率。

根据图 5-4 和证券市场线的公式:

$$r_A - r_f = (r_A - r_{\beta_A}) + (r_{\beta_A} - r_f) \tag{5.17}$$

投资组合 A 总的超额收益率等于股票选择的收益率加上风险溢价,即:

$$8\% - 2\% = (8\% - 6.7\%) + (6.7\% - 2\%)$$

$$6\% = 1.3\% + 4.7\%$$

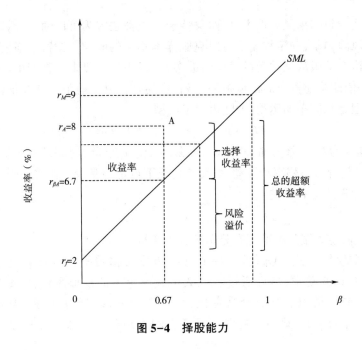

图 5-4　择股能力

二、择时能力

(一)含义

所谓择时能力,是指管理者能够根据市场走势的变化,将资金在风险资产和无风险资产之间进行转移,以便抓住市场机会获得更大绩效的能力。具有择时能力的基金经理能够正确地估计市场的走势,因而可以在牛市时降低现金头寸或提高基金组合的 β 值,在熊市时提高现金头寸或降低基金组合的 β 值。

(二)择时择股能力的模型

基金择时选股能力的评价理论和分析模型基本思路是以 CAPM 为出发点,将投资基金的择时能力和选股能力明确分离和准确量化,然后进行相关评价和能力分析。以此思路为基础,衍生出众多的理论模型,而应用最为广泛的有三个:①T-M 模型 (Treynor & Mazuy,1966);②H-M 模型(Henriksson & Merton,1981);③C-L 模型 (Chang & Lewellen,1984)。

1. T-M 模型

假设基金经理人以市场指数和国债两种证券构建了一个投资组合,该组合中两个证券的比例是一定的,则该组合的证券特征线 SCL 的斜率也是一定的。该基金经理人如果保持这一组合不变,即意味着其没有抓住市场时机的能力,如图 5-5 所示。

而如果基金经理人能够抓住市场机会,在市场走势较好时将资金更多地配置到市场指数基金中,则其证券市场线如图 5-6 所示。图 5-6 中 SCL 的斜率逐渐上升的原因在于:该基金经理人抓住了市场为牛市的机会,加大了对市场指数组合的投资比重,从而 R_M 升高,SCL 的斜率随之增大。而当投资组合的收益低于无风险收益时,SCL 的斜率递减,原因在于:当市场为熊市($R_p < R_f$)时,为了规避市场下跌的风险,基金代理人将资产更多地配置到了低 β 值的资产中。

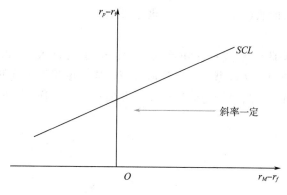

图5-5 证券特征线

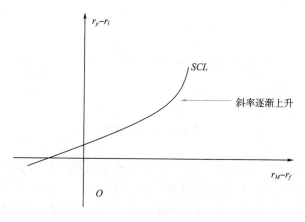

图5-6 T-M模型

　　Treynor 和 Mazuy 认为,具有择时能力的组合管理者应该能预测市场走势,在多头市场时,提高基金的风险水平以获得较高的报酬,在空头市场时则降低风险,因此,特征线不再是固定斜率的直线,而是一条斜率随市场状况变化的曲线。依据上述思想,Treynor 和 Mazuy(1966)在证券市场线回归模型中,加入一个二次项来评价基金的选股与择时能力。其所建立的模型方程如下:

$$R_{it} - R_{ft} = \alpha + \beta_1(R_{mt} - R_{ft}) + \beta_2(R_{mt} - R_{ft})^2 + \varepsilon_{it} \tag{5.18}$$

式中,α 为选股能力指标;β_1 为基金组合所承担的系统风险;β_2 为择时能力指标;R_{it} 为基金在各时期的收益率;R_{mt} 为市场组合在各时期的收益率;R_{ft} 为各时期的无风险收益率;ε_{it} 是随机误差项。Treynor 和 Mazuy 认为,如果 β_2 大于零,则表示基金经理具有择时能力:这是因为 $(R_{mt} - R_{ft})^2$ 为非负数,故当证券市场为多头(即 $R_{mt} - R_{ft} > 0$)时,基金的风险溢价($R_{it} - R_{ft}$)会大于根据 CAPM 计算的风险溢价;反之,当证券市场呈现空头或收益较低(即 $R_{mt} - R_{ft} < 0$)时,基金的风险溢价($R_{it} - R_{ft}$)的下跌会小于根据 CAPM 计算的风险溢价下跌的幅度。

　　T-M 模型实际上是一个反映了随时间而变的系统性风险 β 的非线性 CAPM,该模型是在对投资组合系统风险直观体验的基础上产生的,是一种假说性质的模型。假说的逻辑是,如果基金经理具有时机选择能力,则投资组合系统风险的时间序列将表现出某种非线性的特征,通过对历史数据的拟和,就可以对非线性特征的具体形式进行验证,不同的非线性特征假设就产生不同的理论模型。

2. H-M 模型

在 T-M 模型基础上,亨里克森和默顿(D. Henriksson 和 K. C. Merton,1981)给出了判断市场时机能力的 H-M 模型。该模型假设资产组合的贝塔值为两者之一:当市场走势好时贝塔值取值较大,当市场为弱势时贝塔取值较小。这样,资产组合的特征线 SCL 如图 5-7 所示。

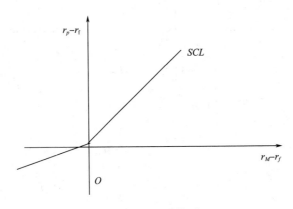

图 5-7　H-M 模型

Hcarikson 和 Meron(1981)定义择时能力为基金经理人是否有预测市场报酬高于或低于无风险收益率的能力,并进而将资产有效地分配于股票市场与债券市场。具备择时能力者可预先调整资产配置,在市场报酬小于无风险报酬时减少损失,其所建立的模型方程如下:

$$R_{it} - R_{ft} = \alpha + \beta_1(R_{mt} - R_{ft}) + \beta_2 D(R_{mt} - R_{ft}) + \varepsilon_{it} \qquad (5.19)$$

当 $R_{mt} - R_{ft} > 0$ 时,$D = 1$;当 $R_{mt} - R_{ft} < 0$ 时,$D = 0$。因此,当市场呈现多头时,$\beta = \beta_1 + \beta_2$;而在空头时,则 $\beta = \beta_1$。同样,如果回归得到显著的正的 β_2 值,则判定基金具备市场择时能力。

然而,该模型只判断了基金是否具有择时能力,并没有度量择时能力的大小,因为该模型只对空头市场的情形进行了风险系数的调整而没有考察多头市场的情形。为此,Chang 和 Lewellen(1984)在 H-M 模型的基础上进行了进一步的变形和改进,提出了 C-L 模型。C-L 模型可具体表示为:

$$R_{it} - R_{ft} = \alpha + \beta_1 D_1(R_{mt} - R_{ft}) + \beta_2 D_2(R_{mt} - R_{ft}) + \varepsilon_{it} \qquad (5.20)$$

式中,β_1 和 β_2 分别表示市场下降和市场上升时的基金的投资组合。当 $R_{mt} - R_{ft} < 0$ 时,虚拟变量 $D_1 = 1$,$D_2 = 0$;当 $R_{mt} - R_{ft} > 0$ 时,$D_1 = 0$,$D_2 = 1$。因此,通过判断 $\beta_1 - \beta_2$ 的大小就可以判断基金经理的择时能力:如果 $\beta_1 - \beta_2 < 0$,表示基金具备择时能力;反之,如果 $\beta_1 - \beta_2 > 0$,表示基金不具备择时能力。$\beta_2 - \beta_1$ 的数值越大表示基金的择时能力越强。

 **案 例**

长信量化先锋 A 基金（519983）的择时能力与择股能力

1. 择时能力

以长信量化先锋 A 在 2011 年上半年的 β 值的计算为例，其他的时间段可以类似得出。

表 5-2 是长信量化先锋 A 和上证指数 2011 年上半年的日收益率数据。利用 stata 进行回归，可以得到 2011 年上半年长信量化先锋 A 的 β 值为 0.970 556。即：

$$R_{it} = 0.031\ 873 + 0.970\ 556 R_{mt} + \varepsilon_{it}$$

类似地，我们可以得到长信量化先锋 A 在不同时间段内的收益率和 β，如表 5-2、表 5-3 所示。

表 5-2　长信量化先锋 A 与上证指数日收益率数据

日　期	长信量化先锋收益率(%)	上证指数日收益率(%)
2011/01/07	-0.10	0.52
2011/01/14	-2.84	-1.29
2011/01/21	-2.30	1.41
2011/01/28	1.28	0.13
2011/02/01	0.74	0.30
2011/02/11	2.20	0.33
2011/02/17	4.31	0.10
2011/02/18	-0.88	-0.93
……	……	……

表 5-3　长信量化先锋 A 的 β

年　份	β	年　份	β
2011 年上半年	0.970 556	2016 年上半年	1.011 459
2011 年下半年	1.084 810	2016 年下半年	1.131 583
2012 年上半年	1.021 422	2017 年上半年	1.319 168

资料来源：Wind。

根据已经得到的长信量化先锋 A 在不同时间段内的 β 值，进一步通过考察基金实际组合的 β 值与市场组合 β 值的关系式[①]，我们可以得到：

$$\beta_{pm} = \beta_p - 1$$

下面据此公式考察长信量化先锋 A（519983）的资产配置情况。

[①]　该关系式的具体导出可参见：李学峰，张舰："我国证券投资基金行为是否成熟——基于投资组合与投资策略匹配性视角的研究"，《学习与实践》，2007（06）：56-62.

由图 5-8 我们看到,长信量化先锋 A 的 β_{pm} 值的几个相对高点(即其实际组合 β 值较高)分别出现在"2017 年上半年、2018 年上半年、2019 年下半年、2020 年上半年"几个时期内。其相对低点(也即实际 β 值较低)位于"2011 年上半年、2013 年上半年、2014 年下半年、2016 年上半年"的几个时期内。2016 年是 β_{pm} 值的分水岭,2016 年前后时间段的整体 β_{pm} 值出现较明显幅度的上升。

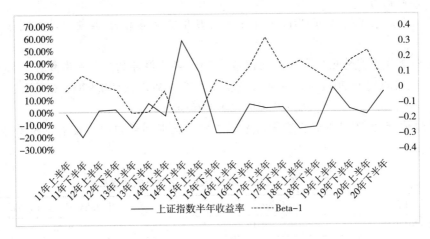

图 5-8 长信量化先锋 A 的 Beta-1 趋势与市场走势

资料来源:Wind。

将这一情况与各时期市场的实际走势相结合,我们看到,在 2014 年以前,市场行情震荡平盘,出现了几个 β 值的相对低点,说明长信量化先锋 A 的资产配置是比较符合 CAPM 所给出的资产配置原则的;2014 年上半年,市场行情单边上升,而长信量化先锋 A 的 β 值反而降低了,这个操作是不符合资产配置原则的,但好在下半年在市场继续上升的行情下,长信量化先锋 A 也适当地提高了基金组合的 β 值;2015 年上半年,市场继续单边上升行情,长信量化先锋 A 的 β 值提高了(β 值达到相对高点),而下半年市场行情下降,长信量化先锋 A 相对应地降低了 β 值,这种操作一直持续到 2016 年上半年,而下半年市场重新出现上涨行情,基金组合又提高了 β 值。由此看出,从 2015 年上半年起至 2016 年下半年,长信量化先锋 A 的资产配置十分符合根据 CAPM 所给出的资产配置原则。

而从 2017 年起,长信量化先锋 A 出现违背 β 策略的情况:2017 年市场行情整体走势平稳,而该基金的 β 值上升到最高点后迅速回落;2018 年至 2020 年则完全违背了 β 策略,我们可以看到,随着市场行情起伏变化,该基金 β 值呈现相反的变动,以 2020 年为例来看,上半年受疫情影响市场收益率走低,该基金 β 值反而在放大,下半年市场随着复工复产收益率上升,该基金 β 值又反而在缩小。

综合上述分析,我们发现,长信量化先锋 A 基金在大部分时间未能根据市场走势将自身的 β 值调整至合适的水平,以致不能合理地放大自身风险水平以获取超额回报或缩小自身承担的风险以减少熊市遭受的损失。尤其是近三年该基金的 β 值变动完全与市场走势相反,这可能与长信量化先锋 A 近三年收益率仅排在同类 1 608/2 553 的部分原因有关。

2. 择股能力

资产价格偏离均衡状态的程度通常用 α 系数度量,其计算公式如下:

$$\alpha_i = E^*(R_i) - E(R_i)$$

式中，$E^*(R_i)$ 代表某资产的实际收益率，$E(R_i)$ 代表该资产的均衡收益率，也就是由 CAPM 模型（第四章已有描述，此处不再进行赘述）得出的收益率。

如果 α 系数大于零，代表该资产正被低估，适合买入；如果 α 系数小于零，则代表该资产已经被高估，不宜继续持有；如果 α 系数正好为零，则代表该资产处于正确定价状态，不存在套利空间。

从表 5-4 中可以看出，基金长信量化先锋 A 的持仓变动较为频繁，几乎每个季度都会调整持仓情况。基金的持仓分散度较高，前十持仓合计比重呈上升趋势，但最高仅为 25.81%，远远低于市场上大部分股票型基金前十持仓比重超过 50% 的持仓集中度。

表 5-4　长信量化先锋 A 前十大重仓股数据

时间	1	2	3	4	5	6
2018Q1	正泰电器*	航天信息****	格力电器****	捷成股份*	太阳纸业*	中国平安*
2018Q2	格力电器*	海螺水泥**	太阳纸业*	大族激光**	华新水泥**	中国中免**
2018Q3	海螺水泥***	中国平安***	三一重工***	中国太保***	潍柴动力***	新北洋***
……						

时间	7	8	9	10	前十持仓合计(%)
2018Q1	龙蟒佰利***	万华化学***	海尔智家*	国星光电****	12.29
2018Q2	宝信软件**	万华化学*	济川药业**	三一重工**	13.07
2018Q3	万华化学***	正泰电器***	恒立液压***	柳工***	13.38
……					

注：**** 表示较上期持仓数量增加，*** 表示较上期持仓数量不变，** 表示本期进入前十大持仓，* 表示较上期持仓数量下降。

资料来源：Wind。

表 5-5 所示为各个时段每只股票对应的 β 值[1]。可以进一步计算它们的均衡收益率，使用上证指数收益率作为市场收益率，无风险利率为一年期国库券收益率。计算结果如表 5-6 所示。

表 5-5　长信量化先锋 A 前十大重仓股的 β 值

时间	1	2	3	4	5	6	7	8	9	10
2018Q1	0.26	-0.71	0.56	0.32	0.47	1.34	0.79	0.76	1.13	0.97
2018Q2	0.24	0.72	0.53	0.92	0.68	1.26	-1.29	-0.30	0.36	-0.22
2018Q3	0.97	1.34	-0.07	0.86	0.79	0.59	-0.43	0.83	1.08	-0.38
……										

资料来源：RESSET 数据库。

---

[1]　β 值为该季度前 12 个月超额收益数据与市场月超额收益数据回归所得。

表5-6 前十大重仓股均衡收益率

时间	1	2	3	4	5	6	7	8	9	10
2018Q1	0.01	0.09	-0.01	0.01	0.00	-0.07	-0.03	-0.02	-0.05	-0.04
2018Q2	0.00	-0.06	-0.04	-0.09	-0.06	-0.14	0.20	0.07	-0.02	0.06
2018Q3	-0.01	-0.02	0.03	0.00	0.00	0.01	0.05	0.00	-0.01	0.04
......										

每只股票的实际收益率数据见表5-7。

表5-7 前十大重仓股实际收益率

时间	1	2	3	4	5	6	7	8	9	10
2018Q1	0.69	17.41	7.32	22.65	18.53	-6.67	14.98	0	-6.48	3.29
2018Q2	0.53	7.69	-11.01	-2.4	2.81	22.68	-4.32	24.64	6.82	14.12
2018Q3	9.89	18.1	0.77	14.23	0.59	7.19	-6.49	4.13	6.94	1.96
......										

资料来源：Wind & 长信量化先锋 A 季报。

有了表5-6和表5-7的均衡收益率和实际收益率数据，就可以求出每只股票的 α 系数，计算结果如表5-8所示。

表5-8 前十大重仓股 α 系数(%)

时间	1	2	3	4	5	6	7	8	9	10
2018Q1	0.68*	17.32**	7.33**	22.64*	18.53*	-6.60**	15.01*	0.02*	-6.43**	3.33**
2018Q2	0.53*	7.75**	-10.97**	-2.31*	2.87**	22.82**	-4.52*	24.57*	6.84**	14.06**
2018Q3	9.90**	18.12**	0.74**	14.23**	0.59**	7.18**	-6.54*	4.13**	6.95**	1.92**
......										

注：** 表示股票的 α 大于零且基金增持或未减持、股票的 α 小于零且基金减持，* 表示股票的 α 大于零且基金减持、股票的 α 小于零且基金增持或未减持。

观察表5-8可以发现，长信量化先锋 A 在 2018 年至 2020 年的 12 个季度中共有 83 次标准的数据**，该比例达到 69.17%，表示该基金接近 70% 的调仓成功实现了 α 策略。以 2020 年第二季度为例，此时正值我国新冠疫情被成功控制、社会有序复工复产，该基金二季报显示第二季度前十大重仓股为立讯精密、理邦仪器、吉比特、三七互娱、电魂网络、闻泰科技、东方电缆、贵研铂业、世纪华通以及思源电气。其中吉比特、三七互娱、电魂网络等公司主营业务与游戏相关，符合疫情防控期间"宅经济"题材，长信量化先锋 A 基金显然是提前布局该题材，并获取超额收益。继续看 2020 年第三季度，这一时期市场上与游戏传媒题材相关的股票迅速回落，比如电魂网络、三七互娱的收益率由二季度的 44.29%、95.00% 下降到 -29.22%、-14.65%。与此同时，根据长信量化先锋 A 基金三季报，电魂网络、三七互娱的持仓比重下降至第七、第八位，吉比特则不再是前十大重仓股，说明该基金对组合的动态调整非常成功，获取了收益，规避了回调。

第三节　投资绩效的持续性

前两节我们对基金的业绩进行了单一指标的排序,那么,这种排序是否具有一定的稳定性呢? 本节通过讲授单只基金绩效的持续性来回答这个问题。如果所选基金绩效具有持续性,即排名是稳定的,那么本期基金绩效高的基金在下一期绩效也会高,本期基金绩效差的在下一期绩效也差。

一、基金业绩的持续性

(一)含义

基金业绩的持续性是指基金在不同时期的盈利能力表现是否具有一致性,是否存在绩效好(坏)的基金在下一期的表现仍然会好(坏)的情况,即考察基金业绩的历史表现能否预测其未来的表现。持续性的研究,既可以为建立科学合理的基金业绩评价体系提供依据,也可以为投资者的投资决策提供建议;不仅可以提供基金管理公司内部业绩考核的参考标准,而且可以深化对我国股票和基金运行市场环境的研究。

(二)产生与发展

早在 20 世纪 60 年代,Shape(1966)就利用 Spearman 等级相关系数,来研究美国共同基金基于夏普比率业绩评价指标下的业绩持续性问题,之后,Jenson(1968)也应用同样的方法,基于詹森指数研究了持续性问题,他们都得到基金业绩不存在持续性的结论。20 世纪 90 年代,基金业绩的持续性才成为微观金融领域的研究热点。Hendricks,Patel 和 Zeckhauser(1993)系统地论述了业绩持续性问题,并且运用滞后 8 阶的自回归模型,基于一年期净收益率的业绩评价指标,对 1974—1988 年美国共同基金进行了实证研究,证明基金存在短期的业绩持续性。Goetzmann 和 Ibbotsonu(1994)首次利用列联表方法基于基金一年期风险调整收益率及原始收益率业绩评价指标,再次证实了基金存在短期的业绩持续性。Brown 和 Goetzamann(1995)把研究时期从一年变为两年,并用同样的方法发现,大部分基金在风险调整收益率业绩评价指标下存在业绩持续性,但有一些年份会发生基金业绩反转现象;并指出,所考察时间的长短对所得结论有重要影响。Christopherson(1998)详细讨论了基于詹森指数利用横截面回归的方法检验业绩持续性的问题,也证实了基金存在业绩持续性。近年来,对于验证业绩持续性的方法的探讨也更加深入。Jenketer Horst 和 Marmo Verbeek(2000)讨论了运用自回归模型检验业绩持续性可能导致的错误,提出了可以采取三种计算调整因子的方法对模型加以修正,并指出基金业绩持续性的检验结果对检验方法的选择有很大的依赖性;而 Jeffrey 和 Paul(2006)则利用贝叶斯估计方法检验基金业绩持续性,发现日收益率数据较月收益率数据在检验较短时期内的业绩持续性方面更加准确,而月收益率数据则更适用于对较长时期内业绩持续性的检验。

(三)检验指标

一般可采用横截面回归方法作为研究业绩持续性的方法。该方法是从总体上考察业绩持续性的方法,即通过回归分析考察评价期(t+1 期)和排名期(t 期)的业绩相关性,从而确定业绩是否存在持续性。该方法主要通过以下步骤完成:

第一,将研究样本的业绩指标分成前后两个子期,分别称为排名期和评价期,两期的时间跨度可以是一季度、半年、一年或更长期间,两期各自的时间跨度可以是对称(即两期时间跨度相同)或者不对称。初始排名期和评价期划分后将排名期和评价期分别顺次向后延续一周、一月或更长时间便得到第二个排名期和相对应的评价期,其余依次类推,这样便构成若干对的排名期和评价期。

第二,分别求出样本在排名期和评价期的业绩指标。

第三,利用样本投资者在评价期的业绩指标对排名期的业绩指标进行横截面回归。如果横截面回归的斜率系数显著大于零,说明本期收益较好(或较差)的投资者在下一时期的收益也会相对较好(或较差),即存在基金业绩持续性,可以用当前的业绩预测未来的业绩;如果斜率系数不显著(不论系数为正还是为负),则说明投资业绩不存在持续性;如果斜率系数在统计意义上显著小于零,则说明业绩存在反转现象,业绩不存在持续性。

如果以超额收益率(即复权净值增长率减去同期无风险收益率)作为衡量业绩的评价指标,即可通过分析超额收益率之间的相关性来检验基金业绩是否具有持续性。计算投资者(如基金)在各排名期和评价期内的某一固定时间段(如半年期)的无风险收益率 r,以及投资者半年期收益率,进而得到总研究期内的超额收益率;然后,利用上述计算得到的超额收益率进行横截面回归,回归方程表示为:

$$r_{p,t+1} - r_{f,t+1} = \beta_0 + \beta_1(r_{p,t} - r_{f,t}) \tag{5.21}$$

式中,$r_{p,t+1}$ 和 $r_{f,t+1}$ 分别为评价期的投资者固定时间段收益率和无风险收益率;$r_{p,t}$ 和 $r_{f,t}$ 分别为排名期的固定时间段收益率和无风险收益率。

二、基金业绩持续性的影响因素

考查影响基金业绩持续性的因素的步骤是:

首先,确定衡量业绩持续性的指标。相关系数是衡量两个变量间的线性相关关系最基本的指标,而检验业绩持续性即是考察投资者前后两期业绩之间是否存在显著的正相关关系,因此,一般以两期业绩之间的相关系数作为衡量业绩持续性强弱的指标,即将排名期和评价期的业绩指标之间的相关系数作为检验影响持续性因素模型的被解释变量。

其次,找出可能影响业绩持续性的因素。这主要包括:

(1)根据 Madden、Volkman(1995)和 Carhart(1997)等人的研究成果,基金公司资产规模、基金管理费率、基金投资目标是影响基金业绩持续性的显著因素,因此,选定基金公司资产规模(size)、基金固定费率(expense)以及投资风格(d_1,d_2)作为研究影响持续性的待检验因素。

(2)业绩持续性可以从一定程度上反映基金经理的投资管理能力,因此,基金经理人的能力被认为可能是影响基金业绩持续性的一个重要因素,故将评价期内是否更换经理人这一虚拟变量(change)作为下一个影响持续性的待检验因素。

(3)根据李学峰、张舰、茅勇峰(2007)的研究,基金的投资策略和其所构建的投资组合是否匹配——即理论 β 值和实际 β 值的匹配状态,是影响基金业绩的重要因素之一,故我们加入匹配性这一虚拟变量(d_3)作为另一个待检验因素。

(4)基金存续期(age)的长短在一定程度上能反映基金经理的投资经验,因此存续期的长短可能会影响基金的投资业绩,进而影响基金业绩的持续性,故基金的存续期也被引入模型作为待检验因素。

(5)基金经理人应该根据单个基金资产规模(scale)选择最优的投资策略,合理选择投资组合中的资产,达到风险与收益的最优匹配,这就对其资产管理能力提出要求,因而单个基金的资产规模是影响基金业绩的一个因素,因此将其引入模型作为待检验因素。

(6)持股集中度(concentration)[①],它反映了基金经理构建投资组合的策略,即相对比较集中还是比较分散投资的策略,也会对基金的投资业绩产生影响,因此将其作为影响持续性的一个待验证因素。

最后,以相关系数 ρ 作为被解释变量,以在评价期内可能影响基金业绩持续性的因素作为解释变量,进行回归检验,确定影响持续性的主要因素。

通过上述分析,建立如下检验影响基金业绩持续性因素的模型:

$$\rho = C_0 + C_1 scale + C_2 size + C_3 expense + C_4 d_1 + C_5 d_2 +$$
$$C_6 d_3 + C_7 age + C_8 change + C_9 concentration + \varepsilon \qquad (5.22)$$

公式(5.22)中各解释变量的释义见表5-9。

表5-9　变量说明

变量	释义
scale	表示在评价期内单个基金在检验期限内加权平均的资产规模(亿元)
size	表示样本基金所在基金公司规模,即所拥有的全部资产,包含所拥有封闭式基金和开放式基金资产总和(亿元)
expense	表示各基金管理费率和托管费率的总和(%)
d_1	投资风格为价值型(1)
	其他投资风格(0)
d_2	投资风格为成长型(1)
	其他投资风格(0)
d_3	投资组合的构建和投资策略匹配(1)
	投资组合的构建和投资策略不匹配(0)
age	表示基金自成立期开始截至 2006 年 9 月 29 日的存续期,以周数表示
change	在评价期变更基金经理(1)
	在评价期未变更基金经理(0)
concentration	表示基金在评价期内持股集中度(%)

注:括号内的0成1为相应的虚拟变量的取值。

---

① 以基金前十大持仓股市值占投资组合总市值的比例为基金持股集中度的衡量。

 **案 例**

中国证券投资基金绩效持续性[①]

以 2005 年 1 月 1 日至 2006 年 12 月 31 日这 2 年(共 104 周)的时间作为总的研究期间,选取跨度为半年(即 26 周)的对称的排名期和评价期。其中,样本基金的初始排名期为 2005 年 1 月 7 日至 2005 年 7 月 15 日,相对应的评价期为 2005 年 7 月 22 日至 2006 年 1 月 20 日,然后将排名期和评价期分别顺次往后延续一周,即第二个排名期为 2005 年 1 月 14 日至 2005 年 7 月 22 日,相对应的评价期为 2005 年 7 月 29 日至 2006 年 1 月 27 日,依此类推,共构成 47 对排名期和评价期,最后一个排名期为 2005 年 12 月 16 日至 2006 年 6 月 23 日,相应评价期为 2006 年 6 月 30 日至 2006 年 12 月 29 日。在计算相关数据的基础上,利用业绩持续性检验模型,对我国 2005 年 1 月 1 日前发行的 30 只开放式基金的业绩持续性进行实证研究,结果如表 5-10 所示。

表 5-10 具有业绩持续性的各期回归结果统计表

期数	排名期	评价期	回归参数		t 统计量	P 值	拟合优度
第 30 期	2005/08/12— 2006/02/17	2006/02/24— 2006/08/25	β_0	0.32	12.87	0.00	0.14
			β_1	0.75	2.10	0.05	
第 32 期	2005/08/26— 2006/03/03	2006/03/10— 2006/09/08	β_0	0.34	10.15	0.00	0.18
			β_1	0.84	2.45	0.02	
第 33 期	2005/09/02— 2006/03/10	2006/03/17— 2006/09/15	β_0	0.37	19.40	0.00	0.17
			β_1	0.78	2.36	0.03	
第 34 期	2005/09/09— 2006/03/17	2006/03/24— 2006/09/22	β_0	0.34	13.92	0.00	0.24
			β_1	0.95	2.96	0.01	
第 35 期	2005/09/16— 2006/03/24	2006/03/31— 2006/09/29	β_0	0.34	13.34	0.00	0.16
			β_1	0.62	2.30	0.03	
第 37 期	2005/09/30— 2006/04/07	2006/04/14— 2006/10/20	β_0	0.27	8.42	0.00	0.14
			β_1	0.32	2.17	0.04	

从表 5-10 的回归结果可以看出,在本案例考察的两年共 47 期的时间里,有 6 期即 2006 年前三季度,回归系数在显著水平为 5% 的情况下通过显著性检验并且显著为正,表明在这些时期所选样本基金总体上存在业绩持续性,尤其是从 2006 年 3 月 10 日至

---

① 本案例选自李学峰,陈曦,茅勇峰:"我国开放式基金业绩持续性及其影响因素研究",《当代经济管理》,2007(6).

2006年9月29日这段评价期内连续四期表现为存在业绩持续性[1]。

本章练习题

一、概念题

择时能力、择股能力、夏普指数

二、选择题

1. 以资本资产定价模型为基础的评价基金业绩的绝对指标是(   )。

A. 詹森指数

B. 夏普指数

C. 特雷纳指数

D. 标准普尔指数

2. 根据资本资产定价模型,β 值较大的组合承担的系统性风险(   )。

A. 较大

B. 不变

C. 不确定

D. 较小

3. 以下不属于考虑风险调整的基金业绩评估指标的是(   )。

A. 特雷纳比率

B. 速动比率

C. 詹森指数

D. 夏普指数

三、案例分析题

1. 投资管理中如何提升绩效持续性?绩效持续性的影响因素可否量化?

2. 假设基金 A 和上证指数的收益率和标准差数据如表 5-11 所示,计算该基金的 M^2。

表 5-11

内容	基金 A	上证指数 M
一年期收益率	41.89%	13.87%
收益率标准差	165.00%	19.07%

---

[1] 由于基金收益率受到多个因素影响,此处仅从其中一个因素(即上一期收益率)研究其是否对本期收益率有影响来判断基金的收益是否具有持续性,因此拟合优度较低。

公募基金的投资风格和行为特征

我国公募基金市场产品十分丰富,同时基金经理投资策略亦是"百家争鸣"。面对公募基金市场上众多的差异化产品和差异化投资策略,本章从公募基金的投资风格和投资行为特征进行分析与介绍。第一节介绍投资风格的分类以及如何判断一只基金的类别,给出了具体的方法;第二节介绍基金经理在基金管理过程中表现的一些行为特征;此外,本章还会结合具体案例进行分析。

第一节　基金投资风格

证券投资基金作为重要的金融投资工具,正逐渐成为投资者追捧的对象。面对基金市场激烈的竞争,通过"差异化"以满足不同基金投资者的需求自然成为基金产品的发展趋势。其中,基金投资风格就是体现基金差异化的重要衡量指标。一般基金管理者都会在基金的募集说明书中说明本基金的投资风格,以供投资者参考。

一、投资风格介绍

(一) 投资风格的定义

基金的投资风格是指基金在投资过程中依据自身的投资理念和风险意识,对股票、债券等资产进行选择,构建基金资产组合,其表现形式为基金基于某种"共性"进行证券资产配置。虽然基金管理者的择股能力和择时能力对于基金的业绩情况十分重要,决定了基金相对于其他同类基金的相对收益,但是基金的资产配置情况却决定了这个基金的绝对业绩。此外,对于有着不同投资理念的基金投资者而言,其选择投资基金可能只是希望基金管理者能够帮其进行择股择时以及风险分散,并不愿意"抛弃"自己的投资理念,因此只有了解一家基金的投资风格,投资者才能依据自己的预期选择合适的基金进行投资,达成自己的投资目标。

（二）投资风格的分类

鉴别投资风格的方法有许多,本节主要用三个比较主流的方法对基金的投资风格进行分类。

1. 依据投资标的分类

依据投资标的的不同,可以分为股票型基金、债券型基金、混合型基金、货币型基金。对于有不同风险偏好的投资者而言,他们会选择不同类型的金融资产进行投资,比如风险偏好高的投资者会选择股票型基金或混合型基金,而风险偏好低的投资者会选择债券型基金甚至货币型基金。按照投资标的对基金进行投资风格的划分可以满足不同风险厌恶程度的投资者的投资需求。正如前文所言,投资者选择基金主要是为了借助基金管理者的择股择时能力以及基金本身具有的风险分散属性,获取相对更高的收益和更低的风险,因此风险厌恶程度高的投资者不应该为了更优秀的基金管理者而选择股票型基金,这只会带来更低的投资效用①。

2. 依据主动投资还是被动投资分类

主动型基金是指基金管理者依据自身的个股研究、宏观判断进行基金的资产配置。主动型基金的投资理念就是市场并不是充分有效的,是可以战胜的。主动型基金力图挑选出价值被低估的股票以获得超过市场的收益。被动投资主要以指数基金为主,他们的投资理念就是市场是有效的,积极择股并不能带来超额收益,反而会由于管理费用的产生使得投资者利益受损,因此指数基金是通过复制指数的资产结构来赚取市场收益的。对于投资者而言,如果他认为本国市场是非有效的,存在获取超额利润的空间,则他会选择主动型基金,而如果他是“市场有效论”的支持者,他更愿意去选择指数型基金。

3. 依据规模和成长性分类

这是一种当前比较典型的投资风格的划分手段。这种投资风格的划分主要通过两个维度,一个是被基金投资的上市公司的规模,该维度依据上市公司规模大小分为“大盘股”(也叫蓝筹股)、“中盘股”、“小盘股”。企业规模的不同意味着其股票拥有不同的流动性以及不同的受关注度,由此产生不同的价格走势。另一个维度是成长性,划分依据一般看市净率和市盈率,依据市净率和市盈率从低到高可以分为“价值型”“平衡型”“成长型”。价值型基金主要投资低市净率和低市盈率的股票,投资理念为赚取企业稳定的分红,而成长型基金主要投资高市净率和高市盈率的股票,更加关注企业的发展前景,参与分享企业的发展成果。依据这两个维度的6个层次,就可以把基金划分成9种投资风格,分别是“大盘价值型”“大盘平衡型”“大盘成长型”“中盘价值型”“中盘平衡型”“中盘成长型”“小盘价值型”“小盘平衡型”“小盘成长型”。

二、投资风格的衡量方法

正如前文所言,资产证券的组合配置情况决定了这个资产组合绝大部分的收益和风险情况,同时也展现了不同资产组合管理者的投资理念。投资者应该依据自己的风险承受能力以及投资理念去选择跟自己比较契合的基金产品。既然投资组合和资产管

———————————————

① 关于投资者效用的衡量及其如何达到,可参见李学峰:《投资学》第4版,科学出版社,2020年。

理者的投资风格对于投资者而言这么重要,那么在选择基金时,我们该如何对基金的投资风格进行识别呢?

（一）基于基金信息

最简单的方法就是从基金的相关资料中获取基金的投资风格。实际上,因为基金的投资风格是基金差异化的重要体现,为了吸引特定的投资者,基金往往都会在名称上以及招募说明书中对其投资风格进行披露。

基金的名称就已经透露出其部分的投资风格信息。基金的命名格式为"基金管理公司简称+投资组合特征或基金特点+基金类型"。基金名称包含基金管理公司简称,即告诉投资者该基金所属的基金管理公司,如以"南方"开头的基金,表示该基金是南方基金管理股份有限公司管理下的基金,以"工银"开头的基金,表示该基金是工银瑞信基金管理有限公司管理下的基金。一方面,基金管理公司自身的声誉可能有助于下属基金获得投资者的青睐,另一方面,也有众多文献研究证明同属一个基金管理公司的基金(又称基金家族)之间也存在着千丝万缕的联系,因此基金所属可能也是投资者需要考虑的因素。"投资组合特征或基金特点"和"基金类型"一般表现的是该基金与其他基金在投资运营上的差异化特征,其中,"投资组合特征或基金特点"一般用"趋势""成长""价值""精选""大盘""小盘"等关键词来表示该基金的投资风格与投资策略,或者用行业名称比如"光伏""中药"等表示该基金专注于某些特定的行业。"基金类型"则反映该基金的投资标的,比如"股票""混合""可转债"等。

此外,我们还可以通过基金的招募说明书来了解该基金的投资风格。一般来说基金的招募说明书中会披露该基金的投资目标、投资理念、投资范围、业绩比较基准、风险收益特征等信息,投资者可以通过这些信息了解该基金的投资风格,包括投资标的是倾向于大市值公司还是小市值公司,风险水平如何等。

通过基金披露的相关资料我们似乎可以很轻松地了解该基金的投资风格,但是正如我们之后会介绍的"投资风格漂移"现象,由于各种原因,基金的资产配置可能会与其披露的基准产生偏移,此时如果还盲目地相信基金披露的资料进而给基金的投资风格进行划分,难免会有误差,从而影响投资者正确地选择基金,因此,还需要通过其他手段和角度,研究基金实时的、动态的投资风格情况。

 **阅读资料**

基金招募说明书中的相关内容

（以下内容节选自工银瑞信中小盘股票型证券投资基金招募说明书。）

基金的投资

（一）投资目标

通过投资高成长性的中小市值股票,追求基金资产长期稳定的增值和收益,在有效控制风险的前提下,力争持续实现超越业绩基准的超额收益。

（二）投资理念

中小市值上市公司是股票市场的重要组成部分。中小市值的企业往往处于初创期或成长期，企业成长扩张能够带来巨大的发展空间。买入并持有未来一段时期内成长性确定且动态估值相对便宜的中小市值公司，有望充分分享中小企业发展的成果。

（三）投资范围

本基金的投资范围限于具有良好流动性的金融工具，包括国内依法发行上市的股票、债券、中央银行票据、回购，以及法律法规允许或经中国证监会批准允许基金投资的其他金融工具，其中，股票资产占基金资产的比例为 60%~95%，债券、现金等金融工具占基金资产的比例为 5%~40%，现金或者到期日在一年以内的政府债券不低于基金资产净值的 5%。

本基金的股票资产主要投资于中小盘股票，投资于具有高成长性、基本面良好的中小盘股票的资产占股票投资资产的比例不低于 80%。如法律法规或监管机构以后允许基金投资其他品种，基金管理人在履行适当程序后，可以将其纳入投资范围。

…………

（六）业绩比较基准

本基金的业绩比较基准为：业绩基准收益率＝80%×中证 700 指数收益率+20%×上证国债指数收益率。

中证中小盘 700 指数（CSI Small & Midcap 700 index），简称中证 700 指数（CSI 700），是由中证指数有限公司编制的综合反映沪深证券市场内中小市值公司的整体状况的指数。中证 700 指数的成分股由中证 500 和中证 200 成分股一起构成。随着市场环境的变化，如果上述业绩比较基准不适用于本基金时，本基金管理人可以依据维护基金份额持有人合法权益的原则，根据实际情况对业绩比较基准进行相应调整。调整业绩比较基准应经基金托管人同意，报中国证监会备案，基金管理人应在调整前 3 个工作日在中国证监会指定的信息披露媒体上刊登公告。

（七）风险收益特征

本基金是股票型基金，其预期收益及风险水平高于债券型基金与混合型基金，属于风险水平较高的基金。本基金主要投资于中小盘股票，在股票型基金中属于风险水平相对较高的投资产品。

（二）基于持仓资产

基于基金的持仓数据对基金的投资风格进行分析也是比较常见的方法，即通过对基金投资组合中的单个资产特征进行归纳，总结出整个资产组合的风格特征。比如，在一个股票型基金中，其持仓皆为（或多为）小市值公司的股票，那么这个基金的投资风格自然是属于小盘基金。基于持仓资产的风格分析方法有很多，这里我们以使用比较广泛的晨星投资风格箱为例。

晨星投资风格箱由晨星（Morningstar）公司于 1992 年创立，用于基金的投资风格分类，如图 6-1 所示。晨星投资风格箱将股票型基金的投资风格按所持股票规模和价值—成长性两个维度划分为 9 格。其中，纵轴描绘股票市值规模，由上至下分为大盘、中盘、小盘。横轴描绘股票的价值—成长性,由左至右分为价值型、平衡型和成长型。

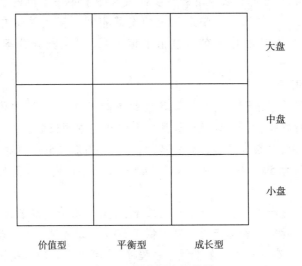

图6-1 晨星投资风格箱

那么,晨星投资风格箱是通过什么指标对股票进行划分的呢? 在 2002 年之前,规模指标由基础股票的市值中位数来决定,价值—成长指标则是建立在收益价格比和净资产价格比两项比率的基础上。2002 年,晨星公司对原有的投资风格箱方法进行改进,推出新的晨星投资风格箱(new morningstar style box)。接下来,我们将对新方法的使用步骤进行简单介绍。

步骤一:根据特定指标分析股票的规模得分和价值—成长得分,并由得分定义股票的风格。

• 规模得分:

首先依据累计市值比率确定市场上的"大中盘门限值"(LMT)和"中小盘门限值"(MST),将股票划分为大盘股、中盘股、小盘股。具体来看,先将股票根据其总市值降序排列,然后根据排名由上至下计算股票的累计市值。"大中盘门限值"指的是累计市值与市场上上市公司总市值百分比等于 70% 时,对应股票企业的市值。同理,"中小盘门限值"指当累计市值与市场上上市公司总市值百分比等于 90% 时,对应股票企业的市值。算出门限值后,将门限值以及股票的总市值(Cap)代入公式(6.1)中,得到该股票的规模得分。

$$rawY = 100 \times \left[1 + \frac{\ln(Cap) - \ln(MST)}{\ln(LMT) - \ln(MST)} \right] \tag{6.1}$$

股票规模得分分类如表6-1所示。

表6-1 股票规模得分

小盘	$rawY < 100$
中盘	$100 \leqslant rawY \leqslant 200$
大盘	$200 < rawY$

● 价值—成长性指标的划分：

新方法通过 10 个因子对股票打分，来对其进行价值—成长性的划分。其中，5 个因子分析价值得分，分别为预期每股收益股价比、预期每股净资产股价比、预期每股主营业务收入股价比、预期每股经营性现金流股价比、预期每股现金分红股价比。5 个因子分析成长得分，分别为预期每股收益增长率、每股收益历史平均增长率、每股净资产历史平均增长率、每股主营业务收入历史平均增长率、每股经营性现金流历史平均增长率。

基于以上因子，每个股票会被计算出一个价值得分 OVS（overall value score）和一个成长得分 OGS（overall growth score），其中，各个因子的权重如表 6-2 所示。

表 6-2　各个因子权重

价值得分因子及其权重		成长得分因子及其权重	
预期每股收益价格比	50%	预期每股收益增长率	50%
预期每股净资产价格比	12.5%	每股收益历史增长率	12.5%
预期每股收入价格比	12.5%	每股收入历史增长率	12.5%
预期每股现金流价格比	12.5%	每股现金流历史增长率	12.5%
预期每股红利价格比	12.5%	每股净资产历史增长率	12.5%

将股票的成长得分 OGS 减去价值得分 OVS，就得到股票的价值—混合—成长得分 VCG。根据股票所属的规模类别（Flag），代入公式（6.2）计算出股票的价值—成长得分。

$$rawX = 100 \times \left[1 + \frac{VCG - VT(Flag)}{GT(Flag) - VT(Flag)} \right] \tag{6.2}$$

其中股票的价值—成长得分分类如表 6-3 所示。

表 6-3　股票价值—成长得分

价值	$rawX < 100$
混合	$100 \leq rawX \leq 200$
成长	$200 < rawX$

步骤二：依据式（6.3）和式（6.4）将基金所持股票的得分依据股票市值进行加权平均，分别得到基金的价值—成长得分和规模得分。

$$raw \, X_j = \sum_{i=1}^{n} w_i X_i \tag{6.3}$$

$$raw \, Y_j = \sum_{i=1}^{n} w_i Y_i \tag{6.4}$$

式中，$raw \, X_j$ 和 $raw \, Y_j$ 分别代表基金的价值—成长得分和规模得分，w_i 表示基金持仓股票的市值占基金总市值的比率，X_i 表示基金持仓股票 i 的价值—成长得分，Y_i 表示基金持仓股票 i 的规模得分，n 表示基金持仓的股票数量。

步骤三：依据基金的价值—成长得分和规模得分（如表 6-4 所示）定义基金的投资风格。

表6-4　基金的价值—成长得分和规模得分

基金价值—成长得分		基金规模得分	
价值	$rawX<125$	小盘	$rawY<100$
混合	$125\leqslant rawX\leqslant175$	中盘	$100\leqslant rawY\leqslant200$
成长	$175<rawX$	大盘	$200<rawY$

经过上述这三个步骤,就完成了利用晨星投资风格箱对基金的投资风格进行分类。根据表6-4,我们可以依据基金的分数对基金进行分类,最终基金只会落在如图6-1所示9格中的1格中。

当然,我们也可以根据门限值对基金所持股票进行分类,然后看所持股票分别落在9格中的比例,比例越高的格子颜色越深,此时,基金的投资风格就将由几个颜色深度不等的格子表示。如图6-2所示,左图为按照得分得出的基金投资风格,为唯一的大盘成长型基金。右图反映基金所持股票在各个风格的比例,格子深浅不一,其中该基金主要持有大盘成长型股票,少量持有大盘平衡型股票,以及零星持有中盘平衡型股票。

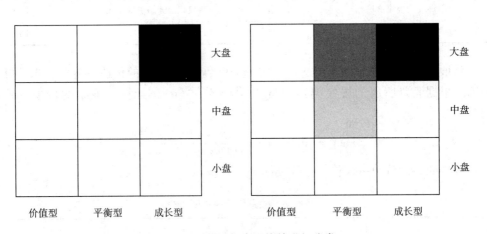

图6-2　用晨星投资风格箱进行分类

基于基金的持仓资产对基金的投资风格进行划分虽然可行,但前提是能够获取基金的持仓数据。而在我国,基金的持仓数据一般是每个季度公布一次(且只有中报与年报公布完整持仓数据),频率不够高,周期也较长,无法把握基金短期的投资风格变化。

（三）基于收益数据

基于收益数据的基金投资风格分析方法是依照多因子模型的思想,通过一组尽可能涵盖市场风格又相互正交的风格因子来拟合基金收益,并根据风格因子的系数得出该基金的投资风格。这里我们主要介绍夏普模型,具体公式如下:

$$R_{i,t} = \sum_{n=1}^{k} \beta_{i,n} F_{n,t} + \varepsilon_{i,t} \tag{6.5}$$

s.t.:
$$\sum_{n=1}^{k} \beta_{i,n} = 1, \beta_{i,n} \geqslant 0, n = 1,2,3,\cdots,k-1,k$$

其中,$R_{i,t}$代表基金i在t时刻的收益,$F_{n,t}$表示第n个风格因子在t时刻的收益,比如大盘成长因子,大盘价值因子等,$\beta_{i,n}$ 表示基金 i 第 n 个风格因子收益的因子暴露(以下称为风格因子系数),k 表示风格因子的个数,$\varepsilon_{i,t}$ 为残差项,表示基金收益不能为风格所解释的部分。

与传统的因子模型分析不同,此处有两个限制条件,分别为风格因子系数加总为1,以及风格因子系数皆大于0。设置风格因子系数加总为 1 的限制条件,是因为我们将风格因子系数看作是资产配置的权重,这 k 种风格因子是完备的。设置风格因子系数非负约束是因为基金的卖空限制,基金不能配置负权重的资产。可以看得出来,sharpe 投资风格分析法本质上是一种带有约束条件的二次型规划法。

假如我们采用规模与价值—成长性来定义风格因子,那么可以参考众多文献的方法,取中信证券股份有限公司的 7 个风格指数即国债指数(GB)、大盘价值指数(LV)、大盘成长指数(LG)、中盘价值指数(MV)、中盘成长指数(MG)、小盘价值指数(SV)、小盘成长指数(SG)的收益率作为风格因子的收益率。其中之所以包含国债指数,是因为基金由于流动性需要或其他原因,并不是将全部资金都投入股票资产中。综上,我们可以得到以下公式:

$$R_{i,t} = \beta_{GB,i} F_{GB,t} + \beta_{LV,i} F_{LV,t} + \beta_{LG,i} F_{LG,t} + \beta_{MV,i} F_{MV,t} + \beta_{MG,i} F_{MG,t} + \beta_{SV,i} F_{SV,t} + \beta_{SG,i} F_{SG,t} + \varepsilon_{i,t}$$

$$(6.6)$$

$$\text{s. t:} \qquad \beta_{GB,i} + \beta_{LV,i} + \beta_{LG,i} + \beta_{MV,i} + \beta_{MG,i} + \beta_{SV,i} + \beta_{SG,i} = 1$$
$$\beta_{GB,i}, \beta_{LV,i}, \beta_{LG,i}, \beta_{MV,i}, \beta_{MG,i}, \beta_{SV,i}, \beta_{SG,i} \geqslant 0$$

将中信证券股份有限公司的 7 个风格指数收益率(一般先对数化)代入公式(6.6)中求解,得出各个风格因子系数。如果得出 $\beta_{LV,i} = 0.88$,$\beta_{LG,i} = 0.12$,结果显著,而其他系数并没有显著不为0,那么就可以说,这个基金的实际投资风格表现为大盘价值型。

 阅读资料

中国银河证券公募基金分类体系

面对市场上纷繁杂乱的基金,采用一个合理的标准对他们进行分类已成为市场的迫切需求。基于此目的,中国银河证券股份有限公司及其基金研究中心制定了《中国银河证券公募基金分类体系》。该基金分类体系最早于 2001 年 9 月推出,早期命名为《中国银河证券基金分类体系》,从 2015 年 1 月 1 日更名为《中国银河证券公募基金分类体系》,同时新设立《中国银河证券私募基金分类体系》。以下内容节选自《中国银河证券公募基金分类体系》(2021)及相关说明。

中国银行证券公募基金分类体系采用"事前法",以相关法律法规为标准,依据基金合同和招募说明书中基金的投资方向、投资范围、投资方法、业绩比较基准和基金风险收益等基金特征对市场上的基金种类进行详细的划分。具体来看,中国银河证券公募基金分类体系自 2006 年开始分为三级架构:一级分类按照基金投资方向与基金类别进行划分,包括股票型基金、混合型基金、债券基金、其他基金、货币市场基金、QDII 基金、基础设施基金(REIT)、管理人中管理人基金(MOM)、FOF 基金、互认基金。二级分类按照开放式、定期开放式、封闭式的运作方式进行划分。三级分类再在此基础上进一

步明细分类,以满足基金评级、排名、统计分析的工作需求,同时也为投资者在投资基金时提供帮助。

以股票型基金为例,中国银河证券基金分类体系认定80%以上的基金资产投资于股票的,为股票基金。股票基金按照主动、被动操作方式,特定行业、特点主题与份额分级等维度分为标准股票型基金、行业主题股票型基金、标准指数股票型基金、增强指数股票型基金、股票ETF基金、股票ETF联接基金、股票型分级子基金(历史上存在,目前无正式运作基金)、其他股票型基金八个二级分类。除此以外,该分类体系还区别了基金资产中是否计提销售服务费、主代码基金与交易代码基金、主基金和交易份额基金。

关于中国银河证券公募基金分类体系编号规则,一级分类编号如下:股票基金编号1、混合基金编号2,债券基金编号3,其他基金编号4,货币市场基金编号5,QDII基金编号6,基础设施基金(REIT)编号8,管理人中管理人基金(MOM)编号9,基金中基金(FOF)编号10,互认基金编号是11。中间预留7这个一级分类号段用于基金行业产品进一步发展创新。二级分类编号按照运作方式划分如下:1~9号段是开放式,10~19号段是定期开放式,20~29号段是封闭式。FOF基金中的养老目标基金由于主要采取定期开放的方式,所以号段从10.10开始。

第二节 基金经理的行为特征指标

管理不同产品的基金经理有不同投资策略,即使相同的产品,基金经理在管理策略上也存在很大差异。基金经理的不同行为特征可能为投资者带来不同的风险和收益,从而影响投资者的持有效用,可见基金经理的行为特征对基金选择的重要程度。那么,该如何描述和衡量基金经理的行为特征呢? 本节将给出一些指标供投资者参考。

一、持仓集中度

(一)简介
现有的文献中通常使用基尼系数来衡量持仓的集中度。在宏观经济学中基尼系数一般用来衡量居民收入、财富的不平等,基尼系数越大则说明收入、财富的不平等程度越高。其计算公式为:

$$Gini = \frac{\sum_{i=1}^{n}\sum_{j=1}^{n}|w_i - w_j|}{2\,n^2 \cdot \mu(w_i)} \tag{6.7}$$

式中,n是样本持仓中的股票个数,w_i是样本中第i只股票的权重,$\mu(w_i)$是样本中股票权重的平均数。

基尼系数越大,代表持仓越集中,基尼系数越小,代表持仓越分散。

(二)原理与应用
集中持股是一种投资策略,是指基金经理将资金集中投资于精心挑选出的股票上。集中持股主要有两个方面的来源:一是来源于基金经理的信息优势与专业能力,Merton与Marsh(1987)认为,投资者投资于市场上未公开信息的股票时,会取得较好的投资收益;二是来源于基金经理的自信,如果基金经理对于某些股票较为自信,则其对于这些股票的持仓权重也会较高。

学术界已有不少文献发现基金的持股集中度与基金业绩呈现出正相关关系,在此不一一列举。在实践中,我们也可以借鉴其结论挑选持股集中度较高的基金,但同时也要注意观察高的持仓集中度是来源于基金经理的投资能力还是自信,注意观察基金经理的职业经历与过往基金的管理水平。

 阅读资料

过度自信不利于基金业绩

尽管持股集中度与基金业绩呈现出正相关关系,而且基金经理的自信是导致集中持股的原因之一,但我们要注意的是,如果基金经理出现了过度自信,将对基金业绩产生不利的影响。比如在现实中,基金行业存在基金管理团队与单基金管理人共存的管理模式,李学峰、朱虹(2018)对不同管理模式下的基金管理人的过度自信及投资业绩后果等差异进行了分析和讨论,发现过度自信会对基金业绩产生负向影响,我国基金团队管理模式的过度自信偏差比单经理模式更高,且在投资业绩方面相对单经理模式效率较低。

二、处置效应

(一) 简介

处置效应是说,当投资者的投资组合中既有盈利的股票也有亏损的股票时,投资者倾向于卖出盈利的股票而保留亏损的股票,回避损失实际发生。这说明,当投资者处于盈利状态时,投资者是风险厌恶者;当投资者处于亏损状态时,投资者是风险偏好者。

(二) 处置效应的衡量[①]

要研究处置效应,就要研究卖亏与卖盈行为。由于单只股票的盈亏受到市场因素的影响,只从股票自身盈亏表现来衡量会出现失真。因此做如下定义:

卖亏:在卖出周期中该股票收益率小于市场收益率;

卖盈:在卖出周期中该股票收益率大于市场收益率。

并规定:买卖周期为"一只股票被买入并建仓完毕后,经过一次或多次的卖出,最终被全部卖出,这一系列行为所经历的时间"。

单只股票的"买卖周期时间"计算方法为:

$$S_{i,n} = \frac{\sum_{t=0.25}^{T} (P_{i,t} - P_{i,t'}) \cdot t}{P_{i,0.25} - P_{i,T}} \qquad (6.8)$$

式中,$S_{i,n}$ 表示股票 i 的第 n 次买卖周期时间,由于可以多次"建仓后清仓",n 代表研究时期内"建仓后清仓"的操作次数。$P_{i,t}$ 代表股票 i 在 t 期的持有数量,$P_{i,t}$ 为股票 i 在下

---

① 本部分参考李学峰、何林泽、沈宁于 2010 年在《证券市场导报》上发表的文章《我国开放式证券投资基金与 QFII"处置效应"比较——基于"买卖周期时间"统计量视角的实证研究》,以说明如何衡量机构投资者的处置效应。

一期的持有数量。规定"买卖周期时间"一年为 1 单位,最小考察期为一个季度,因此 t 从 0.25 开始计算。Q_i 代表卖出股票的总数量,T 代表股票 i 被全部卖出所需的时间。具体计算方法可以依据基金每半年、季度公布的持仓报告。

根据上述标准,开放式基金的持有亏损、盈利股票的时间计算公式为:

$$F_I = \frac{\sum_{t=1}^{M}(V_{i,t,期初} - V_{i,t,期末}) \cdot S_{i,t}}{\sum_{t=1}^{M}(V_{i,t,期初} - V_{i,t,期末})} \tag{6.9}$$

式中,F_I 表示投资者 I 持有亏损(盈利)股票的时间,$S_{i,t}$ 表示该机构投资组合中股票样本 i 的亏损(盈利)"卖出周期时间",$V_{i,t,期初}$ 代表股票 i 卖出行为开始时持有该股票的市值,$V_{i,t,期末}$ 代表股票 i 卖出行为结束时持有该股票的市值,M 表示该机构投资者投资组合中有效股票样本的数量。

最后来量化机构投资者的处置效应程度,计算公式为:

$$M_I = F_{I,L} - F_{I,W} \tag{6.10}$$

式中,M_I 代表机构投资者 I 的处置效应程度,$F_{I,L}$ 代表机构投资者 I 持有亏损股票的时间,$F_{I,W}$ 代表机构投资者 I 持有盈利股票的时间。若 M_I 为正,表示该机构投资者存在处置效应,若 M_I 为负,代表该机构投资者不存在处置效应。

(三)什么导致了处置效应

目前主要有四种理论对处置效应做出了解释,包括前景理论(prospect theory)、均值反转(mean reversion)、准神奇式思考(quasi-magical thinking)和自我辩解(self-justification)。目前前景理论拥有比较完善的理论基础和实证依据,故本部分主要对前景理论进行介绍[①]。

1979 年,丹尼尔·卡纳曼(Daniel Kahneman)和特沃斯基(Amos Tversky)提出前景理论,用来描述不确定性情况下的选择问题。与传统的期望效用理论不同,前景理论用价值函数代替传统的效用函数。与效用函数相比,价值函数具有以下特征:

(1)投资者价值函数的自变量是投资者的损益,而非资产数量,因此,投资者不是从整个资产组合的角度来做投资决定,而是按组合中各资产的损益水平分别对待。实际上,有的投资单独来看可能是没有(或有)吸引力的,但是从整个分散组合的角度来看可能就是一个不错(或不好)的选择。投资者判断损益的标准来自其投资参考点,参考点的位置取决于投资者的主观感觉并且因人而异。

(2)价值函数的形式是"S"型函数,在盈利部分是凸函数,在亏损部分是凹函数。这意味着投资者的风险偏好不是一致的:当投资者处于盈利状态时,投资者是风险回避者;当投资者处于亏损状态时,投资者是风险偏好者。

(3)价值函数呈不对称性,投资者由于亏损导致的感觉上的不快乐程度大于相同数量的盈利所带来的快乐程度。因此投资者对损失较为敏感。

三、基金投资风格漂移

一个基金的投资风格是该基金与其他基金实现差异化的重要标准,投资者通过查

———————————

① 有兴趣的读者还可以参阅李学峰,王兆宇,苏晨:"什么导致了处置效应:基于不同市场环境的模拟研究与经验检验",《世界经济》第 12 期,2011 年,140-155。

看基金披露的投资风格,选择与自己的风险承受能力、投资理念等相匹配的基金进行投资,因此,如果基金实际的资产配置方式与其所声称的投资风格不符,可能会导致投资者的投资目标无法达成,尤其是对于那些投资特定基金以实施组合战略、控制组合风险的投资者而言,基金过度的投资风格漂移可能会使自己的战略失效。鉴于基金投资风格漂移的现象并不罕见,这里对基金经理投资风格漂移的行为进行介绍,以帮助读者更好地理解与应对。

（一）基金投资风格漂移的概念

基金投资风格漂移也称投资风格变化,指的是在一定的考察期内,基金的实际资产配置策略与其披露的投资风格不符的一种"违约"行为。在之前的内容中,我们对投资风格的定义比较广泛,分类的标准包括投资标的(如投资股票或者投资债券),积极投资与消极投资,资产的价值—成长性。由于我国相关政策对股票型基金以及债券型基金有强制约束措施①,而指数型基金与主动型基金又有明显的鸿沟,所以这里所介绍的投资风格漂移范围比较窄,主要是指股票型基金在对股票资产的选择和配置上发生的投资风格偏移。举一个例子,如果一个股票型基金声称自己的投资风格专注于投资小盘股,但在一段特定的研究时间范围内,其实际持仓却以大盘股为主,那么我们就可以说这只基金发生了投资风格漂移。

基金投资风格漂移现象作为基金的一种违约行为,会给基金投资者带来额外的不确定性。虽然那些对基金投资不太熟悉的投资者可能不会太关注基金的投资风格,但对于那些投资特定基金以实施组合战略控制组合风险的投资者(比如一些机构投资者)而言,如果基金实际的资产配置方式与其所声称的投资风格不符,那么这部分投资者所构建的资产组合将可能会存在预期外的风险敞口,进而导致组合战略失效。

我们可以通过一个简单的类比来加深理解基金投资风格漂移现象的危害。我们将基金市场类比为饮料市场,基金的投资者就相当于饮料的购买者,不同的基金投资风格相当于不同的饮料种类,且这种饮料在喝下肚之前,消费者并不能知道饮料的具体口味,只能依照销售者的宣传进行选择。对于那些对饮料口味不敏感的人而言,只要能解渴,其实际购买的饮料口味与宣传的口味是否一致并不重要,而对于存在口味偏好的消费者而言,如果其实际购买的饮料与宣传的口味不一致,那么将会降低他的饮用体验,更不用说对于那些患有糖尿病的患者而言,如果其打算购买一瓶矿泉水,喝下肚后才发现实际上购买的是一瓶糖水,这无疑将增加消费者的风险。当然,投资风格漂移现象也存在一些优势,比如,如果基金经理能够通过改变投资风格跟随市场走势而对资产组合进行动态调整,赚取更多的 β 收益,那么对于投资风格没有明显偏好或者仅投资于一只基金的基金投资者而言,基金发生投资风格漂移反而是一个有利的信号。

既然投资风格漂移被视作以一种侵害投资者利益的基金违约行为,那么为什么这种现象在市场上屡见不鲜呢?关于基金投资风格漂移动因的研究有许多,可能有以下几个原因:

（1）基金投资者对于投资风格漂移现象的不重视。如果市场上大多数的基金投资

①　根据我国《公开募集证券投资基金运作管理办法》,80%以上的基金资产投资于股票的为股票基金;百分之八十以上的基金资产投资于债券的为债券基金。

者更看重基金投资风格的稳定性,那么自然会"用脚投票",赎回投资风格发生漂移的基金份额,转投投资风格持续性更强的基金,这样的投资现金流向也会倒逼基金经理更重视资产配置的稳定性。但正如前面所提到的,投资风格漂移的危害主要是针对有组合配置需求的基金投资者,如果当前市场上的基金投资者更关注基金的收益,那么投资者的需求会反映在基金投资与赎回的现金流上,对于依靠基金规模收取费用的基金管理者而言,其有激励去追逐收益机会而放弃维持投资风格稳定,哪怕这种行为意味着让投资者承担更多的投资风险。

(2)市场竞争与业绩压力。有研究发现,业绩较差的基金更倾向于改变投资风格[1]。基金行业激烈的市场竞争以及排名考核使得基金经理短期业绩的重要性不断提升,进而使得业绩较差的基金经理会积极寻求改变以改善当前业绩,其中就包括改变投资风格。业绩排名决定了基金经理的收入与声誉,当现有的资产配置短期内表现不佳时,来自外界与内部的压力往往使得基金经理难以继续维持当前的资产组合,从而导致投资风格漂移。

(3)信息不对称。基金经理与投资者之间存在的信息不对称也是导致基金经理能够改变投资风格的基础。由于基金全部的持股信息只在基金中期报告和年度报告中才会披露,哪怕是前十大重仓股信息也是以季度为周期发布的,因此,普通投资者对基金经理资产配置的动态调整情况并不了解,这也给基金经理变化投资风格提供可乘之机。

此外,基金经理的个人特征、宏观经济情况、基金管理规模等因素同样也可能是基金投资风格发生变化的动因。

(二)基金投资风格漂移的测量手段

通过以上的内容,我们对基金投资风格漂移现象已经有了初步的了解,知道如何通过晨星投资风格箱和夏普模型去还原当前基金的投资风格和资产配置情况,结合基金声称的投资风格或历史数据,进而判断该基金是否发生了投资风格漂移。但是,这样的办法更多是从定性的角度出发。是否能够定量地度量投资风格偏移的程度呢?

关于基金投资风格漂移的度量指标有许多,综合考虑准确性、可量化性、计算简便性等因素,这里我们介绍由 Idzorek 和 Bertsch 二人于 2004 年构建的基金投资风格漂移度量指标——SDS(the style drift score)[2]。

SDS 的基本思路是衡量各个风格因子系数偏离其均值的程度,即求解风格系数方差之和的平方根,公式为:

$$SDS = \sqrt{VaR(\beta_1) + VaR(\beta_2) + \cdots + VaR(\beta_k)} \tag{6.11}$$

式中,β_k 表示用于衡量基金风格特征的风格因子。可以看出,SDS 的数额越大,意味着基金投资风格偏移的程度越大;SDS 的数额越小,该基金的投资风格越稳定。我们可以从夏普模型出发开始推导。夏普模型为:

$$R_{i,t} = \sum_{n=1}^{k} \beta_{i,n} F_{n,t} + \varepsilon_{i,t} \tag{6.12}$$

① Chan L K C,Chen H L,Lakonishok J. On mutual fund investment styles[J]. The Review of Financial Studies,2002,15(5):1407-1437.

② Idzorek T M,Bertsch F. The style drift score[J]. The Journal of Portfolio Management,2004,31(1):76-83.

$$\text{s.t:} \sum_{n=1}^{k} \beta_{i,n} = 1$$
$$\beta_{i,n} \geq 0, n = 1, 2, 3, \cdots, k-1, k$$

通过求解这个带有约束条件的二次规划问题,我们可以得到 t 时间段的 $\beta_{i,n}$,即风格因子系数。重复同样的步骤,依次求解出不同时刻的风格因子系数,即可得到风格因子系数的时间序列,通过这些时间序列计算出风格因子系数方差。最后,将这些方差值加总后进行平方,就可以得到最终的 SDS 值。

 阅读资料

换个角度看投资风格漂移的产生

现实中,基金经理为什么会产生投资风格漂移?目前学术界和实际部门对该问题还没有形成共识性的完备答案。李学峰和金晓溪(2021)探究了资本市场对外开放是否是影响基金风格漂移的因素之一,为我们回答这一问题提供了一个新的视角。

该研究首先根据描述性统计结果,发现基金投资风格和"陆股通"持股的规模风格的漂移方向一致,都向大盘、成长方向移动。之后选取外资持股比例作为资本市场对外开放的代理变量,划分 2014 年 12 月至 2020 年 10 月为资本市场对外开放"初期""加速期""深水区"三个不同阶段。研究发现,在短期内,资本市场对外开放刺激基金风格漂移,但长期来看,资本市场对外开放发挥了引导价值投资的作用,抑制了基金风格漂移。

进一步,为更准确地搭建资本市场对外开放与基金投资行为的桥梁,该研究提出基金持股的"陆股通"偏好这一概念,对比发现其与外资持股比例对基金风格漂移的影响存在一致性,验证了我国股票型基金、偏股混合型基金、平衡混合型基金、灵活配置型基金持股存在"陆股通"偏好,且这种基金持股的"陆股通"偏好在短期内对基金风格漂移会产生刺激作用。

此外,论文对资本市场对外开放对基金风格漂移的影响机制进行探索,发现资本市场对外开放能够降低基金经理职业忧虑,放大基金风格漂移;结合基金风格漂移方向的结论,说明业绩排名靠前的基金经理在一定程度上偏好市值大、估值高的标的资产,引发基金风格向大盘成长方向漂移,证明资本市场对外开放是基金风格漂移现象中的动因之一。

四、动量效应与反转效应

(一)概念

动量效应是由 Jegadeesh 和 Titman(1993)提出的,是指股票的收益率有延续原来运动方向的趋势,即过去一段时间收益率较高的股票在未来获得的收益率仍会高于过去收益率较低的股票。基于股票动量效应,投资者可以通过买入过去收益率高的股票、卖出过去收益率低的股票获利。反转效应是指,过去表现良好的股票在未来表现较差,而过去表现较差的股票在未来表现良好。

（二）理论发展

1970年，fama提出了有效市场假说，其对有效市场的定义是：如果在一个证券市场中，价格完全反映了所有可以获得的信息，那么就称这样的市场为有效市场。根据这一假设，投资者在有效市场上买卖股票时会迅速有效地利用可能的信息，所有已知的影响一种股票价格的因素都已经反映在股票的价格中，因此根据这一理论，股票的技术分析是无效的。根据有效市场假说，投资者的最佳选择是投资指数基金，不可能获得超额收益。

然而，动量效应和反转效应两种市场异象动摇了传统金融学的基础——有效市场假说。传统金融理论以有效市场假说为基础，认为证券市场中全部的信息都已经反映在证券价格中，故任何投资者都不可能在市场中获得超额收益。换句话说，证券的历史价格对其未来价格不具有预测性，因此价格与收益率服从随机游走（random walk）。然而De Bondt和Thaler（1985）的研究指出，过去3~5年表现较好的股票，未来3~5年表现将变差，而过去3~5年表现较差的股票，未来3~5年的表现将变好，这意味着未来的股票价格将有可能与过去的趋势相反。Jegadeesh和Titman（1993）的研究则表明，买入过去一段时期内表现较好（上涨）的股票，并卖出表现较差（下跌）的股票能够获得超额收益，这意味着未来的股票价格将有可能延续过去的趋势。

针对动量效应与反转效应，学术界目前公认的逻辑一致的经典理论框架主要有三种：BSV模型（Barberis，Shleifer & Vishny，1998），DHS模型（Daniel，Hirshleifer & Subrah-manyam，1998），HS模型（Hong & Stein，1999）。该类理论框架主要将两种效应的存在归因于投资者的反应不足与反应过度。

BSV模型认为，人们进行投资决策时，代表性启发法使投资者过分重视近期数据的变化模式，而对产生这些数据的总体特征重视不够，而且代表性启发法使人们太过于使用小样本的形式进行推断，于是可能造成人们对某种类型信息的过度反应。而保守主义使投资者不能及时根据变化了的情况修正自己的预测模型，导致股价反应不足。

DHS模型将投资者分为有信息和无信息两类。有信息的投资者存在着过度自信和自我归因偏差。过度自信导致投资者夸大自己对股票价值判断的准确性；自我归因偏差则使他们低估关于股票价值的公开信息。随着公共信息最终战胜行为偏差，对个人信息的过度反应和对公共信息的反应不足，就会导致股票回报的短期连续性和长期反转。

HS模型把交易者分为"观察消息者"和"动量交易者"两类。观察消息者根据获得的关于未来价值的信息进行预测，其局限是完全不依赖于当前或过去的价格；"动量交易者"则完全依赖于过去的价格变化，其局限是他的预测必须是过去价格历史的简单函数。在上述假设下，该模型将反应不足和过度反应统一归结为关于基本价值信息的逐渐扩散，而不包括其他的对投资者情感刺激和流动性交易的需要。

这三个模型的区别主要是将投资者分成了不同的类型，从而使得市场上投资者行为不同。另外，HS模型把研究重点放在不同交易者的作用机制上，而BSV和DHS主要把重点放在交易者的认知偏差方面。

对于机构投资者，Badrinath和Wahal（2002）把机构投资者交易活动区分为建仓（entry）、清仓（exit）和持仓调整（adjustments to ongoing holdings）3种类型，考察了1 200家机构投资者在1987—1995年的季度持仓组合发现：首先，机构投资者建仓时表现为动量交易者,清仓以及持仓调整时表现为反转交易者;其次,不同类型和不同风格机构投资者往往采用不同的交易策略,成长型风格机构投资者倾向于表现为动量交易者,而价值型风格投资者倾向于表现为反转交易者。Yang(2002)发现,外国机构投资者在台湾股市倾向于采取反转交易策略;Kaminsky,Lyons 和 Schmukler(2004)以 13 家拉美共同基金季度持仓组合为样本,发现共同基金在拉美新兴市场上表现出强烈的动量交易行为[①]。

（三）衡量指标

关于如何描述动量交易行为,Badrinath 和 Wahal(2002)在 Grinblatt,Timan 和 Wermers(1995)的基础上,改进了用动量测度 $ITM_{jt}(k,l)$ 来考察基金的动量交易行为,其计算公式如下:

$$ITM_{jt}(k,l) = \sum_{i=1}^{N} (w_{ijt} - w_{ijt-1})(R_{i,t-k} - R_{m,t-k}) \qquad (6.13)$$

式中,k 表示落后季度数,l 表示权重变化测度间隔季度数,w_{ijt} 为

$$w_{ijt} = \frac{P_{it} H_{ijt}}{\sum_{i=1}^{N} P_{it} H_{ijt}} \qquad (6.14)$$

式中,w_{ijt} 表示基金 j 在 t 季末持有股票 i 的权重,P_{it} 表示期末股票价格,H_{ijt} 表示期末持股数量,二者乘积为期末市值,N 为组合中个股数目。$R_{i,t-k}$ 表示股票 i 在 t 季度滞后 k 个季度的持有期收益率,$R_{m,t-k}$ 则表示滞后 k 个季度的市场组合的持有期收益率。

w_{ijt} 的变化反映的是基金对股票 i 的交易行为,但 w_{ijt} 的变化既可能是由于基金买卖股票 i 导致对其持有数量变化引起的,又有可能是由于股票 i 的价格变化引起的,因股价变化引起权重变化而最终导致的基金动量交易行为称为被动动量交易。

本章练习题

一、概念题

晨星投资风格箱、投资风格漂移、处置效应、持仓集中度

二、选择题

1. 投资者通常假定将来的价格模式会与过去相似,这种对股价未来走势的判断属于(   )。

A. 算法

B. 熟识性思维

C. 代表性思维

D. 投资者情绪

2. 关于基金的投资风格以下选项正确的是(   )。

A. 晨星投资风格箱法属于"事前法"

B. 晨星投资风格箱法属于"事后法"

[①] 对于中国包括基金在内的机构投资者动量交易的研究,可参见李学峰、张舰、姜浩(2009),张舰、李学峰、王建虎(2010)等有关研究。

C. 依据持仓数据来判断基金投资风格属于"事后法"

D. 依据基金收益来判断基金投资风格属于"事前法"

三、案例分析题

1. 过度自信的投资者更可能接受有效市场假说还是拒绝有效市场假说？为什么？

2. 动量效应和反转效应产生的根源是什么？

3. 请阐述前景理论是如何对处置效应做出解释的。

证券投资基金的风险控制

在证券投资基金运作过程中,基金风险控制是其中的重要一环。本章从基金的风险来源、基金的风险等级划分、基金管理公司内部风险控制制度三个方面,对基金运作过程中的风险进行分析。

第一节　基金的风险来源

基金的风险来源主要分为外部风险和内部风险,外部风险有市场风险、信用风险、流动性风险等,内部风险有合规风险、信誉风险、新业务风险、操作风险、制度流程风险等。本节具体介绍上述风险的概念以及一些会带来风险的行为。

一、外部风险

(一)市场风险

投资基金的市场风险是指因市场波动而导致投资基金某一头寸或组合遭受损失的可能性。这些市场波动包括:①利率、汇率、股价及其他金融产品价格的波动;②收益曲线的变动;③市场流动性的变动;④还包括融券成本风险、股息风险和关联风险等。

投资基金的市场风险是原生资产的价格波动引起的收益的不确定性,原生资产的绝对价格变化、价格波动率等因素以及金融衍生合约的期限、无风险利率会影响投资基金的价值,市场风险是其他风险的基础。市场风险是投资基金最常面对的一种风险,是风险管理中的重点内容。

把握市场风险要从以下几方面入手:

第一,密切关注宏观经济指标和趋势、重大经济政策动向、重大市场行动,评估宏观因素变化可能给投资带来的系统性风险,定期监测投资组合的风险控制指标,提出投资调整应对策略。

第二,密切关注行业的周期性、市场竞争、价格、政策环境和个股的基本面变化,构造股票投资组合,分散非系统性风险。公司应特别加强对所投资证券的管理,对于市场风险较大的股票建立内部监督、快速评估机制和定期跟踪机制。

第三,关注投资组合的收益质量风险,可以采用夏普(Sharp)比率、特雷纳(Treynor)比率和詹森(Jensen)比率等指标衡量。

第四,加强对场外交易(包括价格、对手、品种、交易量、其他交易条件)的监控,确保所有交易在公司的管理范围之内。

第五,加强对重大投资的监测,对基金重仓股、单日个股交易量占该股票持仓显著比例、个股交易量占该股流通值显著比例等进行跟踪分析。

第六,可运用定量风险模型和优化技术,分析各投资组合市场风险的来源和暴露。可利用敏感性分析,找出影响投资组合收益的关键因素。可运用情景分析和压力测试技术,评估投资组合对于大幅和极端市场波动的承受能力。

(二)信用风险

信用风险是指包括债券发行人出现拒绝支付利息或到期时拒绝支付本息的违约风险,或由于债券发行人信用质量降低导致债券价格下跌的风险,及因交易对手违约而产生的交割风险。信用风险管理的控制目标是对交易对手、投资品种的信用风险进行有效的评估和防范,将信用风险控制于可接受范围内的前提下,获得最高的风险调整收益。

信用风险管理主要措施包括:建立针对债券发行人的内部信用评级制度,结合外部信用评级,进行发行人信用风险管理;建立交易对手信用评级制度,根据交易对手的资质、交易记录、信用记录和交收违约记录等因素对交易对手进行信用评级,并定期更新;建立严格的信用风险监控体系,对信用风险及时发现、汇报和处理。公司可对其管理的所有投资组合与同一交易对手的交易集中度进行限制和监控。

(三)流动性风险

流动性风险包括因市场交易量不足,导致不能以合理价格及时进行证券交易的风险,或投资组合无法应付客户赎回要求所引起的违约风险。流动性风险管理的控制目标是通过建立适时、合理、有效风险管理机制,将流动性风险控制在可承受的范围之内。

自由赎回的制度安排,使开放式基金随时面临基金持有人的申购和赎回申请,因而其流动性风险更加突出。投资者可随时赎回其投资的制度安排也使开放式基金的资产类似于对持有人的负债,大大增加了开放式基金的资产负债管理难度。

结合我国金融市场和金融体系的特点,从建立开放式基金流动性风险管理的目标、程序和风险预警指标体系入手,在基金管理公司内部的资产、资金管理和外部制度、环境配套改革两个层面,研究流动性风险的管理和防范措施,强调从事前、事中、事后三个阶段对流动性风险进行综合管理,并提出完善开放式基金流动性风险管理的若干对策。

流动性管理是开放式基金面临的核心难题之一。国际经验表明,开放式基金经营绩效是决定基金现金流入和规模扩大的基础性因素,基金经营绩效的提高依赖于优秀的资产配置能力和先进的流动性管理技术。在资产配置能力既定的情况下,如何加强和完善流动性管理是提高基金绩效的主要途径。

开放式基金流动性管理的目标,是在保证基金一定净值增长水平的条件下,保持资产合理的流动性,以应付投资者可能的赎回要求,降低基金的流动性风险。流动性管理的具体目标包括三个方面:合理确定现金比例,提高资金利用率、优化投资组合。要提高投资收益率,保障基金正常运作,通过流动性管理满足基金日常的各种要求,维持流动性,实现收益分配和分散风险等。

二、内部风险

(一)合规风险

根据《公募基金行业合规管理手册》[1],合规风险是指因公司及员工违反法律法规、基金合同和公司内部规章制度等而导致公司可能遭受法律制裁、监管处罚、重大财务损失和声誉损失的风险。合规风险的控制目标是确保遵守法律、法规、监管规则和基金合同或独立账户投资方针的规定,审慎经营。合规风险主要包括投资合规性风险、销售合规性风险、信息披露合规性风险和反洗钱合规性风险。

1. 投资合规性风险管理

主要措施包括:建立有效的投资流程和投资授权制度;通过在交易系统中设置风险参数,对投资的合规性风险进行自动控制,对于无法在交易系统自动控制的投资合规限制,应通过加强手工监控、多人复核等措施予以控制;重点监控投资组合投资中是否存在内幕交易、利益输送和不公平对待不同投资者等行为;对交易异常行为进行定义,并通过事后评估,对基金经理、交易员和其他人员的交易行为(包括交易价格、交易品种、交易对手、交易频度、交易时机等)进行监控,加强对异常交易的跟踪、监测和分析;每日跟踪评估投资比例、投资范围等合规性指标执行情况,确保投资组合投资的合规性指标符合法律法规和基金合同的规定;关注估值政策和估值方法隐含的风险,定期评估第三方估值服务机构的估值质量,对于以摊余成本法估值的资产,应特别关注影子价格及两者的偏差带来的风险,进行情景压力测试并及时制订风险管理情景应对方案。

2. 销售合规性风险管理

主要措施包括:对宣传推介材料进行合规审核;在销售协议的签订进行合规审核,在销售机构签约前进行审慎调查,严格选择合作的基金销售机构;制定适当的销售政策和监督措施,防范销售人员违法违规和违反职业操守;加强销售行为的规范和监督,防止延时交易、商业贿赂、误导、欺诈和不公平对待投资者等违法违规行为的发生。

3. 信息披露合规性风险管理

主要措施包括:建立信息披露风险责任制,将应披露的信息落实到各相关部门,并明确其对提供的信息的真实、准确、完整和及时性负全部责任;信息披露前应经过必要的合规性审查。

4. 反洗钱合规性风险管理

主要措施包括:建立风险导向的反洗钱防控体系,合理配置资源;制定严格有效的

① 中国证券监督管理委员会令(第133号)证券公司和证券投资基金管理公司合规管理办法_2017年第30号国务院公报_中国政府网(www.gov.cn)。

开户流程,规范对客户的身份认证和授权资格的认定,对有关客户身份证明材料予以保存;从严监控客户核心资料信息修改、非交易过户和异户资金划转;严格遵守资金清算制度,对现金支付进行控制和监控;建立符合行业特征的客户风险识别和可疑交易分析机制。

此外,《证券公司和证券投资基金管理公司合规管理办法》第六条到第十七条对合规有详尽的职责要求。忽视相关的规定会带来潜在的合规风险。基金公司加强合规管理的关键环节主要有以下几方面:

第一,要树立先进的合规理念。

第二,健全合规管理队伍。在合规人员方面,基金公司应当为合规管理部门配备足够的,具有法律、财会、金融等方面的专业知识,特别是具有把握法律法规、监管规定、行业自律规则和公司内部管理制度能力的合规管理人员。

第三,建立科学的合规管理制度。

第四,建立有效的合规风险识别、评估和监测机制。所谓合规风险的识别、评估和监测,就是指通过制定和执行科学的合规风险审查程序,对公司的经营行为是否存在合规风险进行有效的跟踪、分析,并做出准确的判断。

第五,建立顺畅的合规风险报告机制。合规风险被识别和评估之后,能否立即报告公司董事会、管理层或相关部门,并及时采取有效措施进行防范和消除,就成为合规管理的又一个关键环节。合规风险的报告机制要求基金管理公司做到:首先,基金公司要明确合规风险的报告程序和路线,这种路线不仅包括各级合规管理部门或者合规岗位上报的路线,公司合规管理部门或者合规岗位和合规负责人向总经理、董事会审计委员会、董事会的报告路线,还包括公司其他部门及其员工、营销员向合规管理部门或者合规岗位的报告路线。其次,应当规定报告路线涉及的每个人员和机构的职责,明确报告人的报告内容、方式和频率以及接受报告人直接处理或者向上报告的规范要求。只有报告的路线和程序得以明确,合规风险才能真正得到及时、有效的防范和控制。

第六,建立严格的合规风险应急处理机制和责任追究机制。合规管理机制中还应包括违规事件发生时的应急处理机制和责任追究机制。应急处理机制是确保违规行为发生时,能够在第一时间做出反应并进行恰当的应对和处理,争取将违规带来的损失和不利影响降到最低。而只有建立严格的责任追究制度并加以有效地贯彻落实,做到"奖惩分明、违规必究",才能给违规操作的机构和人员以适当的惩罚和教育,防止类似合规风险的再次发生。

（二）制度和流程风险

制度和流程风险是指由于日常运作,尤其是关键业务操作缺乏制度、操作流程和授权或者制度流程设计不合理带来的风险,或由于上述制度、操作流程和授权没有得到有效执行带来的风险,及业务操作的差错率超过可承受范围带来的风险。

制度和流程风险管理的主要措施包括:

其一,建立合规、适用、清晰的日常运作制度体系,包括制度、日常操作流程,尤其是关键业务操作的制约机制;

其二,制定严格的投资工作流程、授权机制、制约机制,明确投资决策委员会、投资总监和基金经理的职责权限,建立健全绩效考核机制;

其三,加强公司印章使用、合同签署及印章和合同保管的管理,投资部门所有交易合同签署与印章使用都要经过后台部门并交由后台备案;

其四,加强对员工业务操作技巧的培训,加强程序的控制,以确保日常操作的差错率能在预先设定的、可以承受范围内;

其五,建立前台、后台或关键岗位间的职责分工和制约机制。

(三)道德风险

道德风险是指员工违背法律法规、公司制度和职业道德,通过不法手段谋取利益所带来的风险。道德风险管理的主要措施包括:制定员工守则,使员工行为规范有所依据;防范员工利用内幕信息或其他非公开信息牟利,防范商业贿赂,通过制度流程、系统监控、核查检查等控制措施加强员工管理;倡导良好的职业道德文化,定期开展员工职业道德培训。

(四)操作风险

操作风险是指由于内部程序、人员和系统的不完备或失效或外部事件而导致的直接或间接损失的风险,主要包括制度和流程风险、信息技术风险、业务持续风险、人力资源风险、新业务风险和道德风险。操作风险管理的控制目标是建立有效的内部控制机制,尽量减少因人为错误、系统失灵和内部控制的缺陷所产生的操作风险,保障内部风险控制体系的有序、规范运行。

投资基金的操作风险主要表现在:

(1)交易操作的风险,包括:人为的错误、电脑系统的故障、工作流程和监管制度不完善等。

(2)技术风险,指由于技术局限或硬件方面的问题,使公司不能有效、准确地搜集、处理和传输信息所导致的损失。技术误差有可能是由各种原因造成的,而且更一般地,可能是任何后台、办公室的问题。

(3)缺乏有效的内部控制制度,管理失误所导致的操作风险。内部失控风险,主要指由于超过风险限额而未被觉察、越权交易、交易部门或后台部门的欺诈、职员业务操作技能的不熟练以及不稳定并易于进入电脑系统等原因而造成的风险。

(4)基金经理欺诈行为的风险,即基金经理故意提供虚假信息、管理失效、不适宜的程序和控制。

(5)模型风险,指对复杂的衍生工具的定价也可能造成潜在的操作问题。因为用模型来评价头寸的价值有可能是错误的,然而模型风险是十分难以捉摸的。

(6)会计制度与信息披露不当带来的风险。基金投资的衍生工具大多代表的是或有求偿权,其交易的潜在盈亏不在资产负债表中体现,决策人员对其风险的认识及管理不是很直观,且通过对资产负债表等会计报表定期检查的传统管理方法,对这种表外交易来说也已经滞后了。

防止操作风险的最好保护是多重系统、清楚的责任分工和强有力的内部控制,以及定期的或有计划。基金在操作风险控制方面正逐步地数量化。

(五)声誉风险

声誉风险是指由公司经营和管理、员工个人违法违规行为或外部事件导致利益相关方对公司负面评价的风险。声誉风险管理的控制目标是通过建立与自身业务性质、规模和复杂程度相适应的声誉风险管理体系,防范、化解声誉风险对公司利益的损害。

声誉风险主要管理措施包括:建立有效的公司治理架构、声誉风险管理政策、制度和流程,对声誉风险事件进行有效管理;建立声誉风险情景分析,评估重大声誉风险事件可能产生的影响和后果,并根据情景分析结果制定可行的应急预案,开展演练;对于已经识别的声誉风险,应尽可能评估由声誉风险所导致的流动性风险和信用风险等其他风险的影响,并视情况展开应对措施。

(六)信息技术风险

信息技术风险是指:信息技术系统不能提供正常服务,影响公司正常运行的风险;信息技术系统和关键数据的保护、备份措施不足,影响公司业务持续性的风险;重要信息技术系统不使用监管机构或市场通行的数据交互接口,影响公司业务正常运行的风险;重要信息技术系统提供商不能提供技术系统生命周期内持续支持和服务的风险。

信息技术风险管理主要措施包括:

其一,信息技术系统尤其是重要信息技术系统具有确保各种情况下业务持续运作的冗余能力,包括电力及通信系统的持续供应、系统和重要数据的本地备份、异地备份和关键设备的备份等;

其二,信息技术人员具有及时判断、处理各种信息技术事故、恢复系统运行的专业能力,信息技术部门应建立各种紧急情况下的信息技术应急预案,并定期演练;

其三,系统程序变更、新系统上线前应经过严格的业务测试和审批,确保系统的功能性、安全性符合公司风险管理要求;

其四,对网络、重要系统、核心数据库的安全保护、访问和登录进行严格的控制,关键业务需要双人操作或相互复核,应有多种备份措施来确保数据安全,有备份数据准确性的验证措施;

其五,以权限最小化和集中化为原则,严格公司投研、交易、客户等各类核心数据的管理,防止数据泄露;

其六,选择核心信息技术系统服务商,应将服务商在系统生命周期内的长期支持和服务能力、应急响应能力和与公司运行相关的其他系统兼容性列为重点考核内容。

(七)业务持续性风险

业务持续性风险是指由于公司危机处理机制、备份机制准备不足,导致危机发生时公司不能持续运作的风险。

业务持续性风险的管理措施主要包括:建立危机处理决策、执行及责任机构,制定各种可预期极端情况下的危机处理制度,包括危机认定、授权和责任、业务恢复顺序、事后检讨和完善等内容,并根据严重程度对危机进行分级归类和管理;建立危机预警机制,包括信息监测及反馈机制;危机处理与业务持续制度应重点保证危机情况下公司业务的持续;业务持续管理机制演习至少每年进行一次。

(八)人力资源风险

人力资源风险是指缺少符合岗位专业素质要求的员工、过高的关键人员流失率、关键岗位缺乏适用的储备人员和激励机制不当带来的风险。

(九)新业务风险

新业务风险是指由于对新产品、新系统、新项目和新机构等论证不充分或资源配置不足导致的风险。

新业务风险管理主要措施包括:制定严密的新业务的论证和决策程序;新业务的风险评估应包括政策环境、市场环境、客户需求、后台支持能力、供应商和人员储备等方面;针对新业务的主要操作部门和对新业务开展的支持部门进行业务培训,及时制定针对新业务的管理制度和业务流程。

 **案　例**

利用股指期货对冲市场风险

市场风险是基金管理公司和基金经理面对的最为日常也是影响最大的风险。本案例讲述基金管理者可以利用股指期货管理市场风险。

根据投资目的的差异,我国现行股指期货市场中的投资者主要有三种:套期保值者、套利者和投机者,他们互为对手盘。套期保值者在市场上能实现套保目的的前提是,市场上存在对手方为其提供流动性支持,这样才能保证开仓和平仓操作在交割日期前能随时进行。

一般而言,套期保值者将大部分资金投入了自身在证券市场中构建的投资组合,其购买股指期货的行为是一种保险行为,分散了风险,降低了自身投资组合收益率的波动,使其更加平稳,但也需要付出一定的"保险费"。最常见的是卖出股指基金的操作。沪深 300 股指期货合约表如表 7-1 所示。

表 7-1　沪深 300 股指期货合约表(期货公司)

合约标的	沪深 300 指数	最低交易保证金	合约价值的 8%
合约乘数	每点 300 元	最后交易日	合约到期月份的第三个周五,遇国家法定假日顺延
报价单位	指数点	交割日期	同最后交易日
最小变动单位	0.2 点	交割方式	现金交割
合约月份	当月、下月及随后两个月	交易代码	IF
交易时间	9:30—11:30,13:00—15:00	上市交易所	中国金融期货交易所
交易手续费标准	万分之 0.38	平仓手续费	万分之 3.45

注:中金所规定的手续费比例是 0.002 3%,各家期货公司再加收一定比例,一般加收 0.001 5%,共计 0.003 8%。

假定 2021 年,某投资基金在市场上投入了大量资金,经过精心选股,建立起了一个投资组合,分散了非系统性风险。但此时系统性风险仍然存在,一旦市场整体下跌,投资者将面临巨额损失。为了方便说明问题,这里我们以中金 MSCI 质量 A(006341)为例,该基金规模为 3.46 亿元(截至 2021 年 3 月 31 日)。

为了规避市场风险,投资基金管理者选择在股指期货市场进行反向操作,即同时做

空。4月28日,基金单位净值达到4.751 6元,

基金管理者在5066点时卖出1 000手IF2106。之后一段时间,随着沪深二市走低,沪深300指数下跌,投资基金持有的股票价值缩水,基金单位净值为2.586 8元。IF2106跌至4 950.2点。此时,基金管理者买入1 000手IF2106进行平仓。在此过程中赚取全额为:

$$(5\ 066-4\ 950.2)点×1\ 000×300\ 元/点=34\ 740\ 000\ 元$$

通过在行情好时卖出、行情差时买入股指期货合约,基金在股指期货市场上赚取了收益,部分弥补了现货市场上的损失,减少了基金持有的总资产价值的波动。

股指期货市场不同于股市,其保证金制度使其具有很高的杠杆性,投资者需要在账户中注入充足的资金来保证自身满足持有条件。

在股市上买入股票后,只要不卖出,盈亏都是账面的。但期货每天都要根据收市价重新结算盈亏:账面盈利可以提走,但若出现账面亏损,就要补足保证金。因此,和股票的成本价计算不同,股指期货的持仓成本价每天都会变动。这种杠杆效应在带来了高利润的同时,也带来了高风险,一旦行情与交易方向相反时,损失也会被放大——因为亏损到一定程度后,根据每日无负债制度当日结算,投资者必须追加保证金。

股指期货的一大风险为方向错误性风险:多空方向一旦与市场方向相悖,将带来高额损失。股指期货市场是一个封闭市场,实质为零和游戏,一方盈利必然意味着对手方等额的亏损,在这种情况下,总是与市场方向一致是很困难的。

据此,监管部门对基金公司在股指期货市场的纯投机行为进行了限制,鼓励其更多从保险角度出发进行操作。沪深300指数选取了上海和深圳证券市场中市值大、流动性好的300只A股作为样本,具有良好的市场代表性。因此,以其为标的的IF系列股指期货是一个良好的风险对冲选择。

第二节　基金的风险等级划分

本节将讲解基金风险等级划分的有关知识。首先从面向客户的视角讲解为什么要对基金的风险等级进行划分,借以强调基金风险等级划分的重要性,然后讲解我国对于基金风险等级划分的相关规定,最后引入真实案例,理论联系实际,为读者讲解实际中的基金风险等级划分。基金风险等级划分不仅具有实用性,而且也符合我国对于投资者适当性管理的相关要求。

一、基金风险等级划分的意义

(一)基金风险等级划分的理论依据

第三章我们介绍过,从代表无风险资产的点$(0, r_f)$可以引出无数条直线与有效边界相交,这就是资本配置线 CAL,资本配置线上每一点都代表了不同风险资产权重的投资组合。在无数个投资组合中,投资者会选择斜率最大的一条资本配置线,当在该直线上进行资本配置时,投资者的效用会达到最大。如图7-1所示,当资本配置线 CAL 的

斜率达到最大时,资本配置线 CAL 与有效边界切于一点 M,M 代表市场组合,资本配置线也成了资本市场线 CML。

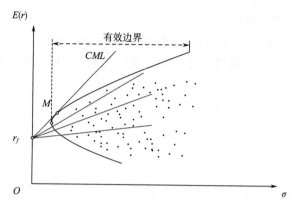

图7-1 资本市场线

CML 上的每一点都代表了不同市场组合权重的投资组合,每一点都代表了不同的风险与收益。对于一个具有特定风险偏好的投资者来说,必然不是所有点都适合,那么,投资者会如何来选择投资组合呢?

对于不同的投资者来说,风险敏感程度的不同导致了最优完全资产组合的不同。如图7-2所示,每增加1单位风险引起的期望收益率的增加:投资者1>投资者2>投资者3;相应的,风险敏感程度:投资者1>投资者2>投资者3,对于不同的投资者来说,其最优完全资产组合不同,在现实生活中表现为不同的投资者偏好、不同风险等级的基金产品。基金公司对基金产品进行风险等级划分,可以更好地了解所设计与管理的基金产品,以及更好地了解客户。

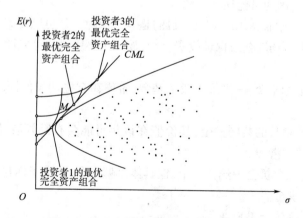

图7-2 不同投资者的最优完全资产组合

(二)如何了解客户的风险敏感程度

一般我们通过发放问卷的方式来了解个人投资者的风险敏感程度。以下是一个简化的风险敏感度调查问卷,读者可以据此进行大致的自我测评,计算得分。得分计算方法为:测评分数 $=a$ 的个数 $\times 1 + b$ 的个数 $\times 2 + c$ 的个数 $\times 3$。最后根据表7-2来了解自己对于风险的敏感程度。

（1）在投资了 60 天之后，价格下跌 20%。假设所有基本情况不变，你会怎么做？

a）为避免更大的担忧，把它抛掉再试试其他的。

b）什么也不做，静等收回投资。

c）再买入。这正是投资的好机会，同时也是更便宜的投资。

（2）现在换个角度看上面的问题。你的投资下跌了 20%，但它是资产组合的一部分，用来在三个不同的时间段上达到投资目标。

A. 如果目标是 5 年以后，你怎么做？

a）抛出。

b）什么也不做。

c）买入。

B. 如果投资目标是 15 年以后，你怎么做？

a）抛出。

b）什么也不做。

c）买入。

C. 如果投资目标是 30 年以后，你怎么做？

a）抛出。

b）什么也不做。

c）买入。

（3）你买入退休基金一个月之后，其价格上涨了 25%。同样，基本条件没有变化。沾沾自喜之后，你会怎么做？

a）抛出并锁定收入。

b）保持卖方期权并期待更多的收益。

c）更多的买入，因为可能还会上涨。

（4）你的投资期限长达 15 年以上，目的是养老保障。你更愿意怎么做？

a）投资于货币市场基金或保证投资合约，放弃主要所得的可能性，重点保证本金的安全。

b）一半投入债券基金，一半投入股票基金，希望在有些增长的同时，还有固定收入的保障。

c）投资于不断增长的共同基金，其价值在该年可能会有巨幅波动，但在 5 年或 10 年之后有巨额收益的潜力。

（5）你需要在三个机会中选择一个，但具体是哪一个，取决于你自己。

a）2 000 美元现金。

b）50% 的机会获得 5 000 美元。

c）20% 的机会获得 15 000 美元。

（6）有一个很好的投资机会，但是你得借钱。你会接受贷款吗？

a）绝对不会。

b）也许。

c）是的。

(7)你所在的公司要把股票卖给职工,公司管理层计划在三年后使公司上市,在上市之前,你不能出售手中的股票,也没有任何分红,但公司上市时,你的投资可能会翻10倍,你会投资多少钱买股票?

　　a)一点儿也不买。

　　b)两个月的工资。

　　c)四个月的工资。

表7-2　不同分数所对应的风险敏感程度

测评分数	风险敏感程度
9~14分	保守的投资者
15~21分	温和的投资者
22~27分	激进的投资者

二、基金风险等级划分的相关规章制度

投资者适当性制度最初源于美国,到现在已经有了八九十年的发展历程。对于我国基金行业,中国证监会在2007年就出台了《证券投资基金销售适用性指导意见》,规范公募基金的适当性管理,要求基金销售机构要注重根据基金投资人的风险承受能力销售适当风险等级的产品。2016年7月21日,中国证监会发布《证券期货投资者适当性管理办法》(以下简称《办法》),自2017年7月1日起施行。《办法》规范了证券期货投资者适当性管理制度,维护了投资者的合法权益。2017年6月28日,中国基金业协会发布《基金募集机构投资者适当性管理实施指引(试行)》(以下简称《指引》)。《指引》按照《办法》规定的适用范围和职责范畴,结合原有的业务规范,统一了基金行业适当性管理的具体要求,并引导经营机构提高投资者保护的主动性和自觉性。

(一)《办法》的主要内容和对分级的规定

1.《办法》的主要内容

《办法》的出台是落实习近平同志"加快形成融资功能完备,基础制度扎实,市场监管有效,投资者合法权益得到充分保护的股票市场"重要指示精神和国务院有关文件部署,以及"依法监管、从严监管、全面监管"工作要求的重要举措,标志着我国资本市场投资者合法权益保护的基础制度建设又向前迈进了重要一步。

《办法》共43条,针对适当性管理中的实际问题,主要规定了以下几项制度安排:

(1)形成了依据多维度指标对投资者进行分类的体系,统一投资者分类标准和管理要求。

(2)明确了产品分级的底线要求和职责分工,建立层层把关、严控风险的产品分级机制。

(3)规定了经营机构在适当性管理各个环节应当履行的义务,全面从严规范相关行为。

(4)突出对于普通投资者的特别保护,向投资者提供有针对性的产品及差别化服务。

（5）强化了监管职责与法律责任,确保适当性义务落到实处。

2. 关于投资者分级

《办法》根据多维度、多指标对投资者进行分级,统一了投资者的分类标准和管理要求。具体见表7-3。

表7-3　《办法》对于投资者分级的要求

投资者类型	条件要求	
专业投资者	符合条件之一	经有关金融监管部门批准设立的金融机构,包括证券公司、期货公司、基金管理公司及其子公司、商业银行、保险公司、信托公司、财务公司等;经行业协会备案或者登记的证券公司子公司、期货公司子公司、私募基金管理人
		社会保障基金、企业年金等养老基金,慈善基金等社会公益基金,合格境外机构投资者(QFII)、人民币合格境外机构投资者(RQFII)
	同时符合的法人或者其他组织	①最近1年末净资产不低于2 000万元; ②最近1年末金融资产不低于1 000万元; ③具有2年以上证券、基金、期货、黄金、外汇等投资经历
	同时符合的自然人	①金融资产不低于500万元,或者最近3年个人年均收入不低于50万元; ②具有2年以上证券、基金、期货、黄金、外汇等投资经历,或者具有2年以上金融产品设计、投资、风险管理及相关工作经历,或者属于本条第(一)项规定的专业投资者的高级管理人员、获得职业资格认证的从事金融相关业务的注册会计师和律师
普通投资者	专业投资者之外的投资者为普通投资者	

3. 经营机构产品分级需考虑多个方面

《办法》的第十五至第十七条对经营机构的产品分级做出了要求,并明确了产品分级的标准或底线,具体产品或服务的适当性规定应以此为依据。

以下是上文所提及的《办法》中相关条款的具体内容:

第十五条　经营机构应当了解所销售产品或者所提供服务的信息,根据风险特征和程度,对销售的产品或者提供的服务划分风险等级。

第十六条　划分产品或者服务风险等级时应当综合考虑以下因素:

（一）流动性;

（二）到期时限;

（三）杠杆情况;

（四）结构复杂性;

（五）投资单位产品或者相关服务的最低金额;

（六）投资方向和投资范围;

（七）募集方式;

（八）发行人等相关主体的信用状况;

（九）同类产品或者服务过往业绩;

（十）其他因素。

涉及投资组合的产品或者服务，应当按照产品或者服务整体风险等级进行评估。

第十七条　产品或者服务存在下列因素的，应当审慎评估其风险等级：

（一）存在本金损失的可能性，因杠杆交易等因素容易导致本金大部分或者全部损失的产品或者服务；

（二）产品或者服务的流动变现能力，因无公开交易市场、参与投资者少等因素导致难以在短期内以合理价格顺利变现的产品或者服务；

（三）产品或者服务的可理解性，因结构复杂、不易估值等因素导致普通人难以理解其条款和特征的产品或者服务；

（四）产品或者服务的募集方式，涉及面广、影响力大的公募产品或者相关服务；

（五）产品或者服务的跨境因素，存在市场差异、适用境外法律等情形的跨境发行或者交易的产品或者服务；

（六）自律组织认定的高风险产品或者服务；

（七）其他有可能构成投资风险的因素。

4. 经营机构具有保护投资者的义务

《办法》第三、十八、二十、二十一、二十二、二十三、二十四条对于经营机构的投资者保护所具有的义务，要求经营机构根据投资者的需求及证券期货产品或服务风险程度的不同，向不同的投资者推荐相匹配的产品或服务，并履行差异化的适当性义务。

与专业投资者相比，普通投资者在信息获取、风险认知能力、专业水平、风险承受能力和自我保护能力等方面具有不小的差距，且我国投资者中普通投资者占比不小，对于普通投资者的保护具有很强的必要性。《办法》规定普通投资者在信息告知、风险提示、适当性匹配等方面享有特别保护。

以下是上文所提及的《办法》中的相关条款的具体内容：

第三条　向投资者销售证券期货产品或者提供证券期货服务的机构（以下简称经营机构）应当遵守法律、行政法规、本办法及其他有关规定，在销售产品或者提供服务的过程中，勤勉尽责，审慎履职，全面了解投资者情况，深入调查分析产品或者服务信息，科学有效评估，充分揭示风险，基于投资者的不同风险承受能力以及产品或者服务的不同风险等级等因素，提出明确的适当性匹配意见，将适当的产品或者服务销售或者提供给适合的投资者，并对违法违规行为承担法律责任。

第十八条　经营机构应当根据产品或者服务的不同风险等级，对其适合销售产品或者提供服务的投资者类型做出判断，根据投资者的不同分类，对其适合购买的产品或者接受的服务做出判断。

第二十条　经营机构向普通投资者销售高风险产品或者提供相关服务，应当履行特别的注意义务，包括制定专门的工作程序，追加了解相关信息，告知特别的风险点，给予普通投资者更多的考虑时间，或者增加回访频次等。

第二十一条　经营机构应当根据投资者和产品或者服务的信息变化情况，主动调整投资者分类、产品或者服务分级以及适当性匹配意见，并告知投资者上述情况。

第二十二条　禁止经营机构进行下列销售产品或者提供服务的活动：

（一）向不符合准入要求的投资者销售产品或者提供服务；

（二）向投资者就不确定事项提供确定性的判断，或者告知投资者有可能使其误认为具有确定性的意见；

（三）向普通投资者主动推介风险等级高于其风险承受能力的产品或者服务；

（四）向普通投资者主动推介不符合其投资目标的产品或者服务；

（五）向风险承受能力最低类别的投资者销售或者提供风险等级高于其风险承受能力的产品或者服务；

（六）其他违背适当性要求、损害投资者合法权益的行为。

第二十三条 经营机构向普通投资者销售产品或者提供服务前，应当告知下列信息：

（一）可能直接导致本金亏损的事项；

（二）可能直接导致超过原始本金损失的事项；

（三）因经营机构的业务或者财产状况变化，可能导致本金或者原始本金亏损的事项；

（四）因经营机构的业务或者财产状况变化，影响客户判断的重要事由；

（五）限制销售对象权利行使期限或者可解除合同期限等全部限制内容；

（六）本办法第二十九条规定的适当性匹配意见。

第二十四条 经营机构对投资者进行告知、警示，内容应当真实、准确、完整，不存在虚假记载、误导性陈述或者重大遗漏，语言应当通俗易懂；告知、警示应当采用书面形式送达投资者，并由其确认已充分理解和接受。

（二）《指引》的主要内容和对分级的规定

1.《办法》与《指引》的关系

《办法》与《指引》在如下四个方面具有联系：

（1）制定依据。《办法》是《指引》制定的法律依据之一。

（2）适用效力。《办法》高于《指引》。《办法》由证监会发布，属于部门规章，《指引》由协会发布，属于行业自律规则。

（3）适用范围。《办法》适用范围更大。《办法》除适用于基金产品或者相关服务领域外，还适用于期货及其他衍生品或者相关服务领域，《指引》则更为细化。对于《办法》规定而《指引》未规定的内容，经营机构应参考《办法》。

（4）适用主体。《办法》对于所有向投资者销售证券期货产品或者提供证券期货服务的机构均适用，而《指引》只适用于公募基金管理人、私募基金管理人、在中国证监会注册取得基金销售业务资格并已成为协会会员的机构。

2.《指引》的主要内容

指引主要包含了六大内容，分别是建立健全投资者适当性管理制度、投资者分级、基金产品/服务分级、普通投资者回访制度、销售禁止性规定、录音录像留痕。本部分主要对投资者分级和基金产品、服务分级进行介绍。

3. 投资者分级

对于普通投资者与专业投资者的划分，《指引》与《办法》相同，此外《指引》对于普通投资者还有更为细分的要求。《指引》第二十六条规定：基金募集机构要按照风险承受能力，将普通投资者由低到高至少分为 C1（含风险承受能力最低类别）、C2、C3、C4、C5 五种类型。

对于符合下列情形之一的自然人,《指引》将其认定为 C1 中的"风险承受能力最低类别投资者":

(1)不具有完全民事行为能力;

(2)没有风险容忍度或者不愿承受任何投资损失;

(3)法律、行政法规规定的其他情形。

4. 基金产品、服务分级

对于基金产品和服务的分级,《指引》第三十八条规定:基金产品或者服务的风险等级要按照风险由低到高顺序,至少划分为 R1、R2、R3、R4、R5 五个等级。基金募集机构可以根据实际情况在前款所列等级的基础上进一步进行风险细分。但《指引》没有对具体的划分规则进行要求。

《指引》还对投资者类型和产品/服务进行了风险匹配,如表 7-4 所示。

表 7-4 《指引》对于投资者类型和产品/服务风险的风险匹配

投资者类型	投资者等级	可匹配的产品/服务等级	投资者可主动购买的产品/服务等级
普通投资者	C1 (风险承受能力为最低级别)	R1	不适用
	C1 (非风险承受能力为最低级别)	R1	R2、R3、R4、R5
	C2	R1、R2	R3、R4、R5
	C3	R1、R2、R3	R4、R5
	C4	R1、R2、R3、R4	R5
	C5	R1、R2、R3、R4、R5	不适用
专业投资者	无细分评级	R1、R2、R3、R4、R5	不适用

案　例

华夏基金的风险等级划分

华夏基金管理有限公司成立于 1998 年 4 月 9 日,是经中国证监会批准成立的首批全国性基金管理公司之一。公司总部设在北京,在北京、上海、深圳、成都、南京、杭州、广州和青岛设有分公司,在香港、深圳、上海设有子公司。

华夏基金定位于综合性、全能化的资产管理公司,服务范围覆盖多个资产类别、行业和地区,构建了以公募基金和机构业务为核心,涵盖华夏香港、华夏资本、华夏财富的多元化资产管理平台。2021 年 11 月,华夏基金拿到首批北交所主题基金批文。

这里我们参考华夏基金官网"基金产品风险等级划分规则说明"中披露的《中国银河证券公募基金产品适当性风险等级划分方法与说明(2021 年 11 月版)》(以下简称《说明》)来对华夏基金对于基金产品的等级划分进行介绍。

一、风险等级分类

如表 7-5 所示,按照风险大小由低到高排序,风险等级依次划分为 R1、R2、R3、R4、R5 五个等级,相应的风险等级名称是低风险、中低风险、中风险、中高风险、高风险。

表 7-5　华夏基金的风险等级分类

序号	风险等级	风险等级编码	风险等级名称
1	一级科目	R1	低风险
2	一级科目	R2	中低风险
3	一级科目	R3	中风险
4	一级科目	R4	中高风险
5	一级科目	R5	高风险

上述五个风险等级为一级科目,每个一级科目再按风险细分为 5 个二级科目。以低风险 R1 为例,在表 7-6 中,低风险 R1 可再分为 R1-1、R1-2、R1-3、R1-4、R1-5 共 5 个二级科目。

表 7-6　低风险 R1 级细分

序号	风险等级	风险等级编码	风险等级名称
1	二级科目	R1-1	低风险-1
2	二级科目	R1-2	低风险-2
3	二级科目	R1-3	低风险-3
4	二级科目	R1-4	低风险-4
5	二级科目	R1-5	低风险-5

二、划分规则

1. 基金产品风险等级划分的主要方法

对于股票基金、债券基金、货币市场基金、混合基金、FOF 基金等常见的基金,《说明》中使用的方法如下:

第一,根据基础证券产品的风险等级来确定基金产品的风险等级。基金是投资证券的,基础性证券产品的适当性风险等级是基金产品划分的基础。例如,股票基金是对股票的"抽象",如果是组合投资的公募股票基金,原则上应消除具体股票的非系统性风险,降低股票投资的系统性风险。

第二,确定股票基金这个"锚"。股票基金是主流、成熟、常规的基金品种,股票基金的风险等级"锚"确定后,其他类型的基金依序展开。综合中国证券业协会、沪深证券交易所关于股票的风险定级原则说明,最终确定一般股票基金的适当性风险定级为 R3 中风险,但 80% 以上非现金资产投资于创业板、科创板和北交所的基金适当性定级为 R4 中高风险。

第三,根据股票基金的"锚",确定债券基金风险等级为 R2,货币市场基金为 R1,混合基金介于股票和债券之间,采用就高不就低原则,确定为 R3。其中部分混合偏债基金,基金管理人定位为稳健收益品种,实际运作过程中,收益和风险特征与二级债基金类似,基金管理人可以申请下调等级至R2。

第四,债券基金也进行二级细分,债券基金接近货币市场基金则确定为R1,比如同业存单指数债券型基金。债券基金中可转债基金接近股票的,则确定为R3。QDII债券基金和北上互认债券基金由R2上调到R3。

第五,复杂产品的适当性定级。由于大宗商品基金、黄金基金、基础设施基金(REIT)等比股票基金复杂,因此确定为R4。凡是杠杆基金的,在分类层面均确定为R5。

第六,FOF基金的分类适当性风险等级。FOF是基金中基金,因此FOF基金的适当性风险等级"锚定"相近的基础基金分类风险等级,比基础基金低1~2个二级档次。

可以看出,《说明》是以主流、成熟、常规的基金品种——股票基金作为风险评级的重心,然后依次按照风险的大小扩展到其他的品种,并继续细分下去,由此来完成整体基金产品的风险等级分类工作。

2. 风险评级的具体实践

《说明》对于风险评级的具体实践主要分为三个方面:第一方面是基金管理人与基金产品因素在基金产品评价中的占比,第二方面是对于基金的初始定级、持续性评价,第三方面是评级与细分评级的差异调整提示。

(1)产品评价的参考因素:

第一,基金管理人。根据《证券期货投资者适当性管理办法》(以下简称《管理办法》)、《基金募集机构投资者适当性管理实施指引(试行)》(以下简称《实施指引》),建立了包括基金管理人治理结构、诚信状况、经营管理能力、投资管理能力、内部控制、合法合规情况的《基金管理人适当性风险评价体系》。基金管理人适当性风险评价的权重在公募基金产品评价中占比不超过20%。

第二,基金产品。根据《管理办法》与《实施指引》,建立了包括基金产品合法合规、发行方式、类型、组织形式、托管情况、投资范围、投资策略、投资限制概况、业绩比较基准、收益与风险匹配情况、投资者承担的主要费用等的《基金产品适当性风险评价体系》。产品因素适当性风险评价的权重在公募基金产品评价中占比超过80%。

(2)基金产品评级的初始定级与持续性评价:

第一,初始定级。新的基金根据招募说明书刊登的基金产品概要内容,首先确定所属基金分类,原则上根据基金分类确定风险等级,情况特殊的再精细确定。一般来说,初始定级因素在产品评价中的权重超过80%。

第二,持续性评价。基金产品初始定级后进入持续性评价阶段,持续性评价因素在产品评价中的权重不超过20%。持续性评价还可继续细分为季度、半年与年度评估、不定期评估:

a)季度评估。每个季度,基金季报披露完毕后一周之内,根据披露的季报信息,结合基金资产组合、净值增长率、业绩比较基准、标准差、股票行业明细以及其他公开披露内容,进行适当性风险等级的再评估并重新定级。风险等级没有变化的继续维持,有变化的注明变化的原因并以醒目方式进行提示。

b)半年度与年度评估。基金大约于3月下旬与8月下旬分别披露上一年度报告与本年度上半年报告,根据半年报与年报更为详细的信息,进行适当性风险等级的再评估并重新定级。风险等级没有变化的继续维持,有变化的注明变化的原因并以醒目方式进行提示。

c)不定期评估。根据基金公开信息披露,不定期评估部分基金。风险等级没有变化的继续维持,有变化的注明变化的原因并以醒目方式进行提示。

(3)评级与细分评级的差异调整提示。具体单只基金产品的适当性风险等级划分以所属基金分类以基准,再根据自身特殊的产品因素、管理人因素做微调。特别情况下,可以对单只基金产品做重大调整。一般来说,某只基金的适当性风险等级与其所属的三级分类的风险等级是一致的。凡是不一致的,变动的是二级科目,属于小类调整。凡是不一致的,变动的是一级科目,则需要重点关注并以醒目方式进行提示。

三、具体划分结果

华夏基金管理公司公布的《华夏基金产品适当性风险等级划分一览表(20211231)》中列出了至 2021 年 12 月 31 日华夏基金公司管理的仍然处于运行状态的 496 只基金产品。

图 7-3 列出了不同风险等级的基金产品数量及其占比。其中,低风险 R1 等级的基金产品共 21 只,占比 4%;中低风险 R2 等级的基金产品共 105 只,占比 21%;中风险 R3 等级的基金产品共 346 只,占比 70%;中高风险 R3 等级的基金产品共 24 只,占比 5%;没有高风险 R5 等级的基金产品。可以看出,在华夏基金管理的且仍处于运行状态的基金产品中,低风险 R1 级、中高风险 R4 级的基金产品均只占了一小部分,中低风险 R2 等级的基金产品相对较多,占主要部分的还是中风险 R3 等级的基金产品,并且,还没有高风险 R5 等级的基金产品。

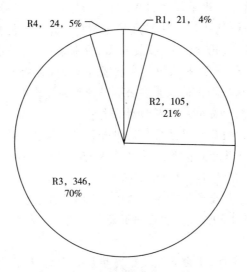

图 7-3 不同风险等级的基金产品占比

1. 低风险 R1 等级的基金产品

低风险 R1 等级的基金产品共有 21 只,如表 7-7 所示。

表7-7　低风险 R1 等级的基金产品

基金代码	基金简称	风险等级
003003	华夏现金增利货币 A/E	R1
001374	华夏现金增利货币 B	R1
288101	华夏货币 A	R1
288201	华夏货币 B	R1
001077	华夏现金宝货币 A	R1
001078	华夏现金宝货币 B	R1
000343	华夏财富宝货币 A	R1
004201	华夏财富宝货币 B	R1
000645	华夏薪金宝货币	R1
001929	华夏收益宝货币 A	R1
001930	华夏收益宝货币 B	R1
002894	华夏天利货币 A	R1
002895	华夏天利货币 B	R1
002936	华夏沃利货币 A	R1
002937	华夏沃利货币 B	R1
004056	华夏惠利货币 A	R1
004251	华夏惠利货币 B	R1
011547	华夏惠利货币 C	R1
519800	华夏保证金货币 A	R1
519801	华夏保证金货币 B	R1
511650	华夏快线货币 ETF	R1

从表7-7可以看出,处于低风险 R1 级的均为货币市场基金,其将资金投入货币市场,具有期限短、流动性强和风险小的特点。

2. 中低风险 R2 水平的基金产品

中低风险 R2 水平的基金产品共有 126 只,部分产品如表7-8所示。

表7-8　中低风险 R2 水平的基金产品

基金代码	基金简称	风险等级
001057	华夏理财30天债券 A	R2
001058	华夏理财30天债券 B	R2
001021	华夏亚债中国指数 A	R2
001023	华夏亚债中国指数 C	R2
007165	华夏中债1~3年政金债指数 A	R2
007166	华夏中债1~3年政金债指数 C	R2

续表

基金代码	基金简称	风险等级
007186	华夏中债3~5年政金债指数A	R2
007187	华夏中债3~5年政金债指数C	R2
000015	华夏纯债债券A	R2
000016	华夏纯债债券C	R2
005213	华夏鼎旺三个月定期开放债券A	R2
005214	华夏鼎旺三个月定期开放债券C	R2
005407	华夏鼎泰六个月定期开放债券A	R2
005408	华夏鼎泰六个月定期开放债券C	R2
011683	华夏鼎华一年定开债券	R2
014517	华夏30天滚动持有A	R2
014518	华夏30天滚动持有C	R2

从表7-8可以看出,处于中低风险R2级的均为债券型基金,且没有货币市场基金和股票型基金,主要投资标的包括但不限于国债、地方政府债券、政策性金融债等,投资期限也从短期至5年不等。

3. 中风险等级R3水平的基金产品

中风险等级R3水平的基金产品共有346只,部分产品如表7-9所示。

表7-9 中风险等级R3水平的基金产品

基金代码	基金简称	风险等级
002877	华夏大中华信用债券(QDII)A	R3
001045	华夏可转债增强债券A	R3
000121	华夏永福混合A	R3
001928	华夏消费升级混合C	R3
002251	华夏军工安全混合A	R3
002345	华夏高端制造混合	R3
002031	华夏策略混合	R3
006445	华夏全球聚享(QDII)A(人民币)	R3
006446	华夏全球聚享(QDII)A(美元现汇)	R3
006395	华夏上证50AH优选指数C	R3
159995	华夏国证半导体芯片ETF	R3
006289	华夏养老2040三年持有混合(FOF)	R3

从表7-9中可以看出,从中风险等级R3开始,投资标的从债券市场的利率债等低风险债券,扩展到了具有一定风险的信用债、可转债,并且开始了对股票市场的投资,开始出现了混合型基金、指数型基金。基金产品类型也出现了ETF、FOF基金。我们认为

中风险等级 R3 水平的基金产品占比最大的原因之一是，与债券、货币型基金的产品投资类型较为单一相比，股票型、混合型等可投资标的种类较多，且投资策略较为多变。股票可以分为大小盘股、价值股、成长股，并且行业种类较多，股票还可以根据投资标的所具有主题的不同进行分类，这些概念还可以相互交叉、相互混合，以满足个人投资者、机构投资者的差异化且多样化的投资需求。

4. 中高风险等级 R4 水平的基金产品

与低风险 R1 水平的基金产品一样，中高风险等级 R4 水平的基金产品数量较少，仅有 24 只，表 7-10 详细列出了这 24 只基金产品。

表 7-10 中高风险等级 R4 水平的基金产品

基金代码	基金简称	风险等级
160325	华夏创业板两年定开混合	R4
159985	华夏饲料豆粕期货 ETF	R4
007937	华夏饲料豆粕期货 ETF 联接 A	R4
007938	华夏饲料豆粕期货 ETF 联接 C	R4
518850	华夏黄金 ETF	R4
008701	华夏黄金 ETF 联接 A	R4
008702	华夏黄金 ETF 联接 C	R4
159957	华夏创业板 ETF	R4
006248	华夏创业板 ETF 联接 A	R4
006249	华夏创业板 ETF 联接 C	R4
159967	华夏创成长 ETF	R4
159966	华夏创蓝筹 ETF	R4
007472	华夏创蓝筹 ETF 联接 A	R4
007473	华夏创蓝筹 ETF 联接 C	R4
007474	华夏创成长 ETF 联接 A	R4
007475	华夏创成长 ETF 联接 C	R4
588000	华夏上证科创板 50 成分 ETF	R4
011612	华夏上证科创板 50 成分 ETF 联接 A	R4
011613	华夏上证科创板 50 成分 ETF 联接 C	R4
159783	华夏中证科创创业 50ETF	R4
013310	华夏科创创业 50ETF 发起式联接 A	R4
013311	华夏科创创业 50ETF 发起式联接 C	R4
014283	华夏北交所创新中小企业精选两年定开混合发起式	R4
180202	华夏越秀高速 REIT	R4

从表 7-10 中可以看出，24 只基金产品中没有债券型基金，并且投资标的的类型也发生了一些变化，出现了商品期货、REITs 等，且股票型基金的投资标的全部为创业板、

科创板,并且还出现了投资于北交所(即"北京证券交易所")的基金。如表 7-11 所示,与主板相比,创业板、科创板、北交所的上市门槛不高、开户条件较高,凸显其对于普通投资者的保护与其高风险属性。

表 7-11 个人投资者开户条件(需同时满足)

交易场所	资产要求	交易经验
创业板	开通前 20 个交易日账户日均资产不低于 10 万元	两年
科创板	开通前 20 个交易日账户日均资产不低于 50 万元	两年
北交所	开通前 20 个交易日账户日均资产不低于 50 万元	两年

 阅读资料

投资禁止与限制

不同的产品具有不同的风险,对不同产品进行投资限制有利于从法律法规上为投资限制提供依据,不仅有利于保护投资者的合法权益,也有利于整个资本市场的健康发展。下面就以证券投资基金、全国社保基金、基本养老保险基金为例,对相关法律规定进行介绍。

1. 证券投资基金

(1)《中华人民共和国证券投资基金法》。证券投资基金受全国人大制定的《中华人民共和国证券投资基金法》(以下简称《证券投资基金法》)的管理。《证券投资基金法》是为了规范证券投资基金活动,保护投资人及相关当事人的合法权益,促进证券投资基金和资本市场的健康发展而制定的法律。《证券投资基金法》于 2003 年 10 月 28 日第十届全国人大常委会第 5 次会议通过,自 2004 年 6 月 1 日起施行。现行版本为 2015 年 4 月 24 日第十二届全国人民代表大会常务委员会第十四次会议修正的版本,本部分将对此进行介绍。

《证券投资基金法》共包括总则、基金管理人、基金托管人等多个部分,其中第七章对于基金的投资与信息披露做出了详细说明,其第七十一条规定基金管理人在运用基金财产进行投资时,除国务院证券监督管理机构另有规定外,应当采用资产组合的方式。具体的投资方式和比例依照《证券投资基金法》和国务院证券监督管理机构的规定在基金合同中约定。

《证券投资基金法》第七十二条只对可投资的证券进行了说明,并没有对投资比重做出限制,相关规定如表 7-12 所示。

表 7-12 基金法对可投资证券做出的说明

类　别	具体项目
应当用于下列投资	上市交易的股票、债券; 国务院证券监督管理机构规定的其他证券及其衍生品种

续表

类　别	具体项目
不得用于下列投资或者活动	承销证券； 违反规定向他人贷款或者提供担保； 从事承担无限责任的投资； 买卖其他基金份额，但是国务院证券监督管理机构另有规定的除外； 向基金管理人、基金托管人出资； 从事内幕交易、操纵证券交易价格及其他不正当的证券交易活动； 法律、行政法规和国务院证券监督管理机构规定禁止的其他活动

资料来源：作者整理。

《证券投资基金法》在投资方面只对基金管理人允许、禁止进行的活动进行了规定，并没有做出具体的规定，下面要介绍的《证券投资基金运作管理办法》对于基金的运作与管理做出了更加细致的规定。

(2)《证券投资基金运作管理办法》。《证券投资基金运作管理办法》(以下简称《办法》)于 2004 年 6 月 4 日经中国证监会审议通过，并于 2012 年 6 月 19 日再一次修订，主要包括总则、基金募集、基金申赎等更加具体的方面。《办法》第四章对于基金类别与基金的投资行为做出了具体规定，相关规定整理如表 7-13 所示。

表 7-13 《办法》对各类资产比重进行的限制

基金类型	各类资产比重
股票基金	60%以上的基金资产投资于股票
债券基金	80%以上的基金资产投资于债券
货币市场基金	仅投资于货币市场工具
混合基金	投资于股票、债券和货币市场工具，并且投资比例不符合上述规定
基金名称显示投资方向的，应当有 80%以上的非现金基金资产属于投资方向确定的内容	

《办法》第三十一条还对基金管理人的下列行为予以禁止：

● 一只基金持有一家上市公司的股票，其市值超过基金资产净值的 10%；

● 同一基金管理人管理的全部基金持有一家公司发行的证券，超过该证券的 10%；

● 基金财产参与股票发行申购，单只基金所申报的金额超过该基金的总资产，单只基金所申报的股票数量超过拟发行股票公司本次发行股票的总量；

● 违反基金合同关于投资范围、投资策略和投资比例等约定；

● 中国证监会规定禁止的其他情形。

对于违反该规定的，依照《证券投资基金法》第九十条进行罚款。

2. 全国社保基金

全国社保基金依据财政部、劳动和社会保障部于 2001 年 12 月 13 日颁布的《全国社会保障基金投资管理暂行办法》(以下简称《办法》)进行管理。《办法》共包括总则、理事会、基金法等多个部分，其第五章对社保基金的投资做出了规定。其中，第二十八条对于各类资产的投资比重做出了规定，如表 7-14 所示。

表 7-14 《办法》对各类资产比重的限制

总体规定	社保基金投资的范围限于银行存款、买卖国债和其他具有良好流动性的金融工具,包括上市流通的证券投资基金、股票、信用等级在投资级以上的企业债、金融债等有价证券	
投资标的	投资比重限制	细分规定
银行存款、国债	≥50%	银行存款的比重≥10%,在一家银行的存款不得高于社保基金银行存款总额的50%
企业债、金融债	≤10%	—
证券投资基金、股票	≤40%	单个投资管理人管理的社保基金资产投资于1家企业所发行的证券或单只证券投资基金,不得超过该企业所发行证券或该基金份额的5%;按成本计算,不得超过其管理的社保基金资产总值的10%

资料来源:作者整理。

3. 基本养老保险基金

基本养老保险基金依据财政部、劳动和社会保障部于 2001 年 12 月 13 日颁布的《基本养老保险基金投资管理办法》(以下简称《办法》)进行管理。《办法》明确,养老基金实行中央集中运营、市场化投资运作,由省级政府将各地可投资的养老基金归集到省级社会保障专户,统一委托给国务院授权的养老基金管理机构进行投资运营。

《办法》共包括总则、委托人、受托机构等多个部分,其中第六章对于养老基金的投资做出了详细说明,第三十七条对于各类资产的投资比重做出了规定,参见表 7-15。

表 7-15 《办法》对各类资产的投资比重进行的限制

投资标的	投资比重限制 (与基金资产净值相比)	细分规定
银行活期存款,一年期以内(含一年)的定期存款,中央银行票据,剩余期限在一年期以内(含一年)的国债,债券回购,货币型养老金产品,货币市场基金	合计≥5%	清算备付金、证券清算款以及一级市场证券申购资金视为流动性资产
一年期以上的银行定期存款、协议存款、同业存单,剩余期限在一年期以上的国债,政策性、开发性银行债券,金融债,企业(公司)债,地方政府债券,可转换债(含分离交易可转换债),短期融资券,中期票据,资产支持证券,固定收益型养老金产品,混合型养老金产品,债券基金	合计≤135%	债券正回购的资金余额在每个交易日均不得高于养老基金资产净值的40%

投 资 标 的	投资比重限制 （与基金资产净值相比）	细分规定
股票、股票基金、混合基金、股票型养老金产品	合计≤30%	养老基金不得用于向他人贷款和提供担保，不得直接投资于权证，但因投资股票、分离交易可转换债等投资品种而衍生获得的权证，应当在权证上市交易之日起 10 个交易日内卖出
国家重大项目和重点企业股权	合计≤20%	由于市场涨跌、资金划拨等原因出现被动投资比例超标的，养老基金投资比例调整应当在合同规定的交易日内完成
股指期货、国债期货	—	只能以套期保值为目的，并按照中国金融期货交易所套期保值管理的有关规定执行；在任何交易日日终，所持有的卖出股指期货、国债期货合约价值，不得超过其对冲标的的账面价值

资料来源：作者整理。

　　综上，三种不同的基金有着不同的投资禁止与限制，其本质在于投资所需要达到的目的不同，进而影响了投资管理流程所面对的收益和风险偏好。例如，基本养老保险基金既是广大群众的"养命钱"，也是重要的公共基金，养老基金投资运营必须坚持安全第一的原则，严格控制风险；而证券投资基金就相对灵活，并没有对于不同类别资产的投资比重做出限制，而只是对不同的产品进行了分类和对于投资的分散性做出了要求。

第三节　基金管理公司内部风险控制制度

　　巴林银行成立于 1762 年，是英国老牌商人银行，专长于投融资领域，曾在世界 1 000 大银行中按核心资本排名位于 489 位，甚至英国王室都是其客户。但就是这样一家历史悠久、实力雄厚的银行，却于 1995 年宣告倒闭，而扳倒巴林银行的，只是其内部一个名为尼克里森的交易员。由于巴林银行的管理监督存在漏洞，导致尼克里森在金融衍生品上的违规交易未被发现，最终因投机失败造成银行巨额亏损，导致巴林银行资不抵债，只能宣布破产。

　　从巴林银行破产的教训中，我们不仅应该了解到金融衍生品交易所存在的风险，更应该意识到如果金融机构的内部管理机制不够完善，对于企业而言，可能将面临覆灭的危险。本节我们重点讲解基金管理公司的内部风险控制制度。

一、内部控制制度的概念梳理

企业在其经营过程中将面临外部风险和内部风险,而外部风险与内部风险又可以细分为大大小小、各式各样的其他风险,这些风险可能是由于人们在决策与操作上的失误带来的,可能是机器故障或瘫痪造成的,或者干脆就是发生意料之外的自然灾害,这些风险都具有一定的不可抗力。如何在这些风险的冲击之下存活是企业的一个挑战,除了增加自身业务上的硬实力,提升自己的软实力——内部控制制度同样很重要。

(一)内部控制制度的定义

根据中国证监会于 2002 年颁布的《证券投资基金管理公司内部控制指导意见》,公司内部控制是指公司为防范和化解风险,保证经营运作符合公司的发展规划,在充分考虑内外部环境的基础上,通过建立组织机制、运用管理方法、实施操作程序与控制措施而形成的系统。在现代内控理论看来,内部控制是一个系统化的框架,以风险管理为基础,包括内控环境、风险分析、内控活动、信息与沟通、监督五大要素。

在这些定义的基础上,基金管理公司可以通过内部控制制度规范公司运作,防范和化解经营风险,保护资产安全,进而保障基金份额持有人以及公司股东的利益。

在证监会的定义中,公司内部控制制度由内部控制大纲、基本管理制度、部门业务规章三个部分组成。

公司内部控制大纲是对公司章程规定的内控原则的细化和展开,是各项基本管理制度的纲要和总揽。内部控制大纲应当明确内控目标、内控原则、控制环境、内控措施等内容。

基本管理制度应当至少包括风险控制制度、投资管理制度、基金会计制度、信息披露制度、监察稽核制度、信息技术管理制度、公司财务制度、资料档案管理制度、业绩评估考核制度和紧急应变制度。

部门业务规章是在基本管理制度的基础上,对各部门的主要职责、岗位设置、岗位责任、操作守则等的具体说明。

在实际的基金内控管理中,不少基金管理公司会将公司章程列入其中,共同构成基金管理公司的制度体系,并通过特殊的程序对这些章程进行修改和废止。不过制订这些章程,更多是起到事先防范的作用,内部控制在企业中是动态的,是一个不断发现问题并解决问题的过程,因此在具体的内控流程中,还应增加事中监督和事后处理。

(二)内部控制制度的目标

内部控制制度是为了实现公司内控目标而建立的,只有了解内部控制制度所需要达成的目标,制定内部控制制度时才能有的放矢。希望通过内部控制制度能够实现以下目标:

(1)保证公司运营遵守国家有关法律法规和行业监管规则。

(2)防范和化解经营风险,提高经营管理效率和效益,确保经营业务的稳健运行和受托资产的安全完整,促进公司持续、稳定、健康地发展。

(3)保障基金份额持有人以及公司股东的利益。

(4)培养公司内部诚信自律、恪尽职守的工作氛围和企业文化。

(5)确保公开的财务信息和其他信息完整、准确、及时。

(6)维护公司声誉,保持公司良好的市场形象。

虽然这些目标看上去是一致的,主要涉及经营效率、遵守法律法规以及财报可靠性三方面,但由于具体业务的不同,在有些细节上也会存在差异。比如法律的要求和细则、投资标的的种类、产品的风险属性等,这些细节的不同也会造成企业具体的内控操作与方法的不同。

(三)内部控制制度应遵循的原则

要使制定的内部控制制度准确、完备且可行,内部控制制度应该遵循一系列的原则,包括健全性原则、有效性原则、独立性原则、制约性原则等。

(1)健全性原则。即内部控制制度应该考虑到公司业务、人员,部门的方方面面,做到事前防范、事中监督、事后处理三位一体,将内部控制涵盖到决策、执行、监督、反馈等各个环节,不留死角。

(2)有效性原则。内部控制应该充分考虑国家政策、行业规范、公司经营、业务风险、成本效益等因素,采用科学化的内控方法和程序。

(3)独立性原则。公司内部各部门各岗位之间保持一定独立性,其中值得强调的是应该设置独立的内部控制监督稽核部门,以实现对内控监督工作的有效执行。

(4)制约性原则。公司内部各个部门和岗位对应的权力与职责应该有明确的界定、在授权范围内承担责任,并通过业务设置使得各个部门各个岗位之间相互制衡。

(5)成本效益原则。公司运用科学化的经营管理方法降低运作成本,提高经济效益,力争以合理的控制成本达到最佳的内部控制效果。

除了内部控制制度应遵循的原则,证监会还列出四条企业在制定内部控制制度应遵循的原则,包括:

(1)合法合规性原则。即公司的内部控制应当符合国家法律、法规、规章和各项规定。

(2)全面性原则。内部控制制度应当涵盖公司经营管理的各个环节,不得留有制度上的空白或漏洞。

(3)审慎性原则。制定内部控制制度应当以审慎经营、防范和化解风险为出发点。

(4)适时性原则。内部控制制度的制定应当随着有关法律法规的调整和公司经营战略、经营方针、经营理念等内外部环境的变化及时地修改或完善。

二、内部控制制度的内容

内部控制制度的内容主要围绕公司具体业务和流程环节的控制展开,对于基金管理公司而言,由于自身情况的不同,它们内部控制制度包含的内容也不尽相同。这里介绍几个基金管理公司内部控制里比较常见且相较于其他行业公司而言比较独特的内容,包括公司研究业务、投资管理业务、会计登记业务、信息披露制度、基金销售业务、稽查监管制度等。

(一)研究策划业务

一般设立研究策划部,主要通过对宏观、行业、公司的研究分析,债券市场研究以及投资组合评价来支持基金的投资决策。研究工作应保持独立、客观,不受任何部门及个人的不正当影响,特别是独立于负责投资决策和交易的相关部门;吸引与培训高素质研究人才,并且与券商机构签订协议,以获得券商研究机构的研究支持;建立严谨的研究工作业务流程,研究结果应基于翔实的材料,形成科学、有效的研究方法;建立投资产品备选库制度,并且持续、及时地进行完善、维护与调整;建立研究与投资的业务交流制度,保持畅通的交流渠道;建立研究报告质量评价体系,不断提高研究水平。

（二）投资管理业务

投资管理业务可以分为投资决策和投资交易两部分。

(1)投资决策。一般设立投资决策委员会,实施投资决策委员会领导下的基金经理负责制,该委员会是负责基金投资决策的最高权力机构,定期召开会议研究宏观经济形势与市场状况,审核基金投资组合方案;明确基金产品的投资目标、投资策略、投资风险、可比基准和投资组合限制;建立严格的投资禁止和投资限制制度,基金经理在进行投资时应有明确的投资授权制度,超过一定的投资权限应经投资决策委员会批准;投资决策需依据研究报告进行,并且有充足的风险分析支持;建立科学的投资业绩评价体系,投资决策委员会应合理考核和评估基金经理的投资结果。

(2)投资交易。通过建立集中交易部门和集中交易制度,实时监控交易员的交易行为,对于违反相关法律法规以及超出交易权限范围的交易指令予以驳回处理并通知相关人员;交易指令规范化,明确交易指令下达的人员、方式,做到权责分明;完善交易记录用于事后监督和评价,并及时向相关人员反馈,对于异常交易需妥善处理;建立科学的交易绩效考核机制。

（三）会计登记业务

建立完善的交易数据录入、核对,归档备份程序,通过合理的估值方法和估值程序进行会计核算,保证业务记载的完整性、及时性与准确性;各岗位间分工明确,建立相互监督、相互制衡的机制;由负责会计登记的部门与其他部门或机构进行对账,保持部门间的相对独立性。

（四）信息披露制度

应建立严密的信息披露制度和流程,以规范相关信息的收集、组织、审核和发布,保证公司信息对外披露的真实性、准确性、完整性、及时性,并供基金投资者咨询;确定信息披露负责人并对信息披露工作进行评价,如果出现问题应及时处理并追究相关人员责任。

（五）基金销售业务

针对分销机构建立完备的选择机制,实现对销售渠道的有效管理;建立完善的销售业绩评价和激励机制,提升销售人员的销售能力;对销售信息数据的保存采取适当措施,保证销售数据的真实、完整、准确、及时。

（六）稽查监管制度

一般设立稽查监管部门,负责公司的监察与合规管理工作,其中,督察长可以列席公司相关会议,调阅公司档案,就内部控制制度的执行情况独立地履行检查、评价、报告、建议职能,对发现的问题及时提出警示,以降低公司违规风险;稽查监管部门独立于公司其他部门以进行有效监督,任何部门或人员不能阻挠或破坏稽查监管部门合理的监察工作;同时稽查监管部门内也应建立合理的奖惩机制。

 阅读资料

某基金的内部控制体系

我们以现实市场中的某基金为例,通过图7-4具体展示了上述内控体系在实践中的应用。

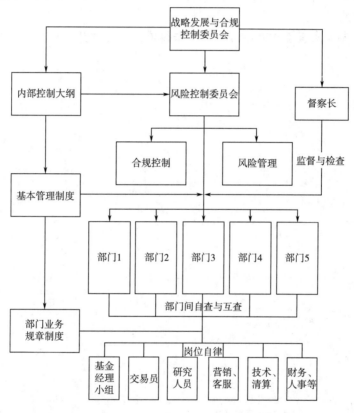

图7-4 某基金的内控体系

本章练习题

一、概念题

合规风险、内部控制

二、选择题

1. 下列销售人员的行为,可能导致销售人员合规风险的是(　　)。

A. 处理投资者申请出现差错

B. 接受投资者全权委托

C. 对投资者做出盈亏承诺

D. 审核投资者开户证件、资料时不严

2. 下列不属于内部控制制度应遵循的原则的是(　　)。

A. 健全性原则

B. 有效性原则

C. 独立性原则

D. 适时性原则

三、开放题

1. 在本章第二节的测试中,你得到了多少分? 从得分看你属于哪种投资者? 可以购买哪种等级的产品?

2. 为什么要进行基金的风险分级? 其法律依据有哪些?

第 三 篇

产品设计与销售

金融产品设计与销售是影响金融投资与融资的关键环节,其中,基金产品设计与销售既影响着基金管理公司的资产管理规模及其管理费收入,又影响着基金投资者的投资需求是否得到满足。本篇讲解基金产品的设计要素、开发流程和营销模式,力求使读者掌握基金产品中的各种专业术语,了解基金公司各岗位的具体内容,掌握基金产品设计与销售工作的核心内容。

第八章

证券投资基金产品的设计与开发

证券投资基金的产品设计与开发是一项规范性与专业性很强的工作,并得到了所有基金管理公司的日益重视。但目前对于基金产品设计与开发人才的培养明显不足,即便是金融学硕士,对与该工作相关的规范性与专业性知识也只是一知半解。本章即对这一操作性很强的内容进行讲解。

第一节 基本介绍

本节的内容由基金产品相关概念、基金产品管理中的职责岗位以及基金产品的组成三个部分构成。

一、基金产品的相关概念

(一)基金公司

基金公司是指拥有证券投资基金牌照的公司,其在基金业务中承担基金管理人的角色。2013 年之前,我国只有专门从事证券投资基金业务的金融机构才拥有证券投资基金牌照,其公司名称中一般含有"基金"字样。2013 年 6 月,证监会放开了公募基金的牌照,符合规定的证券公司、保险、私募均可以获得发行并管理公募基金的资格,它们一般通过设立子公司来获得公募基金牌照。2016 年 4 月,证监会批准了第一家自然人股东的基金公司。

基金公司的主营业务包括基金募集、基金销售、资产管理等。其中,基金募集指的是新基金成立前的发行阶段所采取的募集行为,基金销售指的是基金成立后的运作阶段所采取的销售基金份额的行为,资产管理指的是基金的投资管理、份额注册与登记、清算与交收、估值等一系列保障基金正常运作的行为。

截至 2021 年 9 月底,我国共有公募基金管理公司 151 家,其中,取得公募基金管理资格的证券公司或证券公司资管子公司共 13 家,保险资管公司 2 家。

（二）基金产品

本书第一篇已讲过,我国证券投资基金是契约型基金,也就是说,基金管理人、基金托管人与投资者(以下简称"参与人")之间的合作关系是通过信托契约来达成的。美国的共同基金是公司型基金,也就是说,合作关系是通过设立一个公司来达成的。契约型和公司型当然有很多差别,最关键的就是法律形态不同:一个是一纸契约,一个是法人主体。因此,适用的法律体系、规则也不同。但是,不管是契约型还是公司型,本质都只是规定参与人之间的合作关系。本章只介绍契约型基金。

契约型基金是通过协议来规范参与人之间的权利与义务、服务内容、运作规则的。对于公募基金来说,最重要的协议包括基金合同、托管协议、招募说明书,这三大文件加上发售公告、基金合同摘要称为发行文件。我们所说的基金开发的主要内容之一就是完成这些协议的设计和内容。基金合同、托管协议一般不更新,除非有重大变化时可以进行更新;招募说明书则需要定期更新;而发售公告和基金合同摘要只在基金发行前公告,未来不再更新。本章第四节会详细介绍上述发行文件。这些协议都需要公开披露,是投资者了解基金产品的重要途径。基金合同、托管协议由基金管理人和基金托管人双方签署,投资者只要认购①或申购基金份额就代表同意基金合同和托管协议,需要遵守协议条款。

对于专户产品②来说,最重要的协议包括合同、投资说明书,这些协议一般在发行前签署。与公募基金不同的是,专户投资者也需要签署协议,申购、赎回需要向基金管理人提供书面通知。有时还需要签署备忘录,对基金的投资、特殊条款进行更加细致的约定,同样也需要投资者签署。专户产品可以签署补充协议对原协议进行修改。专户产品的协议在公开渠道无法获得,只有合格投资者可以获得协议。专户产品按照客户数量分为单一客户和特定多个客户,单一客户产品只有一个投资者,特定多个客户产品是超过 2 人但不超 200 人。

（三）证券投资基金

按照《中华人民共和国证券投资基金法》③的表述,证券投资基金是公开或者非公开募集资金设立的,由基金管理人管理,基金托管人托管,为了基金份额持有人的利益,进行证券投资活动的金融产品。

这句话中的每个词都很关键,它们说明了证券投资基金的特征:

（1）公开或者非公开募集。公开或者非公开是募集资金方法,公开募集表示可以向公众投资者募集,类似于股票的 IPO;非公开募集表示只能向符合条件的少部分投资者募集,类似于股票的定向增发。公开募集的证券投资基金称作"公开募集证券投资基金",简称为"公募基金",非公开募集的基金称作"非公开募集证券投资基金",简称为"专户产品"。本章重点介绍公募基金,简略介绍专户产品。

————————————————

① 认购指在基金募集期内,投资人根据基金合同和招募说明书的规定申请购买基金份额的行为。

② 基金专户理财是指基金管理公司向特定客户募集资金或者接受特定客户财产委托担任资产管理人,由商业银行担任资产托管人,为资产委托人的利益,运用委托财产进行证券投资的一种活动。

③ 2003 年 10 月 28 日第十届全国人民代表大会常务委员会第五次会议通过,2012 年 12 月 28 日第十一届全国人民代表大会常务委员会第三十次会议修订。

（2）募集资金。证券投资基金的资金来源于投资者，需要通过募集的方式来汇集。因此，证券投资基金的受益者是提供资金的投资者，代表了投资者的利益。例外的是，部分 ETF 可以同时募集资金和股票①。

（3）设立。证券投资基金是在资金募集后才设立的，一方面是说资金是证券投资基金设立的前提，如果资金募集失败，则证券投资基金是无法设立的，另一方面是说证券投资基金是有设立方的，需要有一个机构来设立证券投资基金并进行募集这个动作。

（4）基金管理人管理。基金管理人是证券投资基金的参与人之一，职责是对证券投资基金进行管理。这里的管理包括资金的投资管理、投资者份额登记、资产估值、信息披露等工作。另外，基金管理人也是设立证券投资基金的机构。

（5）基金托管人托管。基金托管人是证券投资基金的另一个参与人，职责是对募集的资金进行托管。这里的托管包括资金独立保管、办理清算交割、监督基金管理人投资运作等工作。基金管理人和基金托管人必须是相互独立的两个机构②，避免资金被基金管理人"卷款跑路"。这也是为什么证券投资基金安全的原因，资金不过基金管理人的账户。

（6）为基金份额持有人的利益。投资者用资金换取的是证券投资基金的份额，从而称拥有基金份额的投资者为基金份额持有人。证券投资基金的资金来源于基金份额持有人，因此基金管理人必须以基金份额持有人的利益为目标进行管理。

（7）进行证券投资活动。证券投资基金可以投资的标的是证券，包括上市交易的股票、债券、国务院证券监督管理机构规定的其他证券及其衍生品种。总的来说，证券投资基金的投资标的均为标准化的、具有较高流动性的证券。如果投资者想要投资非上市股票、债券，那么证券投资基金就无法满足投资需求。

关于证券投资基金的内涵，以上解释已经说得很清楚了，但是，要理解证券投资基金，还需要明白其隐藏在定义后的特点。这包括：

（1）独立性。基金管理人通过证券投资基金代客理财，因此，基金管理人的财务与证券投资基金的财务是相互独立的。这一方面是指资产负债表相互独立，资金不能相互挪用，债务不能相互承担，另一方面是指证券投资基金的盈亏完全由基金份额持有人承担，基金管理人不能用自有资金弥补亏损，也不能侵占基金收益。这一点在 2018 年 4 月出台的《关于规范金融机构资产管理业务的指导意见》（以下简称《资管新规》）里被重点强调，保本产品被禁止，分级产品被严格限制。另外，证券投资基金之间也是相互独立的，基金的收益不能相互挪用，投资也必须按照每只基金的约定严格执行。

（2）集合计划。基金管理人利用专业的投资管理经验，为一群投资者提供投资服务，属于集合计划。公募基金的投资者最少为 200 人，发起式公募基金最少为 2 人，专户产品的投资者最多不超过 200 人。集合计划的好处主要有两个，一个是专业的投资服务提供更好的投资收益，也可以减少投资者为投资所花费的时间，另一个是投资者只

---

① 股票型 ETF，投资者既可以使用一篮子跟踪指数的成分股或备选股认购基金份额，也可使用现金认购。如富国上证综指 ETF，股票认购的程序需首先在上海证券交易所开立 A 股账户，办理指定交易或转指定交易。其次，在 A 股账户中具备足够的符合要求的上证综合指数成分股（详见发售公告中的"网下股票认购清单"）。最后，投资人填写认购委托单。申报一经确认，认购股票即被冻结。

② 见《中华人民共和国证券投资基金法》第三十六条之规定。

需要投入较低的资金就可以实现投资标的多样化,分散投资风险,而且投资门槛较低,一般的公募基金投资门槛是1元人民币或者10元人民币。就好像快递一样,如果你自己单独送一个包裹,成本很高,但是由快递公司收集大家的包裹并提供专业的快递服务,那么成本就会大幅降低了。

(3)公开性。由于公募基金是公开募集资金,监管机构对其公开性要求非常高,出台了《证券投资基金信息披露管理办法》,并对各类公开的文件内容与格式制定了对应的准则。公募基金在发行期间会披露发行文件,定期披露季度报告、半年度报告和年度报告,不定期披露临时公告,这些信息完全可以从公开渠道获知,一般在基金公司官方网站、第三方基金平台、监管机构指定的报纸获知。专户产品属于非公开募集,其信息披露不具有公开性。

(4)每日估值。一般来说,公募基金要求在每个工作日收盘后进行估值,确定公募基金当日资产的价值(基金净值)和单位基金净值(基金净值/基金总份额),并公开披露。每日估值的原因一方面是为了让基金份额持有人可以每日查询其持有的基金份额价值,另一方面是明确申购或者赎回的价格。基金的估值方法和精确度直接影响到基金份额持有人的收益,因为这是基金份额持有人申赎的价格,在后文我们会再次介绍到基金估值。

(5)申赎价格。投资者用资金换取基金份额称为申购,用基金份额换取资金称为赎回。投资者可以在任何时候提交申购或者赎回的申请,但是申购、赎回的价格只以最先到来的开放日15:00的估值价格为准。举个例子,2021年7月25日(非开放日)10:00、2021年7月26日(开放日)10:00和2021年7月26日13:30提出申购申请,均以2021年7月26日15:00的估值价格为准。因此,基金投资者不用时刻紧盯市场走势,因为不管当天市场怎么走,在盘中提出的申购或者赎回也只能以当日盘后估值价格为准。这样的设计虽然损失了一点灵活性,但是大大节约了投资者的操作成本和难度。

(6)公平性。每一基金份额拥有平等的权利,不管投资者是何时申购的、何时赎回的,不管申购或者赎回的金额或者份额是多少。一只证券投资基金的资金都是统一运作,收益与亏损都由当时的基金份额持有人共同承担,按照基金单位净值进行申购或者赎回也是为了保证申赎不会损害基金份额持有人的利益。每一基金份额拥有平等的投票权,可以在基金份额持有人大会上进行投票,对基金的重大事件做出选择。

(四)基金托管人

基金托管人也和基金管理人一样,是指拥有证券投资基金托管牌照的金融机构。2013年之前,只有商业银行可以获得证券投资基金托管牌照,此后,证监会允许符合条件的证券公司也可以申请证券投资基金托管牌照,并于2013年12月开始陆续有证券公司获得了牌照。

基金托管人的主要职责在前文已经提到过了,想要了解更详细的内容,可以查看基金合同中"基金合同当事人及权利义务"部分的内容。

(五)基金销售机构

想必大家也能猜到,基金销售机构是指拥有证券投资基金销售牌照的机构。基金销售机构的职责包括向投资者宣传推介基金、发售基金份额、办理基金份额申购和赎回等活动。也就是说,你可以通过这些机构申购或者赎回证券投资基金。

基金管理人均有基金销售牌照,基金管理人自己销售的途径称为直销。除了基金管理人以外的销售途径称为代销,代销机构包括商业银行、证券公司、期货公司、保险机构、证券投资咨询机构、独立基金销售机构等,这些代销机构需要与基金管理人签署相关协议后才可以代销基金管理人的证券投资基金。到目前为止,商业银行是基金销售的最主要渠道,但是随着互联网的兴起,独立基金销售机构,尤其是互联网销售机构的销售额度逐渐增加,例如天天基金网、蚂蚁金服等。证券公司、证券投资咨询机构也是较为重要的代销机构,期货公司、保险机构作为代销机构的则相对较少。

（六）基金持有人份额

基金份额持有人是指依基金合同和招募说明书合法取得基金份额的投资人,其通过认购或者申购的方式用资金换取了基金份额。基金份额持有人分享基金的收益、承担基金投资的亏损、参与分配清算后的剩余基金财产,也可以按照规定赎回其持有的基金份额。对于基金的重要决策,例如更换基金管理人、转换基金运作方式、基金清算等,需要通过召开基金份额持有人大会来决定。而基金份额持有人拥有投票权,可以投同意、反对或弃权票。基金份额持有人持有的每一基金份额拥有平等的投票权。公募基金的基金份额持有人持有的份额数量、金额原则上没有限制,但是特定多个客户专户产品的基金份额持有人持有的金额最低为 100 万元人民币,单一客户专户产品的金额最低为 3 000 万元人民币。

虽然基金份额持有人看起来就只是持有基金份额的投资者而已,但是一只基金产品的持有人类型决定了这只基金的部分特性。机构客户的持有期限一般较长,赎回的份额一般较大,因此,机构客户占比较高的基金需要基金管理人与机构客户保持密切的联系,在机构客户赎回之前准备好出售部分资产以应对赎回;而个人客户持有份额一般较小,赎回时间分散,基金管理人面临较小的赎回压力。

二、基金产品管理中的职责岗位

在了解了相关概念后,我们可以专注到基金产品上来了。要了解基金产品的开发和设计,不能脱离基金公司,因为基金产品既是基金公司各项业务的枢纽,也是服务各项业务的载体。只有明确了基金公司的岗位职责和需求,才能明白为什么要这样来设计基金产品。

虽然不同的基金公司在岗位设置、组织结构上会有差异,但是总的来说,要让一只证券投资基金正常运作,除了如财务、综合、人力、技术等公司均需要的岗位外,基金公司特别需要的岗位还包括产品设计、营销、投资研究、运营、风险控制这五大岗位。

（一）营销岗

营销岗的主要职责是把基金产品销售给投资者。由于基金公司人员较少,难以直接对接个人客户,一般基金公司会与其他销售机构建立代理关系,营销人员会直接与销售机构进行对接,机构客户一般由营销人员直接对接。由于营销人员是最接近客户的,他们最了解投资者喜欢什么样的产品,因此,营销人员会提出产品需求、规划,并对产品要素提出要求(产品要素将在下一节介绍)。不过,正如上文指出的,基金公司的营销人员不直接对接个人客户,而是对接销售机构,因此,投资者的需求是通过销售机构再传导到基金公司的,中间不仅会有偏离,也会有滞后。

不同的销售机构拥有不同的客户特征,例如,商业银行的个人客户数量非常庞大,他们资金量较小,偏好风险较低的基金;商业银行的高净值客户和机构客户资金量很大,有明确的投资需求;证券公司有个人客户和机构客户,资金量一般较大,具有专业的证券投资经验,相对商业银行客户而言风险偏好较高;互联网独立基金销售机构的客户更年轻化,偏好自主投资,更看重历史收益率,更换基金的频率更高等。不同的客户需要提供不同的服务,采取不同的营销策略,因此,营销岗一般会据此设置公募银行组、专户组、证券公司组、互联网组、机构组等。

营销岗的目标是增加基金公司的资产管理规模,而投资者选择基金时会考虑基金产品的风险收益、基金公司品牌声誉等,因此,与产品风险收益相关的要素他们都关心,例如投资策略、费率结构、估值方法、收益分配等,同时营销人员也要为公司品牌声誉付出努力,例如市场推广、品牌建设、客户服务等。

(二)投资研究岗

投资研究岗的主要职责是基金财产的投资管理,直接影响到基金产品的投资收益和风险,是基金公司核心竞争力的代表。一般而言,投资研究岗分为三个部分,即投资岗、研究岗和交易岗。研究岗对市场、证券进行分析研究,投资岗基于研究岗的分析结果决策基金财产的投资去向,下达操作指令给交易岗,交易岗完成投资标的的交易。其中,投资岗和研究岗的业务往来非常密切,投资岗也是研究岗的上升岗位。但是,交易岗和投资岗必须隔离,尤其是在交易时间内不能有任何的交流,投资岗下达的所有交易指令只能通过系统传达到交易岗,并且由交易岗专人再将指令分配到不同的交易员,这是为了防止违法套利。毕竟基金的每笔交易数额巨大,如果交易指令被窃取,很可能会降低投资收益,从而损害基金份额持有人的利益。投资岗和交易岗在交易时间内(开放日9:00—11:00和13:00—15:00)必须上交手机,交易岗甚至要有单独的办公室且必须关闭大门,以此来防止交易员向外传递交易信息。投资研究岗中,投资岗是核心和关键。

管理公募基金的投资人员称为基金经理,管理专户产品的投资人员称为投资经理。根据监管要求,基金经理和投资经理不得兼任。基金经理和投资经理均需要通过中国证券投资基金业协会(以下简称"基金业协会")的资格认证,每一只公募产品聘任基金经理、变更基金经理还需要在基金业协会注册备案,并公告。一只产品可以有多位基金经理或投资经理[①],一个投资人员也可以管理多只基金产品。由于投资人员的投资风格、擅长投资类型不同,为基金产品选择合适的基金经理或投资经理非常重要。一般而言,投资人员会根据其所擅长的投资类型而被划分为权益组、固定收益组、指数组、海外组。

每只产品的投资人员直接对基金资产进行管理,决定了基金的投资业绩,而研究员的研究报告也是投资的基础。因此,营销人员时常邀请投资人员、研究员为投资者、销售机构进行路演,宣传投资理念,进行投资者教育,从而吸引投资者。投资人员的历史业绩反映了投资人员的投资能力,基金公司的历史业绩反映了投研团队的投资能力,是

---

① 这就是现实市场中基金管理的团队模式。对该模式的分析及其对基金经理行为选择的影响可参阅李学峰,朱虹:"基金经理的团队模式优于单经理模式吗?",《证券市场导报》,2018年第8期。

吸引投资者的重要依据,虽然历史业绩并不能保证未来业绩。

投资岗关注基金产品投资相关的要素,这些要素会约束其投资操作,同时还关注申购、赎回、收益分配情况,因为申购、赎回、收益分配会影响基金产品的规模。投资人员要根据规模变化来调整资产组合。投资策略可以说是一个基金产品的灵魂,投资人员一方面可以接受营销岗、产品岗推荐的投资策略,另一方面可以自己开发投资策略,并与营销岗、产品岗商讨可行性。对公募基金而言,投资策略差别不大,因为所有策略都是公开披露的,但专户产品的投资策略具有非公开性,好的投资策略可以吸引大量的投资者资金。

(三) 运营岗

运营岗的主要职责是基金资产清算、会计核算和注册登记,是维护基金正常运作的岗位。资产清算是指在投资交易中,证券交易所带来的证券和资金的清算和交收,简单来说,就是把每一笔交易的账目都算清,把该支付的资金、该交付的证券付出去,把该获得的资金、证券收回来,包括基金与证券、基金与基金份额持有人之间的清算。会计核算负责基金的财务报表,通过对基金组合持有的资产、负债进行估值,计算出每日基金资产净值、基金份额净值。注册登记是指对基金份额持有人的信息进行记录,包括基金份额持有人的姓名、联系方式、身份证号(个人)、营业执照号(机构)、申购赎回时间、份额等信息。

基金托管人也深入地参与了运营岗的业务。基金资产清算方面,例如基金管理人要支付资金或者出售证券,需要向基金托管人提出划拨指令,基金托管人复核后执行,复核内容不仅仅是核对指令内容,还要监督指令的合规性。会计核算方面,每个核算日[1]基金托管人需要对运营岗提供的估值、净值进行核算,避免出现错误,还需要定期出具基金产品的财务报表。注册登记方面,运营岗每个开放日要将基金申购、赎回的数据传送给基金托管人,基金管理人要留档。

一般而言,运营岗会分为注册登记组(TA)和基金会计组(FA)。注册登记组负责基金与基金份额持有人之间的资产清算和注册登记,与中国证券登记结算有限责任公司等证券登记机构有业务往来。基金会计组负责基金与证券之间的资产清算和会计核算,基金管理人也会聘请会计师事务所来对会计业务进行审计。

虽然运营岗是后台岗位,但是在产品开发和运作中非常重要。因为不同的基金在资产清算、估值、申赎原则、税收规则上会有区别,需要运营岗确认产品设计的可行性以及提出可能存在的风险,否则基金很可能无法正常运作。现实中,很多基金产品设计创新也是从运营岗上突破的。而且,运营也是基金运作中最容易出现风险事件的节点,因为运营岗的工作对于时点要求非产高,如果错过了业务时点,就会影响后续一连串的业务。

(四) 风险控制岗

风险控制岗即风控岗的主要职责是风险监控和合规审查,防止业务开展中出现违规、风险事件。一般而言,风控岗会分为风险管理组和内控合规组。风险管理组负责监控各岗位在业务中是否有风险点,在风险发生前进行预警和调整,确保风险得以控制。

---

[1] 核算日也即需要进行估值的日子,包括开放日和半年末、年末。

风险管理组主要通过系统来进行监控,因此,投研岗、运营岗是重点监控对象,因为这些岗位的业务多通过系统来完成,而营销岗和产品岗的业务难以标准化,监控难度较高。风险管理组还需要定期或者不定期出具风险报告、进行压力测试等。

内控合规组负责基金公司管理制度的建设和监督,审查基金运作、基金产品法律文件、公告的合法性与合规性,组织公司审计工作和处理公司法律事务,监督的内容偏向于规则性、合规性。相比而言,风险管理组更多地涉及对内业务风险控制,而内控合规组更多地涉及对外业务风险防控。

对于公募基金而言,由于在投资、运作上严格按照监管法律法规执行,产品开发中一般不涉及风险管理组,但是由于法律文件、公告需要公开披露,合法性、合规性要求高,因此,产品开发中涉及的法律文件、公告、申请材料等向外披露、传递的文件均需要内控合规组的审核和同意。对于专户产品而言,投资的约束相对宽松,投资策略、投资限制个性化很强,需要风险管理组对其进行监控和审核,也需要内控合规组来审核法律文件的合规性。在产品设计中,均需要征求风控岗的意见并征得他们的同意,否则是无法将产品设计转化为产品推进的。

(五)产品岗

产品岗是指设计与开发基金产品的岗位,从业人员称为产品经理。一般而言,产品岗会分为公募基金组和专户产品组,因为公募基金和专户产品的开发区别较大。产品岗负责起草基金产品协议、向监管机构提交申请或备案、产品发行与成立。在本章后面的三节中会详细介绍产品岗的业务内容和实践,此处不再赘述。

了解了基金各岗位后,可以看到,基金产品是基金公司业务的核心,营销人员的销售、投资人员的管理、运营人员的维护、风控人员的监控均是围绕基金产品来完成的。因此,基金产品开发是基金业务开展的坚实基础,如果产品开发不能与其他岗位的业务相契合,那么基金业务推动的难度就会很大。举例来说,如果产品设计中费率过高,那么营销人员就很难说服投资者来申购;如果产品的投资范围设计得过窄,那么投资人员很难运用多种策略来追求更高的收益、降低风险;如果产品设计的申赎条件过于复杂,那么运营系统难以实现,从而出现违约风险。这些设计的细节将在本章第二节介绍。

三、基金产品的组成

前文提到,基金产品其实是一系列协议,约束了基金管理人、基金托管人、投资者的权利和义务、基金运作规则等。不同的协议规范的内容和作用有所不同,了解各协议的特点才能抓住产品开发中的关键点。公募基金的协议包括基金合同、托管协议、招募说明书、发售公告、临时公告和定期报告,专户产品的协议包括资管合同、投资说明书、补充协议。

(一)基金合同

基金合同是公募基金最重要的一个协议,规定了公募基金最根本的特征,也约束了基金管理人、基金托管人和投资者的权利和义务。基金合同是需要基金管理人和基金托管人共同签署的,并且是经过证监会的审核的,是具有法律效应的协议,证监会对于基金合同的内容与格式也有明确的要求。

《证券投资基金信息披露内容与格式准则第 6 号〈基金合同的内容与格式〉》中明确规定,基金合同至少需要包括二十一个部分,以及摘要部分。后来经过不断地优化,目前基金合同一般包括二十四个部分,对于特别的基金类型,可以增加部分。这二十四个部分中,大部分的内容是固定下来的,所有的公募基金均需要遵守,这些内容虽然重要,但是不属于产品开发的重点。基金合同中根据每个基金的特点,针对每个基金产品需要变化的部分才是产品开发的重点。

基金合同是公募基金的根本规范,如果要修改基金合同的内容,哪怕是一个字,也需要经过复杂的程序。因此,在产品开发中会尽量把易于变动的因素和内容写在招募说明书中,基金合同中只规定最基本的原则,或者采用"详细内容见招募说明书或相关公告"这样的表述,例如申购赎回的费率、申赎最小金额/份额等。基金合同在产品发行前需要进行披露,产品成立后,除非要对基金合同进行修订,否则不需要再披露。

(二)托管协议

托管协议是规范基金管理人与基金托管人之间业务规则的协议,目的是明确基金管理人与基金托管人之间在基金财产的保管、投资运作、净值计算、收益分配、信息披露及相互监督等相关事宜中的权利义务及职责,确保基金财产的安全,保护基金份额持有人的合法权益。托管协议与基金合同的部分内容有所重复,包括收益分配、基金费用等,但是新增了基金管理人与基金托管人之间相互监督、清算交收、净值计算和会计核算等规则。托管协议也需要基金管理人与基金托管人共同签署。

虽然证监会颁布了《证券投资基金信息披露内容与格式准则第7号〈托管协议的内容与格式〉》对托管协议的内容与格式进行规范,但是由于不同基金托管人的托管业务流程、要求有所区别,因此托管协议的条款还是会有些许不同。虽然这些区别大同小异,但是往往差之毫厘谬以千里,一点小小的改变在运营端带来的改变是巨大的。例如,T日的代销申购净额是$T+2$日进行交收,但是直销申购净额是$T+1$日申购,如果代销也规定为$T+1$日,那么系统可能来不及交收,导致交收失败。

(三)招募说明书

招募说明书不需要任何参与者签署,因为其内容与基金合同基本一致,但是会对基金合同中的内容进行更为详细的阐述,主要是基金管理人和基金托管人的详细介绍,基金募集、申购、赎回的规则和计算说明,基金风险的揭示。这些内容也是最容易在基金运作中发生变动的,比如限制基金最低申购金额、限制基金最高持有规模等。因此,招募说明书要求每半年就更新一次,对有变动的信息进行更新,同时还需要增加基金组合和投资业绩的内容,以便于投资者及时掌握基金的最新信息。另外,招募说明书还需要附上基金合同和托管协议的摘要,因此,对于投资者而言,招募说明书中的信息更全面、实用。

招募说明书的内容与格式需要遵守《证券投资基金信息披露内容与格式准则第5号〈招募说明书的内容与格式〉》。

(四)发售公告

在公募基金发行前,需要披露基金合同、托管协议、招募说明书、基金合同摘要以及发售公告。发售公告是对基金募集期间的规则进行汇总后形成的报告,里面的内容多摘自基金合同和招募说明书,但是明确了基金发售时间和代销机构。基金发售的具体规则可能与基金合同、招募说明书不同,投资者在认购时应该以发售公告为准。例如在基金合同中约定交易型开放式基金的发售方式包括网上现金认购、网下股票认购和网下现金认购,但在发售前,基金公司可以仅选择其中部分发售方式。

（五）临时公告

由于公募基金是公开募集，投资者是公众，故证监会要求公募基金及时披露与投资者利益相关的事件，包括与基金有关的临时公告、基金管理人和基金托管人托管部门的重大人事变动、基金份额持有人大会决议等。由于这些信息均会通过公告的形式进行披露，且具有不确定性，因此，可以统称为临时公告。最经常发布的临时公告是有关申购赎回和估值的，例如申赎限制、申赎费率变化、代销机构变更、调整停牌股票估值方法提示等。临时公告对于时效性要求很高，一般是在事件发生前提前公告或者是在事件发生后一日公告。证监会 2019 年颁布了《公开募集证券投资基金信息披露管理办法》，其中对临时公告的事件类型、披露要求做出了详细的规定。在基金合同中"基金的信息披露"部分，也明确了公募基金需要遵守的披露规则。

临时公告的内容比较丰富和灵活，证监会并没有出台指引对其内容和格式进行规范，各基金管理人可以按照自己的行文习惯撰写临时公告，但是需要将公告事宜准确地传达出来。

（六）定期公告

定期报告包括基金年度报告、基金半年度报告和基金季度报告，主要是对财务数据、基金组合、投资业绩、基金份额、基金净值等内容进行披露，基金管理人会聘请会计师事务所对数据进行审计。

《公开募集证券投资基金信息披露管理办法》第四章第十六、十七、十八条对编制时间和登载方式进行了明确规范，强调了定期报告的时效性和规范性。总的来说，年度报告、半年度报告的内容比季度报告多了管理人报告、托管人报告、财务会计报告、持有人信息等内容。

公募基金既要保证公开性，披露投资组合、投资比例，以便于投资者监督基金投资合规性，又要避免投资决策被违规套利，损害基金份额持有人的利益，因此，一方面，定期报告的披露频率不高，最频繁的就是季度披露，另一方面，定期报告的披露时间具有滞后性，季度报告在季度末后 15 个工作日内披露，半年度报告在上半年结束之日起 60 日内披露，年度报告在每年结束之日起 90 日内披露。

（七）专户产品协议

专户产品的协议所起到的作用和公募基金类似。合同是基本规范，相当于融合了公募基金的基金合同和托管协议的内容；投资说明书类似于公募基金的招募说明书，对投资、销售、服务、风险做更详细的约定；补充协议是在专户产品运作中对前述文件的修订。专户的合同需要遵守基金业协会颁布的《基金管理公司单一客户资产管理合同内容与格式准则》和《基金管理公司特定多个客户资产管理合同内容与格式准则》，但是相比公募基金的准则来说，专户产品的准则要求更少，给专户产品留有的个性化空间更大，尤其是在投资、申赎方面。

 **阅读资料**

公募基金产品的三大文件

1. 基金合同内容概览

基金合同的主要内容及其简要解释或要求见表 8-1。

表8-1 基金合同概览

章节	部分	标题	内 容
第一节	第一部分	前言	法律基础和原则
	第二部分	释义	合同中词语或简称含义
第二节	第三部分	基金的基本情况	基金名称、类别、运作方式、投资目标、份额、期限、面值、费用及其他事项
第三节	第四部分	基金份额的发售	发售时间、方式、对象,认购和持有限额,其他
第四节	第五部分	基金备案	备案条件,合同不能生效时的处理方式,存续期持有人数量和资产规模
第五节	第六部分	基金份额的申购与赎回	申购赎回场所、时间、原则、程序、数量限制、价格、费用及其用途,拒绝或暂停申购情形,暂停赎回或延缓支付赎回款项情形,巨额赎回及处理方式,其他事项(转换、非交易过户、转托管等)
第六节	第七部分	基金合同的当事人及权利义务	管理人、托管人、持有人简况及其权利义务
第七节	第八部分	基金份额持有人大会	召开事由,召集人及召集方式,通知时间、方式、内容,出席方式,议事内容与程序,表决,计票,生效与公告
第八节	第九部分	基金管理人、基金托管人的更换条件和程序	职责终止的情形,更换程序
第九节	第十部分	基金的托管	须按规定订立托管协议
第十节	第十一部分	基金份额的登记	登记业务,办理机构,登记机构权利义务
第十一节	第十二部分	基金的投资	投资目标、范围、策略、限制,业绩比较基准,风险收益特征,基金管理人代表基金行使相关权利的处理原则及方法
第十二节	第十三部分	基金的财产	基金总值、净值,财产账户,财产保管和处分
第十三节	第十四部分	基金资产估值	估值日、对象、方法、程序、错误处理,暂停估值的情形,基金净值的确认,特殊情况的处理
第十四节	第十五部分	基金费用与税收	费用种类、计提方法、标准和支付方式,不列入基金费用的项目,基金税收
第十五节	第十六部分	基金的收益与分配	利润构成,可供分配利润,收益分配原则、方案及其确定、公告、实施,收益分配中发生的费用处理
第十六节	第十七部分	基金的会计与审计	会计政策,年度审计
第十七节	第十八部分	基金的信息披露	披露原则、义务人、禁止行为、文本要求,公开披露的信息,披露事务管理,文件的存放查阅,暂停或延迟信息披露的情形

章节	部分	标题	内 容
第十八节	第十九部分	基金合同的变更、终止与基金财产的清算	变更、终止事由,清算小组的成立时间、组成及职责,清算程序、费用,剩余财产的分配、公告,账册及文件的保存
第十九节	第二十部分	违约责任	就违约责任方的认定、违约赔偿、具体责任划分等事项进行约定
第二十节	第二十一部分	争议的处理和适用的法律	争议的处理和适用的法律
第二十一节	第二十二部分	基金合同的效力	说明基金合同是基金当事人之间的法律文件,自生效之日对基金合同当事人具有同等的法律约束力,一式××份,可印制成册并对外公开散发或供投资者在有关场所查阅,但应以基金合同正本为准
	第二十三部分	其他事项	其他事项
	第二十四部分	基金合同内容摘要	

2. 托管协议内容概览

托管协议的主要内容及其简要解释或要求见表8-2。

表8-2 托管协议内容概览

节	条	标题	内 容
第一节	第一条	基金托管协议当事人	基金管理人、基金托管人名称、住所、法定代表人、成立时间、批准设立机关及批准设立文号、组织形式、注册资本、存续期间等
第二节	第二条	基金托管协议的依据、目的和原则	基金托管协议的依据、目的和原则
第三节	第三条	基金托管人对基金管理人的业务监督和核查	订明基金托管人应对基金管理人的投资行为行使监督权以及如何行使,发现问题时的处理方式和程序,管理人应积极配合
第四节	第四条	基金管理人对基金托管人的业务核查	订明基金管理人应对基金托管人履行托管职责情况进行核查,发现问题时的处理方式和程序,托管人应积极配合
第五节	第五条	基金财产保管	财产保管原则,募集资金验资,账户的开立和管理,有价凭证保管,重大合同保管
第六节	第六条	指令的发送、确认和执行	对发送人的书面授权,指令内容及发送确认执行的时间和程序,错误指令的处理,暂缓拒绝指令的处理,未执行指令的处理,更换被授权人的程序

续表

节	条	标题	内　容
第七节	第七条	交易及清算交收安排	机构选择,清算交收安排,资金、账目、记录的核对,资金清算、数据传递及托管协议当事人的责任
第八节	第八条	基金资产净值计算和会计核算	时间和程序,估值方法,差错处理,账册建立,定期报告的编制和复核,暂停估值的情形
第九节	第九条	基金收益分配	利润构成,可供分配利润,收益分配原则、方案、时间和程序
第十节	第十条	信息披露	保密义务,职责和披露程序,暂停或延迟披露情形,托管人报告
第十一节	第十一条	基金费用	管理费、托管费计提比例和方法及其调整,其他费用处理,不列入基金费用的项目
第十二节	第十二条	基金份额持有人名册的保管	订明基金份额持有人名册的内容、保管责任、交接时间和方式、保管方式和保管期限等事项
第十三节	第十三条	基金有关文件和档案的保存	订明基金管理人、基金托管人按各自职责完整保存原始凭证、记账凭证、基金账册、交易记录和重要合同等,并确定保存期限及保密义务
第十四节	第十四条	基金管理人和基金托管人的更换	管理人、托管人更换条件、程序,同时更换情形
第十五节	第十五条	禁止行为	协议当事人禁止从事的行为
第十六节	第十六条	基金托管协议的变更、终止与基金财产的清算	基金托管协议的变更、终止与基金财产的清算
第十七节	第十七条	违约责任	就违约责任方的认定、违约赔偿、具体责任划分等事项进行约定
第十八节	第十八条	争议解决方式	争议解决方式
第十九节	第十九条	基金托管协议的效力	订明基金托管协议的效力
第二十节	第二十条	基金托管协议的签订	认可托管协议后,协议上盖章,由各自的法定代表人或授权代表签字,并注明基金托管协议的签订地点和签订日期
	第二十一条	不可抗力	不可抗力的定义、处理方式
	第二十二条	可分割性	若协议中有任何约定无法实施,其他条款将继续有效
	第二十三条	通知与送达	通信形式、地址

3. 招募说明书内容概览

基金招募说明书的主要内容如表8-3所示。

表8-3 招募说明书内容概览

节	部分	标题	内 容
第一节	单独摘要	招募说明书摘要	首次募集的基金可以不披露本节内容。
第二节	封面、目录		封面、目录
第三节	第一部分	前言	法律基础和原则
第四节	第二部分	释义	合同中词语或简称含义
第五节	第三部分	基金管理人	基金管理人概况、主要人员情况、管理人职责、承诺、内部控制制度
第六节	第四部分	基金托管人	基金托管人基本情况、主要人员情况、基金托管业务经营情况、内部控制制度,托管人对管理人运作基金进行监督的方法和程序
第七节	第五部分	相关服务机构	基金份额发售机构、注册登记机构、出具法律意见书的律师事务所、审计基金财产的会计师事务所、其他机构的名称、住所、法定代表人、办公地址、电话、联系人等
第八节	第六部分	基金份额的发售	基金募集的依据,基金类型、运作方式、存续期间,发起资金的认购,最低募集金额、发售面值、时间、方式、对象、认购安排、费用、份额计算、申请确认,募集期利息的处理方式,募集期间募集的资金处理
第九节	第七部分	基金合同的生效	基金备案条件、合同不能生效时募集资金的处理方式,存续期内的基金份额持有人数量和资产规模
第十节	第八部分	基金份额的交易	拟上市交易的基金申请上市及拟上市的证券交易所,拟上市时间,暂停上市的情形及处理方式,终止上市的情形及处理方式,其他有关事项等
第十一节	第八部分	基金份额的申购与赎回	申购和赎回场所、开放日及时间、限制、程序、数额和价格,拒绝或暂停接受申购、暂停赎回或延缓支付赎回款项、巨额赎回的情形及处理方式,其他事项(转换、非交易过户、转托管等)
第十二节	第九部分	基金的投资	投资目标、范围、策略、限制、业绩比较基准,风险收益特征,基金管理人代表基金行使相关权利的处理原则及方法
第十三节		基金的业绩	首次募集的基金可不披露本节内容。列明"过往业绩不代表未来表现"等风险提示内容
第十四节	第十部分	基金的财产	总值、净值、账户、保管和处分
第十五节	第十一部分	基金资产估值	估值日、对象、方法、程序、错误处理,暂停估值的情形,基金净值的确认,特殊情况的处理
第十六节	第十二部分	基金的收益与分配	利润构成,可供分配利润,收益分配原则、方案及其确定、公告、实施,收益分配中发生的费用处理

续表

节	部分	标题	内　　容
第十七节	第十三部分	基金的费用与税收	费用种类、计提方法、标准和支付方式,不列入基金费用的项目,基金税收
第十八节	第十四部分	基金的会计与审计	会计政策,年度审计
第十九节	第十五部分	基金的信息披露	披露原则、义务人、禁止行为、文本要求,公开披露的信息,披露事务管理,文件的存放查阅,暂停或延迟信息披露的情形
第二十节	第十六部分	风险揭示	市场风险、非系统性风险、管理风险、流动性风险、特有风险、其他风险
第二十一节	第十七部分	基金合同的变更、终止与基金财产的清算	变更、终止事由,清算小组的成立时间、组成及职责,清算程序、费用、剩余财产的分配、公告、账册及文件的保存
第二十二节	第十八部分	《基金合同》的内容摘要	基金合同的主要内容
第二十三节	第十九部分	《托管协议》的内容摘要	基金托管协议的主要内容
第二十四节	第二十部分	对基金份额持有人的服务	服务种类及具体服务内容,管理人的咨询电话、网站及其他服务渠道等
第二十五节		其他应披露事项	其他应披露事项
第二十六节	第二十一部分	招募说明书的存放及查阅方式	招募说明书的存放地点及投资人查阅方式
第二十七节	第二十二部分	备查文件	备查文件的存放地点及投资人查阅方式

第二节　基金产品设计要素

　　上一节我们介绍了基金产品的概念、基金公司的岗位和基金产品的重要协议与公告,这些都是为了达到产品设计的最终目的所需要了解的内容。本节将具体介绍在基金产品设计中要考虑的要素,这些要素就像是一个一个的零件,不同的组合可以形成不同的产品,即使只有一个要素发生变化,也会给产品带来巨大的影响。通过学习本节内容,读者可了解到不同要素所代表的产品特征,而产品设计就是根据投资者对产品特征的要求来选择最优的要素组合。所以,产品设计的最终目的是开发出满足投资者需求的产品。

　　由于监管机构对公募基金的要素有严格的规范,而专户产品的个性化较强,难以像公募基金一样有明确的要素定义,因此,本节将重点介绍公募基金的要素。根据要素规范的内容,可以将其分为运作要素、投资要素、费率要素和其他要素。这样分类只是为了便于读者理解,并非官方分类或者基金行业统一的分类。

一、运作要素

运作要素是基金的基本要素,主要规范投资者申购、赎回基金份额的内容。

(一) 运作方式

根据《中华人民共和国证券投资基金法》,公募基金的运作方式可以采用封闭式、开放式或者其他方式。其中,封闭式包括封闭式和封闭转开放式,开放式包括开放式、滚动开放式和定期开放式。

1. 封闭式

封闭式基金是指基金份额总额在基金合同期限内固定不变,基金份额持有人不得申请赎回的基金。封闭式基金只在认购期有资金流入,在清算时资金流出,对于投资者而言,不可以通过申购、赎回的方式投资或者取现。为了避免投资者亟需资金但无法赎回的情况,封闭式基金一般会设计为可以在二级市场交易基金份额,也即投资者可以在交易所买入、卖出基金份额,实现获得、卖出基金份额。对于基金来说,投资者在交易所买卖基金份额对于基金的投资运作没有任何影响,只需要变更基金份额持有人的信息即可。由于没有申购赎回,后面提到的有关申购、赎回的要素都不再需要。但是封闭式基金要上市交易,则会需要有关上市交易的要素。对于封闭式基金而言,因为资金不会流出,其投资范围、投资比例限制都会相比开放式基金有所宽松。

我国的第一只公募基金就是封闭式基金,早期也主要以封闭式基金为主,但是到目前为止,从数量和规模上来说,存量基金和新开发的基金均以开放式基金为主,每年只有少数几只封闭式基金成立。专户产品中,多个客户计划可以采用封闭式、定期开放式,单一客户计划则是开放式的。封闭式基金的投资者一般拥有较长投资期限的资金,有坚定的投资方向,可以承担短期的收益波动。

2. 封闭转开放式

封闭转开放式是指基金约定成立后先封闭一段时间,然后再转换成开放式。在封闭期间,我们认为这是一只封闭基金,因为不开放申赎,且可以上市交易,与封闭式基金的特征一致。但是如果投资者不想继续持有基金份额,除了封闭式基金的卖出基金份额和基金清算以外,还可以等到封闭期结束转为开放式运作后,赎回基金份额。

之所以会出现封闭转开放式的运作方式,主要是因为投资标的的特殊性。证监会规定了参与并中标定向增发股票的投资者,需要持有股票一定的时间,期间不能卖出,也即有锁定期,对于主要投资于定向增发股票的基金,需要一段封闭期,避免投资者赎回却无法出售股票获得现金来支付赎回资金。因此,封闭期的长度应该长于定向增发股票基金锁定期。

封闭转开放式基金在基金设计时就需要约定好封闭期的要素和转为开放式运作后的要素,而且两类要素差距很大,基本可以视为两种基金,很多投资者在封闭期到期后会选择赎回,因为投资策略、投资比例限制、申赎条件会出现颠覆性改变。

3. 开放式

开放式基金是指基金份额总额不固定,基金份额可以在基金合同约定的时间和场所申购或者赎回的基金。对于狭义上的开放式而言,投资者可以在开放日随时进行申购、赎回,投资者资金的灵活性更高:一方面,投资者可以"用脚投票",选择业绩好的或者看好的基金或基金经理来管理资产,离开业绩差的或不看好的基金,而封闭式基金则不能"用脚投票";另一方面,申购、赎回带来资金流入、流出资金财产,基金管理人在投资管理上需要考虑流动性风险①,不仅要求投资范围为流动性好的资产,还要求持有一定比例的现金或者到期日在一年以内的政府债券,以备支付基金份额持有人的赎回款项。

《公开募集证券投资基金运作管理办法》(以下简称《运作管理办法》)规定,开放式基金单个开放日净赎回申请超过基金总份额的10%的,为巨额赎回,对于赎回份额超过10%的部分,基金管理人可以延期办理赎回申请。也就是说,如果基金份额持有人在同一天赎回额太大,基金份额持有人可能只能拿到部分现金,剩下的要延迟支付。当然,延迟支付对基金管理人的声誉会造成很大影响,因此,基金管理人会做好流动性管理。

4. 滚动开放式

滚动开放式是指投资者可以随时申购,但是每一笔申购都必须封闭一段时间后才可以赎回,赎回期只有一个工作日,如果没有提交赎回申请,那么会继续滚动封闭一段时间,以此类推。一般封闭时间可以为7天、14天、1个月、2个月或3个月。滚动开放式基金对于基金来说是开放式的,因为每个开放日都会有申购、赎回,但是对于投资者而言,每一笔资金都需要封闭一段时间。这样的运作模式适用于资金相对稳定、有固定频率开支的投资者。

目前,只有部分短期理财基金采用了滚动开放式的模式。短期理财基金与货币基金的投资范围相同,都采用摊余成本法②估值,由于滚动开放式短期理财基金有封闭期,可以投资更长期限的资产,因此预期收益率会略高于货币基金。第一只滚动开放式短期理财基金成立于2012年。2018年7月,监管机构下发的《关于规范理财债券基金业务的通知》规定,滚动开放式短期理财基金不能继续采用摊余成本法。也就是说,滚动开放式基金将成为历史。

5. 定期开放式

定期开放式是指基金由一个一个的封闭期组成,在封闭期内封闭运作、封闭期与封闭期之间开放的运作模式。每个封闭期的长度都是一样的,开放期的长度可以调整,但是会有上限。相比滚动开放式,定期开放式的资金进出是有计划的,在封闭期内资金不能流入或者流出,因此基金管理人可以做较长期的投资,只需要在开放期内准备好足够的流动性资产即可。定期开放式基金的封闭期最短为三个月,常见的还有半年、一年、两年、三年和五年等期限,一般而言,封闭期越长,开放期也越长,给投资者充足的时间申购或者赎回,因为一旦错过开放期,就要等下一个封闭期结束才能申购或者赎回了。定期开放式基金既可以让基金管理人有计划地进行投资管理,又给了投资者一定的流动性,非常适合于资金稳定、追求相对较高收益的投资者。要辨别定期开放式基金也非常容易,基金名称中一般会有"定期开放"的字样。短期债券基金除了采用滚动开放式

---

① 流动性风险,指基金管理人未能以合理价格及时变现基金资产以支付投资人赎回款项的风险。

② 摊余成本法,指估值对象以买入成本列示,按照票面利率或协议利率并考虑其买入时的溢价与折价,在剩余存续期内平均摊销,每日计提损益。

以外,部分也会采用定期开放式,这些基金的名称里没有"定期开放"的字样,但是会有"日""月""季"等字样,但是需要投资者通过查看协议来判断到底是滚动开放式还是定期开放式。

定期开放式基金在封闭期需要满足的是封闭式的投资限制,投资标的的期限不得超过封闭期,现金类高流动性资产比例没有限制。开放期主要是保证组合流动性以应对基金份额持有人的赎回,现金类高流动性资产需要准备充足。由于定期开放式基金只能在较短的开放期赎回,因此,巨额赎回的比例提高到20%。

虽然定期开放式基金有封闭期,相对开放期更长,但是由于有申赎的发生,其要素更类似于开放式基金,例如成立调节、收益分配、销售费用和信息披露等,在本节后面的要素讲解中也会再次提到定期开放式基金。

(二)交易方式

根据基金份额是否可以在交易所上市,可以分为场外份额和场内份额。场外份额不在交易所上市,在基金成立后只能通过申购或赎回来获得基金份额或取现,而场内份额可以在交易所上市,除了申购、赎回以外,还可以通过在交易所买入、卖出来获得基金份额或取现,交易方式需要遵守交易所的业务规则。专户产品不能上市,只能有场外份额,公募基金可以有场外份额,并且一只公募基金可以同时有场外份额和场内份额。目前,大部分公募基金都只有场外份额,有场内份额的基金包括上市开放式基金(LOF)、交易所交易基金(ETF)和分级基金。

1. LOF

LOF 其实就是场外基金增加了上市交易的功能,是最简单的一种上市基金。后文提到的 LOF 基金的内容,同样也适用于其他上市基金。

场内份额的登记机构是中国证券登记结算有限责任公司(以下简称"中登公司"),场外份额的登记机构一般是基金管理人,过去也有选择中登公司的,但是现在很少了。

上市交易的参与人除了基金管理人、基金托管人、投资者以外,还包括交易所、中登公司,指数基金还涉及指数公司,商品基金还涉及商品交易所。境内基金只可以选择在上海证券交易所(以下简称"上交所")或者深圳证券交易所(以下简称"深交所")上市,两个交易所的业务细则有较大区别,本书不予详述。中国证券登记结算公司设立了上海分公司和深圳分公司,分别处理在上交所和深交所上市基金的登记业务。指数公司编制指数出售给基金公司,收取指数使用费,基金公司可以购买指数公司已经编制好的指数,也可以定制一个新的指数。一个指数可以同时被多只基金使用,也可以与指数公司商议,仅允许定制方使用该指数。目前,约36%的 LOF 基金是指数基金,其中还包括了部分分级基金。

相比场外基金,场内基金需要在成立后增加上市流程,并满足交易所对场内基金的要求,例如持有人户数不低于 1 000 户,场内份额不得过低。场内基金由于可以交易,如果份额过低,会使得流动性不足,少量交易即可对价格产生剧烈的波动。在基金上市前,基金管理人需要公布上市基金的《上市交易公告书》,披露基金上市规则、持有人情况、基金财务、投资组合等信息。

2. ETF

ETF 是在交易所交易的基金,类型包括股票指数 ETF、债券指数 ETF、商品 ETF、商品期货指数 ETF、货币 ETF。其中,商品 ETF 的标的一般是单一的某类商品,例如黄金;货币 ETF 是货币基金上市,虽然目前归为 ETF 类型,但其实和 LOF 类似,不算标准的 ETF;其他指数 ETF 则是跟踪标的指数,追求最小的误差。因此,ETF 最大的特点是透明度高,不追求超额收益,相当于只提供一个投资标的组合的工具。

与 LOF 不同的是,ETF 可以用一篮子证券来申赎基金份额。这样一种特别的申赎方式要求投资者需要在证券公司拥有证券账户,因此,ETF 的主要销售机构是证券公司而非银行,投资者也一般拥有较为丰富的投资经验。ETF 通过组合证券来申购的方式叫做组合替代,通过现金来申购的方式叫做现金替代,只有当 ETF 份额和组合证券在同一交易所上市才可以通过组合替代,否则必须通过现金替代。这是因为对于通过组合证券申赎基金份额需要登记机构进行处理,如果组合证券和基金份额不在同一个交易所,登记机构之间数据不通畅,因此不能实现组合证券和基金份额之间的直接转换,还是必须通过现金来申购和赎回。对于现金申购、赎回带来的资金流入、流出,基金经理需要在组合证券所在交易所买入、卖出组合证券,由于存在时间差,ETF 的申赎价格需要按照实际交易的成本来确定,对于长期停牌的基金,则按照证券估值来确定。通过一篮子证券来申赎也使得 ETF 需要采用特别的申赎费率,将在后文阐述。由于上交所和深交所的规则有区别,在选择交易所时需要慎重,根据基金的特点选择合适的交易所非常重要。

对于 ETF 而言,其交易属性非常重要,当交易价格高于基金净值时称为溢价,反之则为折价。当基金处于溢价时,投资者可以通过申购基金份额并卖出实现套利,当基金处于折价时,投资者可以通过买入基金份额并赎回实现套利。当然,由于申赎、买卖的效率不同,套利的难度和风险也有所差别。ETF 有规模效应[①],投资者更偏爱规模大、流动性高的 ETF,因此,ETF 有规模效应和马太效应[②]。由于 ETF 透明度很高,两只相同标的或者标的指数的 ETF 从产品层面来说没有什么区别,规模偏大、先成立的那只将会有更大的机会做大规模,形成良性循环。目前来看,相同标的或者标的指数的 ETF 中,先成立的规模一般均较大,甚至一枝独秀。因此,ETF 的成功很大程度上依赖于标的或者标的指数的选择,另外一个影响因素就是做市商。做市商作为普通投资者的对手方,为 ETF 提供流动性,在基金刚成立、流动性不足的时候,做市商可以保证 ETF 的流动性,给 ETF 一个做大的缓冲时期。一旦 ETF 规模增大、流动性增强,做市商的作用就不强了。

3. 分级基金

分级基金是对基金收益有特殊约定的一类基金,一般分为母基金和子基金,子基金一般分为 A 类份额和 B 类份额。相比 LOF 和 ETF,分级基金只有子基金份额可以上市交易,母基金只能申购赎回,可以看作在 LOF 的基础上,创造出来子基金份额上市交易。母基金可以按照比例拆分成子基金,子基金也可以按照比例合并成母基金份额,这个过程称作基金份额的配对转换。

分级基金的特殊之处除了份额的设置外,还来自收益分配的设置。A 类份额获得

---

① 规模效应是指基金规模越大,越可能继续增大。

② 此处马太效应是指越早成立的基金,基金规模越可能大。

固定收益,B 类份额获得剩余收益,母基金份额获得正常收益。因此,B 类基金份额相当于向 A 类基金份额融资,从而产生杠杆。杠杆大小的主要影响因素是比例和基金份额单位净值,A 类份额占比越大,B 类份额的杠杆越高,B 类份额净值越高,B 类份额的杠杆越低。为了保证 B 类份额的杠杆处于合理的水平,分级基金需要定期折算和不定期折算,定期折算后,A 类基金份额的净值回归 1.00 元,不定期折算后,子基金份额的净值均回归 1.00 元。

我国第一只分级基金成立于 2007 年,但该类基金也走到了生命的尽头。由于分级基金的产品结构复杂,投资难度较高,在市场波动较大的情况下,B 类份额的收益波动剧烈,监管机构认为当前我国金融市场还不具备投资分级基金的成熟条件。根据《资管新规》,公募产品和开放式私募产品不得进行份额分级,存续的分级基金需要在 2020 年完成转型。

专户产品还可以继续采用分级的形式,但是专户产品的分级基金只有子份额,分为优先级和劣后级。在 2016 年《证券期货经营机构私募资产管理业务运作管理暂行规定》(以下简称《暂行规定》)发布之前,专户产品的子份额也与公募基金子份额类似,优先级获得固定收益,劣后级获得剩余收益,但是《暂行规定》及其后发布的《资管新规》都要求分级产品不得直接或者间接对优先级份额认购者提供保本保收益安排,优先级也需要承担部分投资风险。在去杠杆的背景下,《资管新规》还对分级基金的杠杆设定了上限,固定收益类产品的分级比例不得超过 3∶1,权益类产品的分级比例不得超过 1∶1,商品及金融衍生品类产品、混合类产品的分级比例不得超过 2∶1。

（三）成立条件

公募基金的成立条件是自基金份额发售之日起 3 个月内募集份额不少于 2 亿份,基金募集金额不少于 2 亿元,认购人数不少于 200 人。募集时间限定为 3 个月,不能无限制地发行。由于募集面值一般为 1.00 元,因此募集份额和募集金额的下限相同,如果募集面值不等于 1.00 元,那么就需要满足要求更高的那个条件了。对于上市基金而言,成立条件更加苛刻,要求认购人数不少于 1 000 人。

采用发起式的基金比较特殊,募集最低金额仅为 1 000 万元,没有份额的要求和人数的要求。但是发起式基金要求基金管理人在募集基金时,使用公司股东资金、公司固有资金、公司高级管理人员或者基金经理等人员资金认购基金的金额不少于 1 000 万元人民币,且持有期限不少于 3 年。可以看出,发起式基金可以大幅降低成立条件,但是需要基金管理人出资。对于基金管理人未来看好但当前市场需求不足的基金类型,基金管理人会选择采用发起式来保障基金成立。

专户产品的成立条件与公募基金有较大的差别,对于特定多个客户产品而言,人数不得超过 200 人,但单笔委托金额在 300 万元人民币以上的投资者数量不受限制;客户委托的初始资产合计不得低于 3 000 万元人民币,但不得超过 50 亿元人民币。对于单一客户产品而言,初始资产不得低于 3 000 万元人民币,没有上限限制。

（四）基金份额

基金份额可以根据参与门槛、费率、投资者类型、收益分配、功能的不同进行分类,前文中已经提到的场外份额和场内份额,主要是功能上有不同,场外份额不能上市交易,场内份额可以上市交易,当然这也影响了费率、投资者类型和收益份额;母基金份额和子基金份额主要是收益分配和功能上的不同。其实大部分基金份额的分类主要是因为参与门槛和费率的不同，一般会分为 A 类+n 类，n 可以是任意的字母，多为 B/C/D/E。对于参与门槛较低的基金份额，一般会收取较高的认购、申购、赎回费率，对于参与门槛较低的基金份额，一般会收取较低的认购、申购、赎回费率。这主要也是为了满足不同投资者类型的需求。对于股票型、混合型、债券型基金而言，A 类基金份额一般有较高的申购费率和赎回费率，但是没有销售服务费，适合于长期持有的投资者。C 类基金份额一般没有申购费率和较低的赎回费率，但是有销售服务费，适合于短期持有的投资者。对于货币型、短期理财基金而言，A 类基金份额一般有较低的参与门槛，但有较高的销售服务费率，C 类基金份额有较高的参与门槛，但是销售服务费率很低。

2015 年 7 月 1 日，中国境内和香港基金互认正式实施，香港投资者可以直接申购境内公募基金的香港份额。前文提到的所有基金份额，均需要资金进入中国境内后，再投资到基金份额中。而香港份额可以允许香港投资者直接申赎。想要设置香港份额，需要同时获得中国证监会和香港证监会的同意，并且需要聘请香港金融机构作为代理人，代为管理香港份额在香港的各项事务。香港份额的投资者必须是香港投资者，境内投资者不能购买香港份额。香港份额需要同时遵守境内和香港的监管要求，例如开放日、信息披露等。一般香港份额使用的字母为 H。

（五）清算条件

清算是指基金合同终止运作，基金把剩余财产支付给投资者。基金的存续期限就是基金成立日到清算日之间。

1. 公募基金的清算

公募基金的存续期限一般是不定期的，即不会约定具体的清算日期，但是公募基金可以通过两种途径来清算，包括触发清算和开持有人大会清算。触发清算是指在协议中约定当达到某种条件时，基金合同的运作终止，基金财产进入清算。开持有人大会清算是指获得持有人投票通过后进行清算。

在基金合同中可以约定触发条件，常见的提前终止条件是连续 60 个工作日基金份额持有人数量不满 200 人或者基金资产净值低于 5 000 万元。这样的条件主要针对某一机构投资者持有较大基金份额，如果该机构投资者赎回基金份额，那么基金规模将会大幅下降，难以覆盖基金运营成本，基金管理人会选择直接清算基金。另外，若基金管理人、基金托管人职责终止，在 6 个月内没有新基金管理人、新基金托管人承接的，也会自动终止，但这条一般不会被触发。对于发起式基金，如果基金合同生效满 3 年后的对应日基金规模低于 2 亿元，也会自动终止。对于定期开放基金，常见的还有在开放期最后一日，如果基金规模加上当日净申购金额低于某一水平就自动终止。法规没有限制基金清算的触发条件，只要基金合同中做出了明确约定即可。

触发清算需要满足一定的条件，而开持有人大会清算是可以无条件清算的，只要持有人大会通过了清算的决议，就可以清算。一般持有人大会由基金管理人组织召开，开持有人大会清算也意味着是基金管理人主动选择清算。在 2014 年 10 月之前，公募基金从未出现过清算，尤其是通过开持有人大会清算，随着汇添富理财 28 天债券型证券投资基金召开持有人大会实现清算，公募基金逐渐进入了清算常态。

由于开持有人大会清算的流程复杂，时间冗长，因此，在产品设计时需要考虑到基金清算的条件,可以在合适条件下自动清算。

2. 专户产品的清算

专户产品需要设置一定的存续期限,即在专户产品协议中已经约定了在一段时间后就进行清算,一般是一年、两年或者三年,在到期前也可以通过展期来延长存续期限,否则将按照协议约定的期限到期清算。对于单一客户产品,如果资产规模低于3 000万元之后,需要补足或者清算。特定多个客户产品的投资者人数少于2人,产品将自动终止。

投资者也可以选择提前结束专户产品,但需要全体委托人、资产管理人和资产托管人协商一致决定终止。

二、投资要素

投资要素是基金产品的核心要素,主要规范了基金资产投资管理的内容。与运作要素不同,投资要素之间关联性非常强,不能随意搭配,确定了某一要素后,其他要素也随之确定了。

(一) 投资目的

投资目的传达的是基金产品投资运作的目标,投资者可以根据基金的投资目的来初步判断是否应该投资该基金产品。基金的投资目的按照收益可以分为追求超额收益、追求绝对收益、追求最小跟踪误差等。除此之外,基金产品一般还会提到流动性、风险控制、偏离度等投资目的,与投资收益相关的目的组合在一起,形成更完善、全面的投资目的。

1. 追求超额收益

基金的投资范围是标准化资产,因此,基金的投资收益受到标的资产市场走势的影响。追求超额收益是指基金经理追求的是比业绩比较基准做得更好,可以理解为超过市场平均水平,争取在同类基金中收益排名更靠前。这是目前基金市场中最主要的投资目的,利用基金管理人专业的投资管理能力,在市场上涨时,获得较高的收益;在市场下跌时,实现较少的亏损。这样的投资目的非常考验基金经理的投资能力,因为风险与收益是对等的,很难做到盈多亏少。

2. 追求绝对收益

与追求超额收益相反,追求绝对收益的基金不关注市场走势,只关注投资者的绝对收益。不管市场是上涨还是下跌,基金经理都只追求一个不高的正收益。基金经理一般通过投资固定收益类产品、衍生品等方式来实现绝对收益。

3. 追求最小跟踪误差

追求最小跟踪误差是被动指数基金的投资目的。跟踪误差是基金净值增长率与指数增长率的差,追求最小跟踪误差是为了保证指数基金能最好地体现指数的走势。基金经理不追求超过标的指数的收益,只需要复制指数的组合即可。

(二) 投资范围

投资范围是指证券投资基金可以投资的标的资产种类,决定了基金可以投资的"池子"。证券投资基金的投资范围属于白名单制,只有监管机构明确允许的类型才可以纳入投资范围,否则不能。根据资产在组合中的占比,可以将投资范围分为主要投资范围、辅助必要范围和辅助特殊范围。这个分类不是常规分类，只是为了便于说明投资范围的重要性而划分的。

1. 主要投资范围

证券投资基金的主要投资范围包括股票、债券、商品、货币市场工具、境外资产、基金，根据《运作管理办法》，各类资产所占比例的不同分别对应了不同基金类型。

股票型基金以股票为主，80%以上的基金资产投资于股票。

债券型基金以债券为主，80%以上的基金资产投资于债券。对于纯债基金，则不能投资股票。

商品型基金以商品或者商品期货为主，目前商品仅有黄金 ETF，90%以上的基金资产需要投资于黄金现货，商品期货的基金则需要满足持有所有商品期货合约的价值合计（买入、卖出轧差计算）不低于基金资产净值的 90%、不高于基金资产净值的 110%。主要的法规是《商品期货交易型开放式基金指引》。

货币市场基金和短期理财债券只能投资货币市场工具，包括现金、期限较短的银行存款、剩余期限较低的债券等流动性高、收益稳定的资产。主要的法规是《货币市场基金监督管理办法》。

QDII 基金可以投资境外资产，港股通基金可以投资香港市场的资产。QDII 基金的投资遵循《合格境内机构投资者境外证券投资管理试行办法》，标的资产与境内相差较大，本书不做详细说明。港股通基金是可以通过港股通投资香港证券的基金，依然遵循《基金法》和《运作管理办法》。

基金中基金以基金为主，80%以上的基金资产投资于其他基金份额。主要的法规是《公开募集证券投资基金运作指引第 2 号——基金中基金指引》。

混合型基金以股票和债券为主，但股票或债券的比例都不能超过基金资产的 80%。

根据《资管新规》，专户产品依照公募基金的分类方式，分为固定收益类产品、权益类产品、商品及金融衍生品类产品和混合类产品，各类资产比例不低于 80%。

2. 辅助必要范围

辅助必要范围主要指现金和到期日在一年以内的政府债券。《运作管理办法》规定，开放式基金应当保持不低于基金资产净值 5% 的现金或者到期日在一年以内的政府债券，以备支付基金份额持有人的赎回款项。因此，不管是什么类型的基金，只要在开放期，都需要投资到现金或到期日在一年以内的政府债券中。其他必要范围还包括银行存款、同业存单、债券回购等货币市场工具，为基金提供流动性。

3. 辅助特殊范围

辅助特殊范围包括可转债、资产支持证券和期货，这些资产类型只有在产品需要时才添加入投资范围中，并且需要说明这些资产的投资策略，并揭示其风险。大部分基金会将这些资产类型加入投资范围，这样可以给基金经理更多可选策略。主要的法规是《关于证券投资基金投资资产支持证券有关事项的通知》《公开募集证券投资基金参与国债期货交易指引》《证券投资基金参与股指期货交易指引》。

(三) 投资限制

1. 组合限制

基金管理人运用基金财产进行证券投资，不得出现如下情形：

(1)一只基金持有一家上市公司的证券,其市值超过基金资产净值的 10%;

(2)同一基金管理人管理的全部基金持有一家公司发行的证券,超过该证券的 10%;

(3)基金财产参与股票发行申购,单只基金所申报的金额超过该基金的总资产,单只基金所申报的股票数量超过拟发行股票公司本次发行股票的总量;

(4)一只基金持有其他基金(不含货币市场基金),其市值超过基金资产净值的 10%,但基金中基金除外;

(5)基金中基金持有其他单只基金,其市值超过基金资产净值的 20%,或者投资于其他基金中基金;

(6)基金总资产超过基金净资产的 140%;

(7)违反基金合同关于投资范围、投资策略和投资比例等约定。

2. 禁止行为

为维护基金份额持有人的合法权益,基金财产不得用于下列投资或者活动:

(1)承销证券;

(2)违反规定向他人贷款或者提供担保;

(3)从事承担无限责任的投资;

(4)买卖其他基金份额,但是中国证监会另有规定的除外;

(5)向其基金管理人、基金托管人出资;

(6)从事内幕交易、操纵证券交易价格及其他不正当的证券交易活动;

(7)法律、行政法规和中国证监会规定禁止的其他活动。

基金管理人运用基金财产买卖基金管理人、基金托管人及其控股股东、实际控制人或者与其有重大利害关系的公司发行的证券或承销期内承销的证券,或者从事其他重大关联交易的,应当符合基金的投资目标和投资策略,遵循基金份额持有人利益优先原则,防范利益冲突,建立健全内部审批机制和评估机制,按照市场公平合理价格执行。相关交易必须按法律法规予以披露。重大关联交易应提交基金管理人董事会审议,并经过 2/3 以上的独立董事通过。基金管理人董事会应至少每半年对关联交易事项进行审查。法律、行政法规或监管部门取消或调整上述限制,如适用于本基金,基金管理人在履行适当程序后,则本基金投资按照取消或调整后的规定执行。

(四)投资策略

投资目的与投资策略息息相关,而投资策略是实现投资目的的手段。在公募基金的协议中,对于投资策略只会进行概念性的描述,说明投资逻辑。因此,大部分基金的投资策略的表述是类似的。与投资目的类似,投资策略也可以按照追求超额收益、追求绝对收益、追求最小跟踪误差的投资目的采用不同的投资策略。

1. 追求超额收益的投资策略

追求超额收益的投资策略包括自上而下和指数增强。自上而下适用于主动管理的基金,指数增强适用于指数增强基金。

自上而下的策略由大类资产配置和个券精选组成。大类资产配置是基于宏观形势和资本市场环境而决定各类资产的投资权重,大类资产包括了股票、债券、货币、商品等。大类资产配置决定了资产组合的风险,奠定了投资收益的基础。个券精选是基于证券的个性分析,包括基本面、估值、利率走势、久期管理等,在大类资产配置的基础上,进一步提高超额收益。自上而下的投资策略非常考验基金经理的投资能力,对宏观和微观的把握缺一不可。

指数增强的策略是在跟踪指数成分股和权重的基础上,通过调整成分股权重、投资非成分股的方法,追求收益超过标的指数。指数增强基金会控制与标的指数的跟踪误差,因此,策略中资产配置重要性较低,主要是在判断成分股选择上,对微观的能力要求更高。

专户产品通常还通过主要投资定向增发的股票、精选投资顾问来获取超额收益。

2. 追求绝对收益的投资策略

追求超额收益的投资策略包括股票多空和恒定比例组合保险策略(CPPI 策略)。

股票多空策略是通过现货多头与期货空头的组合,达到对冲风险、锁定收益的目的。股票多空策略运用较多的衍生品,由于我国衍生品市场还不成熟,监管机构对于此类策略的态度非常谨慎。股票多空策略一般与事件驱动策略、期货套利策略等同时使用。专户产品中使用股票多空策略的较多。

CPPI 策略是国际通行的一种投资组合保险策略,常用于保本基金。CPPI 策略根据投资组合期末最低目标价值和合理的折现率设定当前应持有的安全资产的数量,对安全资产持有到期,剩余资产投资于风险资产中。安全资产的目的是保证到期时本金不亏损,风险资产的目的是获取更高的投资收益。

3. 追求最小跟踪误差的投资策略

追求最小跟踪误差的基金是指数基金,因此,对应的投资策略也是指数基金的投资策略。指数基金的投资策略采用完全复制法,即按照成分股在标的指数中的基准权重来构建指数化投资组合,并根据标的指数成分股及其权重的变化进行相应调整。通过复制投资组合来实现跟踪标的指数投资收益的目的。

4. 其他投资策略

对于投资可转换债券、资产支持证券、股指期货和国债期货的基金,还需要单独说明这些资产的投资策略。其中,可转债和资产支持证券主要是个券精选,股指期货主要是套期保值,国债期货主要是久期管理。

(五)风险收益特征

基金的风险收益特征是指基金的预期收益和预期波动水平,这取决于基金的投资范围和比例限制。就主要的标的资产而言,风险收益由高到低分别是商品/股票、债券、货币,因此,商品基金、股票基金的风险往往最高,混合基金其次,债券基金第三,货币市场基金最低。从投资策略来看,主动管理的风险最高,指数增强其次,被动指数最低。FOF 的风险则由其标的基金的类型决定,投资风险越高的基金,其风险收益等级越高。

为了让投资者合理购买与自身风险承受能力匹配的基金产品,根据《证券期货投资者适当性管理办法》,从 2017 年 7 月 1 日起,基金管理人需要对证券投资基金进行风险评价,对投资者的风险承受能力进行评价,最终将产品风险和投资者风险承受能力相匹配起来。基金产品的风险按照从低到高分为 R1、R2、R3、R4 和 R5,投资者风险承受能力从低到高分为 C1、C2、C3、C4 和 C5,两类等级一一对应,风险承受能力低的投资者不能购买风险等级高的基金产品。

（六）业绩比较基准

业绩比较基准是基金投资收益的参照物，追求超额收益的基金所超越的就是业绩比较基准。业绩比较基准需要反映基金投资的目的和同类产品的投资业绩，例如，主要投资大盘股的基金会选择沪深 300 指数作为业绩比较基准，主要投资创业板股票的基金会选择创业板指数作为业绩比较基准，主要投资境外证券的会选择境外指数作为业绩比较基准。除了指数的选择以外，还需要考虑指数在业绩比较基准中的权重，例如混合型基金会选择股票指数和债券指数组合起来作为业绩比较基准，偏债混合型基金的债券指数权重会更高，偏股混合型基金的股票指数权重会更高，以便更准确地体现出投资目的。如果业绩比较基准与投资范围不匹配，那么对基金投资收益的衡量就会失去价值。

业绩比较基准的选择，一方面要考虑基金的实际投资情况，另一方面要考虑市场同类基金的情况，既要反映出基金的投资目的，又要具有同类可比性。

三、费率要素

证券投资基金的费率可以分为交易费用和运营费用。交易费用是投资者获得或者卖出基金份额的行为产生的费用，属于一次性缴纳的费用；运营费用是基金份额持有人持有基金份额期间产生的费用，属于连续缴纳的费用。我国公募基金的交易费用包括认购费、申购费、赎回费等，运营费用包括管理费、托管费、销售服务费、指数使用费等。

（一）认购费

认购费是投资者在基金募集期内购买基金份额所需要支付的费用，一般从认购金额中扣除认购费用后，剩余金额折算为基金份额。认购费用将支付给销售机构，用于基金的市场推广、销售、注册登记等募集期间发生的各项费用。由于募集期一般较长，剩余认购金额在募集期间会产生利息，利息也将折算为基金份额归基金份额持有人所有。利息一般为银行同期活期存款利息。

认购费可以是一笔认购金额的一定比例，也可以是一笔认购金额收取固定费率。为了激励投资者认购，基金管理人一般约定认购费率随认购金额的增加而递减。如果投资者在认购期多次认购基金份额，基金管理人可以按照单笔认购金额归属的认购费率来计算认购费，也可以按照合计认购金额归属的认购费率来计算认购费，当然，后者对投资者而言更为优惠。对于上市基金而言，由于场内份额是通过证券账户购买的，因此，场内份额的认购费率由证券公司以佣金的形式收取，一般不超过 1.0%。表 8-4 是以某政策性金融债券为例列示的认购费率结构。

表 8-4　场外份额认购费率结构举例

认购金额（M）	认购费率
$M < 100$ 万元	0.3%
100 万元 $\leq M < 200$ 万元	0.2%
200 万元 $\leq M < 500$ 万元	0.1%
$M \geq 500$ 万元	每笔 1 000 元

不同类型基金的认购费率也会有较大差别。一般而言,相同认购金额下,股票型基金、混合型基金的认购费率较高,债券型基金的认购费率较低,货币市场基金、短期理财基金认购费率为 0。

（二）申购费

申购费用与认购费用基本类似,都属于购买基金份额时支付的费用,只是申购费是投资者在基金合同成立后购买基金份额所支付的费用。投资者 T 日提交申购申请后,T+1 日即可确认基金份额,因此申购不存在利息折算。

申购费率的收取方式包括前端申购费和后端申购费。前端申购费在申购基金份额时支付申购费用,后端申购费在基金份额持有人赎回基金份额时才支付申购费用,我国公募基金多采用前端申购费。前端申购费与认购费收取规则基本一致,申购费率随申购金额的增加而递减,但是申购费率是以每笔申购金额来计算的。后端申购费是申购费率与基金份额持有期限有关,持有期限越长则申购费率越低,以此激励投资者持有更长期限。申购费率相比认购费率会高一点,场内份额的申购费率由证券公司以佣金的形式收取,一般不超过 0.5%。表 8-5 是以某政策性金融债券为例,列示其申购费率结构。

表 8-5　场外份额申购费率结构举例

申购金额（M）	申购费率
$M<100$ 万元	0.4%
100 万元 $\leqslant M<200$ 万元	0.3%
200 万元 $\leqslant M<500$ 万元	0.2%
$M\geqslant500$ 万元	每笔 1 000 元

（三）赎回费

赎回费是投资者在基金成立后将基金份额兑换为现金时要支付的费用,一般从赎回份额兑换成的现金中扣除赎回费用后,剩余金额支付给投资者。

赎回费率按照持有时间递减,基金份额持有期限越长,所适用的赎回费率越低,直至为 0。由于基金份额的赎回要求基金经理出售部分资产,导致资产价格波动,这对其他基金份额持有人的利益产生影响,因此,赎回费将按照不同持有期的不同比例计入基金财产,持有期越短,赎回费计入基金财产的比例越高,具体规则可以参考《开放式证券投资基金销售费用管理规定》。场内份额的赎回费率由证券公司以佣金的形式收取,一般不超过 0.5%。除了货币市场基金、短期理财基金的赎回费率为 0 以外,其他类型基金的赎回费率差别不大。表 8-6 是以某政策性金融债券为例列示的赎回费率结构。

表 8-6　场外份额赎回费率结构举例

持有期限（N）	费率
$N<7$ 日	1.5%
7 日 $\leqslant N<30$ 日	0.75%
30 日 $\leqslant N<1$ 年	0.50%
$N\geqslant1$ 年	0

　　还有一类特殊的赎回费,称作强制赎回费。根据《货币市场基金监督管理办法》,当货币市场基金满足流动性不足、基金估值偏差较大时,单日单个基金份额持有人申请赎回基金份额超过基金总份额1%以上的部分需要征收1%的强制赎回费,并将全部强制赎回费计入基金财产,用以弥补其他基金份额持有人的损失。强制赎回费仅适用于货币市场基金。

(四)管理费

　　管理费是支付给基金管理人的报酬,按照前一日基金资产净值的一定比例进行扣除。管理费每日计提,基金份额持有人需要持续地支付,直到赎回或卖出基金份额。不同类型基金的管理费率差距较大,一般而言,股票型基金、混合型基金、另类投资基金的管理费率较高,债券型基金的管理费率其次,货币市场基金的管理费率最低。根据市场数据,这里将各类基金的管理费率分类统计为表8-7。不过,定制公募基金的管理费率也逐渐下降,有与货币市场基金并驾齐驱的趋势。为了避免基金管理人打价格战,通过不合理的降低基金管理费率来吸引更多客户,扰乱市场秩序,监管机构会对基金管理人提出的管理费率进行审核。

表8-7　各类型基金的管理费率常见范围

基金类型	管理费率(%)
股票型	1~1.8
混合型	1~1.8
债券型	0.3~1.2
货币型	0.2~0.33
另类投资型	0.5~1.5

资料来源:根据市场数据整理、汇总。

　　我国公募基金的管理费率多为固定的,只有部分基金尝试过浮动费率。浮动管理费率与基金收益率挂钩,收益率越高,管理费率越高。为了衡量收益率水平,浮动管理费率基金一般为定期开放式。浮动管理费可以激励基金管理人追求更高收益,专户产品的管理费率常设置业绩报酬,对超过约定收益的部分按照一定比例支付给资产管理人作为激励,公募基金采用浮动管理费率,受到监管的限制。《资管新规》规定,金融机构可以与委托人在合同中事先约定收取合理的业绩报酬,业绩报酬计入管理费。未来也许可以出现更多收取浮动管理费的公募基金。表8-8为某浮动管理基金的管理费率结构。

表8-8　浮动管理费率示例

考核期内基金份额净值增长率(R)	管理费率
$R \leqslant (r+1\%)$	0.33%
$(r+1\%) < R < (r+4.35\%)$	$0.33\% + (R-r-1\%) \times 20\%$
$R \geqslant (r+4.35\%)$	1%

注:r为基准收益率,可以由管理人自行选择,例如一年定期存款利率。

（五）托管费

托管费是支付给基金托管人的报酬,与管理费的收取规则类似。托管费率相比管理费率会低很多,一般为 0.1%~0.3%,股票型基金、混合型基金的托管费率较高,债券型基金次之,货币市场基金较低。

（六）销售服务费

销售服务费是支付给销售机构的,用于基金市场推广、销售以及对基金份额持有人的服务。销售服务费的收取规则与管理费、托管人一致,是按前一日基金份额基金资产净值的一定比例从基金资产中提取。销售服务费与赎回费是有相关关系的,根据《开放式证券投资基金销售费用管理规定》,收取销售服务费的,赎回费率可以更低。

不同基金份额往往会选择不同的交易费用与销售服务费组合。前文也提到了,A类基金份额有较高的认购费率、申购费率、赎回费率和较低的销售服务费率,C类基金份额则正好相反。一般销售服务费率的收取范围为0~0.6%。表8-9列示了同一基金不同份额的费率标准。

表8-9　A、C份额费率结构示例

费用种类	情　形	A类费率	C类费率
认购费率	M<100万元	1.20%	0
	100万元≤M<200万元	1.00%	
	200万元≤M<500万元	0.60%	
	M≥500万元	每笔1 000元	
申购费率	M<100万元	1.50%	0
	100万元≤M<200万元	1.20%	
	200万元≤M<500万元	0.80%	
	M≥500万元	每笔1 000元	
赎回费率	N<7日	1.5%	1.5%
	7日≤N<30日	0.75%	0.5%
	30日≤N<1年	0.50%	0
	N≥1年	0	
销售服务费率		0	0.4%

（七）指数使用费

指数使用费是基金产品使用指数作为跟踪标的时支付给指数公司的费用,只有被动指数基金、指数增强基金需要支付指数使用费,普通基金使用指数作为业绩比较基准是不需要支付指数使用费的。指数由指数公司编制和维护,指数使用费是支付给指数公司的。指数使用费的费率和规则由基金管理人和指数公司协商,并签署《指数使用许可协议》。

指数使用费包括固定费和基点费,固定费是定期支付给指数公司的一笔固定费用,基点费是按前一日基金资产净值的一定比例提取的费用,基点费往往会设定一个收取下限,如果基金资产净值过低导致基点费低于下限,那么会按照下限收取基点费。在基金成立前支付的固定费由基金公司承担,基金成立后支付的指数使用费由基金资产承担。

不同指数的费用不同,一般指数公司已经开发好的指数价格会较低,而定制的指数价格会较高;常规指数的价格较低,稀缺指数的价格较高。指数的价格是可以与指数公司进行谈判的,不过指数公司处于寡头地位,基金公司的谈判空间不高。

四、其他要素

除了上述三类要素外,还有一些要素在产品开发中非常重要,包括估值方法、收益分配和定制类型。

(一)估值方式

证券投资基金的申赎价格是基金单位份额净值,基金单位份额净值是按照估值方法为基金持有的资产进行价值评估后计算出来的,因此估值方法决定了基金申购、赎回的价格。估值方法要保证能够及时、准确地展示基金份额单位净值,如果估值低于资产真实价值,那么申购价格偏低,新申购者获利,赎回价格偏低,赎回者亏损,净申购会使基金份额持有人亏损,净赎回会使基金份额获利;如果估值高于资产真实价值,则相反。

证券投资基金的估值方法包括市值法和摊余成本法。市值法是指按照资产的公允价值进行估值,摊余成本法是估值对象以买入成本列示,按照票面利率或协议利率并考虑其买入时的溢价与折价,在剩余存续期内平均摊销,每日计提损益。可以看出,市值法尽量展示资产的真实价值,摊余成本法展示的是资产的账面价值,无视资产的真实价值波动,因此,市值法估值出来的基金单位份额净值波动率较高,而摊余成本法则净值较为稳定。

对于基金资产流动性高、有公允价值的资产,一般采取市值法估值,例如上市股票、债券、期货等。对于基金资产流动性不足、市场没有公允价值时,可以采用估值技术进行估值,包括成本法、最近交易市价等。对于摊余成本法,由于存在资产真实价值和账面价值偏离的风险,监管机构对其进行了严格的限制。根据《资管新规》,只有封闭式产品且所投金融资产以收取合同现金流量为目的并持有到期,或者封闭式产品且所投金融资产暂不具备活跃交易市场,或者在活跃市场中没有报价,也不能采用估值技术可靠计量公允价值的,才能使用摊余成本法。目前,使用摊余成本法的多为货币市场基金、短期理财,部分定期开放债券基金也采用了摊余成本法,而未来应用摊余成本法估值的将越来越少。

除了正常估值以外,《公开募集开放式证券投资基金流动性风险管理规定》(以下简称《流动性风险管理规定》)还规定,当基金遭遇大额申购赎回时,通过调整基金份额净值的方式,将基金调整投资组合的市场冲击成本分配给实际申购、赎回的投资者,从而减少对存量基金份额持有人利益的不利影响,确保投资者的合法权益不受损害并得到公平对待。这种方法称为摆动定价。这其实是一种临时的估值调整,除了货币市场基金和 ETF 以外,新开发的基金将必须遵守该条规则。

(二)收益分配

基金份额持有人从基金份额中获得现金有两个途径,一个是赎回或卖出基金份额,另一个就是通过基金收益分配。基金进行收益分配的基础是可供分配利润。基金可供分配利润指截至收益分配基准日基金未分配利润与未分配利润中已实现收益的孰低数,基金已实现收益指基金利润减去公允价值变动收益后的余额,基金利润指基金利息收入、投资收益、公允价值变动收益和其他收入扣除相关费用后的余额。简单来说,基金收益分配的是可以提现的利润,第一是有利润,第二是这个利润是可以提现的。

1. 公募基金

基金的收益分配方式有两种,现金分红与红利再投资。现金分红是指投资者直接获得现金,资金不再留存在基金财产中;红利再投资是指将现金红利自动转为基金份额进行再投资,投资者不获得现金。一般而言,基金默认现金分红方式。

大部分的基金要求基金收益分配后基金份额净值不能低于面值,也即收益分配后基金单位份额净值不得低于1元,并约定每年收益分配次数,每次收益分配比例不得低于基金收益分配基准日每份基金份额可供分配利润的10%。有两类基金较为特殊。对于被动指数基金而言,投资目标是跟踪标的指数,因此,应当按照收益分配后基金份额净值增长率尽可能贴近标的指数同期增长率为原则进行收益分配,收益分配后有可能使除息后的基金份额净值低于面值。另外,还可以约定当基金份额净值增长率超过标的指数同期增长率达到某一数值时,才可进行收益分配。摊余成本法的货币市场基金的收益分配更为特殊,由于基金份额单位净值一直保持为1元,基金收益每日分配,且仅采用红利再投资的方式,正收益直接转换为新增基金份额,负收益直接转换为扣减基金份额。

基金的收益分配是会改变基金单位份额净值的,市场上有一类定期支付基金,会定期支付现金给基金份额持有人,但是与收益份额的原理不同。定期支付基金是定期将基金份额自动赎回,转化为现金支付给基金份额持有人,基金单位份额净值不会发生改变,不属于收益分配。

2. 专户产品

单一客户产品不存在收益分配的问题,因为所有的收益都属于一个投资者,投资者可以通过提取资金获得现金。特定多个客户产品一般不进行收益分配。

(三) 定制

定制公募基金是指单一投资者持有基金份额超过基金总份额50%的基金。公募基金的投资对象是公众投资者,属于标准化产品,专户产品的投资对象是合格投资者,属于定制化、个性化产品。定制公募基金是用标准化的壳满足了个性化需求。出现定制公募基金的原因是,公募基金在税收、新股中签等政策上有较多优惠,而且具有信息公开、业绩可比、监管更严格等特点,满足部分机构客户的需求,尤其是银行理财产品对信息公开、资金安全性等要求非常高,成为定制公募基金的重要客户。

根据《流动性风险管理规定》,定制基金需要采用封闭或定期开放运作方式,且定期开放周期不得低于3个月(货币市场基金除外),并采用发起式基金形式,且不得向个人投资者公开发售。采用封闭或定期开放运作主要是防止定制资金临时退出,给基金净值、市场造成波动。采用发起式基金形式一方面是因为定制公募基金不得向个人投资者公开发售,因此人数超过200人难度较高,发起式则没有户数要求;另一方面,为避免定制公募基金泛滥,发起式要动用基金管理人的自有资金,基金管理人将会审慎开发定制公募基金。不得向个人投资者公开发售的主要原因是避免个人投资者利益受损,一方面,在定制方占有份额较大的情况下,基金管理人对基金的运作将向定制方偏移,在持有人大会上定制方也占据绝对权,个人投资者的权利得不到发挥;另一方面,当定制方申购、赎回基金份额时,将对基金资产产生重大影响,给个人投资者的利益带来不确定性影响。

专户产品采用单一客户还是特定多个客户产品取决于客户的需求。单一客户产品的客户有决定性话语权,基金管理人在合法合规范围内完全依照客户的需求进行产品设计。特定多个客户产品则是基金管理人主导设计,然后再寻找有认可产品的客户。

 **阅读资料**

了解公募基金的途径

想了解公募基金,一方面可以查阅基金的基金合同、托管协议、招募说明书、定期公告、临时公告等文件,另一方面可以查看监管机构发布的法律法规。这两种方式对于基金产品开发都非常重要,因为法律法规虽然是原则,但是在实际开发中会有更细节的规范,需要根据产品开发实际案例来获得这些要素。普通投资者适合直接查看基金的文件,而业内人士需要阅读法律法规来明白要素设计的源头。

了解基金要素的途径非常丰富,读者可以通过以下途径了解到基金的要素。

1. 媒体

监管机构要求公募基金的信息披露在指定媒介和基金公司官网上公布,指定媒介包括《证券日报》《证券时报》《中国证券报》《上海证券报》等报纸。基金公司的官网有非常丰富的信息,包括基金产品的所有信息和基金公司的相关信息,如果有明确的想要了解的基金产品,直接前往基金公司官网查找是最好的。

如果想要查找市场上众多基金的信息,可以通过数据库或第三方网站来获得。常用的数据库如Wind,里面可以查找单只基金的信息、所有基金的公告、基金的数据等。常用的第三方网站包括天天基金网、蚂蚁金服等,既可以查找基金信息,还可以交易基金。

2. 客服电话

为了给公众投资者提供更优质的服务,基金公司往往会开通客服电话,不方便使用网络查找信息或者不知道何处查找信息的客户,可以直接电话咨询,而且是免费的服务。基金公司的客服电话在基金公司官网、基金法律文件中均会提供。

3. 监管机构网站

证券投资基金受证监会的监管,其中公募基金直接受证监会监管,专户产品受基金业协会监管。因此,在证监会和基金业协会的官网上也可以找到基金产品的统计数据、注册情况等信息。对于上市基金,在交易所网站上也会有信息披露。

第三节　产品开发业务实操

产品设计与开发包括了产品设计和产品开发,上一节已介绍了产品设计要点,本节将介绍产品开发业务流程。产品设计与开发遵循"二八原理":难度上产品设计占

80%,产品开发占20%;业务量和时间上产品设计占20%,产品开发占80%。产品设计阶段需要基金公司其他部门共同参与,而产品开发阶段则是与外部公司的业务往来。

证券投资基金的开发流程是由监管机构规定的,并且随着业务的发展、技术的进步而不断进行改善。产品经理需要不断熟悉并随时更新业务操作流程,才能满足监管机构的要求。虽然在业务细节上会有改善,但是大的业务流程阶段往往不会轻易变动,因此,本节介绍的业务实操以大的阶段为主。

公募基金与专户产品的开发流程差距非常大,一只公募基金的开发时间短则数月,长则数年,而专户产品的开发时间一般在几周内就能完成。本节将分别介绍公募基金和专户产品的开发流程。

一、产品开发历史

2006年之前,公募基金一直实行"单通道制",即每家基金公司只能有一只公募基金在证监会进行审核,只有等报审的基金获批后才能上报下一只;2006年3月开始改为"双通道制",2008年又增加了固定收益类通道,2010年开始实施分类审核制度(也即"多通道制",每种基金类型可以有单独的审批通道)。

在实行核准制的期间,基金公司的产品数量增长受限,几乎每年只有几只产品可以获批发行。随着市场的发展、投资者理财需求增加,从2014年8月开始,证监会对公募基金的审批实行注册制,不再限制公募基金上报的数量和类型,并提高审批效率至20个工作日,公募基金数量进入爆发期。2014年公募基金成立数量仅为347只,2015年824只,2016年1 152只,2017年975只。专户产品一直实行注册制,2012年6月,基金业协会成立,专户业务的监管和备案从证监会转移到基金业协会。

虽然公募基金和专户产品都实行注册制,但是证监会对公募基金的注册实行事前审核,需要通过证监会的审核才能予以注册,审核时长受到证监会办事效率的影响;而专户产品是真正的注册制,实行事后审核,因此效率会大大提高。

二、公募基金开发流程

公募基金的生命周期主要分为募集准备、证监会审批、发行成立上市、产品运作、产品清算这五个阶段。

(一)募集准备

募集准备是指在向证监会提交基金注册申请之前的阶段。这个阶段基金管理人可以自主掌握产品开发进展,并随时变更基金产品要素,这个阶段对于产品开发而言是信息最不透明的阶段,没有任何的公开渠道可以得知市场中其他基金公司在准备什么样的产品,尤其是创新型产品。例如,汇添富的国企改革ETF、6只CDR战略配售基金等在这个阶段都是严格保密的。因此,这个阶段也是基金公司"抢跑"的重要阶段。

公募基金的募集申请材料非常多,且需根据监管要求不断变化,目前需要提交的申请材料包括但不限于表8-10所列。

表8-10 申请募集公募基金材料清单

序号	材料	适用基金类型
1	承诺函	所有类型

续表

序号	材　料	适用基金类型
2	募集申请	所有类型
3	基金合同（草案）	所有类型
4	托管协议（草案）	所有类型
5	招募说明书（草案）	所有类型
6	《基金合同填报指引》前后条文对照表	所有类型
7	基金管理人董事会决议	所有类型
8	法律意见书	所有类型
9	基金经理中国证券投资基金业协会注册函	所有类型
10	有关情况的说明	所有类型
11	风险评估报告	所有类型
12	固有资金认购承诺函	发起式基金
13	交易所无异议函	上市基金
14	指数使用许可协议	指数基金
15	定制客户投资说明	定制基金
16	产品方案	FOF
17	人员准备情况	FOF
18	风险揭示书、投资者教育	FOF

根据不同的基金类型，募集准备所需要的时间、涉及的外部机构不同，这在本章第二节中已经提到过，此处详细梳理一下。

1. 托管人

基金募集材料中需要提供基金管理人和基金托管人盖章的基金合同和托管协议，因此基金托管人需要审阅基金合同和托管协议，审议通过后盖章。在募集准备阶段，基金合同和托管协议均为草案，在证监会审批通过后，才会成为定稿。

2. 律师事务所

为了减少监管机构的审批工作量，监管机构要求基金管理人聘请第三方律师事务所为基金的募集申请材料进行审阅，并对申请材料的合规性出具法律意见。因此，基金管理人需要将所有的募集申请材料提供给律师进行审核，律师还需要对基金管理人、基金托管人的资质进行审核。只有律师出具无异议的法律意见书，证监会才可能会进一步审核募集申请材料。

3. 交易所

对于上市基金，募集申请材料中需要有基金上市地点所在交易所对于开发基金的无异议函。基金管理人先向交易所提交产品开发申请，并提供产品开发准备完毕的说明，交易所在审核申请材料后，出具无异议函。

4. 指数公司

对于指数基金，募集申请材料中需要有基金管理人与指数公司签署的《指数使用许可协议》，说明基金管理人已经取得了指数公司授权许可使用指数。对于常规指数而言，基金管理人很容易就取得指数公司的授权，但是对于特殊的指数，例如商品期货指数等，指数公司会限制授权数量，那么就需要基金管理人之间用实力竞争，或者先到先得。

5. 基金业协会

在募集申请材料中，需要提供基金经理的注册批复，而基金经理是在基金业协会进行注册的。在完成产品要素期间，就需要确定新基金的拟任基金经理，并在基金业协会完成注册。

6. 基金部综合监管系统

基金部综合监管系统(Fund and Institutions Regulatory and Surveillance Task，FIRST)是证监会开发并用于审核的电子系统。产品经理将产品审核要素、所有募集申请材料的电子版上传到该系统中，证监会将通过该系统对申请材料进行审核。该系统可以实现基金合同对比等功能。证监会要求基金管理人确保所有上传到该系统的电子材料和纸质原件保持一致。

（二）证监会审批

证监会的机构部负责对公募基金进行规范性审核，简单产品的处理时间为20个工作日，特殊产品的处理时间为6个月，特殊产品包括分级基金、FOF等复杂产品。

1. 接收

将募集申请材料装订成册后，报送到证监会受理处。受理处独立于机构部，负责收取金融机构的申请材料和分发证监会的反馈、批复等公文，是金融机构与证监会的接口。募集申请材料报送给受理处后，受理处将对募集申请材料的项目进行初审，确保所有证监会需要的项目都有对应的材料，但是不会对材料内容进行审核。受理处一般在提交申请当天或者次日就可以回复纸质版《接收凭证》。

2. 受理

在收到《接收凭证》后5个工作日内，证监会将就是否受理基金募集申请进行回复。此时基金产品会被分配给具体的审核员，对募集申请材料进一步审核。如果证监会受理基金募集申请，则会出具《受理通知书》，证明基金正式进入法律文件审核的流程；如果证监会需要基金管理人补充提供材料，则会出具《补正通知书》，基金管理人根据《补正通知书》提交补充材料后，证监会再受理；如果证监会拒绝受理，则会要求基金管理人提交撤回募集申请的申请。证监会出具的通知书、基金管理人提供的补充材料都将通过受理处进行传递。

3. 反馈

简单产品在基金受理后的20个工作日内，审核员会就募集申请材料的内容出具反馈意见，主要是基金合同的法律条款，并出具《反馈意见通知书》。产品经理在收到通知书后，需要在60个工作日内根据反馈意见修改募集申请材料，更新纸质版和FIRST系统材料，并提交给审核员。审核员从收到基金管理人提交的反馈回复之日起20个工作日内必须再次进行反馈或者批复。

4. 批复

审核员审批通过后，证监会将出具准予基金注册的批复。基金管理人在获得该批复后才可以进行基金募集,且必须在批复后6个月内启动募集,否则批复将会过期,基金管理人想要再次募集需要向证监会提出延迟募集的申请,经过证监会同意后6个月内进行募集。批复是证监会对募集申请材料审批的终点,也是最重要的批复之一。

(三)发行成立上市

基金的发行、成立、上市安排取决于基金管理人的安排,自由度相对较高。

1. 发行

基金发行期不得超过3个月,发行起始日不得晚于基金批复日的6个月。在基金获得批复后、发行前,场外基金需要在中国资本市场标准网上申请基金代码和基金简称,上市基金需要向交易所申请场内基金代码和场内简称。基金发行起始日前3日需要公布基金合同、托管协议、招募说明书、基金合同摘要和发售公告,其中发售公告会对基金发行期、销售机构进行说明。基金发行期间,基金公司销售部门负责向投资者销售,基金运营部门负责基金份额登记,产品部门负责准备相关公告。

基金的发行期可以延长或者缩短,但最长不得超过3个月。延长募集期或提前募集结束需要发布对应的公告,并在公告后3个工作日内向证监会进行备案。延长或者缩短募集期属于事后备案,证监会不会进行干涉。

2. 成立

基金募集期结束后,基金运营部与外部会计师事务所就募集到的份额、金额、户数进行统计并核对,会计师事务所出具验资报告,产品经理准备基金合同生效公告,并向证监会提交成立备案申请。证监会会对基金合同的成立条件进行审核,如果满足成立条件,则会出具《备案确认函》。定制基金还需要提供定制者和认购金额的说明。

证监会确认备案的当日即为基金合同生效日,需要在XBRL信息披露系统完成生效公告的填报,并于第二日公告《基金合同生效公告》。

3. 上市

上市基金在基金成立后可以向交易所提交上市申请,确定上市日期、上市份额、开放申购赎回的日期、参与销售的券商名单等。在上市日期的前3个工作日,基金管理人需要披露《上市交易公告书》,就基金上市交易、开放申赎的业务、财务情况、基金份额持有人结构进行说明。

(四)产品运作

基金的募集准备、证监会审批和发行成立是所有基金都必须经历的流程,也是产品开发最主要的流程。运作期间的产品开发只是对基金的要素进行调整和维护,不是必然发生的,是根据不同基金的运作情况、监管变化采取的不同动作。根据是否需要召开持有人大会和证监会备案时点,产品运作期间的开发可以分为三类。

1. 不需要召开持有人大会,证监会事后备案

这类业务流程最为简单,不涉及基金核心内容的改变,也不会损害投资者的利益,一般是根据基金合同的约定进行的调整,例如基金申赎费率的降低或者优惠、基金分红等。

2. 不需要召开持有人大会,证监会事前审核

这类业务流程较为简单,只需向证监会提交申请,并在证监会审批同意后进行公告即可。这类业务涉及基金条款的变动,但是不会损害投资者的利益,例如调整基金份额

类别、调整申购费率、调低赎回费率等。基金合同中"基金份额持有人大会"部分会明确列出此类业务的情形。

3. 需要召开持有人大会，证监会事前审核

所有需要召开持有人大会的业务，均需要证监会事前审核，只有在证监会审核通过的基础上，才可以召开持有人大会。这类业务涉及基金核心内容的改变，可能会损害投资者的利益，因此需要证监会审核，并且经基金份额持有人大会投票通过才能实行，例如变更投资范围、变更运作方式、变更基金类别等。基金合同中"基金份额持有人大会"部分会明确列出此类业务的情形。

这类业务分为三个部分：

首先，要向证监会申请基金变更并召开持有人大会，证监会审批后会通知基金管理人是否可以进入下一步；其次，在获得证监会同意后，基金管理人要组织召开基金份额持有人大会，基金份额持有人就会议议案进行投票，赞成、反对或弃权；最后，基金管理人、基金托管人、律师事务所、公证处就投票结果进行统计，如果通过，则从计票结果出具日起决议生效，如果不通过，则决议不生效，基金管理人需要公布最后的决议结果，并向证监会进行备案。

（五）产品清算

产品清算是要将基金拥有的资产进行出售变现，并将变现后的资金按照基金份额分配给持有人。对于流动性高的资产，在基金清算期间就可以实现变现，但是对于缺乏流动性的资产，例如停牌的股票等，在清算期间可能无法变现，那么基金管理人可以采取先按估值垫资支付或者无法变现部分资产等未来变现后再清算的方法。

第二节中已经提到过清算的两种情况：召开持有人大会清算和触发清算。

1. 召开持有人大会清算

召开持有人大会清算的流程包括召开持有人大会和清算，其中召开持有人大会的流程与其他议案召开持有人大会一致。在持有人大会通过清算决议后，基金进入清算流程。基金清算期起始日前一日是基金的最后运作日，进入清算期后，基金停止申购、赎回、转换等业务，基金管理人开始出售基金资产。基金运营部基金会计组会对基金清算期间资产的处置进行说明，并出具清算报告，报告需要经过外部会计师事务所审计，律师事务所需要就清算事宜相关材料进行审核并出具法律意见书。基金管理人在获得清算报告、法律意见书后，向证监会就基金财产清算结果进行备案，在证监会出具回函后向投资者公告清算报告。

2. 触发清算

当基金触发清算条款后，基金管理人需要及时公告，通知投资者基金合同终止及基金财产清算的事宜。触发清算的基金无须召开持有人大会，也无须在进入清算期前向证监会备案，直接进入清算程序。清算期结束后，基金管理人在获得清算报告、法律意见书后，向证监会就基金财产清算结果进行备案，在证监会出具回函后向投资者公告清算报告。

三、专户产品开发流程

专户产品的开发实行的是备案制，只需要在基金业协会的系统上提交申请和材料

即可,无须纸质备案文件。因此,专户产品的开发重点是在投资者的寻找和投资策略的设计上,产品开发流程非常简单。单一客户和特定多个客户产品的开发流程有较大区别,单一客户产品的开发流程更加简洁。

（一）单一客户产品

1. 备案材料准备

单一客户产品开发中需要准备的法律文件只有产品合同,所有产品要素都在产品合同中进行约定。产品合同需要投资者、资产管理人和资产托管人共同签署,产品合同自三方完成签署之日起成立,自成立之日起生效。单一客户产品合同签署只代表了投资者有投资意向,资金是否到位并没有要求。单一客户既可以是个人或机构投资者,也可以是其他资管产品。如果是其他资管产品的,还需要资管产品先完成成立备案。聘请投资顾问的产品还需要签署投资顾问备忘录等。

2. 协会备案

在合同签署日起的 5 个工作日内必须完成在基金业协会系统上的备案,备案材料提交后,基金业协会系统立即自动生成《资产管理计划备案证明》,证明产品已经在基金业协会备案。

3. 运作

备案完成后,资产管理人和资产托管人应完成相关账户的开立,投资者可以将资金转移到在开立的账户中,资产托管人在收到资金的当日向资产管理人和投资者提交《委托财产起始运作通知书》,经资产委托人及资产管理人双方签章确认后的当日作为委托财产运作起始日,此后资产管理人可以开始对资金进行运作。投资者追加或提取资金均需要提交《追加、提取委托财产通知书》,资产托管人在收到资金后向资产管理人和投资者提交《追加委托财产起始运作通知书》。在运作期间,资产管理人还需要在基金业协会的系统中对投资者信息资料进行备案。

4. 补充协议

在产品运作过程中,如果需要对产品的要素进行调整,需要投资者、资产管理人和资产托管人共同签署补充协议,并在基金业协会的系统中进行备案。

5. 清算

投资者提前结束或者到期终止的专户产品将进入清算期,与公募基金的清算类似,资产管理人变现所有资产,并出具清算报告。资产管理人还需要在基金业协会的系统中进行备案。

（二）特定多个客户产品

1. 备案材料准备

特定多个客户产品的法律文件包括产品合同、投资说明书和备忘录,其中,产品合同和备忘录需要所有投资者、资产管理人和资产托管人进行签署,投资说明书只需要资产管理人盖章即可。产品合同和投资说明书是必须的法律文件,备忘录并非必要的法律文件。资产管理人还需要提供设立产品的合规审查意见、产品符合资管新规的专项合规审查意见,对产品的合规性进行说明。

在备案材料准备期间,专户产品可以向特定客户进行募集,确认参加募集的投资者需要签署产品合同,产品合同自投资者、资产管理人和资产托管人签署之日起成立。募集时间原则上不超过 1 个月,当募集结束后,外部会计师事务所会出具验资报告。这是与单一客户产品不同的地方,单一客户在备案前并不会发售。

2. 协会备案

在收到验资报告后,资产管理人可以在基金业协会的系统上进行备案。特定多个客户产品的备案材料需要经过基金业协会的审核,审核通过后方可完成备案。一般在提交备案申请 5 个工作日内可以出具《资产管理计划备案证明》。特定多个客户产品存在募集失败的情况,但募集失败也需要进行备案。

3. 运作

特定多个客户产品从获得《资产管理计划备案证明》之日起开始生效,产品进行投资管理运作。对于封闭式的产品,在运作期间投资者不能参与或退出,对于定期开放式的产品,投资者可以在开放期参与或退出。在运作期间,资产管理人还需要在基金业协会的系统中对投资者信息资料进行备案。

4. 补充协议

与单一客户产品一样,补充协议需要所有投资者、资产管理人和资产托管人共同签署,并在基金业协会的系统中进行备案。

5. 清算

特定多个客户产品需要在合同终止后 10 个工作日内编制完成清算报告,在资产清算后需要在基金业协会的系统中进行备案。

 阅读材料

这就是产品经理

产品开发的主要内容已经介绍完了,通过对这个岗位工作内容的了解,可以看出,产品经理需要有细致的观察力、丰富的联想力和优秀的沟通能力。如果没有细致的观察力,产品经理无法完成严谨的法律协议和繁杂的业务流程,任何疏漏、错误都会导致合规风险,损害投资者、基金管理人、基金托管人的利益。如果没有丰富的联想力,产品经理无法从众多的产品要素中找到最佳的匹配,组成一个完美的产品,也无法应对产品的多样化。如果没有优秀的沟通能力,产品经理很难在各业务部门、各外部机构间斡旋,无法使得各方达成一致意见,也就无从谈起产品开发推进和落地。

产品经理需要同时完成产品设计与开发,但产品开发是基础,产品经理需要花 3~5 年来熟练掌握产品开发业务流程,不同产品要素之间的组合会带来产品开发流程的变化,产品经理需要不断接触新的产品类型,才能掌握要素背后的意义。产品开发的过程非常冗长,甚至枯燥,会经历各种反复、修改,甚至可能花费了很长时间来开发,最后却因为市场时机的错过、监管风向的改变而导致产品不能落地。产品经理需要有一颗平常心来面对付出的时间和精力可能得不到回报的情况。

产品设计虽然在每只产品开发中都会涉及,但是难度上会有较大差别。只有从产品开发中积累了足够的经验,并且广泛地熟悉了各个部门的业务性质后,才能灵活运用于设计。初级的产品设计是在已知要素上进行新的组合,高级的产品设计是突破已经

存在的模式,进行产品创新,尤其是在投资、营销、运营端的创新。当产品经理的工作重点从产品开发转移到产品设计,那么产品经理的工作就会更加有趣了。

如果说公募基金的产品经理打的是一场持久战,那么专户产品的产品经理打的就是闪电战,开发速度要快,产品类型较繁杂。

本章练习题

一、概念题

证券投资基金、基金产品、基金运作方式、基金费用

二、选择题

1. 基金发行期不得超过( )个月,发行起始日不得晚于基金批复日的( )个月。

A. 1

B. 3

C. 6

D. 9

2. 下列事项中需要召开持有人大会并报证监会审核的是( )。

A. 基金分红

B. 降低申赎费率

C. 改变基金份额类别

D. 变更运作方式

3. 公募基金的投资者最少为( )人,发起式公募基金最少为( )人,专户产品的投资者最多不超过( )人。

A. 2

B. 200

C. 20

D. 2 000

三、论述题

试介绍公募基金的开发流程。

证券投资基金的销售

基金产品设计工作完成后,即进入了产品销售这一关键环节。本章将从基金产品销售概述和基金产品营销模式及管理两方面进行分析和讲解。

第一节　基金产品销售概述

本节由基金产品销售、销售渠道以及营销分析三部分内容构成,并通过案例分析对基金营销进行具体讲解。

一、基金产品销售

（一）相关概念

基金产品销售包括基金销售机构宣传推介基金,发售基金份额,办理基金份额申购、赎回等活动。基金销售活动的参与主体包括基金销售机构、基金投资者、基金管理人以及提供其他销售服务管理的机构。

1. 基金销售机构

基金销售机构是指依法办理基金份额的认购、申购和赎回的基金管理人以及取得基金代销业务资格的其他机构,拟开展基金销售业务的机构,在符合《证券投资基金销售管理办法》的情况下,向工商注册登记地的中国证监会派出机构进行注册并取得相应资格。

基金代销机构办理基金的销售业务,应当与基金管理人签订书面销售协议,至少在以下方面明确各自的权利义务:①销售费用分配的比例和方式;②基金持有人联系方式等客户资料的保存方式;③对基金持有人的持续服务责任;④反洗钱义务履行及责任划分;⑤基金销售信息交换及资金交收权利义务。除此之外,还应该在相关法律法规框架下建立健全并有效执行基金销售业务制度和档案管理、持有人账户资金管理制度等。

2. 基金投资者

基金投资者是指基金的持有人,是持有基金单位或基金股份的自然人和法人。基金投资者是基金的实际所有者,享有基金信息的知情权、表决权和收益权。基金的一切投资活动都是为了增加投资者的收益,一切风险管理都是围绕投资者利益来考虑的。

基金投资者与基金管理人签订基金合同,享有基金合同内的权利并依法履行相应的义务。在基金合同存续期间,基金投资者可以分享基金财产的收益,依法转让或者申请赎回所持有的基金份额,召开基金份额持有人大会并对审议事项行使表决权;同时,基金投资者应依法缴纳基金认购款项及规定费用,承担基金亏损或终止的有限责任,不得从事有损于基金及其他基金投资人合法权益的活动等。

(二) 特点

1. 专业性

基金销售机构在销售基金从业人员资格及培训、基金销售方式以及销售业务信息管理方面都高度体现专业水平。根据《中国证券投资基金业协会证券投资基金销售人员职业守则》和《证券投资基金销售机构内部控制指导意见》,基金销售人员应当具备从事基金销售活动所必需的法律法规、金融、财务等专业知识和技能,并根据有关规定取得基金业协会认可的从业资格,获得基金销售资格的从业人员应参与基金销售相关的职业培训。

基金不同于日常生活中的实物资产,它的价值不是买入后直接使用产生的满足感,而是在低位买入、高位卖出所获得的资本利得,也就是说,基金产品的后续服务质量不能比基金首次销售时差,其中既包括投资者是否能够承受该基金产品在某一期间内净值波动(这就要求销售人员根据投资者的目标和风险承受能力推荐基金品种,并客观介绍基金的风险收益特征),也包括投资者无法判断市场状况时,销售人员及时提供专业的市场分析服务。

除此之外,基金销售机构在基金销售业务信息管理方面的专业化管理,有助于基金销售机构及时准确地为客户解决基金账户信息查询、基金信息查询、基金管理公司信息查询等一系列活动。

2. 规范性

基金销售全过程具有一整套规范性制度,包括基金销售人员的行为规范、宣传推介材料的规范、销售费用收取的规范性,而规范的制度和管理有助于提升投资者对行业的认可度,提高投资者服务质效。

基金销售人员在向投资者推介基金时应符合"自我介绍并出示证件—尊重投资者意愿—公平对待所有投资者—使用统一制作的推介材料"的要求;销售过程中使用的推介材料由基金管理人或基金代销机构负责基金销售的高级管理人员出具合规意见书并报送所在地中国证监会派出机构备案,基金销售机构针对以上行为明确列示禁止性规定及违规处罚。基金销售机构按照基金合同和招募说明书的约定向投资者收取销售费用,在代销基金产品前与基金管理人签订代销协议,并就销售费用的分成比例及支付结算方式进行约定。

3. 适当性

根据相关标准分别对代销产品和投资人进行风险评价以及风险承受能力调查,依照适当性原则为投资者推介基金品种和提供相应的服务。其中,产品风险分为5级(由低到高):R1、R2、R3、R4、R5;投资者风险承受能力分为5级(由低到高):C1、C2、C3、C4、C5。需要注意的是,投资者风险承受能力可能会发生变化,因此,不仅要在其首次开立基金账户或者购入基金产品时予以评价,还要在后续进行跟踪调查。

4. 全过程性

在投资前基金销售人员要积极地开展投资者教育,其中包括介绍证券市场和基金市场的基础知识、该基金产品的运作方式和投资标的,使投资人了解基金运作原理及风险水平。在基金投资操作过程中,对客户进行风险能力测试,推介相应的产品,协助客户完成开户、申购赎回等相关业务。在客户购买产品之后,提醒客户核对交易信息及告知相应的信息查询,定期回访客户,对客户的问题和需求及时解答和满足。

二、销售渠道

基金的销售渠道主要有两个,一个是由发行该基金的基金管理公司直接销售,对象多为机构客户和高净值个人客户(如果个人投资者通过基金公司官网或者由基金公司自行开发建立的电子商务平台自行购买,也属于直销);另一个是基金代销,基金管理公司的基金代销机构主要是商业银行,近几年通过互联网第三方平台销售基金的规模增速加快,另外代销渠道还包括证券公司、咨询机构和其他类型的独立基金销售机构等。

(一)商业银行

商业银行代销基金主要分为对公和对私两个条线,对私条线下根据服务客户定位不同又分为两个部门,分别是个人金融部和私人银行部,其中,个人金融部的客户个人资金量不大,但是客户群体庞大,代销产品多为公募基金,且门槛较低;而私人银行部主要从事专户业务,客户为高净值客户,资金量较大,进入门槛高。对公条线的客户为机构,一般为当地的企业或同业机构,对于这些机构为什么选择银行购买基金,可能是因为与银行在其他业务上存在战略协同关系。因此,无论是对公条线还是对私条线,银行凭借多年来主业的积累,不仅有深厚的客户基础还有其他金融机构所不具备的垄断地位,由此,银行代销是基金代销的主要渠道也就可以理解了。

(二)证券公司

近年来,证券公司在传统的经纪业务基础上衍生出基金代销、投顾业务、两融业务等,其中,基金代销业务就是本部分详细阐述的内容。

证券公司与银行代销渠道有相似也有区别:证券公司依靠交易所的会员地位,收获了大量客户资源,银行则是通过存贷款业务积累了大量客户信息,因此,两者的获客渠道都是在传统的基础业务上衍生出来的正外部性资源,且两者早期客户积累丰厚。不过,由于基础业务的区别,银行客户群体更广泛且银行业务的多样性更易形成完整的人物画像,而证券公司的客户则更聚焦在证券交易行为分析上,且风险偏好程度普遍高于银行客户。因此,与向银行的个人客户销售基金相比,向证券公司客户销售基金貌似更容易被接受;同样,由于不同渠道客户的特质不同,在不同的代销机构中着重销售的基金产品类型也有所区别。近些年,由于开户数量的增速已放缓,且券商竞争压力增大、佣金费用不断走低,证券公司也在积极结合基金代销和投顾业务来抢占份额并通过衍生服务收取相应的费用,而不再单纯依靠佣金创收。

从上一章对基金产品的描述我们可以了解到,基金管理公司的每只基金都需要在投资范围和投资限制下购买股票、债券或其他金融工具,也就是说,基金也要与证券公司合作,以便于在交易所获得相应购买金融资产的资格。那么,券商代销基金过程中,不仅可以获得代销费,还会考虑到长期稳定合作中基金交易账户所带来的佣金收入的可能性,因此,券商积极代销基金也会为其与基金公司其他业务的开展带来便利。

（三）证券投资咨询机构

证券投资咨询机构的主要业务是证券投资顾问业务和提供研究报告业务,通过多年的发展,已经逐渐探索出财务顾问、基金销售、私募基金管理、其他业务等创新业务多元化发展的业务模式,不过证券投资咨询机构目前仍存在主业过于突出的现象,以投资顾问和研究报告为核心的证券投资咨询业务营收占比在85%以上。证监会于2019年发布的《证券投资咨询机构执业规范（试行）》表明,证券投资咨询机构在开展多种业务的进程中,对可能存在利益冲突风险的业务隔离管理也是监管重点。

随着获得基金销售资格的咨询机构数量增多,代销公募基金的规模也有所上升,但相比其他代销机构,证券咨询机构的代销基金规模占比极小。因此,在下文中不做过多讨论。

（四）独立基金销售机构

借用最新的《证券投资基金销售管理办法》关于独立基金销售机构的定义,其是专业从事公募基金及私募证券投资基金销售业务的机构。独立基金销售机构不得从事其他业务,也就是说,只能开展基金代理销售的业务。首批独立基金销售机构早在2012年获批,包括好买财富、众禄投顾、诺亚、东方财富。在基金业协会公布的前十大公募基金保有规模的代销机构中便有两个独立基金销售公司,分别是处于第二的蚂蚁基金销售公司和处于第四的天天基金销售公司,独立基金销售已成为重要的代销基金方式且头部效应显著。

（五）基金公司直销

基金公司直销是指投资者直接通过基金公司或基金公司网站买卖基金的一种方式,在基金销售过程中没有中间层——代销机构的参与。从信息成本和操作成本上来看,基金直销是效率最高的销售方式,这是因为：

第一,基金产品由基金公司直接销售,没有代销机构从中提取费用分成,向投资者收取的基金认购费、申购费、赎回费和管理费都构成基金公司的收入。

第二,通过基金公司直接购买基金的投资者,可以以最快的速度完成申赎,时间差短效率高；此外,基金转换更简便,易于操作。

第三,基金公司直销的产品是本公司的基金,因此,无论是机构销售经理还是渠道销售经理,其对产品的了解程度和专业度更高,信息传播链条短,减少了信息失真问题。

既然如此,为什么基金公司不将全部基金通过直销方式销售呢?虽然基金销售中过半基金是通过基金直销的方式销售的,不过基金直销的客户一般都是机构、同业以及高净值客户,客户覆盖面较小,且这部分产品大多是货币基金和债基。而我们都知道,混合基金和股票型基金的管理费率更高,其业绩也更能体现基金公司的投研能力,因此,拓宽代销渠道、增加基金规模不仅可以提高管理费收入,还能打开长尾客户群体市场,进而打造企业的品牌形象。

三、营销分析

(一) 基金销售市场结构

1. 基金销售市场概览

根据基金业协会公布的最新信息,各渠道公募基金保有规模占比如表 9-1 所示。

表 9-1 基金销售机构规模占比

年度	商业银行(%)	证券公司(%)	基金公司直销(%)	独立基金销售机构(%)	其他(%)
2015	25.22	10.01	61.90	2.14	0.73
2016	23.43	8.23	65.62	2.24	0.48
2017	24.41	6.05	65.38	3.84	0.32
2018	24.14	6.41	61.26	7.76	0.42
2019	23.59	7.59	57.29	11.03	0.49

资料来源:中基协官网(https://www.amac.org.cn/)。

虽然基金业协会的统计数据更新至 2019 年,但表 9-1 仍可以显示各类渠道的比例和趋势:直销渠道一直是最主要的基金销售方式,占比过半;代销渠道中商业银行占比最高,不过近几年商业银行和证券公司占比呈现下降趋势;独立基金销售机构占比逐年增多,2018 年独立销售机构保有规模超过证券公司。

2. 代销市场结构

总体来看,TOP100 代销基金机构保有规模环比增长,银行仍是代销主力。对比2021 年第三季度公募基金销售机构保有规模数据和二季度数据,Top100 机构股票+混合基金保有量环比增长 0.2% 至 6.16 万亿元,非货币基金保有量环比增长 3.8% 至7.66 万亿元。非货币基金方面,银行渠道占比 54.2%,独立基金销售机构占比 32.2%,券商渠道占比 13.2%;股票+混合基金方面,银行渠道占比 59.1%,独立基金销售渠道占比 25.2%,券商渠道占比 15.3%,保险机构仅中国人寿上榜。

分渠道来看,独立基金销售渠道占比有所提升,银行和券商渠道占比相对下降。银行渠道中非货币基金保有量环比下降 0.4%,股票+混合基金保有量环比持平。截至2021 年第三季度,银行渠道非货币基金和股票+混合基金保有量占 Top100 机构比重分别为 54.2% 和 59.1%,相比上一季度各自下滑 2.1 和 0.4 个百分点。券商渠道非货币基金保有量环比下降 8.4%,股票+混合基金保有量环比下降 9.9%。Top100 代销机构中,规模占前 100 家机构比例约 13%~15%,券商渠道保有规模下降明显,可能由于券商客户交易属性较强,是震荡市下交易行为的结果。独立第三方代销机构非货币基金保有量环比增长 17.2%,股票+混合公募保有量环比增长 8.5%。行业头部效应显著,非货币基金保有规模排名前五的三方机构是蚂蚁基金、天天基金、腾安基金、基煜基金、盈米基金,占同类机构比例约为 86.9%;同时,以基煜、汇成为代表的 ToB 代销机构和买方投顾代表盈米基金稳健增长。

(二) 代销机构的产品结构

自 2021 年,基金业协会开始公布基金销售机构的公募基金保有规模数量。表 9-2

显示了截至 2021 年第三季度的前十大基金销售机构(按照股票+混合公募基金保有规模排名)的保有规模存量。同样我们可以看到,两个不同分类标准下的排名结果是不同的,也就是说,在不同公司中,基金代销的重点类型不同。这种不同是否在机构之间有明显区别?是否与机构性质或客户性质有关?下面我们将对此展开讨论。

表 9-2 基金销售机构公募基金销售保有规模

排名	机构名称	股票+混合公募基金保有规模(亿元)	非货币市场公募基金保有规模(亿元)
1	招商银行股份有限公司	7 307	7 810
2	蚂蚁(杭州)基金销售有限公司	6 810	11 954
3	中国工商银行股份有限公司	5 207	5 667
4	上海天天基金销售有限公司	4 841	5 783
5	中国建设银行股份有限公司	3 948	4 313
6	中国银行股份有限公司	3 270	4 860
7	交通银行股份有限公司	2 651	2 840
8	中国农业银行股份有限公司	2 162	2 220
9	上海浦东发展银行股份有限公司	1 690	1 736
10	中国民生银行股份有限公司	1 648	1 701

资料来源:中基协官网(https://www.amac.org.cn/)。

1. 银行打造全产品销售结构

从上述代销机构保有规模分析中,我们可以发现银行一直是最大的代销机构,这与银行长期以来在金融体系中的主导地位不无关系。银行凭借多年的积累,在全国各地布满网点,依网点为中心扩散辐射进而占据当地的市场份额,再加上银行的传统金融业务,几乎人人都曾与银行打过交道,也就是说,银行可以基于其广泛的客户群体以及强大的业务张力,形成完整详尽的客户画像。在大数据时代下银行自然不会白白浪费这一宝贵资源。根据恒天财富的《2019—2020 中国高净值人群财富报告》,中国 35.6%高净值客户选择私人银行作为财富管理机构;相较券商和独立基金销售机构,银行拥有更多的高净值客户。

无论是高净值人群还是机构,在与银行频繁进行双向合作过程中形成了较强的粘性,那么为保障持续合作,银行向客户销售基金产品的时候,更像是扮演客户财富管理者的角色,因此,银行不仅为不同的客户配置不同风险的资产,还可能会对同一客户资产进行多样化配置。基于此,银行的代销基金类型丰富,并根据市场行情对代销产品规模占比有所变动;不过银行内购买基金的客户多是由银行理财业务转型过来的,追求的是相对稳健的收益,总体来看,混合型基金在银行中的代销比例最高,约占 1/3。

2. 券商主攻股票型基金

与银行不同,券商代销基金获客方式主要是传统经纪业务,这些客户开户后多进行股票交易,有一定风险承受能力和投资经验,因此在其购买基金时多选择股票型基金,2019 年数据显示,券商代销的股票型基金接近市场的 1/2。

随着资本市场不断深化改革,一系列引导长期资金入市的政策和畅通资金进入实体经济的举措相继推出,包括北交所成立,在科创板、创业板基础上进一步推进全面注册制改革,持续优化资本市场投资者结构、缩短公募基金产品注册周期、健全长周期的激励考核制度等。目前,公募基金规模不断扩容,其中权益类公募基金管理规模达到8.9万亿元,同比增长31%。在权益类公募规模扩大的背景下,券商渠道如何保住已有的市场份额不被其他销售机构所吞噬?券商利用投研优势进行财富管理转型之路将迎来大考。

3. 第三方独立销售机构债基比例高

(1)天天基金销售机构。天天基金依托东方财富网的代销平台——东方财富,于2004年成立,是国内当前最具影响力的财经证券网站,平台内汇聚财经、股票、基金、期货、债券、外汇、银行、保险等诸多金融资讯与财经信息,经过十余年的快速发展,积累了海量用户,并树立了良好的企业形象。天天基金销售机构作为东方财富的全资子公司,于2008年成立,是中国证券会批准的首批独立基金销售机构。

天天基金的客户来自东方财富网用户,客户的专业水平、客单价较高;另外,天天基金在整合财经资讯和基金信息方面有明显优势,平台的板块丰富,满足客户的多样化需求。

(2)蚂蚁基金销售有限公司。蚂蚁基金销售有限公司属蚂蚁集团,依托阿里生态圈以及第三方支付平台支付宝获客,将电商与数字金融相结合,在短时间内获得大量客户,但与天天基金相比,客户质量参差不齐,很多用户缺乏理财投资知识,购买金额少,用户粘性低。

不过,第三方基金销售机构积极开拓长尾客户群体,采取薄利多销、多样化方式引流的策略,在近几年的基金销售上呈现井喷式发展。蚂蚁基金和天天基金的部分代销基金认购、申购费率打一折,还会不定期派发专项红包引流,仅用短短几年的时间唤醒了大众投资理财的意识,但能否形成长期合理的投资理念还需要互联网销售平台在投资者教育上的投入。综合来看,在第三方销售机构平台购买基金的人群年龄偏低,客单价低且风险厌恶程度较高,因此,互联网第三方销售平台销量占比较高的是债券型基金。从基金业协会公布的2021年第三季度数据也可以看出,若单从非货币基金的保有规模来看,蚂蚁基金雄踞榜首,且高出第二名招商银行4 000多亿元,天天基金超过工行,排名第三(参见表9-2)。

此外,TOB的汇成基金和基煜基金的保有规模不断增长,较上一季度,2021年第三季度分别增长174亿元、137亿元;专注打造投顾业务的盈米基金规模较第二季度增长45亿元。

(三)基金销售向基金投顾①转型

1. 国外基金投顾的发展脉络

投顾业务最早起源于欧洲的私人银行业务,后在美国经历近百年的发展,受到当地投资者的喜爱。中国证券投资基金业协会的报告显示,美国投资者持有基金的方式主要有三种:通过雇主发起的退休计划、专业投资顾问组成的中介以及基金公司和折扣经

---

① "投顾",即"投资顾问"的简写。

纪商直销。不仅在养老计划以外的基金投资大多是在投顾指导下进行的,而且通过退休账户投资基金的投资者中,也有很多采用投顾服务。从 ICI 的统计数据看,有 35%的美国家庭投资者仅通过退休账户投资基金,在这以外的 65%的投资者中,有 77%通过投资顾问投资基金,其中 40%仅通过投资顾问投资基金,由此可见投顾服务在美国公募基金行业中的重要性。

回顾美国投顾业务的发展,可大致划分为以下几个阶段:

第一阶段为 20 世纪 20 时代至 20 世纪 40 年代,美国股市的繁荣带动了投顾业务的野蛮生长,存在着诈骗、市场操纵等乱象,金融危机爆发之后,监管为规范投顾业务颁布了《投资顾问法》。

第二阶段为 20 世纪 50 年代至 20 世纪 70 年代,第二次世界大战结束后美国经济恢复,同时 70 年代美国政府推出 401K 的退休计划,刺激了公募基金的投资需求,投顾业务从高净值人群延伸到大众阶层,当时的投顾业务仍以卖方投顾为主。

第三阶段为 20 世纪 80 年代至 20 世纪末,在美国无风险收益率下行、房地产增速减缓的背景下,基金和股票成了投资者资产选择。传统的卖方投顾收入主要依靠销售服务费,各渠道从销售额中获取佣金,因此,卖方投顾更倾向于引导投资者买入基金,不承担基金售后的投资风险。在资产管理规模日益增长后,投资者的投资体验不好且投资成本较高的缺点逐渐显露出来。此时,约翰博格成立先锋基金,并创造性地免除旗下所有基金的认购、申购费和赎回费,他从持有人利益出发力求将持有成本压到最低,并开始了买方投顾之路,其收入由资产管理规模按比例收取投资顾问费。在市场化的作用下,美国投顾业务由卖方投顾转向了买方投顾。

第四阶段是 21 世纪以来,随着大数据和信息技术的发展,传统人工投顾转变为智能投顾。数字化分析提供批量处理、高效运算等技术支持,可有效实现多样复杂的策略,丰富的投资标的为智能投顾发展提供了产品支持。此外,智能投顾将极大地降低人工成本,发挥规模经济效应,同时,千禧一代对云计算、智能化的投资方式易于接受,这为智能投顾的成长提供了优渥的土壤。

截至 2021 年初,美国的基金投顾规模已高达 83.7 万亿美元,开立的账户 6 400 万余个;在 SEC 注册的投顾机构数已超 1.3 万家,从业人员超 84 万人。其中,人工投顾仍是主要模式。

2. 我国公募基金投顾市场发展的背景

我国公募基金从 1991 年至今已经历三十余年,实现了由无到有,由有到强的飞跃。截至 2021 年第三季度,我国公募基金规模已超过 25.3 万亿元。随着我国经济的稳步发展,居民财富进一步提高,多元化的投资需求进而显现。尤其是在 2018 年资管新规颁布之后,传统的理财产品、通道业务和信托业务规模不断缩减,公募基金因投资门槛低、风险小的特点,有望承接这部分资金。同时,在我国资本市场不断深化改革的过程中,随着供给提质增效,市场培育出一大批质量优良的企业,并在扩大资本市场开放的道路上拓宽了投资渠道,为投资者提供了共享港股市场和外国市场的红利。

(1)资管新规催生公募基金投资需求。2021 年是资产新规过渡期的最后一年,在不断加强压降非标业务监管的同时,无风险收益率下行,银行理财产品和信托业务受到极大影响,投资者将公募基金作为提高收益的替代产品,公募基金规模仅 2021 年便从

20 万亿元增长至 25 万亿元。即使是在资管新规颁布和疫情叠加的背景之下,我国财富管理的资产规模仍实现较高增长。光大银行与波士顿咨询联合发布的《中国资产管理市场 2020》显示,2020 年中国资管市场规模达到 122 万亿元,与 2019 年相比增长了近 10%。据中金研究院,以 CAGR(复合年增长率)10.7% 预计,2030 年中国资产管理行业规模将达到 254 万亿元,公募基金凭借在大资管行业的多年积累以及近几年的业绩表现获得了投资者认可,有望在今后几年实现更高增长。

(2)资本市场深化改革,促进权益市场发展。近年来,资本市场不断加快改革开放的步伐。在金融资产供给端,改革审核注册制度:公募权益基金产品注册周期缩短2/3,明显快于债券型基金;创业板、科创板试点注册制改革,并在 2021 年底提出在主板试行注册制,完善退市制度,提高上市公司质量;同时,建立北交所,以承接科创板精选层,进一步优化资本市场结构。在需求端,社保、保险、养老金等长期资金加快入市,市场、机构和产品双向开放、稳步扩大,推动境内外市场互联互通:沪港通、深港通、债券通扩大了可投资范围;取消 QFII 投资额度限制,增加外部机构投资者,加强市场活力。

(3)其他资产吸引力下降。在"房住不炒""三条红线""四档管理"的监管政策下,房地产市场走出无序扩张阶段,近两年包括销售额、拿地规模、房地产贷款余额在内的多维度数据增速放缓,房地产逐渐回归使用属性,投资者开始增加金融资产在家庭资产中的配置比例。

(4)卖方投顾向买方投顾转变的必要性。随着资本市场深化改革和财富管理规模提升,叠加房地产增速减缓和资管新规的因素,公募基金规模将快速攀升。与 20 世纪 80 年代的美国投顾业务发展相似,在无风险收益率下行、"基金赚钱,投资者亏钱"的背景下,投资者不仅关注资本利得收益,还关注投资成本。卖方投顾模式下,投资者将认购、申赎费以及销售服务费一并交给基金公司,基金公司按照约定向代销基金支付佣金,但投资者对各项投资费用的分配并不了解。另外,基金销售的佣金按照销售额提取,在这种激励安排下,基金销售者更倾向于引导基金投资者频繁申赎而损害投资者利益,投资成本高企。在各大基金公司和代销机构平台激励竞争下,基金公司相继降低旗下基金的管理费,代销机构申赎费大打折扣,在市场化和政策推动下,单纯以价制胜的方式已见效甚微,销售行为中提供组合化的投资建议、关注投资者投资体验、加强投资者陪伴等增值服务成为销售机构的制胜法宝,而这正是卖方投顾转向买方投顾的应有之义。

3. 我国基金投顾业务发展进程

(1)基金、券商、银行开展投顾业务的优劣对比。截至 2021 年底,已有 57 家机构拿到了基金投顾的业务试点资格,其中包括 22 家公募基金、29 家证券公司、3 家银行、3 家第三方独立销售机构。下面根据公开资料和渠道特点,将各渠道开展该业务的优势和不足整理为表 9-3。

表 9-3　各渠道开展投顾业务的优劣对比

	投研能力	客户渠道	投顾经验
基金公司	突出优势:投研能力强,具备 FOF 管理经验	依托代销渠道	较少

续表

	投研能力	客户渠道	投顾经验
证券公司	基金研究和投资研究缺少可验证数据	营业部积累了大量高风险偏好客户	投顾经验丰富,有专业的投顾团队
第三方代销机构	无专业的投研团队,借助外部投顾策略	长尾客户群体	智能投顾优势
银行	投研能力有待考证	庞大的高净值客户	理财顾问经验丰富,具备专业团队

数据来源:根据公开资料整理。

（2）基金投顾市场的特点及痛点。2022年1月25日,在"2022年中国基金投顾峰会"上,先锋领航投顾联合毕马威发布了《中国基金投顾蓝皮书(2022)》。蓝皮书指出,中国基金投顾客户有五大关键特征:第一,人口特征:具有"千禧一代""高知白领""中高收入"三大标签;第二,投资能力:投资经验丰富,投资偏好多元,但投资理念尚不成熟,长期投资占比少;第三,投顾心智:对基金投顾认知较浅,有"顾"的初衷,使用时重"投"轻"顾",偏重短期收益;第四,投顾需求:有长期理财规划需求,但付诸行动较少,结合短期收益导向的投资行为,存在"知行不合一"的现象;第五,投顾评价:渴望自身需求被理解,以及投顾服务与投资偏好的匹配,对当前基金投顾满意度有待提高。

蓝皮书进一步指出,中国基金投顾市场当下面临五大痛点,重"买"轻"卖"、缺乏长钱账户的投资行为,导致用户赚不到"价差";目前"卖方投顾"正在向"买方投顾"模式转变,"买方投顾"模式尚未普及;缺乏基于"客户全生命周期人生目标"的长期财富规划服务;被动型底层资产不足;"重投轻顾"的现象普遍,智能投顾发挥的空间有待提升。

（3）投顾业务形式多样。2020年4月2日,蚂蚁集团和全球知名公募资管机构Vanguard集团独家合作的基金投资顾问服务"帮你投"上线支付宝。这里的Vanguard就是我们在介绍美国投顾发展史时提到过的先锋领航集团,蚂蚁与Vanguard强强联手,开启了第三方销售机构投顾业务的进击之路。"帮你投"利用Vanguard集团全球资本市场模型VCMM对标用户群体定制各类资产配比策略,并根据市场变动交易成本选择调仓。先锋领航在1976年最早推出指数公募基金,力争获取被动投资组合的β收益,因此"帮你投"在底层资产配置上也更倾向于指数类投资工具的配置。作为同属互联网巨头旗下的腾安基金,在同年8月份推出"一起投"。虽然"帮你投"和"一起投"皆旨在为投资者提供科学的投资组合策略,但"帮你投"依托全球资本市场模型进行大类资产配置,"一起投"则借助基金公司的投研能力进行策略配置,多选取主动权益类基金做底层资产。

鉴于客户资源少和投研能力强,获得基金投顾试点资格的基金公司借道银行和第三方销售机构,如易方达联手招商银行招赢通、基煜基金旗下的基煜通开展机构及同业投顾业务,与天天基金、蛋卷基金、京东金融、蚂蚁财富、广发证券、好买基金等代销渠道建立合作关系。

2022年1月4日支付宝重磅推出的"金选投顾"在十日内遭叫停,其原因可能是

"金选投顾"业务存在合规问题。"金选投顾"是支付宝联合五家基金公司和财通证券推出的投顾组合策略,与上述代销机构与基金公司的投顾业务合作不同,"金选投顾"由支付宝划定了基金投资范围,在此范围内机构构建投资组合策略,存在违反《关于做好公开募集证券投资基金投资顾问业务试点工作的通知(2019)》基金产品备选制度的可能。

 **案 例**

基金投顾业务实践案例分享——易方达基金投顾智能管理项目[①]

基金投顾业务试点以来,各基金投顾机构从客户利益出发,发挥自身专业能力,通过持续的账户管理服务与顾问服务努力提高客户获得感。但是,在业务开展过程中,特别是在大规模复杂场景下的投资研究和投资运作方面,遇到了一些阻碍。一是全市场的基金产品数量多,且以主动型基金为主,基金类型、投资范围、投资理念、投资方法各异,针对基金产品进行持续跟踪与研究存在难度。二是基金投资约束多变,基金产品经常会出现调整申赎状态、限制申赎金额等情况,有时还会对调整所适用的客户类型、份额类型、销售渠道等因素实施差异化政策,标准化的基金投资组合策略建议难以快速在所有平台上批量复制,投资端需要结合客户、基金产品、合作渠道等多方约束制定差异化的投资方案,与此同时,也增加了投资运作的复杂性。三是在账户服务层面,存在账户数量庞大、账户持仓组合各异等问题。由于客户接受投顾服务时点不同、金额不同、成分基金暂停申赎等原因,投顾账户呈现的组合形态可能不同,如何从客户利益出发,给予持续性、针对性的账户服务,值得行业持续思考和探索。

基于上述问题,易方达基金管理有限公司(以下简称易方达基金)的基金投顾业务团队运用金融科技的力量,探索建立了一套面向基金投顾业务的智能化解决方案。该方案综合运用多项人工智能技术,以系统化的方式将智能模型和专家经验深度融合,重塑研究端、投资端与运作端的业务流程,形成高效运行的业务闭环。

一是在基金研究环节,针对基金产品数量众多、基金数据来源多样化、基金持仓信息披露时效性弱、信息持续跟踪难等问题,通过自然语言处理技术对全市场8 000余只基金的申赎公告和定期报告进行实时监控和非结构化信息处理;利用机器学习与复杂网络算法辅助基金研究员优选替代基金;结合机器学习技术构建债券信用分析平台,挖掘多源数据中的关联信息,辅助输出发债主体的综合信评结果与预警信息。截至2021年11月底,基金报告机器阅读平台累计提取、加工、校准20余万份报告原文,支持灵活检索与智能抽取解析;债券信用分析平台已覆盖银行间、交易所等共计2.3万个信用主

---

① 注:该案例入选了"2021年度NIFD-DCITS金融科技创新案例库",此为该案例库成立以来收录的首个基金行业案例。"NIFD-DCITS全球金融科技创新案例库"的成立旨在推动金融科技领域的理论、政策研究与实践探索,为监管部门提供决策参考。本次评审会由中国金融学会、中国银行业协会、中国证券业协会、中国保险资管协会、国家金融与发展实验室、浙江大学互联网金融研究院、中关村互联网金融研究院、北京市网络法学会、神州信息、蓝驰创投等来自监管、协会、学术、市场一线的专家,从不同角度进行了专业评审,最终选出28篇案例,真实地反映了国内外最前沿的金融科技创新实践。案例成果已汇编成书《数字经济·科技向善》,由人民日报出版社出版。

体和 23 万只债券,累计发现成分基金相关的中高风险事件 100 余项,有效防范基金持仓中的债券信用风险。

二是在基金投资组合策略建议生产环节,针对客户需求多样化、合作渠道下单交易条件差异化、人的投资管理边界有限等基金投顾领域的特有难题,易方达基金研发了辅助高效生成策略建议的智能服务平台。该平台整合来自合规风控、合作渠道以及客户的各类投资约束,通过算法输出策略建议构建的可行范围,消除因条件约束多而可能出现的投资范围差错;借助运筹优化模型和蒙特卡洛技术,辅助投资端进行基金组合优化、回测及模拟,在提升策略建议生产的效率的基础上,进一步增强投研决策的可解释性与可回溯性。

三是在投资运作环节,全市场基金状态变更频繁、合作渠道交易限制条件多样、客户类型全覆盖等因素导致基金投顾的运作情况异常复杂。为降低账户的交易风险、保障服务连续稳定运行,易方达基金推出基金投资组合策略校验工具,并制定相应的业务流程,作为投决会审议前的必备环节。校验工具基于多源异构的运作数据体系,从交易可执行、风控约束、渠道约束、费率等维度,对拟上线和拟调仓的基金投资组合策略进行全面自动化的"体检",保证交易的顺畅实施。对于已上线策略,推出实时监控预警机器人,从交易端与投资端全天候监控成分基金的风险变动情况,发现问题后第一时间向相关业务人员发出主动预警,使处置流程及时响应,为投资者利益保驾护航。截至 2021 年 11 月底,校验工具已累计执行 300 余次校验,涵盖 40 余个校验功能点,单一策略的校验用时由原先的数十分钟降至如今的 1 分钟以内;监控预警机器人累计发现 9 万余条预警信息,发送预警邮件 800 余封,报准率及召回率超 98%。

从实际运行效果看,对于客户需求多样、基金投资约束多变、运作情况复杂的基金投顾业务,该项目在一定程度上缓解了全市场选基、面向全类型渠道、服务全类型客户的业务形态下大规模连续服务的难题,推动了投顾服务的增量扩面、提质增效,对于构建买方投顾新生态、提高投资者获得感,具有一定的积极作用。

第二节　基金产品营销模式及管理

本节从多样化的营销模式、营销风险及其管理、营销人员必备素质三个方面,对基金产品营销模式及管理进行分析。

一、多样化的营销模式

(一)基金分红

李科(2011)通过实证检验发现,基金进行大比例分红后,基金资金净流入取得了两倍以上的增长,基金营销费用大幅增加,大比例分红还缓解了基金投资者的"赎回异象",于是进一步指出基金大比例分红是一种营销策略。

基金分红实质上是将投资收益以现金的形式发放给客户,并不能说明进行分红的基金将获得更高的收益。现实生活中,投资者会根据投资时点的基金单位净值高低判断投资成本或者认为持续获得基金分红更加安全,这些不理性的投资行为促使基金管理人通过分红方式降低基金净值并在持续营销中过分宣传基金分红所带来的"落袋为安"效应,用短暂的资金流出换来更多的基金申购增量和稳定的基金存量。

不过,投资者应理性认识基金大比例分红的行为。基金进行分红时,需要在二级市场抛售股票或者债券获得资金,如果此时市场处于牛市,那么后期调仓成本将随之增加,进而损害持有人利益。

（二）基金费率折扣

在基金销售推介产品时,为投资者出具的产品资料中,非常重要的资料就是基金的费用清单,其中包括认购、申购、赎回的费率、管理费率、销售服务费以及托管费率。这里以建信中小盘(000729)为例,表9-4为建信基金直销和天天基金网代销的该基金费率的对比。

表9-4　直销代销费率对比

	认购金额 M(元)	建信直销认购费率	天天基金认购费率
认购费率	$M<100$ 万	1.2%	1.2%
	100 万≤$M<200$ 万	1.0%	1.0%
	200 万≤$M<500$ 万	0.6%	0.6%
	$M\geqslant500$ 万	1 000 元/笔	1 000 元/笔
	申购金额 M(元)	建信直销申购费率	天天基金申购费率
申购费率	$M<100$ 万	1.5%×0.4	1.5%×0.1
	100 万≤$M<200$ 万	1.2%×0.4	1.2%×0.1
	200 万≤$M<500$ 万	0.8%×0.4	0.8%×0.1
	$M\geqslant500$ 万	1 000 元/笔	1 000 元/笔
	持有期限	建信直销赎回费率	天天基金申购费率
赎回费率	持有期限<7 日	1.5%	1.5%
	7 日≤持有期限<30 日	0.75%	0.75%
	30 日≤持有期限<1 年	0.5%	0.5%
	1 年≤持有期限<2 年	0.25%	0.25%
	持有期限≥2 年	不收取费用	不收取费用
管理费率	按前一日基金资产净值 1.5% 年费率计提		
托管费率	按前一日基金资产净值 0.25% 年费率计提		

资料来源:建信基金官网(http://www.ccbfund.cn/);天天基金网(https://fund.eastmoney.com/)。

与前面章节的分析相符,不同的销售渠道有不同的优势,第三方代销渠道则利用互联网平台流量和申购费率的更大折扣来吸引投资者。

在基金公司日益激烈的竞争中,基金产品近几年的总体管理费率呈下行趋势。2019 年推出浮动管理费基金以来,各大基金公司为增加产品竞争力而纷纷降低管理费率。据不完全统计,2021 年超过 90 只基金公告下调管理费率。中国证券投资基金业协会刊文的研究数据显示,截至 2018 年末,在不同类型的基金产品中,股票型基金、混合型基金、债券型基金的平均管理费率分别为1.11%、1.15%和0.48%。从近期调整幅度看,主动偏股型基金管理费率多从原来的1.5%降低至1.0%左右,最低降至0.8%;债券型基金多从原来的0.5%~0.6%降至0.3%左右,最低降至0.15%。

而在浮动管理费基金中,东方红产业升级灵活配置混合型基金近期公告(2021年12月份公告),本季度对前一年收益率为-14.13%,自2021年12月初起至2022年3月初,对该季度日区间适用的管理费率为0%,也就是说,这三个月内该基金将不再收取基金管理费。表9-5为东方红产业升级灵活配置混合型基金的管理费率收取标准。

表9-5　东方红产业升级灵活配置混合型基金管理费率标准

前一年的收益率(R)	适用的管理费率M(年)
$R<-5\%$	0
$-5\%\leqslant R<8\%$	1.5%
$R\geqslant8\%$	2.5%

资料来源:东方红产业升级基金公告。

此轮基金降费多为债券型基金和指数基金,其中机构投资者占比较高。除了在竞争激烈的行业环境中吸引投资者,规模效应和技术发展也使基金管理费率下行成为可能。

(三)基金促销

基金促销可在商品促销中学习经验,紧紧把握居民的消费习惯、融入文化认同,打造多样化的促销手段,包括事件营销、公益营销、服务营销、文化营销等。在促销创新方面,第三方代销渠道提供了很多借鉴。以蚂蚁集团为例,支付宝作为第三方支付平台,用户粘性高,应用场景广泛,支付宝理财板块在多元化的应用场景嵌入理财需求,利用红包的形式吸引投资者,以做任务获得激励的形式进行投资者教育。支付宝将平台流量与数字金融科技相结合,不仅打造出多模块、丰富化的理财模块,还将我国投资者所处的文化环境与基金促销结合在一起,以春节、中秋节等传统节日引流为抓手,采用直播和财富号的形式,通过社群沟通增加投资乐趣,营造全民理财的投资氛围,并不定期邀请基金经理录制视频或发送推文分享市场观点,打造一个真正的投资者教育、交易、陪伴的基金代销平台。

(四)产品增值服务

在激烈的市场竞争中,除"价格战"之外,还要提供增值服务提高产品的附加值。

一方面,基金公司应打造差异化、特色化基金产品。在我国公募市场基金同质化严重的背景下,基金公司首先要争取成为各新型基金品种的首批获批机构,利用先发优势抢占市场份额,比如近期已经获批的两批REITs试点、北交所基金、专精特新基金、QDII基金以及指数增强基金等;其次就是在把握市场的基础上,在某种基金类型上精细化,比如某些基金根据市场反馈增设C份额或者E份额等,这一环节主要取决于基金公司市场条线的营销部门和产品部门之间的沟通。

另一方面,销售渠道提供附加服务目前已经逐渐形成专业化细分领域——基金投顾方向(详细内容参见上一节)。除此之外,对于非投顾客户,各大代销机构也有必要打造管家式的全面服务,提升客户的投资满意度,增强用户粘性。面对 150 多家公募基金和 9 000 多只基金,几乎每一位买过基金的投资者都持有两只以上基金,并且两只基金可能并非属于同一基金公司,随着基金理财观念的深入,各销售机构统筹资源开设基金超市的服务更加必要。除了方便投资者一站式购齐目标基金,提供购买基金的参考依据或者投资相关知识的代销机构将更有吸引力,目前已有的服务模块包括基金榜单、基金历史数据、社区生态以及财富号、直播、资讯等。综合各销售机构的模块设计,第三方独立销售机构优势明显。具体来看,天天基金网的销售榜单最丰富,数量多达二十余个,蚂蚁基金次之;天天基金在包括基金经理和基金产品介绍等五个方面全面展示基金资料,而蚂蚁基金更注重此基金的历史业绩以及在历史业绩衍生出的性价比,银行等代销渠道对基金产品的展示更单一;在社区生态建设方面,天天基金整合全部基金观点并以贴吧的形式展现,投资者可自行在贴吧内发言和讨论,而支付宝基金客户的投资者仅可在单只基金的讨论区模块和基金公司财富号下发言,发言的专业性不高且以基金经理或基金公司发布投教①指引和大势研判为主,投资者多为被动吸收。投资教育方面,蚂蚁财富利用直播、财富号和视频的形式引导客户形成长期投资、定期投资的习惯,谨防追涨杀跌。

(五)打造品牌效应

从基金公司角度来看,打造基金的品牌效应包括基金公司、基金产品和基金经理三个方面,投资者选择基金时无非也是考虑这三个要素。公司合理的治理结构、精细化的分工、完善的内部控制机制更易符合监管层规范化要求、有效防范各类风险发生,且这类公司更容易争取到监管层新设业务试点项目,可以提供最全最新的金融服务和金融产品,并且良好的激励制度有助于汇聚高水平专业人才,提高基金产品的研发速度和基金绩效。良好的基金产品既包括丰富的产品线也意味着高质量的产品服务。基金经理和投研团队能力是基金业绩的最关键因素。因此,打造品牌效应,要夯实基金公司这一基础,以基金产品为媒介,为基金创造高收益提供平台。基金经理和投研团队的专业水平和优秀的业绩表现将进一步反哺基金公司,提高公司声誉,打造品牌形象。

从销售渠道层面考虑,各渠道聚焦细分市场、采取差异化战略占领市场份额。第三方销售机构的目标群体是长尾客户,客户群体呈现年龄普遍较低、客单价低、投资专业水平有限的特点,第三方销售平台的着力点将在投资者教育方面,目标是将非投资者转换为投资者,让更多人开始购买基金。如何保持既有客户的粘性同样是第三方销售机构的关注重点。银行客户客单价高,利用广泛的网点布局和银行信誉已经成为基金代销的主战场,在第三方销售机构参与竞争的情况下,银行用好各网点的客户经理和借鉴互联网平台打造便捷化操作的线上 App 可能会有所突破。券商客户风险承受能力高,且券商具备多年的投顾经验,在投顾试点逐步推开的背景下,券商从卖方投顾向买方投顾的转型有望迎来券商代销新的增长点。

二、营销风险以及管理

(一)产品价值风险

营销和投资是基金公司都要抓的两个方面,在市场化程度仍不高的中国金融产品

---

① 投教,即"投资教育"。

市场,重投资不注重营销易导致好基金滞销甚至无法顺利发行的局面,有碍基金市场的健康发展;而过于重视营销却忽视基金投资则有损持有人利益,长此以往,基金为持有人创造财富的金融产品形象便不被认可,基金同样无法利用专业的投资知识将社会闲置资金配置到实体经济中,基金便失去了价值。

这里所说的"重营销轻投资"便是产品价值风险。目前我国基金市场上存在一拖多现象,即一个投资经理兼任多个基金产品的基金经理。行为金融中提到基金经理或投资者存在有限关注,每位基金经理都有自身的能力圈,一人兼多职往往会出现能力和精力有限无法胜任的状况。另外,为使自己负责的基金产品顺利成立、销量可观,基金经理常会在发行期和持营期到处路演,而这势必会牵扯到基金经理在投资上的精力。当基金过分重视销量时,产品价值风险凸显。

（二）基金代销风险

基金直销是最直接、最高效的基金销售方式,但鉴于基金公司的直销人员不够、获客渠道有限等,基金代销成为基金扩大规模的必要选择。无论是银行代销、券商代销还是第三方独立基金销售机构代销,其代销收入主要来自基金规模,根据近期报道,部分基金代销人员在介绍理财产品时倾向于强调基金过去的收益而忽视风险,在市场波动时易引发投资者不满而造成诉讼案件,有损基金公司形象。此外,基金代销机构销售基金的规模还会受基金公司激励政策的影响,因此,基金公司不仅要尽可能地扩大基金代销渠道,还要根据代销机构特点,对其施行良好有效的激励措施。

（三）营销人才风险

基金的营销人员是集销售技能和金融专业技能于一身的复合型人才,基于资本市场行业的多变性,优秀的基金营销人员要及时了解市场变化状况和掌握基金投资逻辑,为基金持有人提供优质服务。不过基金市场发展时间较短,专业化的市场营销人才主要集中在基金公司的直销渠道,基金代销机构人员比如银行客户经理的专业性还不高,可能会因代销产品多和其他业务考核压力大等原因,在接受基金知识培训时常疲于应付。同时,由于岗位专业性高、人才稀缺,基金公司还面临着营销人才流失的问题,完善营销人员的激励制度、畅通基金公司部门协调以提高营销人员工作效率或将对上述问题有所缓解。

基于以上三点风险分析,基金行业的发展要在以下几个方面下功夫:

（1）提升从业人员的专业水平。基金营销人员与市场距离最近,基金销售人员不只要牢记规范营销这一红线,还要以高质量的服务水平展现基金行业的专业性;长远来看,只有切实为投资者利益考虑,着重进行投资者教育,才能为基金行业发展奠定基础。当前,各基金公司的投研团队都已经比较完善,但基金公司能否为基金经理打造良好的投资研究氛围关系着基金产品的价值。

（2）完善激励制度。各基金公司在选择不同的基金代销机构时,应综合考虑产品和机构的营销特点,有针对性地设置激励制度,不合理的激励制度可能导致营销成本的增长但规模增长效果有限。在公司内部的营销人员激励上,不能仅以增量为标准,在基金投顾转型的大背景下,存量规模激励更有助于提高服务质量、促使营销人员提高自身专业性,存量规模也应成为激励制度中的重要衡量标准。

三、营销人员必备素质

（一）了解客户的风险偏好

《证券投资基金销售管理办法》提出适当性原则，并在第十七条明确指出："基金销售机构应当按照中国证监会的规定，了解投资人信息，坚持投资人利益优先和风险匹配原则，根据投资人的风险承担能力销售不同风险等级的产品，把合适的基金产品销售给合适的投资人。"在投资组合管理课程中，为投资者构建投资组合的第一步也是设计调查问卷，了解投资人的风险厌恶系数，计算投资组合的效用价值和描绘无差异曲线。

了解客户的风险偏好是营销工作的第一步。基金产品甚至所有的金融工具都有两个基本特性——"风险"和"收益"，金融产品没有绝对的对错好坏，最重要的是将合适的基金产品卖给对的人。根据资产组合理论，要想获得高收益就要承受高风险，不同风险厌恶程度的投资人便是在风险和收益两个方面的权衡。如果将收益相对稳定的基金产品（比如债券型基金或者货币性基金）销售给想要获取高收益的投资人，或者将股票型基金销售给想要获得稳定资金增长的投资者，这无疑均为基金营销中典型的反面案例。更广义上来讲，了解客户的风险偏好还应包括了解客户的资金用途和投资期限。在我国财富管理行业发展初期，投资顾问式的财富管理形式还不完善，客户可能仅使用极小部分资金进行基金资产的配置，作为基金的营销人员，要了解客户的家庭资产配置概况以及这部分资金在资产配置中的用途和期限，比如养老资金和教育资金更偏向稳定，而对于暂时闲置并想借此获得超额收益的资金，则应根据客户的风险偏好推介非货币基金。基金营销人员还应当注意的一点是，投资人的风险厌恶程度可能会由于自身资产变化、投资经验增长等原因发生改变。因此，在后续的客户维护和营销过程中，应定期对投资人进行风险偏好测度，以保证基金营销有效。

（二）把握产品的风险收益特征

既然基金营销人员卖的产品是基金，对所卖基金了如指掌便是基本要求。以二级分类的基金类型来看，风险程度由高到低排序分别为：股票型基金、偏股混合型基金、偏债混合型基金、债券型基金和货币型基金。不同基金类型内部的风险收益特征仍有所差异，这就要求基金营销人员把握基金的持仓、投资逻辑和市场的行情变化。基金营销并不是买卖成功即完成的工作，也就是说并非只要初次交易时投资人承受风险等级与基金风险等级相匹配，而要将风险匹配贯穿在整个投资期间。同时，基金销售人员要在投资人持有期间长期关注基金，在市场波动或者投资者寻求帮助时提供相关建议。基金经理为投资者部分投资资金在某个行业或领域进行初次配置，基金代销人员则更像是在全领域的基金中进行二次资产配置，选择多样、高质量的基金以及择时申赎，虽然有点像2021年爆火的FOF，但FOF是标准化产品，而此处的投顾业务更加灵活，可投范围更大。

（三）掌握基金营销技巧

除了向投资者展现专业化的市场分析和研判能力，基金营销亦属销售工作之一，因此，基金营销同样可以使用销售的通用技巧。一是要找准客户，便是基金销售中的适当性原则的含义；二是要挖掘客户，与潜在客户深入沟通交流挖掘需求；三是推介产品时亮点突出,既要做到全面揭示产品风险,又要突出产品亮点;四是要维护客户,无论是老客户还是新客户都要保持沟通做好服务,只有这样,才能在保持存量规模的基础上拓展规模;五是尤其关注新客户,前几次合作是建立信任的过程,尽可能地为投资者带来收益、提供周到细致的服务,进而构建稳定合作关系。

 阅读资料

独立第三方销售机构——东方财富①

东方财富是中国领先的互联网财富管理综合运营商,主要业务有证券业务、金融电子商务服务业务、金融数据服务业务及互联网广告服务业务等,涵盖互联网证券和互联网基金销售等多个细分市场。其中,金融电子商务服务业务主要通过天天基金,为用户提供基金第三方销售服务。天天基金依托以东方财富网为核心的互联网财富管理生态圈积累的海量用户资源和良好的品牌形象,向用户提供一站式互联网自助基金交易服务。

2021年上半年,天天基金持续加大研发技术投入,深入开展专业化、个性化服务,加大前沿技术应用,提升产品交易功能及用户交易体验,大幅提升信息系统高并发抗压能力。报告期内,公司基金第三方销售服务业务基金交易额及代销基金的保有规模同比大幅增加,金融电子商务服务业务实现收入23.97亿元,同比增长109.77%。截至2021年6月30日,共上线146家公募基金管理人的10 863只基金产品。报告期内,公司互联网金融电子商务平台共计实现基金认(申)购及定期定额申购交易179 899 847笔,基金销售额为9 753.04亿元,其中非货币型基金共计实现认/申购(含定投)交易153 232 360笔,销售额为5 336.26亿元。天天基金服务平台日均活跃访问用户数为337.99万,其中,交易日日均活跃访问用户数为424.65万,非交易日日均活跃访问用户数为175.68万。

主要核心竞争力:

(1)用户资源优势。经过多年的发展,公司构建以"东方财富网"为核心的互联网财富管理生态圈,聚集了海量用户具有资源和用户黏性优势,在垂直财经领域始终保持绝对领先地位。同时,公司积极推进一站式互联网财富管理战略,不断加强战略投入,延伸和完善服务链条,持续拓展服务范围,提升整体服务能力和质量,进一步巩固和提升访问量指标和用户黏性方面的优势,以"东方财富网"为核心的互联网财富管理生态圈所集聚的庞大的用户访问量和领先的用户黏性,形成了公司核心的竞争优势,为公司持续、健康发展奠定了坚实基础。

(2)品牌价值优势。公司依托于"东方财富网"树立的品牌知名度和投资者认可度,形成了市场认可的品牌优势。公司持续加强品牌推广与宣传力度,品牌影响力和知名度得到了进一步提升,对公司各项业务的开展都将起到积极的促进作用。

(3)营销渠道优势。互联网营销渠道不受地域、空间、时间的限制,可以提供全天

① 摘自《东方财富2021年半年报》。

候不间断的网上信息发布、网上产品展示、互动交流的平台,用户覆盖区域广,营销渠道价值与网站用户数量和用户访问量成正比。公司构建以东方财富网为核心的互联网财富管理生态圈,拥有明显的互联网营销渠道优势。

(4)管理团队优势。公司积极推行"以人为本"的人才战略,通过内部培养和外部引进,不断扩充和培养骨干队伍,形成了以创业团队为核心,以资深经理人为骨干的管理团队,主要管理人员具有丰富的管理经验、互联网技术开发经验、金融研究工作经验和市场营销经验,对互联网服务行业的相关技术、发展历程及未来趋势具有深刻理解。同时,公司不断完善考核激励制度,先后推出两期股权激励计划,激励和稳定核心团队。

(5)研发技术优势。通过多年运营管理和研发,公司培养了一支人员稳定、技术领先的研发团队,自主研发了一系列的网络核心技术,不断优化和完善现有互联网财富管理生态圈系统,同时,对互联网领域的新技术和行业前瞻性技术进行深入研究和跟踪,强大的技术研发力量和核心技术储备为公司后续持续发展奠定了坚实的技术基础。

本章练习题

一、概念题

基金代销机构、基金投顾、基金营销模式

二、选择题

1. 基金代销规模最大是( )、规模增速最快的是( )。

A. 券商

B. 银行

C. 独立销售机构

D. 证券投资咨询机构

2. ( )代销渠道的客单价低、客户群体年轻化、专业化水平低。

A. 券商

B. 银行

C. 独立销售机构

D. 证券投资咨询机构

3. 第三方销售机构中,( )的日均活跃量最高。

A. 天天基金网

B. 蚂蚁集团

C. 基煜基金

D. 蛋卷基金

4. 基金公司最核心的人才是( )

A. 基金渠道经理

B. 基金机构经理

C. 产品经理

D. 基金经理

5. 基金投顾最早起源于(　　)

A. 美国

B. 欧洲

C. 中国

D. 日本

三、案例分析题

试分析市场上某基金投顾试点机构的业务发展。

第 四 篇

基金治理

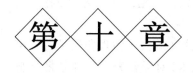

第十章

公司治理、基金公司治理与基金治理

本章主要分析并介绍公司治理、基金公司治理和基金治理三者的区别。在基金治理部分,将研究对象细分为公司型基金和契约型基金,分别结合其各自特点讨论基金治理的具体内容,并结合我国主要是契约型基金这一现实背景,讨论我国证券投资基金近年来的发展,为我国基金业更健康地发展和进一步深化改革提供启示与助力。

第一节　公司治理与基金公司治理

本节重点区分和界定公司治理和基金公司治理的范围,主要介绍公司治理的四大经典理论:超产权理论、两权分离理论、委托—代理理论和利益相关者理论。此外,针对基金公司治理的目的、内部结构和存在的问题进行阐述。

一、公司治理

(一)公司治理

公司治理结构(corporate governance structure)的概念最早出现在经济学文献中的时间是 20 世纪 80 年代初期,在此之前,威廉姆森(1975)曾提出了治理结构的概念,可以说与公司治理结构的概念已十分接近。从思想渊源上看,公司治理的内涵可以追溯到 1776 年,亚当·斯密在《国富论》一书中认为,股份公司的经理人员使用他人的钱替他人办事,不可能期望他们会像经营自己的私人公司那样去管理企业,因此,在这些企业的经营中,疏忽大意和奢侈浪费或多或少地总会发生。这实际上就是委托—代理理论中的代理问题,也是公司治理中的核心问题,它源于经理人员与股东的利益不一致,他们都着眼于各自利益的最大化。20 世纪初期,随着规模巨大的公司大量出现,所有权与经营权的分离,代理问题更加突出。从那时起,人们普遍认为经理人员与股东之间存在着利益不一致这一事实,这样就需要一种制度安排来保证二者利益的一致性,至少使经理人员行为不至于背离委托人价值最大化过多。这种制度安排通常体现为约束与激励两个方面。对经理的约束可以通过建立董事会的机制来实施;詹森(1983)提出,经理人员的激励可以通过薪金补偿计划来加以实现。公司治理结构其实就是委托—代理模式的一种制度安排。

从公司治理的产生和发展来看,公司治理可以分为狭义的公司治理和广义的公司治理两个层次。狭义的公司治理是指所有者(主要是股东)对经营者的一种监督与制衡机制,即通过一种制度安排,合理地界定和配置所有者与经营者之间的权利与责任关系。公司治理的目标是保证股东利益的最大化,防止经营者与所有者利益的背离。其主要特点是通过股东大会、董事会、监事会及经理层构成公司的治理结构进行内部治理。广义的公司治理是指通过一整套包括正式或非正式的、内部的或外部的制度来协调公司与所有利益相关者之间(股东、债权人、职工、潜在的投资者等)的利益关系,以保证公司决策的科学性、有效性,从而最终维护公司各方面的利益。

从环境和运行机制的角度,公司治理可以分为内部公司治理和外部公司治理。

公司内部治理机制是公司治理最核心的问题,主要分为两个方面:一是股东与管理层之间的关系,二是控股股东与一般股东之间的关系。公司内部治理机制又被称为"用手投票"机制,即指通过公司股东代表大会、董事会,参与公司的重要决策,对经营者提出的投资、融资、人事、分配等议案进行表决或否决。公司外部治理机制主要包括市场监督机制和法律保障机制,为内部治理机制提供制度基础。

我国公司治理结构采用"三权分立"制度,即决策权、经营管理权、监督权分属于股东会、董事会或执行董事、监事会。通过权力的制衡,使三大机关各司其职,又相互制约,保证公司顺利运行。

（二）公司治理理论

1. 超产权理论

产权理论的核心观点是,产权明晰是决定企业绩效的关键。通过产权变动,可以生成、启动企业内部利益激励机制,从而有可能提高企业经营者的努力水平与企业绩效,但产权变动只是企业内部治理结构优化的必要条件而非充分条件。超产权理论拓展了产权理论对企业绩效决定因素的分析视野,不仅阐述了产权激励(实践上表现为利润激励)与企业效益之间的关系,同时还发展了竞争激励和企业治理机制与效益之间的关系。超产权理论认为,利润激励与经营者努力投入未必存在必然的正向关系,利润激励只有在市场竞争的前提条件下,才能发挥其刺激经营者增加努力与投入的作用。

超产权理论有两项基本内容,一是企业治理,二是竞争理论。

企业治理主要包括信息非对称下的合同激励机制理论、信息非对称下的经理聘选理论、监督机构和产权结构等。

竞争理论主要有四个方面。一是竞争激励论。它是除了利润激励之外的隐含激励,也就是由竞争诱导的激励。二是竞争激发论。企业之间利益的对抗性、信息的非对称性及潜在违约性(短期内的违约利益可能超过长期的践约合作利益),这三个要素激发了竞争。三是竞争发展论。市场竞争程度越高,市场份额的变化与绩效的相关程度就越高,这种环境下最利于锤炼企业的发展力,真正优质的企业由此脱颖而出。四是竞争信息完善论。通过比较竞争促使信息产生,以便于企业所有者或经理做出更准确的判断。

超产权理论认为最理想企业的存在有两个条件：一是市场竞争足够充分，二是企业自身治理机制足够完善。现实中这两个条件都无法达到，企业只能在治理机制上无限接近理想状态而无法达到理想状态。

超产权理论作为公司治理理论的新兴分支，为公司治理提供了新的理论基础。它通过引入市场竞争概念，诠释了国际上部分国有企业特别是国有控股公司成功的经验，同时也为健全和完善公司治理结构以新的启示：只有健全和完善市场体系，并积极而主动地参与市场竞争，才能建立起有效的公司治理结构，确保多方利益得以有效实现。

2. 两权分离理论

1932 年米恩斯和贝利提出了两权分离理论。两权分离是指资本所有权和资本使用权的分离，即所有者拥有的资产不是自己管理运作，而是委托他人完成管理运作任务。两权分离的公司制企业所有权与经营权分离，其前提是所有者与经营者进行专业化分工。当所有者自身管理企业难以为继，而相应的职业经理人市场逐渐发展成熟时，经营者的专业化成为必然。两权分离理论意味着所有者和经营者各自担当公司设立和运营的不同角色，这种不同的角色分工要求二者在关系上不仅是专业化的分工者，更是相互的合作者，他们只有相互协同才能使企业效率大大提高。只有当分工所产生的收益为分工的各方共享并使利益分配得到均衡时，分工后的协同才能得以实现。公司制企业以两权分离理论为基础，是各方利益不断博弈的过程，更是分工、专业化不断细化的过程，在这一过程中，效率得以提升、技术得以进步、责任得以明确，公司价值实现了提升。

3. 委托—代理理论

委托—代理关系是随着企业所有权和控制权（经营权）的逐步分离而产生的。20世纪 60 年代末 70 年代初，一些经济学家不满 Arrow-Debreu 体系中的企业"黑箱"理论，开始深入研究企业内部信息不对称和激励问题，从而形成了"现代企业理论"。基于委托—代理关系产生的委托—代理理论是现代企业理论的重要组成部分。委托—代理理论遵循的是以"经济人"假设为核心的新古典经济学研究范式，委托—代理关系是一种契约关系：代理人接受委托人的直接指定或雇佣，服务于委托人并得到相应酬劳，委托人授予代理人一些决策权，且基于的报酬以代理人提供的服务数量和质量来衡量。

委托代理理论以两个基本假设为前提：

第一，委托人和代理人之间存在利益冲突。委托人和代理人都是经济人，行为目标都是为了实现自身效用最大化。委托人更关心结果好坏，代理人更在意付出多少，代理人的收益即是委托人的成本。在利益冲突下，代理人可能利用委托人委托的资源决策权谋取自己的利益，采取风险较大的行为，从而可能使委托人的利益受到侵害，即产生"道德风险"问题。

第二，委托人与代理人之间存在信息不对称。委托人处于信息劣势，代理人拥有信息优势。由于委托人无法观测到代理人的真实努力水平，代理人便有可能利用自己的信息优势签订更符合自己利益的协议，即产生"逆向选择"问题。因此，如何建立合适的制衡机制来规范、约束并激励代理人的行为、降低代理成本，规避"道德风险""逆向选择"等代理问题，提高代理效率，是现代企业理论体系中最基本的问题。

4. 利益相关者理论

利益相关者理论认为,企业应是利益相关者的企业,包括股东在内的所有利益相关者都对企业的生存和发展注入了一定的专用性投资,同时也分担了企业的一定经营风险,或是为企业的经营活动付出了代价,因而都应该拥有企业的所有权。虽然公司股东提供了重要的物质资本,但公司的员工、债权人、供应商、零售商、消费者等投入了特殊的人力资本,并由此承担了一定的企业活动带来的风险,因而必然享有企业的剩余控制权和剩余索取权。迄今为止,对于利益相关者应如何划分,国内外学者并没有形成统一的意见,不同类型的利益相关者受到公司决策所带来的影响是不一样的。目前国际比较通用的是多锥细分法和米切尔平分法。在 20 世纪 90 年代以后,西方学者对公司治理的研究开始更多着落在利益相关者视角,对于公司治理问题的研究不仅局限于调节大股东和小股东的关系、股东和管理层的关系等,还包括股东和其他利益相关者的关系。除此之外,利益相关者理论的出现也分散了企业的经营目标,除了经济上的目标以外,企业也必须承担法律、政治、环境保护和慈善等方面的责任。

二、基金公司治理

(一)基金公司治理的目的

在基金组织体系中,由于基金管理公司处于"内部人"地位,导致了基金管理公司内部复杂的委托代理关系,并且出现基金管理公司众多利益相关者多层次的目标选择问题。按照"狭义公司治理结构理论",基金管理公司的目标应为追求股东利益的最大化,但是,由于基金管理公司的特殊性,导致基金管理公司以及基金治理更重要的是满足基金持有人这一重要利益相关者的要求。提出这一观点的理由有以下几点:

第一,"维护基金持有人利益"是由基金管理公司资产结构决定的。基金管理公司的资产分为两种类型:一种是基金管理公司各个股东投入的资本,一般投资额比较少,在我国为一亿元左右;第二种为基金持有人在基金管理公司所投入的信托资产,一般最少几十亿,最高可达上千亿,远远高于基金管理公司股东的注册资本。各个股东投入的资金主要用于发起基金,基金管理公司的收益来源于向基金持有人收取的管理费收入;它的风险主要来源于基金管理公司在收不抵支时或发生对基金投资者的高额赔偿这两种情况下公司所产生的亏损。基金持有人的主要收入来源于基金投资所产生的投资收益;它的风险主要来源于投资失败或者基金管理公司利用信息优势所发生的道德风险。因此,基金管理公司与基金持有人相比较,其承担的风险要小得多。现实中,由于基金管理公司为有限责任制度,当公司收不抵支时,相当一部分亏损是由基金持有人所承担的,基金持有人是最终的"真正买单人",所以基金管理公司和基金的治理目标更重要的应该是尽最大可能维护基金持有人的利益。

第二,"维护基金持有人利益"是基金管理公司和契约型基金得以生存和持续经营的基本保证。一般认为,基金管理公司应归类于"服务性"公司,它的主营业务是"代客理财",服务对象为"基金持有人",所以基金管理公司的利润来源于基金持有人。如果基金持有人的利益没有得到完善保护,长此以往,基金持有人将会选择不再购买基金份额,特别是考虑到我国现实中以开放式基金为主体,持有人的大量赎回必然会导致基金以及基金公司的资产管理规模衰竭,这将会损害基金本身以及基金管理公司的长远利益。所以,维护基金持有人的利益与基金管理公司及其旗下的各只基金的根本利益是一致的。

第三,"维护基金持有人利益"是基金长远发展的基石。通常认为,基金将目标定位于维护基金持有人利益有助于降低金融风险的破坏性。有研究表明,基金越是维护投资者的利益,资本市场就越发达,抵御金融风险的能力就越强。基金资产的投资一旦出现决策性的失误,将面临市场对于基金经营能力的质疑,如果此时基金持有人大规模赎回或在二级市场上抛售基金份额,将会加剧基金管理公司的经营危机甚至导致公司破产。在这种情况下,基金持有人将会对基金及其管理公司失去信任。所以,基金将其主要宗旨定位于维护基金持有人的利益,对于基金及其管理公司增强市场信心、抵御市场冲击是非常重要的。由于契约型基金在信息不对称的情况下,经常会出现基金持有人无法有效了解基金投资行为、基金管理人在委托人不知情的情况下擅自做出有悖于基金持有人利益的投资决策的现象。正如有关研究表明的,在信息不对称下,基金持有人与基金管理人处于不完全代理地位,使得在基金具体运作过程中,基金管理人充当着"内部人"角色,取得了控制权,而基金持有人的地位与利益很容易受到漠视和损害。所以我国基金管理公司及其旗下的契约型基金更应该把基金持有人的利益放在第一位,从而为基金和基金管理公司本身提供长远发展的基石。

(二)基金公司内部治理结构

基金管理公司的治理结构包括内部治理结构和外部治理结构,本书主要研究内部治理结构。从广义的基金管理公司治理结构定义来看,内部治理结构主要涉及公司股东、董事会、监事会、督察长,以及各专业委员会等特殊机构之间的一系列制度安排,通过对基金管理公司制定一系列的议事规则、监控及激励机制,谋求基金持有人利益的最大化。我国基金管理公司的内部治理结构主要包括股东会、董事会和监事会,还有督察长和各专业委员会等特殊机构。

(三)基金公司治理问题

1. 基金经理短期利益导向

管理人股东为追求短期利益,对经营管理层或基金经理进行短期业绩指标考核,经营管理层或基金经理迫于压力追求短期的发展模式或者基金的短期业绩,从而损害基金公司长期利益。《证券投资基金法》规定,基金管理人可以实行专业人士持股计划。允许基金经理等专业人士成为管理人股东,这有利于改变股东短期考核、追求短期利益导向,完善公司治理结构,引导管理人更加注重公司长远发展利益。通过专业人士持股计划可以实现股东、基金管理人与客户利益的一致,从而更好地保持客户的利益。另外,管理人在执行关联交易、产品估值调整、交易费用分配以及报酬提取等业务过程中也可能产生与客户利益的冲突。我国的监管规则要求管理人在执行此类业务时应基于公平原则,即以市场价值为客户提供服务,并定期披露信息。《证券投资基金法》明确要求"公开募集基金的基金管理人的股东、董事、监事和高级管理人员在行使权利或者履行职责时,应当遵循基金份额持有人利益优先的原则",亦明确禁止"公开募集基金的基金管理人的股东、实际控制人要求基金管理人利用基金财产为自己或者他人牟取利益,损害基金份额持有人利益";作为《证券投资基金法》配套管理办法,《证券投资基金管理公司管理办法》则进一步强调,"基金管理公司及其股东和公司员工的利益与基金份额持有人的利益发生冲突时,应当优先保障基金份额持有人的利益"。

2. 内部监督不完善

股权集中度通常被认为是衡量一个公司股权分散程度的关键标志。由于股份公司的特殊性,一个股东对公司的影响力大小和所有权高低由该股东的持股比例所决定,股东对公司的控制程度也是通过股权的集中程度来反映。我国基金管理公司的股东数量较少,一般为 2~5 个,股权集中度较高。在我国市面上正常运营的 144 家基金管理公司中,第一大股东平均持股 56.75%,已经达到绝对控股的水平;而前两大股东平均持股86.42%,前三大股东平均持股 92.37%,基本上可以说前三大股东对基金管理公司的经营和运作有绝对的控制权。其他股东由于股权占比小,会疏忽对大股东的监管,造成内部监管缺陷。

 阅读资料

我国契约型基金结构下基金公司治理效能研究

目前,我国基金管理公司自身的公司治理还存在一些不足,主要体现在以下几个方面:

1. 基金管理公司存在基金发起人与基金管理人角色重叠的结构性缺陷

在我国,基金管理公司基本上是按照公司法注册成立的有限责任公司,相关法律法规对基金管理公司的股东资格条件,特别是基金管理公司的主要股东的资格条件进行了明确的严格规定,是一种核准制度,这使得基金管理公司的进入门槛较高。研究相关法律法规可以发现,基金发起人和基金管理公司的主要发起人必须为证券公司、商业银行、信托投资公司和基金管理公司等金融机构,而其他市场信誉良好、运作合规的机构虽然可以作为发起人的角色参与基金管理公司的设立,但仍不能作为主要发起人。由此,在证券投资基金设立过程中,就出现了证券公司等有限行业主体既是基金主要发起人同时又是管理该只基金的基金管理公司的主要发起人的情况,这种主体交叉和重叠的制度安排直接导致了基金管理公司在作为基金发起人的同时还作为自己所发起基金的基金管理人的情况普遍出现。深入分析后不难发现,出现以上现象和结果的根本原因在于:基金管理公司是基金运作的直接受益者,其以基金管理公司股东的利益最大化为目标,而并非基金持有人利益的最大化;同时,有关对基金管理公司的约束机制的制度安排也存在结构性缺陷。

2. 独立董事的监控职能的效能较低

美国的《投资公司法》设立了独立董事制度,以法律的形式确立了独立董事作为基金公司股东利益的保护者的地位,用以对投资顾问及其他同基金有密切关联的利益相关者提供一种制衡;而且,如果出现基金公司独立董事违反其所规定和承诺的信赖义务,法律规定可以允许私人对独立董事的违法行为提起诉讼。在我国,中国证监会要求所有基金管理公司在董事会中设置独立董事并建立详细的操作规程。由于我国的基金为契约型基金而非如美国那样的具有独立法人的公司,此董事会是基金管理公司的董事会,独立董事也只能是基金管理公司的董事,所以,希望其在利益冲突时能背离基金

公司股东的利益有悖于我国公司法的基本原则。由此可知,我国基金公司独立董事制度只是基金管理公司内部的治理机制之一,所聘任的独立董事只是对基金管理公司的股东负责,而不是法定的基金持有人的利益代表;同时,我国基金管理公司的独立董事尚缺乏相关的声誉机制,而且,法律和相关规定并没有赋予基金公司独立董事必要的信赖义务,更不可能赋予基金持有人应有的诉权,且在实践中基金公司的独立董事在公司董事会中的比例还较低。以上原因的综合作用,导致我国基金管理公司的独立董事只能产生对基金管理公司股东负责的激励与约束,而不可能具有对基金份额持有人等其他人的激励与约束。

当然,不能否认,基金公司独立董事规范基金管理公司运作的同时,也在一定程度上起到了强化对基金经理的约束和激励,从而在客观上也能起到保护基金持有人利益的作用。但由于基金持有人的效用函数与基金管理公司及其股东的效用函数之间存在着天然的不一致,如果两者的利益出现矛盾,从逻辑上讲,基金公司的独立董事必然会从基金管理公司利益最大化的方向行事,希望基金管理公司独立董事为基金持有人利益而工作的期望就只能是一个良好愿望。这也正是为什么我国基金管理公司内部已经建立了独立董事制度,但在现实中仍然不能解决基金市场中时常出现的侵害基金持有人利益问题的症结所在。

第二节 公司型基金治理与契约型基金治理

投资基金又称共同基金或证券投资基金,是指由某一基金公司或信托投资公司以发行公司股票或基金收益凭证的方式,把分散、不特定多数的投资者资金集合起来,以金融资产为专门经营对象,以资产的保值、增值为根本目的,组成一个共同投资的团体。

根据组织形式不同,投资基金分为公司型基金和契约型基金。

一、公司型基金治理

公司型基金,是指由基金管理机构依据公司法、投资基金法和基金章程设立股份有限公司,并由基金管理人负责其日常运营和管理,由托管人负责基金公司的资产保管,由董事会代表投资者的利益决定基金公司的重大事项和投资政策并履行监督义务的基金组织形式。公司型基金的特点主要体现为采用股份有限公司的组织形式,并具有四方当事人:

(1)投资者,即基金股东,按其持有的份额参与收益分配并可以在股东大会上行使权利;

(2)董事会,是公司的常设执行机构,作为投资者的代表,负责重大事项和投资政策的决策,并履行对投资顾问和托管人的监督义务;

(3)投资顾问,由董事会选聘并签订投资顾问协议,负责基金的日常经营和管理;

(4)基金托管人,由董事会选聘,签订保管协议,负责基金资产的保管、配发股息和办理过户手续等。

二、契约型基金治理

契约型基金也可称为信托型基金,通常是通过基金管理人发行基金份额的方式来募集资金。契约型基金一般有三类当事人:

(1)基金管理公司:依据法律、法规和基金合同的规定负责基金的经营和管理运作;

(2)基金托管人:负责保管基金资产,执行管理人的有关指令,办理基金名下的资金往来;

(3)资金的投资者:通过购买基金份额,享有基金投资收益。

与公司型基金不同,契约型基金本身并不具备公司企业或法人的身份,因此,在组织结构上,基金的持有人不具备股东的地位,但可以通过持有人大会来行使相应的权利。

在契约型投资基金发展水平较高的国家和地区,如英国、日本、德国、韩国及我国香港地区等,契约型基金受到有关信托法规的规范,并以规定三方当事人权利义务的信托契约为其典型特征。我国2003年颁布的《证券投资基金法》所规定的基金是契约型基金,因此,直至今日,我国基金管理公司发起成立的封闭式基金与开放式基金都属于契约型基金。

三、公司型基金和契约型基金的比较

公司型基金和契约型基金的差异如表10-1所示。从法律基础来看,公司型基金是建立在公司法的基础上,组织结构依据基金公司章程设立,在法律上具有独立法人地位的股份投资公司。契约型基金的法理依据则是信托法和民法典的规定,基金的设立和运作以信托关系为基础,是一种契约或信托关系,除非法律赋予,其并不是独立的法律实体。基金资金实际上由基金管理公司控制和运作,基金管理公司整体呈代理人的特征。从权利义务根据来看,公司型基金具备法人资格,投资者与基金管理人的权利义务关系由公司章程规定,公司型基金投资者是基金的股东,享有公司股权,可以参与到公司的日常决策中去;契约型基金不具备法人资格,对基金重大决策一般无发言权,权利义务由双方之间的契约约定。从基金资金来源来看,公司型基金的资金本质上属于公司资本,因而具备法定的对内或对外的融资渠道,可以通过发行股票或贷款增资;契约型基金的资金来源于私人投资的信托财产,不具备对外的融资渠道,只能发行收益凭证表明投资人对基金资产的所有权,按其所有权分配收益。

表 10-1 契约型基金与公司型基金的比较

比较项目	契约型基金	公司型基金
法律基础	信托法	公司法
权利与义务的依据	信托契约	公司章程
法律地位	不具有独立法人资格	具有独立的法人资格
基金资金来源	基金管理公司的信托资产	资金来源构成基金管理公司的法人资本

比较项目	契约型基金	公司型基金
投资者的地位	基金投资者只是契约的当事人之一，主要通过购买收益凭证获得投资收益，对于基金运作的投资决策不具有发言权	基金投资者也是基金公司的股东，理论上他们对于公司的重大决策具有发言权，可以发表自己的意见，并以股息形式获得投资收益

无论是契约型基金还是公司型基金，其治理目标都是维护基金持有人的利益，那么，哪一种基金组织形式更能维护基金持有人的利益呢？

首先，从基金的运营成本来看，对契约型基金来说，基金资产的所有权与经营权是分开的，基金的日常管理和投资决策都交由基金管理公司打理，基金管理公司按照投资协议进行管理，决定投资决策时自主性很强，受外部干扰小，同时基金运营成本相对比较高。公司型基金的运营成本要比契约型基金低，这主要是因为公司型基金的董事会本身就是基金持有人的代表，有统计结果显示公司型基金的代理成本不超过 2 个基点。

其次，从契约理论角度讲，公司型基金更能有效维护基金投资者的利益。由于基金契约属于不完全契约，基金管理人无法完全保证基金投资人的利益，因此，出现机会主义现象的概率要比其他契约大。理论上，基金管理人必须把基金的剩余控制权分配给投资者，这是有利于基金投资者的，但是，因为基金契约的制定者和基金的发起人都是基金管理人，当在具体实践中出现合约中没有规定的情况时，基金管理人有足够的控制权做出有利于自身利益的行为。契约型基金与公司型基金相比，基金管理人而不是持有人享有更大的剩余控制权，主要是因为契约型基金中的基金管理人与基金投资者是两个独立的主体，基金管理人更会做出倾向于自身利益的投资决策，有可能损害基金投资者的利益。但在公司型基金中，基金投资者作为基金管理公司的股东，可以通过公司形式间接拥有剩余控制权，以限制管理人做出损害基金投资者利益的行为。所以，公司型基金更能有效地保护基金投资者的利益。

最后，从监督的有效性角度讲，公司型基金更能维护基金投资者的利益。理论上，契约型基金中的监督职责是落在了基金托管人身上，而公司型基金本身是一个公司，其具有完整的公司治理体系，监督职责由董事会、监事会来担任，特别是独立董事，所以公司型基金更能有效地保护基金投资者的利益。

四、我国采用契约型基金的原因

我国基金采取契约型基金的组织形式，主要有以下两方面的原因：

首先，中国的体制还没有达到公司型基金要求的发达程度。一般认为公司型基金最发达的国家是美国，因为美国拥有最发达的资本市场以及相对完善的基金法律制度，而中国在这方面还需要不断地完善。

其次，中国没有成熟的基金经理人市场。与国外相比，中国的基金经理人很缺乏，一般能进行基金投资的人并不具备有关基金投资运作的专业知识，只能委托专业投资机构，而公司型基金要求基金投资者要有深厚的专业知识以及丰富的基金投资经验，所以目前中国并不具有发起设立公司型基金的成熟市场。

在公司型基金中，股东与董事会、基金管理人及基金托管人之间的关系被称为委托—代理关系。因为基金股东和管理人之间有委托—代理关系,两者之间的利益不一致会产生代理成本,并会导致基金资产管理成本增加即委托—代理问题。

与公司型基金不同的是,契约型基金持有人、基金管理人与基金托管人之间的关系被称为信托关系,其具体形式如图10-1所示。信托关系有着所有权与利益相分离、信托财产具有独立性、有限责任等特点。所以,以信托关系为基础的契约型基金"先天性"具有剩余控制权与剩余索取权不对称的特点。基金管理人拥有基金财产的剩余控制权,而不享受基金剩余收入的索取权;基金投资者承担基金运营过程中的所有风险,却不拥有对基金的控制权。剩余控制权与剩余索取权不匹配是契约型基金的本质特征。剩余控制权与剩余索取权的不对称产生了一连串难题,如基金管理人损害基金持有人利益、基金投资目标背离基金持有人利益最大化目标等。有效的基金治理结构就是通过对基金管理人的行为进行必要的激励和约束,使基金能以最小的成本获取较高的投资回报。

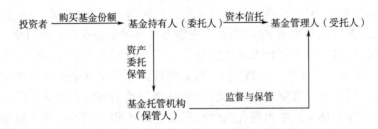

图10-1 契约型基金中的契约关系

具体来说,基金投资者期望基金管理人通过努力工作为其实现最大利益,基金管理人则期望通过工作实现自身利益最大化。契约型基金作为一种特殊的集合投资制度,主要包括基金持有人、基金管理人和基金托管人三方当事人,这三者之间的关系形成了基金的契约关系。

在基金投资过程中,存在着两层委托代理关系:

第一层表现为基金持有人(最终委托人)通过购买基金单位将其基金资产交给基金管理公司(中间代理人)管理。这一阶段基金持有人的基金投资行为既是投资行为,又是委托行为。

第二层表现为基金管理公司(中间委托人)将基金资产以证券的形式委托给公司的经理人(最终代理人)进行经营,基金托管人的职责主要是保管基金资产并在一定情况下实施管理人的投资决策,这一阶段两者的行为既是共同投资行为,又是共同代理行为。所以基金管理公司作为基金管理人,在基金组织体系中既是基金委托关系中的代理人,又是基金委托代理关系的委托人,处于"内部人"的地位。

基金行业的道德风险主要来源于基金管理人,集中表现为基金持有人没有办法准确知道基金管理人的专业经营管理能力,如基金管理人的市场判断、风险控制、投资组合和选股能力高低等;基金管理公司作为独立法人,无法准确判断基金经理人的专业经营能力和所管理基金的盈利状况,如基金经理是否尽职尽责、是否偷懒、是否利用职位便利和利用公司信息为自己炒股谋利等。在这种信息不完备和不对称的情况下,基金持有人处于劣势,为维护自身利益必须了解更多的信息,而基金管理人作为基金委托代理关系中的代理人,是交易双方中拥有私人信息的一方,处于信息优势地位,它很可能利用信息优势隐蔽不利于委托人的行为和信息或者利用基金持有人处于信息劣势地位去损害基金投资者的利益,最后导致在基金运行的实际过程中体现最多的是基金管理人的利益而不是基金持有人的利益。因此,为了保证基金管理人尽可能最大程度维护基金持有人的利益,基金管理公司有必要和义务完善其内部治理结构。

 阅读资料

境外契约型 REITs① 制衡机制及对我国的启示

2020 年 4 月,国家发改委和中国证监会联合发布了基础设施 REITs 试点通知,标志着我国前后研究达 20 多年的 REITs 业务正式拉开序幕。8 月,中国证监会发布了基础设施 REITs 指引。这意味着契约型基础设施 REITs 在我国进入实务操作阶段。从成熟国家的发展经验来看,REITs 主要区分为公司型 REITs 和契约型 REITs,并分别适用公司法和信托法。在公司法下,公司型 RETIs 的股东大会、董事会、监事会、经理之间的博弈主要适用公司治理机制;在信托法下,契约型 REITs 的份额持有人大会、受托人或共同受托人、资产管理人(或包括物业管理人)之间的博弈,可类比公司型 REITs 的治理机制。为示区别,本节将契约型 REITs 上述当事人之间的博弈统称为 REITs 的制衡机制。

根据 *EPRA Global REIT Survey* 2020 的统计,在 42 个国家和地区中,仅采取契约型 REITs 的国家和地区共有 15 个(其中,亚洲 9 个、美洲 5 个、大洋洲 1 个),市场规模排名靠前的分别是澳大利亚(700 多亿欧元)、新加坡(580 多亿欧元)、加拿大(460 多亿欧元)、中国香港(近 250 亿欧元)、巴西、泰国、墨西哥、马来西亚和印度。

2020 年 4 月 30 日,国家发改委、中国证监会联合发布 REITs 试点通知之后,中国证监会发布了 REITs 业务指引,沪深交易所、中国基金业协会和证券业协会也都发布了相关自律规则,形成了我国 REITs 的试点制度框架。整体上,我国 REITs 规则体系的试点特征较为明显,相关制度在充分借鉴境外成熟市场契约性 REITs 制度特征和实践经验的同时,也充分考虑了我国当前的现实国情。

一是与绝大部分境外市场从房地产起步不同,我国 REITs 试点从基础设施领域开始起步,这既符合我国当前"房住不炒"的政策,避免因政策敏感性对 REITs 试点产生影响,也符合我国基础设施领域可 REITs 的资产占比高的特点。

二是在投资者结构、投资对象、收入来源和利润分配等方面基本遵循了境外 REITs 的特点。在投资者结构上,规则要求扣除战略配售比例之外,网下投资者发售比例不得低于 70%,且剩余部分可以通过网上发行、场外发售等形式向公众投资者发行,确保更多的投资者参与 REITs 认购;在投资对象上,要求 80% 以上的资金投资在基础设施领域,其余资金可做利率债等金融资产投资;在收入来源上,要求 REITs 收入主要来自基础设施运营收入,且 90% 以上利润或可分配现金流须用于分配等。

---

① 指不动产投资信托基金。

三是法律载体上采取了公募基金+ABS(=REITs)两层的 REITs 试点架构。这是我国当前法律体系下最可行的模式和最现实的路径。若采取股票形式,现行的股票发行上市的法律制度体系包括证券法和公司法不支持持有基础设施的项目公司直接上市;若采取公募基金形式,《证券投资基金法》明确规定基金财产不可投资非上市公司的股权;若采取公募资产支持证券形式,2020 年 3 月实施的证券法虽然明确了 ABS 为证券(此前证券法并未明确 ABS 为证券,这也是导致理论界和实务界对两层结构推出REITs 的担忧之一),但公募发行 ABS 仍需要国务院出台专门的条例将证券化产品予以公募化;若采取信托份额形式,信托份额不属于证券法明确的证券品种,且信托法等有关法律基本明确信托份额属于私募产品。两层法律架构带来的治理问题,是后文重点讨论的内容。

四是在 REITs 上市交易以及信息披露、限售减持、资产买卖、扩募、资产收购及权益变动等持续期的行为监管上,基本借鉴境外市场的做法,总体上遵循了股票市场或者基金市场的制度设计,同时也考虑到基础设施资产带来 REITs 债券属性强等因素,且为了为后续 REITs 业务实践预留空间,制度上也做了很多差异性或适应性的安排。比如,在 REITs 交易安排上,除比照境外市场沿用股票竞价交易机制的做法之外,还采取了适合低流动性证券交易的交易机制,包括询价交易、协商交易和做市交易;同时,上市首日涨跌幅限制比例为 30%,非上市首日涨跌幅限制比例为 10%,力图通过交易的多样性和灵活性安排满足投资者不同的交易需求,提高市场的活跃度。再比如,在 REITs 收购上,考虑到基础设施 REITs 的债券属性,在借鉴新加坡和我国相关规定的基础上,做了以下规定:投资者持有 REITs 的份额达到 15% 时,实施 5% 步长的信息爬坡披露机制,要约收购门槛为 50%。这与我国股票对应的 5%、1% 和 30% 的规定存在较大差异。

第三节　基金治理与公司治理

前面两节我们对公司治理、基金公司治理与契约型基金治理的有关内涵和理论进行了分析,本节我们进一步把契约型基金治理与公司治理联系起来进行分析,主要是观察和解答契约型基金治理是否会影响上市公司治理这一更为深层次的问题。

一、对问题背景的分析

金融作为现代经济的核心,更需不断完善其体系治理,提升其治理能力,以防控金融风险,更好地为实体企业服务。换言之,通过金融服务于实体经济,有可能实现金融体系治理提升的"溢出效应",即影响实体企业的治理,促进实体企业更健康地发展。

随着金融体系的重要主体——金融机构——在上市公司治理中扮演着愈来愈重要的角色,其在公司治理中的行为也发生了变化。机构投资者逐渐放弃了原有的"华尔街准则",不再被动地投资于股票,而是奉行股东积极主义,主动参与公司治理,在公司治理中发挥重要作用。然而许多文献对机构投资者是否参与了公司治理及其程度大小得出了不同的结论。那么,是什么决定了机构投资者对公司治理影响的大小和方向,又是否与机构自身的治理状况有关？是否机构投资者自身治理状况越好，其投资决策就会越多地考虑公司的治理状况？换句话说，是否机构投资者自身治理状况越好就会越积极地参与到公司治理中，并对公司治理起到改善作用？

由于机构投资者的飞速发展，证券投资基金凭借庞大的资产规模和丰富的投资经验，早已经成为我国资本市场中的主要机构投资者。2010 年，我国证券投资基金所持流通股市值超过了机构所持总流通股市值的 90% 以上。尽管近些年上述占比有所下降，但截至 2017 年 6 月，证券投资基金所持流通股市值依然占机构所持总流通股市值的 60%。因此，本节以我国资本市场中的主要机构投资者——证券投资基金为例，对上述问题进行研究和分析。这一研究实际上是透过"治理对治理"这一新的视角，研究基金治理对上市公司治理的影响，从而更好地把发展机构投资者和进一步改善上市公司治理这两个重要但看似不相关的问题结合在一起，推进有关理论研究的深化和拓展，并为相关政策的制定提供新的思路。

二、问题的结果

为了研究和回答上述问题，我们构建了针对单个公司而言的基金治理效率这一指标，并将这一指标作为将基金治理和公司治理联系起来的纽带，使得从基金和上市公司这一视角研究"治理中的治理"得以实施。进一步地，在对已有的衡量契约型基金治理的指标进行完善的基础上，在实证检验中使用 B-样条基展开的分位数回归方法，首先从公司委托—代理问题以及公司价值等治理指标展开研究，之后分别对整体公司治理效率和不同公司治理效率的异质性进行考虑，对基金治理影响公司治理的可能性进行了全面性的综合研究①，并得到如下发现和结论：

首先，基金等机构投资者确实会对上市公司治理产生影响，但这一影响的方向和程度取决于基金等机构投资者自身的治理效率。对于相关文献有关机构投资者改善了公司治理的观点，本研究从基金治理的角度对其给出了有条件的支持，即只有当基金治理效率较高时，以基金为代表的机构投资者才能够起到改善公司治理的效应；而对于相关文献关于机构投资者不具有公司治理作用的观点，本研究也没有对其予以完全否定，而是从机构投资者的公司治理效应不存在的原因在于基金（机构）本身的治理效率偏低的角度做出了解释。换言之，我们的研究对已有文献关于机构投资者是否存在公司治理效应的分歧给出了一个较为统一的解释：当研究样本中的机构（基金）治理效率较高时，就可形成公司治理效应；反之，则不存在公司治理效应。本研究结果的启示在于，对于机构投资者的公司治理效应的研究不能只关注公司治理方面，还需要关注到机构本身的治理对公司治理的影响，即治理中的治理。

其次，治理效率高的基金持股以后，会积极参与到公司治理中来，对公司综合治理状况的改善和公司价值的提升会起到一定作用。但基金治理对公司治理存在"偏好关注"，即基金治理效率与关联交易额以及高管薪酬不存在显著的相关关系，也就是基金不能够改善公司治理中的两类委托—代理问题，而将主要的关注点放到了公司治理中

---

① 具体的研究过程和模型、数据等可参阅李学峰，杨盼盼："金融机构公司治理影响实体企业公司治理吗——基于基金与上市公司的视角"，《金融监管研究》，2020 年第 3 期：1–18。

的上市公司价值上。现实市场中,基金治理影响上市公司价值时,基金是"价值发现者"还是"价值创造者",也是随着基金本身治理效率的高低而变化的:基金治理效率越低,就越表现为"价值发现者",不会参与公司的治理;随着基金治理效率的提高,其越趋向于"价值创造者",即会积极地参与到公司治理的各个方面,改善公司治理,提升公司价值。换言之,基金治理效率与上市公司治理之间存在着"U"形的非线性关系。

最后,虽然基金等机构投资者会对上市公司治理产生影响,或会成为"价值创造者",但这一影响的大小又取决于上市公司价值的高低:基金治理效率对低价值公司的治理影响较小,而对高价值公司的治理影响较大。可能的原因是,基金在投资于低价值公司时,主要关注点在某些"题材"或调研所得到的某些私有信息方面,并没有意图和动力去关注、参与到公司的治理当中去,自然对公司治理的影响就较小;但由于公司的业绩与价值是市场中投资者最为关心的信息之一,并且直接影响投资者的投资业绩,随着上市公司价值的增加,基金为保护自己有价值的权益和获取更大的收益,就会积极参与公司治理,导致对上市公司的影响也随之变大。换言之,上市公司的价值是市场永恒的焦点。就此而言,基金等机构投资者对公司治理的影响,与其说是"雪中送炭",毋宁说是"锦上添花"。

三、启示与政策建议

上述研究结论为思考如何进一步改善我国上市公司治理提供了如下政策启示:

一方面,一味地超常规发展机构投资者并不一定能改善公司治理,应当在发展规模的同时,加强对基金治理的监管、引导和改善,使越来越多自身治理效率较高的基金能积极地参与到公司治理中,从而有效地改善上市公司的治理效率,提升公司的价值。换言之,改善包括基金在内的机构投资者自身的治理,不仅关系到机构投资者自身的行为理性程度和市场功能的发挥,而且也会影响到上市公司的治理水平。

另一方面,也要看到基金更加关注的是和自身利益切实相关的公司价值,而上市公司中的两类委托—代理问题并不能成为基金关注的焦点,也就不能通过基金治理来解决。由此带来的启示是,政策制定虽然可以引导包括基金在内的机构投资者对上市公司的两类委托代理问题给予更多关注,但不能忽视机构投资者本身的利益与收益取向,以及由此而产生的机构投资者对上市公司治理"锦上添花"的效应。也就是说,提升上市公司治理效率的关键,还是在于上市公司本身的制度安排是否妥善以及监管当局的监管是否到位。

本章练习题

一、概念题
公司型基金、契约型基金、委托代理理论

二、选择题
1. 依据利益相关者理论,下面哪些属于企业的利益相关者?(　　　)

A. 企业雇员

B. 消费者

C. 竞争者

D. 供应商

2. 我国采取的基金组织形式为( )。

A. 公司型

B. 契约型

C. 开放式

D. 封闭式

3. 下列哪项不属于基金治理产生的问题( )。

A. 老鼠仓

B. 倒仓

C. 对倒

D. 套利

4. 有关契约型基金说法错误的是( )。

A. 以信托法为基础

B. 具备独立法人资格

C. 对基金重大决策一般无发言权

D. 不可以通过发行股票或贷款增资

三、论述题

1. 我国采用契约型基金的原因有哪些?

2. 委托—代理理论的基本假设是什么?可能产生什么样的代理问题?

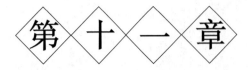

契约型基金治理评价①

　　所谓基金治理评价,主要是指通过对基金的内部治理与外部治理进行综合分析,来评判其治理水平。随着我国证券投资基金数量与规模的发展,一个全面且因地制宜的契约型基金治理评价体系对于中国基金行业良性发展具有重要意义。契约型基金治理评价首先可以帮助投资者更加全面深入地了解各个基金,协助投资者做出更加符合投资者风险偏好的投资决策,同时也有助于基金明确自身的优势、劣势,为提升自身治理水平探索方向。本章共分两节,第一节介绍适用于我国的契约型基金治理评价方法,第二节分别从内部治理与外部治理两个角度进一步阐述如何提升我国契约型基金的治理水平。

第一节　契约型基金治理的评价方法

　　国外大多通过编制基金绩效指标或使用基金公司股权结构等单一指标衡量基金治理水平,这种方法却并不适用于我国基金市场。首先,我国的基金治理结构是契约型的形式,是在基金管理公司设立股权结构和董事会等制度安排,而非对基金本身设立,无法直接用公司治理指标衡量基金治理水平;其次,基金治理包括内部治理和外部治理,单一指标无法综合反映契约型基金的治理水平,例如,单凭较高的基金收益率无法推断基金治理水平更高,这可能与基金管理公司在市场竞争环境中的垄断地位有关。因此,本节从内部治理和外部治理的角度建立了综合评价基金治理水平的治理指标体系,对我国契约型基金治理实现全面、综合的评价。

　　① 本章的内容主要参考了李学峰承担的国家社科基金后期资助项目"中国契约型基金治理问题研究"(项目批准号20FJYB016)的阶段性研究成果。

一、内部治理评价

证券投资基金的内部治理评价反映基金遵守公司治理标准的程度,主要包括股东行为评价、董事会行为评价、经理层行为评价与基金持有人评价四个方面。

（一）股东行为评价

股东在基金管理公司中拥有过高权力时,基金管理公司将面临巨大的风险。例如,当基金管理公司股权过于集中时,普通股东对基金经理监管失效,代理人的行为将很难得到约束,甚至可能导致基金经理与大股东合谋侵害中小投资者的权益。因此,在中国治理综合评价体系的各项分指标中,应该综合考虑基金管理公司股东行为是否得到制约。我们主要通过以下指标来衡量股东行为规范情况:

(1)基金管理公司股东数:实证研究发现,股东数对基金治理有显著的正向影响。

(2)股权集中程度:过度集中的股权结构会导致一股独大,降低基金管理公司治理效率。

(3)股权制衡度:适度集中的股权制衡度更有利于基金管理公司治理机制发挥作用,使基金管理公司治理效率趋于最大化。

(4)证券公司持股比例:证券公司在基金公司持股比例的提高能够有效解决基金管理公司代理问题中的信息不对称、激励不相容和责任不对称等代理问题,同时也可以有效制衡公司内部人侵占外部股东利益的机会主义行为。另外,机构投资者与基金管理公司之间会产生利益趋同,这对基金管理公司业绩也会产生正效应。

（二）董事会行为评价

基金管理公司董事会的结构与运作反映了董事会的独立性和对基金管理层的监督控制功能。根据中国基金公司具体情况,以下三个指标可以反映董事会的结构与运作。

(1)基金管理公司中的董事会规模:反映上市公司董事会的独立性,公司权力是否高度集中于内部人手中,以及投资决策的透明度和专业性。

(2)基金管理公司总经理地位:即基金管理公司的董事长和总经理是否由一人担任,主要反映上市公司董事会与管理层的关系,董事会是否拥有决策控制权。基金管理公司中总经理在董事会中的职务高低,表明董事会对总经理的监督程度,以防止经理人的"道德风险"和"逆向选择"影响基金治理效率。

(3)独立董事占比:可以反映基金管理公司董事会的独立性,基金公司权力是否高度集中于内部人手中,以及投资决策的透明度和专业性。

（三）经理层行为评价

评价基金管理人的行为是基金治理要解决的重要问题。可从基金经理的聘选、约束和激励三个方面来对基金经理层进行评价。

1. 聘选的基金经理是否有足够的能力管理好基金

可以从战术性资产配置能力、战略性资产配置能力和波动择时策略三个方面对经理人的能力进行评价。

(1)战术性资产配置能力:用选股能力和择时能力的平均值来衡量。先采用基金1年、3年和5年移动时间段数据构建 T-M 模型(11.1)进行回归,将所得的 α 和 γ 移动平均值除以同一时段的标准差,以衡量基金经理的选股能力和择时能力,如式(11.2)、式(11.3)所示。

$$R - R_f = \alpha + \beta \times (R_m - R_f) + \gamma \times (R_m - R_f)^2 + \varepsilon \tag{11.1}$$

$$选股能力 = \bar{\alpha} / \sigma_\alpha \tag{11.2}$$

$$择时能力 = \bar{\gamma} / \sigma_\gamma \tag{11.3}$$

（2）战略性资产配置能力：是指基金既不择时也不选股的能力。基于 BHB 模型得出的战略性资产配置收益率计算公式如下：

$$PR = \sum_i W_{pi} R_{pi} \tag{11.4}$$

式中，W_{pi} 为资产种类 i 在基金战略性资产配置中所占比例，用研究期间各时点实际配置比例的算术平均值 $W_{pi} = \dfrac{1}{T} \sum_{t=1}^{T} W_{ai_t}$ 表示，R_{pi} 为资产种类 i 对应的指数收益率。

（3）波动择时策略：是指基金经理根据市场波动来选择投资组合风险水平，即基于市场波动的择时能力。衡量基金经理对市场波动性的预测能力，计算公式为：

$$\beta_{mt} = \beta_{om} + \gamma_m (\sigma_{mt} - \bar{\sigma}_{mt}) \tag{11.5}$$

式中，β_{mt} 是投资组合在 t 期的 β；β_{om} 是平均 β，$(\sigma_{mt} - \bar{\sigma}_{mt})$ 是 t 期的市场波动与市场平均波动之差；择时系数 γ_m 表示基金经理根据市场波动预期均值的偏差来调整投资组合的 β。

2. 管理费用占总费用比率

该比率用来衡量基金经理受到的激励情况，基金管理费可激励管理人实现基金的保值增值，反过来也能在一定程度上体现基金是否有较好的激励机制。

3. 是否有投资风格漂移

该指标用来衡量基金经理是否受到了足够的约束，若出现了投资风格漂移，则说明基金管理人没有受到足够的约束，因为证券投资基金所制定和宣称的投资策略，不能约束基金管理人的投资行为。

（四）基金持有人评价

基金治理的研究旨在通过改善基金治理结构机制来保护持有人利益。现有研究表明，基金治理和基金持有人行为之间存在反馈关系，基金的历史绩效会影响基金持有人行为，反过来基金持有人行为也会对基金管理人产生隐性激励作用，因此，基金持有人对基金治理的评价以及基金治理对基金持有人的影响在一定程度上都反映了基金的治理水平。"基金持有人评价指标"，是站在基金持有人的角度，评价基金内部治理给基金持有人带来的收益、潜在风险和效用损失等影响的指标。

（1）基金持有人的效用水平：衡量的是持有人对基金预期收益和风险的权衡，以及基金管理人的能力和投资机会成本对持有人效用的影响。可用公式（11.6）来衡量：

$$u = u[E(r_i), \sigma^2, \Pi, A] + \Psi(I, C) \tag{11.6}$$

式中，$E(r_i)$ 表示投资的期望收益率；σ^2 表示在模型中通过投资者效用最大化得到的预期收益风险水平；A 表示风险忍让度；Π 表示可承受的损失度；I 表示机会成本，即投资于同时期的其他理财产品所能够获得的最高收益率；C 表示基金管理能力水平，基金管理人能力越高，基金持有人的效用水平也越高。

该效用函数可以分为两部分：第一部分 $(E(r_i), \sigma^2, \Pi, A)$，表明管理费水平应当能够激励基金管理者,并且可以确定基金管理人关注风险与收益;第二部分 $\Psi(I,C)$ 是从基金管理人的角度考虑的,与具体的基金品种及其管理者能力相关。

(2)基金的资产负债率:衡量基金财务风险,解释基金现在的财务状况和财务运作给持有人带来的潜在风险。

(3)基金投资组合和投资策略的匹配性:反映基金实际投资所承担的风险与其投资策略所表明的风险偏好的偏离程度,过度偏离基金持有人预期风险偏好会损害持有人利益。已有研究发现,绝大部分证券投资基金存在实际投资所承担的风险远远偏离于其投资策略所表明的风险偏好的情况。同时,由于市场环境的变化,无论是风险偏好型基金还是风险中性的基金,在实际投资中大多转型成了风险规避型基金。因此将事前在基金募集说明书中说明的风险类型(风险偏好、风险中性和风险回避)对应的理论 β 值与事后的实际 β 值进行比较,计算两个 β 的偏离度,可衡量基金投资组合和投资策略的匹配性。公式如(11.7)所示:

$$\text{基金投资组合和投资策略匹配性} = |\text{理论}\beta\text{值} - \text{实际}\beta\text{值}| \tag{11.7}$$

(4)基金下行贝塔:可以衡量基金经理给基金持有人带来的资产损失风险和保本能力。一般下行 β 越大,说明基金随股市下行的风险越大,基金保本能力越差。

对于股票与混合型基金,股市下行贝塔的计算公式为:

$$\beta_{S-} = \frac{\text{cov}(R_P - R_F, R_S - R_F \mid R_S - R_F < 0)}{VaR(R_S - R_F \mid R_S - R_F < 0)} \tag{11.8}$$

对于债券型基金,债市下行贝塔的计算公式为:

$$\beta_{B-} = \frac{\text{cov}(R_P - R_F, R_B - R_F \mid R_B - R_F < 0)}{VaR(R_B - R_F \mid R_B - R_F < 0)} \tag{11.9}$$

(5)机构投资者持有基金份额占比:机构投资者在缓解代理问题方面起着重要监管作用,有利于制约基金经理的自利行为,维护基金持有人利益。该指标表明该机构投资者对所持基金的资产配置的认可程度,间接反映基金的治理水平。

(6)股票交易收益率:反映基金对基金持有人风险资产的管理能力。

二、外部治理评价

证券投资基金的外部治理评价部分主要在宏观层次上分析法律和监管等方面对基金的公司治理的影响。我们用信息披露评价值和外部监控评价值来衡量基金的外部治理评价。

(一)信息披露评价

信息披露质量:用非强制性信息披露数量占总披露公告的比例来表示,反映基金对监管部门监管的主动配合程度,及时、有效和完整的信息披露可以降低信息不对称,反映了对基金管理水平的信心。

信息披露次数:指基金一年内的信息披露次数,包括定期公告、临时公告、发行运作等,反映了证券投资基金对监管部门监管的配合程度。

是否违反信息披露机制:反映了基金对强制性信息披露机制的配合程度,属于被动监管范畴。

(二)外部监控评价

外部监控评价是指政府机构、第三方评级机构和社会舆情等对基金治理过程中是否存在建立"老鼠仓""相互抬轿"等不利于持有人利益最大化的机会主义行为的评价机制。公开的基金评级和基金金牛奖的颁发能够反映第三方专业机构对基金治理水平的评价,可采用"基金相关人员是否受查处""投资主体是否存在被处罚调查""基金年度是否获奖"三个二级指标来评价基金的外部监控水平。

综上所述,从股东行为评价、董事会行为评价、经理层评价、基金持有人评价、信息披露评价和外部监控评价六个维度,我们可以建立一个基金治理指数体系(具体包括6个一级指标、24个二级指标),对基金的治理效果做出评价。

三、契约型基金治理指数评价体系

(一)基金治理指数设计原则

基金治理指数旨在反映基金治理水平,为实现评价目标,在指标设置时遵循五个基本原则:

一是可操作性原则。指数编制在于应用,选取的指标必须有可靠的数据来源和准确的量化方法,指标数量不宜过多以便于操作。

二是全面性原则。基金的治理结构是一个多维度、多层次的复杂系统,涵盖了股东行为到信息披露等多方面内容,需要建立一套全面、系统的指标体系进行评价。

三是科学性原则。围绕评价内容的实质进行指标选取,构建的指标体系应满足客观监测和科学评价的功能。

四是可比性原则。由于存在规模、成立年限等因素的差异,不同基金公司的指标在绝对数上往往不具有可比性,因而采用根据基金规模计算加权平均得分和按"期限"分类等方法,确保横向不同基金指标口径一致,具有可比性。

五是突出性原则。依据评价目的和评价内容进行指标的选取,强化基金治理指数的独创性。

(二)基金治理指数计算方法

用 ANP 法将指标体系分成两部分:第一部分称为控制层(目标层),包括股东行为评价、董事会评价、基金经理层评价、基金持有人评价、信息披露评价和外部监控评价6个一级指标;第二部分为网络层,由受控制层支配的元素组成,包括24个二级指标。结合指标内涵及其相互关系,构建内部相互影响的网络结构。具体 ANP 分析模型如图 11-1所示。

对于定量指标的计算,采用分层打分法,即将同一指标层下的各个基金治理数据从小到大排序,根据样本均分成三组:

(1)若指标大小对基金治理产生正向影响,从优到差赋值 1、0.5 和 0。

(2)若产生负向影响,从优到差赋值 0、0.5 和 1。

(3)对于定性指标,人为对各指标状态赋值:当衡量某种情况存在与否,对基金治理有利的情况存在取 1,反之 0,对基金治理不利的情况存在取 0,反之取 1;正相关指标从优到差赋值 1、0.5 和 0,负相关指标从优到差赋值 0、0.5 和 1。

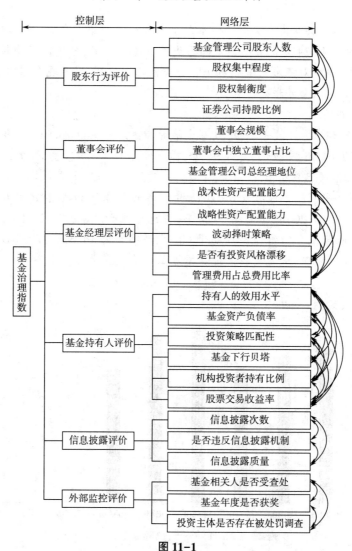

图 11-1

分项指标和综合指标计算公式为：

$$基金治理分项指标得分 = \sum 该一级指标组内二级指标赋值 \times$$
$$该二级指标权重值基金治理综合指标得分$$
$$= \sum (基金治理分项指标得分 \times \sum 该分项指标组内的$$
$$二级指标权重值)$$

(11.10)

据此,可以得到从内部治理和外部治理两个角度全面衡量的综合性基金治理评价指数,从而能够对我国契约型基金治理情况进行全面评估,并以此为基础,发现我国当今基金治理的不足之处与改进侧重。

 **案 例**

我国基金治理评价情况

以 2018 年中国基金市场上契约型开放式基金为基础,剔除当年因成立时间短而数据信息不全的基金,共获得 4 924 只样本基金。依据本节设计的基金治理指数指标体系和计算方法,对 4 924 只基金的治理指数进行计算和排名,分别从基金投资类型和基金投资风格两个角度对基金治理指数进行分类汇总和排名,以实现全样本、全方位地评估中国基金市场的基金治理水平。

1. 总体分布情况

在 4 924 只契约型开放式基金中,基金治理指数最大值为 73.01 分,最小值为 1.54 分,平均值为 37.64 分,中位值为 38.94 分,标准差为 18.76 分。整体而言,样本的绝对差距较大,最大值高出最小值 71.47 分;偏度系数为 -0.063,峰度系数为 1.802,稍负偏态,平峰分布。从图 11-2 可以看出,2018 年证券投资基金治理指数在得分区间 [40,50)、[50,60) 和 [10,20) 的分布最为集中,占比分别为 17.20%、16.86% 和 15.64%。2018 年仅有 704 只基金的治理指数高于 60 分,及格率为 14.30%,70 分以上的基金有 47 只,占比仅为 0.95%,这表明我国证券投资基金治理水平良莠不齐,仍存在较大提升空间。

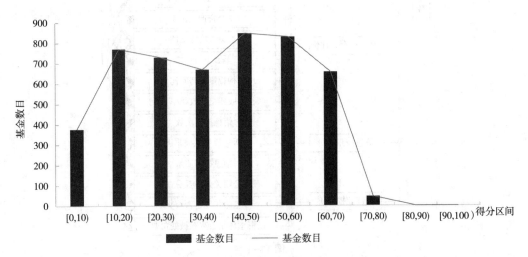

图 11-2　2018 年证券投资基金治理指数按得分区间分布情况

2. 不同投资风格基金治理评价

由于不同投资风格存在明显的差异,因此有必要对不同投资风格基金的基金治理指数进行比较。基金投资风格可以分为成长型、积极成长型、稳健成长型、增值型、稳健增值型、保本增值型、价值型、收益型和平衡型。九种风格的基金治理指数情况如表 11-1 所示。

表 11-1　2018 年不同投资风格基金的治理指数比较

基金类别	基金数目	平均值	中位数	最大值	最小值	标准差
收益型	1 727	50.729	55.758	73.005	2.163	15.880
保本增值型	12	43.296	43.027	49.711	36.155	4.787
平衡型	1 483	34.315	34.129	71.928	2.752	13.332
稳健增值型	34	30.664	23.083	70.045	6.042	18.086

基金类别	基金数目	平均值	中位数	最大值	最小值	标准差
稳健成长型	582	29.668	24.482	71.410	1.650	19.486
增值型	671	28.950	25.015	72.644	1.543	17.473
成长型	303	23.503	20.471	68.283	2.676	13.923
积极成长型	52	14.070	11.061	55.224	3.315	9.882
价值型	60	12.386	10.299	44.182	1.899	8.302
总体	4 924	37.642	38.942	73.005	1.543	18.757

从基金数量上看,收益型和平衡型基金数量最多,分别占35.07%和30.12%。

从标准差上看,稳健成长型、稳健增值型和增值型的标准差最大,分别达到19.486、18.086和17.473,说明这些风格的基金治理水平差异较大。

从均值上看,各投资风格基金治理指数均值由大到小分别为收益型>保本增值型>平衡型>稳健增值型>稳健成长型>增值型>成长型>积极成长型>价值型,全量的均值为37.642分,高于均值的基金为收益型和保本增值型。由此可见,只有收益型和保本增值型基金的治理水平高于均值,各投资风格基金治理指数差异较明显,基金治理指数普遍较低,治理情况亟待改善。

3. 不同基金类别的基金治理评价

根据投资对象的不同,我国契约型开放式基金主要分为债券型、混合型和股票型基金,由于三者的基金治理情况存在较大差异,因此,有必要对不同基金类别的基金治理指数进行比较。三大类别开放式基金治理指数均值情况如表11-2所示。

表11-2 2018年不同类别基金的治理指数比较

排序	基金类别	基金数目	平均值	中位值	最大值	最小值	标准差
1	债券型基金	1 797	54.548	57.012	73.005	7.743	11.386
2	混合型基金	2 673	29.645	28.549	68.324	1.544	14.844
3	股票型基金	454	17.801	15.643	61.947	2.584	10.211
	总计	4 924	37.642	38.942	73.005	1.544	18.757

各类别基金的基金治理指数均值由大到小分别为债券型基金(54.548)、混合型基金(29.645)、股票型基金(17.801),其中混合型与股票型均值水平相近。混合型基金数目占比最高,为54.29%,但基金治理水平低于均值,标准差高于另外两者,说明不同混合型基金间治理水平差距较大。就标准差来看,股票型基金治理水平不佳,总体标准差高于所有的基金类别单项的标准差。债券型基金治理指数在各项指标中都处于领先水平,且其基金数目在市场中占比为36.49%。因此,债券型基金治理水平的提高对整体市场有着较强的支撑作用。

第二节　如何提升我国契约型基金治理水平

目前我国契约型基金治理水平仍具有较大提升空间,存在持有人监管缺位、发起人与管理人重叠、基金管理人约束不足、监管机制有待完善等方面的问题。要解决上述问题,提升治理水平,一方面需要健全内部治理结构,另一方面需要更加完善的制度安排与良好的外部治理环境。本节就如何提升内部治理与外部治理水平分别进行阐述。

一、内部治理

基金内部治理的核心是指投资者授权基金管理公司建立一系列约束机制,以达到选择、监督、约束和激励基金管理人的目的,使基金持有人的利益最大化。提升内部治理水平的方法可以分为两大部分:第一部分是关于基金管理公司的内部组织结构,具体包括持有人大会,发起人与管理人分离,完善托管人监督制度以及独立董事制度;第二部分是直接影响管理人行为的激励制度,可分为物质激励性质的管理费机制,与非物质激励的声誉机制。

（一）内部组织结构

1. 完善持有人大会制度

基金持有人大会是由全体基金单位持有人或委托代表参加,主要讨论有关基金持有人利益的重大事项,如修改基金契约、终止基金、更换基金托管人、更换基金管理人、延长基金期限、变更基金类型以及召集人认为要提交基金持有人大会讨论的其他事项,是基金的最高权力机构。基金持有人大会对于内部治理占有重要的作用,是众多持有人行使权利的重要途径。因为基金持有人在将其资产委托给基金管理人后,就不能直接干预基金管理人对基金资产的管理和运作,基金内部治理缺少持有人利益的载体,因而其监督制约权只能通过出席基金持有人大会来行使。但在实际情况中,作为非常设机构,基金持有人大会往往流于形式,难以发挥应有的监督效果。

背后的原因主要有:

第一,基金持有人会议存在非常严格的规定与限制。只有基金托管人、管理人拒不愿召集会议的前提下,持有人才能够自主召集,并且只有持有份额达到10%以上的持有人代表审议一致才可以召开大会。因此,基金持有人对基金管理人的监督往往是事后行为,效力滞后且有限。

第二,中小持有人的参会意愿薄弱。基金持有人往往人数众多且高度分散,基金份额的中小持有人不仅难以召开持有人大会,还存在较高的出席成本与决策成本,即使基金投资者能够形成正确的判断也未必能最终形成持有人大会的决议,这使得个体投资者,尤其中小投资者的表决成本往往超过投票所获得的预期收益,导致持有人大会名存实亡。并且基金持有人大会作为集体行为,不可避免地会使持有人产生搭便车心理,认为其他持有人会做出正确判断并进行投票,而自身可以节省投票成本,仍然能够分享其他持有人带来的集体收益。在这种心理的驱动下,持有人整体的投票权被动削弱,持有人大会难以发挥对管理人有效的监督,最终使每个持有人失去获益的机会。

因此,更加完善的持有人大会制度可以帮助基金的内部治理更好地发挥应有的效力。针对以上两大原因,具体改进方法包括:

第一,减少会议召开限制,降低管理人操纵的可能。持有人会议属于基金运行过程中最高的权力机关,是基金托管人、管理人权力最终的来源,对于持有人大会的限制条件直接影响其效力的发挥,因此降低持有人召集会议所需的基金持有比例,使受委托委员会拥有召集会议的权力,完善会议形式,通过法律法规尽可能减少管理人的操控,才能更好地对持有人大会权力范畴进行保障。

第二,上文已述及持有人大会在客观上形同虚设的重要根源在于过高的参会成本削弱了持有人的投票意愿,鉴于此,可通过降低持有人会议的召集、投票成本,使其更加合理化,以提高持有人参会效益。要提高持有人参会效益,一个重要方式就是合理提高保险公司等机构投资者的持基比例,让具有较高的专业性的中大型投资者、机构投资者保持较高的参会积极性,充分发挥监督作用,让投票成本负担能力弱、无能力参与持有人大会的中小投资者搭便车。同时,还要警惕机构投资者比例过高,导致中小投资者利益受损的情况出现。

2. 发起人与管理人分离

基金发起人是指发起设立基金的机构,数目为两个以上,主要发起人为按照国家有关规定设立的证券公司、信托投资公司及基金管理公司。基金主发起人往往由基金管理公司的第一大股东担任,而基金管理人主要来自发起人机构,此外,基金协调人也通常由主发起人机构担任。实际中,实质是由基金管理人发起并公开募集基金,基金成立后又担任管理人对基金进行管理,并且在此过程中选择托管人对管理人进行监督以及自我监督,形成基金管理人一家独大的现象,使关联交易风险显著提升。这就使得我国证券投资基金的发起人与管理人关系紧密。过于紧密的关系使基金管理人除了自身利益,还不得不过分顾及发起人的利益,使基金与关联方之间发生不适当交易,基金管理公司动用基金资产为控股股东输送利益,从而导致损害基金持有人利益的情况不断涌现。

发起人与管理人重叠,是导致内部治理不完善、易出现内部人控制问题的重要原因。监管部门为了减少该类情形的发生,也逐步采取了一系列措施,规定基金管理人利用基金资产为他人谋取利益是明确的违规行为,但目前并不能完全杜绝利益输送的发生,因为实际中哪些行为是蓄意的违规行为,哪些是正常的投资活动,往往很难被严格界定,因此,只有在根源上实现基金发起人与管理人的分离,才能有效降低关联交易风险。但在能够使发起人与管理人清晰分离之前,发起式基金作为一种创新模式,在证券基金法和相关法律法规的支持下,成为提升内部治理效果的重要尝试。

基金管理人及高管作为基金发起人认购基金的一定数额而发起设立的基金,称作发起式基金。2012年,证监会修改《证券投资基金运作管理办法》相关条款,宣布了发起式基金的正式诞生。在发起式基金这一模式下,基金发起人、基金管理人与主要投资人均是同一个主体——基金管理公司。基金管理公司作为基金发起人,先使用公司股东资金、公司固有资金、公司高级管理人员和基金经理等人员的资金认购不少于1 000万元的基金金额,再发起设立基金。此时,基金管理公司除了作为发起人、管理人,也具有基金持有人身份,与普通的公募基金相比,其利益与其他持有人的利益更加紧密地联系在一起,一定程度上缓解了内部治理问题。但要注意的是,虽然发起式基金更利于激励管理人创造好的收益,但对于基金管理人来说,也存在负面影响,表现为发起式基金会影响基金管理人的风险偏好、投资风格等,在市场环境较好时,存在发起式基金模式反而降低基金业绩的风险。

3. 完善托管人监督制度

契约型基金的本质是一种信托合同,而信托制度下,为了使经营和保管职能形成相互制衡和监督的机制,更有效地保护投资者的利益,受托人在契约型基金的治理结构中由基金管理人和基金托管人两个相互独立的主体同时担任。其中托管人除了要提供基金资产保值服务之外,还要担当受托人角色,要监督基金管理人,确保基金正常运作。出于基金托管人应保持独立性的考虑,《证券投资基金法》要求基金托管人与基金管理人不得为同一人,且不得相互出资和持有股份,并且对基金托管人的资格与职责进行了明确规定,凸显了托管人制度在契约型基金内部治理中发挥的重要作用。

但在实际操作中,托管人制度对于管理人往往存在监督不力的情况,原因主要有二:

第一,管理人和托管人间存在严重信息不对称,托管人对管理人的投资行为实际上无法监督。比如基金交易前难以事前审查,甚至交易中的相关信息也难以了解,若发现基金管理人存在违规行为,也无法实现事后纠正,只能采取基金清算。因此托管人事实上监督能力有限,只能从表面判断管理人的投资运作是否符合法规的要求,对基金管理人的监督只能流于形式。

第二,由于基金发起人与管理人尚未实现分离,基金管理人通常是基金的发起人,具有选择托管人的权利,托管人的监督明显受制于基金管理人,同时托管人只要能够获得托管基金的机会,就意味着有可观的收入,直接导致了托管人监督管理人过程中独立不足与监督软弱。托管业务市场竞争激烈,尤其托管费收入日益成为银行利润的重要来源,在现今商业银行竞争日趋激烈的背景下,基金管理公司是商业银行不可忽视的客户。为了业务开展,获得稳定的托管费,托管人往往屈就于管理人而选择降低监督的严格程度,甚至放弃监督权,导致了托管人制度名存实亡的现象。

要恢复托管人应有的监督能力,提升基金内部治理效果,就要完善相关法律法规。《证券投资基金法》对于基金托管人在基金管理人出现违约时所要承担的法律责任没有明确的规定,因此即使托管人没有发挥职能,导致出现管理人过错而出现基金资产的损失,托管人也不会受到约束或是追责,因此,要完善我国基金托管人监督机制,必须从制度设计层面着手,从根源解决问题。

首先,要保证托管人与管理人的相互监督有效进行,法律应强化托管人对管理人的监督权,即托管人负责保管基金资产,并监督管理人以保证正常基金运作的权力,对托管人的监督权进行细化,明确其权力范围。明确当管理人指令违反法律法规及信托契约时,托管人有权拒绝执行,并将该情况向监管部门或自律组织报告。在托管人没有尽责行使监督权的情况下,应出台相应制裁措施,以保证监督权的顺利行使。

其次,还应转变托管人选任形式,并详细设定托管人和管理人间的相互解任请求权。只有对基金持有人选任托管人的权力进行明确规定和限制,保证托管人与管理人双方都具有解任对方的资格,才能实现双方权力均衡。因为托管人和管理人本质上是相互合作的关系,目的是通力合作保护持有人收益,对于不尽职的托管人或管理人,双方出于保护持有人利益的需要,应相互制衡,切实防止管理人一家独大的情况发生。

4. 独立董事制度

独立董事是指独立于公司股东且不在公司内部任职,并与公司或公司经营管理者没有重要的业务联系或专业联系,且对公司事务做出独立判断的董事。我国实行契约型基金的组织形式,与公司型基金的最大区别之一就是后者结构中有董事会制度。董事会在公司型基金中处于核心的地位,由内部董事、外部关联董事、独立董事三类董事组成。内部董事主要由基金管理人及其代表组成,外部关联董事主要由基金大股东组成,而独立董事则由行业专家组成,占比至少40%,代表基金整体利益和中小投资者的利益。三者保持在合理比例。其中,独立董事、独立监管者作用的发挥对于基金监管具有重要价值。

需要指出的是,此处所提出的在基金管理公司中设立独立董事的建议与日前我国基金管理公司中业已设立的独立董事是不同的。根据证监会要求,目前我国基金管理公司董事会中有一定比例的独立董事,但是这些独立董事的作用与普通公司中的独立董事的作用相同,他们为公司的利益服务,代表了公司股东的利益;而基金管理公司的独立董事不应为基金管理公司服务,而应代表基金持有人特别是中小基金持有人的利益。独立董事的利益应首先独立于公司管理层,其次独立于大股东,同时也独立于其他各个业务关联方,目的是站在基金持有人(特别是中小基金持有人)的立场,作为行业专家,通过对基金管理公司内部董事和经理人员的监督,作为基金持有人大会的一种功能补充,解决基金持有人与基金管理人之间的代理冲突问题。但从过去我国独立董事制度多年的实践经验来看,仍存在三方面主要问题:第一也是最核心的一点,从实际情况来看,我国的独立董事制度长期存在"独董不独"的问题,独立董事很少对董事会的决议发表不同看法,往往作为沉默的少数听之任之。第二,独立董事大多身兼数职,分身乏术,难以集中精力发挥应尽的监管职能。第三,很多独立董事来自学界,缺乏对基金公司实际运行情况的了解。

2020年,证监会起草了《证券基金经营机构董事、监事、高级管理人员及从业人员监督管理办法(征求意见稿)》,强化了独立董事的职责,对独立董事的任职资格要求更加严谨,更加符合独立董事独立负责、代替投资者表达专业观点的制度要求。

但我国资本市场在证券基金行业独立董事制度建设和完善上,仍然任重道远。对此,有以下几点建议:

首先,需要建立更全面细致的法律法规,解决诸多实际操作性问题,明确选择独立董事的标准与程序,保证独立董事具备足够的专业素养,懂证券基金业务,防止"独董不懂"。同时要保证独立董事能够履责,防止部分公司通过信息遮蔽和业务绕道等方式,出现独立董事"花瓶化"的现象。

其次,设计适当的激励机制,比如使独立董事成为基金份额持有人。可通过强制性要求独立董事买入一定数量的基金,并在担任独立董事期间不可出售;或者减少固定现金报酬,增加基金认购权的比例,使独立董事与基金持有人切实成为利益相关体,以提升其监管意愿,充分发挥独立董事制度的制度优势。

（二）有效的管理人激励制度

在我国实行的契约型基金代理关系中，基金管理人与基金持有人的目标并不总是一致的，因此，建立完善有效的激励制度，令基金管理人报酬与基金业绩即持有人收益挂钩，就成为提升内部治理效率的关键所在。总体上，激励机制可分为物质激励与非物质激励两大部分，物质激励方式主要指基金管理费率制度；而非物质激励主要为基金管理人的声誉激励。

1. 物质激励：管理费机制

我国目前主要采取固定基金管理费率制度，基金管理费的多少主要取决于基金规模而非基金业绩，这就导致了实践中的一系列问题。首要问题就是固定基金费率对于基金管理人的激励不足，此时基金管理人的收入与其所管理的资产的业绩相关性较低，即使是基金亏损，基金管理人也可以凭借基金的规模获得稳定的管理费收入，使其产生惰性。其次，收益主要取决于基金规模就导致，基金管理人盲目追求做大规模而不是做高业绩，最终侵害持有人的利益。最后，固定基金费率制度还导致了基金公司"重新轻旧"的行为，忽略提升规模扩大速度较慢的老基金业绩，而一味地不计成本地发行新基金，导致老基金持有人的利益受损。

基于以上固定管理费率制度的问题，又考虑到如果单纯采用业绩激励，可能使管理人为追求短期利益采取冒险行为，导致基金持有人为基金公司的冒险行为买单，应降低管理人收入中固定管理费用的比例，增加与基金业绩挂钩的浮动部分，形成基金管理人与基金投资人之间一定程度的风险共担的浮动基金管理费率制度。这应成为管理人激励机制的发展方向。

所谓浮动费率基金，主要指此类基金采用"低固定管理费率+达标获取业绩报酬"的收费模式，管理费通常远低于市场平均水平，以基于业绩的浮动业绩报酬部分，将基金管理人报酬与投资者紧密联系起来。在实际应用中，按照收费方式，可以分为超额收取法和分档收取法。超额收取法中，管理费由保底部分与超额部分组成，超额部分提取超额收益的一定比例作为超额业绩的汇报，其额度标准往往基于某个股票指数。分档收取法中，直接基于目标收益率来划分几个档位，分别收取不同比例的管理费。通过使基金持有人、基金管理人、基金管理公司三者的利益高度趋同，浮动管理费率制度可以激励基金管理人最大幅度地提升基金业绩，实现内部治理效率的提高，最终达到保护基金持有人利益的目的。

2. 非物质激励：声誉机制

由于契约型基金内部固有的委托—代理冲突，基金管理人自己的利益往往难以与基金持有人利益达成一致，这就导致基金管理人在面临损害持有人收益以提高自己短期收益的巨大诱惑前，容易出现道德风险，而声誉机制就是维持基金管理人与基金持有人之间良性循环的重要机制。声誉机制在成熟的市场上对基金内部治理发挥着重要的作用。声誉机制能够敦促基金管理人考虑长远，出于对长期利益的考虑，实现对短期道德风险行为的约束：如果管理人不尽责，未履行所做出的承诺，就会失去投资者的信任；反之，基金管理人的声誉越好，越能够得到投资者的信赖，那么它发行的基金就会更有市场，从长期来看，基金管理人有动力积极工作，提高自己在基金管理人市场上的声誉，从而提高未来的收入，有助于实现基金管理人市场的优胜劣汰，同时，由于基金管理人受聘于基金管理公司,基金管理人的声誉会与基金管理公司的声誉相互影响,使双方都有动力监督对方提升声誉,以在激烈竞争的市场中获得优势,赢得投资人的信赖。

与其他内部治理方式相比,声誉机制有两大特点:第一,声誉机制是通过基金管理人的自我激励与自我约束发挥作用的。外部条件的生效往往需要多层传导,效力难免会打折扣,而声誉机制作为基金管理人的自我约束机制为提升内部治理效果做出了重要补充。第二,声誉机制的运行成本是最低的。托管人制度、独立董事制度、持有人大会等内部治理的约束机制,都需要匹配相关人员,具有很高的组织成本,而法律体系与行业竞争环境等外部治理机制发挥作用也需要多方协作,信息成本与运行成本都很高,而声誉机制直接约束基金管理人,成本最低。在市场竞争中,基金管理人会出于长远的职业生涯考虑,自发形成自我约束,使其行为符合持有人的预期,但要使声誉机制的约束效力战胜道德风险的诱惑,完善明晰的法律体系和监管机制也是不可缺少的。

案　例

浮动管理费能否改善基金治理?①

我国于 2013 年开始尝试推出浮动费率基金。2016 年熊市后该类基金一度暂停。2019 年第四季度,浮动费率基金重启,同时出现了"逐笔提酬""新高法"②等浮动管理费提取模式,并增加了"持有期"③设计。截至 2021 年 12 月,已有浮动费率基金 161 只,相对于 2019 年之前共计发行的 36 只,可以说近年来呈现爆发式增长。在我国以契约型基金为主的情况下,浮动管理费率设计是否如前面文献所述真正改善了基金治理?浮动费率与固定费率对基金治理作用的路径又有何不同?重启后浮动费率基金创新的"持有期"设计是否有利于改善基金治理?这些问题即是本案例研究和回答的关注点。

本案例通过对基金治理指标体系进行主成分分析,发现基金业绩指标单位净值收益率能够代表基金治理水平,又进一步选取经风险调整的绩效指标夏普比率作为衡量基金治理水平的被解释变量,以管理人报酬作为核心解释变量,利用市场中已有的基金数据样本,将新兴的浮动费率基金与传统的固定费率基金进行线性分析与调节效应分析,并利用分组回归、异质性研究进行交叉验证,最终得到以下结论:

(1)我国开放式基金总体上存在着正向的规模激励效应和负向的管理费激励效应,即随着基金规模的增加,基金治理水平会提高;随着管理费收入的提高,基金治理水平会下降;但是,基金的规模激励会随着基金规模的增加而不断减弱。

(2)浮动费率模式能够改善基金治理机制,浮动费率设计使得基金管理人报酬对

---

①　本案例节选自李学峰,赵鹏宇,刘晓龙:《浮动管理费能否改善基金治理?》,《上海金融》,2022 年第 8 期,17-26。

②　"逐笔提酬""新高法"等浮动管理费提取的具体模式详见下文解释。

③　"持有期设计"是指投资者申购基金份额后,基金管理人对每份基金份额设置一个最短持有期。在基金份额的最短持有期到期之前,投资者不能提出赎回申请,最短持有期满后,投资者可以申请赎回。因此,基金份额持有人在最短持有期内,面临不能赎回或卖出基金份额的流动性约束。

基金治理水平有正向的调节作用,尤其是对治理水平低的基金,管理人报酬对基金治理水平的正向激励效果更好,即管理人薪酬激励效应得到改善。对基金治理水平高于平均水平的基金,浮动费率设计无显著的调节作用,即不会改善管理人薪酬激励效应。

(3)不同持有期的浮动费率基金中,管理人所受薪酬激励无明显不同,即不同持有期设计对基金治理水平影响不显著。

(4)对浮动费率基金,提高资产负债水平能提高基金治理水平。

本案例中的理论分析和实证分析证明了浮动基金的管理费收入模式与基金治理效果改善之间关系密切,浮动基金管理费收入对基金管理人起到了较好的激励效果,有助于解决基金经理与基金份额持有人利益不一致的委托—代理问题。

基于以上分析,针对我国浮动费率基金的发展,这里提出以下建议:

(1)治理能力较弱的基金应采取浮动费率机制,这时基金治理水平与管理费收入正相关,从而有效解决委托—代理问题,保护基金份额持有人的利益。

(2)控制单只基金的规模,随着基金规模的增加,管理人报酬激励效应和基金规模激励效应越来越差。

(3)采用对称式的激励机制而非单向浮动激励,避免基金经理在持有期内"过度追逐收益而忽视风险",并且设置较长的持有期,更好地发挥出持有期抑制投资者非理性行为的作用。

二、外部治理

仅就基金内部治理去谈基金治理是不够的,我们还必须充分重视基金的运行环境,也就是基金的外部治理。基金行业发展的重要趋势就是外部治理在基金治理中所起的作用越来越大,在一定程度上弥补和替代了内部治理的作用,日益成为基金治理中的重要组成部分。

(一)健全法律体系

外部治理的基石是健全的法律体系。法律应通过完备、清晰的法律条文,对于基金的设立、销售、运作、投资、赎回,以及基金组织的管理,基金运作中的风险控制、信息披露等做出严格规定,以保护市场主体,尤其是基金份额持有人的利益。2004 年 6 月 1 日,我国《证券投资基金法》正式开始实施,但伴随我国基金行业的快速发展,现已难以满足当前发展的需要。对基金管理人约束的缺乏,使得损害投资者利益的各类风险事件及违法、违规行为频发,沉重打击了投资者信心,降低了基金外部治理的效果,是我国基金行业发展的重要阻碍,亟须健全与完善。

首先,现有法律法规应不断细化与完善,确保基金体系运作的全流程有法可依。对于违法、违规行为必须严肃处理,坚决执行,加大惩罚力度,提升投资者投资体验,针对基金持有人利益受损具有滞后性的特点,尤其要对追偿与诉讼方面的条款进一步完善。其次,伴随着我国基金行业的快速发展,基金投资范围可适当放开,准许证券投资基金在一定比例以内,向债券、股票以外的期货、房地产行业,以及未上市公司进行股权投资,提升资产多元化水平,实现收益最大化。最后,为了推动开放式基金进一步发展,应准许开放式基金能够像封闭式基金那样在证券交易所开展交易,为其注入流动性,给开放式基金的投资者提供切实便利,实现基金行业的充分发展。

（二）完善监管体系

完整有效的监管体系是基金行业行稳致远的重要保障。我国现行的基金监管体系具有强集中型、强政府主导的特点，监管机构之间的协调机制仍不够完善，对目前我国基金市场监管关键性问题的把握不够明确，在监管落实中普遍存在方法粗放与执行有限等问题，严重制约了我国基金监管效力的发挥。因此，通过逐步实行推广基金市场注册制，可帮助规范会计、审计、法律等一系列中介机构建设，发挥社会监督在基金监管中的作用，助力形成多主体、多层面的监督主体体系，提升基金外部监管与治理效能。

监管的核心在于执行，若基金监管者可以低成本地疏于监管或合谋失德，那么一切设计和制定的监管体系与法律法规都会成为一纸空文，因此，对于基金监管与外部治理的质量而言，完善对于监管者的监管体系具有重要意义。首先，为打击监管者在监管实施中的违法、违规行为，应对监管程序与监管规范做出详细界定，确保监管者行为的内容合法与程序合法，指导监管行为有序进行。其次，建立健全基金监管机构的问责机制，将监管者处罚力度与基金管理人违规处罚力度同步提高。若单方面提高基金管理人惩处力度，易造成监管机构的疏于职守，反而使基金管理人的违规行为不易被察觉，因此，监管者法律责任的明确，为长期提高监管效能提供了重要保障。

（三）保证信息披露

在充满信息不对称的基金市场，信息披露是缓解道德风险与逆向选择问题的治本之策。只有在相关基金信息全面、及时和准确公开的基础上，基金持有人与基金监管机构才能更便捷地进行监督管理，更好地保护投资者权益，推动基金行业良性发展。而信息披露的充分性，信息披露对基金管理人的约束作用，唯有依靠强制的信息披露制度才能实现。

首先，基金信息披露制度要使基金信息披露覆盖基金销售、基金投资等基金运作的全过程，涵盖招募说明书、业绩报告、投资组合、关联交易、销售资料等全部内容，并对信息披露的内容做出规定，建立完善的信息披露体系，避免基金管理人暗箱操作。其次，信息披露要以投资者为服务对象，细化基金信息披露的具体要求，使基金信息披露能满足投资者的需要，并且在披露了充足信息的前提下，保证信息披露的易于获取和便于理解，不使用晦涩的专业语言，切实帮助投资者随时了解基金运作状况，对于基金的风险源与预期收益做出合理评估。

（四）放宽准入与健全退出机制

我国基金市场准入与退出机制的不足也是影响基金外部治理效能、阻碍基金行业发展的重要原因之一。我国曾使用基金管理公司与基金的两重审批制，需要先拿到基金管理公司的营业牌照，然后才有资格申请设立基金，在基金审批通过之后方可发起设立基金。在基金行业发展初期，监管当局通过对众多申请者资质进行审核，可以一定程度上代理投资者职能，发挥筛选高质量基金管理人的功能，保护投资者的利益。但随着基金行业发展日趋成熟，准入与退出机制应向市场化方向转变，审批制已不符合此时的市场需求。首先，审批制会扭曲基金产品的供给，导致垄断与寻租行为，弱化市场竞争，使基金管理人更为关心的不是为投资者争取更高的收益而是更关注如何进入基金市场。因此，为了实现让市场去选择基金管理人，让市场去配置基金资产，2014 年 8 月 8 日起，我国开始实行基金注册制，有效地扩大了准入范围，充分发挥了市场机制在选拔基金管理人中的作用。

在放宽基金行业准入的同时,明确退出机制是实现基金行业长期健康发展的重要推动力。2020 年 7 月 31 日,证监会发布《公开募集证券投资基金管理人监督管理办法(征求意见稿)》进行公开意见征求,对基金管理人的退出机制进行了明确。按照退出类型,管理人的退出方式可分为三种:解散、破产及采取风险处置措施。其中,解散和破产适用于公司合并分立、股东自主决议、触发破产等情形,支持机构选择市场化退出,而风险处置适用于管理人违法经营或出现重大风险、非经有序处置将严重损害持有人利益或危害金融市场秩序的情况,包括责令停业整顿、接管、取消公募基金管理资格或者撤销公司等手段。明确的退出机制可以使来自市场的竞争压力真正转化为基金外部治理的约束效力,有助于部分基金走出"舒适圈",提高自身竞争力,重视市场声誉积累,助力行业健康发展。

(五)改善市场竞争结构

市场竞争结构是指特定行业中,企业与企业间在数量、规模、份额等方面的各种关系及由此决定的竞争形式的总和,集中体现了市场的竞争和垄断程度。对于现实中存在的包括侵害持有人利益在内的种种基金治理问题,不能仅仅去指责基金管理人的"不道德",或者将力量仅仅放在对管理人行为的约束和监管方面。必须看到,完善基金的市场竞争结构、为基金业的发展营造良好的市场环境,是解决我国基金治理问题、促进基金业良性发展的不可或缺的举措之一。

我国基金市场竞争结构同时存在着大型基金垄断和一定程度的过度竞争两方面的问题,而垄断和过度竞争的市场状态都不利于基金治理的效果,尤其是金融危机后存在垄断的市场结构对我国基金治理的不利影响更加明显。我国基金市场两极分化严重,现阶段基金行业中小基金过多,存在一定程度的过度竞争问题,这既导致资金过于分散不利于产生规模效益,又导致以吸引投资者为目的的不规范行为和追求短期利益行为的增加,从而对基金治理产生了不利影响。要解决这一问题,监管部门一方面要健全相关法律法规,以加强基金市场行为的规范,另一方面要建立基金经理优胜劣汰机制,实现经理市场信息公开,逐步在我国建立和完善一个高效的证券投资基金经理人市场。同时,由于大基金在现有市场竞争结构中的优势地位,中小基金应该采取差异化的经营策略和发展战略,深入挖掘投资者对风险收益的不同偏好,并据此开发出更适应投资者需要的多样化基金产品,形成自己面对特定类型投资者的比较优势,这既能改善中小基金竞争中的不利地位,又有利于避免基金品种单一带来的过度竞争问题,也推动了基金市场效率的有效提升。

 **阅读资料**

ESG 评价体系与中国公募基金 ESG 评级

随着气候变化、劳工条件、企业责任等问题日趋增多,国际社会,包括政府、组织、企业、利益相关者等,对"环境、社会和治理"(ESG)体系越来越重视。我国也高度重视 ESG 的发展,不仅出台了一系列相关政策措施,还在巴黎气候大会上做出承诺——到

2030 年左右,CO_2/GDP 比 2005 年下降 60%~65%;在 2018 年的全国金融工作会议上,又特别强调了"健全金融机构法人治理结构"。在此背景下,ESG 开始在金融领域得到应用。但国内外对于金融 ESG 体系的概念、评价及实施标准尚无统一的认识,尚无专门针对金融 ESG 体系的研究。金融作为现代经济的血液,不仅需要满足自身 ESG 的发展需求,而且通过直接投资或者参与资本市场运作、融通资金,还会广泛影响其他行业和企业的发展。因此,构建和研究金融 ESG 体系,对理论和实践均具有深远的影响和意义。

近年来,随着"资管新规"的出台与相关细则的落地,在"大资管时代"的背景下,我国基金行业也进入了新的规范发展阶段。随着基金行业快速发展,如何对基金投资绩效和基金经理投资能力进行有效评价成为投资者最为关注的问题。"2020 中国金融学会绿色金融专业委员会年会暨中国绿色金融论坛"发布了中国公募基金 ESG 评级。

我国的 ESG 投资虽然起步较晚,但近年来资产管理机构的 ESG 投资参与度也在逐步提升,基于 ESG 数据开发的投资产品也不断丰富,投资者对市场提供有效 ESG 投资资产的需求与日俱增。但由于市场存在信息不对称与 ESG 专业门槛,如何获取有价值的 ESG 投资参考成为实践过程中的一大障碍。目前国际专业评级机构 MSCI 与 MorningStar(晨星)设计了全球基金 ESG 评级体系,但尚未完全覆盖对中国基金的 ESG 评级。为了进一步应用本土化 ESG 指标体系对中国市场的基金产品进行 ESG 评级并进行全面覆盖,为投资者鉴别高质量投资标的、践行 ESG 投资提供决策依据,中央财经大学绿色金融国际研究院对本土化基金 ESG 评级开展研究。

ESG 评级整合了企业在环境、社会和治理三个维度的表现,能够综合评价基金产品的可持续发展能力,对我国基金治理评价体系的完善具备重要意义。第一,该指标体系能够为投资者鉴别高质量投资标的提供依据,进而引导更多的投资者积极参与负责任的投资;第二,ESG 理念有助于进一步优化基金风险评级,提升资产管理机构抗风险能力;第三,该评级体系能够鼓励基金公司进一步优化产品结构,推动基金公司将现有产品向 ESG 价值投资方向转型;第四,由公募基金的 ESG 评级所引导的负责任投资趋势与风险管理,能够在进一步促进资产管理行业深化改革的同时推动资本市场的可持续发展。

本章练习题

一、概念题
基金持有人大会、基金发起人、独立董事、发起式基金、市场竞争结构

二、选择题
1. 以下基金内部治理评价指标中不属于董事会行为评价的是(   )。

A. 基金管理公司中的董事会规模

B. 基金管理公司总经理地位

C. 基金管理公司股东数

D. 独立董事占比

2. 以下关于基金下行贝塔的说法中错误的是(   )。

A. 下行贝塔反映给基金持有人带来的资产损失风险和保本能力

B. 下行贝塔越大,说明基金保本能力越差

C. 下行股市贝塔公式为: $\beta_{S-} = \dfrac{\mathrm{cov}(R_P - R_F, R_S - R_F \mid R_S - R_F < 0)}{VaR(R_S - R_F \mid R_S - R_F < 0)}$

D. 下行贝塔在基金治理评价指标中属于经理层行为评价

3. 契约型基金中的最高权力机构为(　　)。

A. 基金发起人

B. 独立董事

C. 基金持有人大会

D. 基金托管人

4. 缓解道德风险与逆向选择的根本为(　　)。

A. 有效的监管体系

B. 声誉机制

C. 信息披露

D. 充分市场竞争

5. 通过基金管理人的自我激励与自我约束发挥作用的治理方式为(　　)。

A. 有效的监管体系

B. 声誉机制

C. 信息披露

D. 充分市场竞争

三、案例分析题

2019 年 11 月 21 日,暂缓审批 3 年多的浮动费率基金再度开闸,首批试点浮动管理费率基金获批,中欧、富国、华安、国泰、兴证全球以及华泰柏瑞 6 家上海基金公司成为试点机构,于同年成立了 6 只封闭期为 1 至 3 年不等的封闭运作基金。

Wind 数据显示,截至 11 月 19 日,6 只浮动管理基金中,张慧管理的华泰柏瑞景气回报自 2019 年 12 月 18 日成立以来已斩获 89.51% 的收益,领先落后产品近 40 个百分点。就今年以来的业绩表现来看,仍然是华泰柏瑞景气回报最好,达到 19.11%,在同类 1 536 只产品中排名第 365。徐治彪管理的国泰研究精选年内回报 18.89%,排名第 369。对此,国泰基金表示,浮动费率基金通过利益绑定的方式,让基金公司、基金经理和投资者的利益诉求保持一致。首批产品成立以来的两年,市场结构性分化明显,主动权益类基金业绩分化比较大。中长期来看,业绩表现优异的基金,管理人的投研能力值得肯定。"持有人在赎回时业绩达到计提标准(年化 8%)才能收取业绩报酬,基金经理在投资中就会更加稳健,力求实现长期稳健增值。"

浮动管理费产品之间收益差距巨大,而且,同一基金经理管理的浮动费率基金在某些时刻逊于在管固定费率基金,引发热议。

要求:请根据以上案例,对浮动费率基金优缺点做出分析。

参考文献

[1]银华基金.契约型基金创始者:海外及殖民地政府信托[N].第一财经日报,2010-10-25(A13).基金的起源与发展[J].中国工会财会,2007(12):44.

[2]李操纲,谭浩.现代开放式基金的代表:美国的共同基金[J].财会研究,2003(01):61-62.

[3]余劲松,梁红英.证券投资基金业发展的国际比较及对我国的启示[J].经济纵横,2006(15):67-69.

[4]信宏磊.日本证券投资基金的发展与借鉴[J].政策与管理,1998(8):40-42.

[5]郑士贵.日本证券投资基金的发展与借鉴[J].管理科学文摘,1999(5):8.

[6]袁吉伟.美国公募基金行业发展的经验与启示[J].中国外汇,2020(20):65-67.

[7]尹中立.我国证券投资基金的发展历程回顾[J].银行家,2008(10):24-27.

[8]山立威,申宇.基金营销与资金流动:来自中国开放式基金的经验证据[J].金融研究,2013(1):192-206.

[9]李科,陆蓉.投资者有限理性与基金营销策略:基金大比例分红的证据[J].管理世界,2011(11):39-48.

[10]黄孝武,王雄军.渠道营销与资金流动:来自中国开放式基金的经验证据[J].社会科学战线,2016(2):49-59.

[11]张东云.后金融危机时期基金营销创新与营销风险管理[J].商业研究,2011(5):128-132.

[12]金永军,刘斌,沈文慧.境外契约型REITs制衡机制及对我国的启示[J].上海金融,2021(05):2-11.

[13]李学峰,朱虹.基金管理的团队模式优于单经理模式吗?[J].证券市场导报,2008(8):55-63.

[14]李学峰,张舰,姜浩.社保基金交易策略实证分析[J].中南财经政法大学学报,2009(1):32-41.

[15]张舰,李学峰,王建虎.我国券商与证券投资基金的惯性反转策略比较研究[J].财贸研究,2010(4):90-97.

[16]李学峰,杨盼盼.金融机构公司治理影响实体企业公司治理吗:基于基金与上市公司的视角[J].金融监管研究,2020(3):1-18.

[17]李学峰,赵鹏宇,刘晓龙.浮动管理费能否改善基金治理?[J].上海金融,2022(8):17-26.

[18]陈潘武.国际证券投资基金发展及对我国的借鉴意义[J].商业经济与管理,2003(3):55-57.

[19]赵迪.中国基金业诞生前后[J].金融博览,2020(12):14-15.

[20]洪磊. 中国基金业的发展与展望[J]. 清华金融评论,2018(12):52-55.

[21]中华人民共和国证券投资基金法[J]. 中华人民共和国全国人民代表大会常务委员会公报,2015(3):467-485.

[22]证券投资基金行业高级管理人员任职管理办法[J]. 中华人民共和国国务院公报,2005(20):37-40.

[23]王旭东,张宪旺. 我国政府投资基金发展现状、主要问题及对策建议[J]. 中国市场,2020(21):7-9.

[24]卞旭东,沐阳. 我国政府投资基金的运作管理[J]. 时代金融,2020(11):119-120.

[25]张晓光. 浅析我国私募股权基金监管存在问题及制度构建[J]. 法制与社会,2021(18):53-54.

[26]楼晓. 我国公司型基金治理结构的构建之路:以美国共同基金治理结构为视角[J]. 法学评论,2013,31(6):86-93.

[27]江翔宇. 我国引入公司型基金法律制度的探讨[J]. 政治与法律,2009(7):28-34.

[28]戴志敏,秦敬林. 改善我国契约型投资基金治理结构的对策分析[J]. 中南林业科技大学学报(社会科学版),2009,3(2):81-84.

[29]张超,闫锐. 证券投资基金治理结构分析[J]. 金融理论与实践,2007(11):71-72.

[30]陈丹丽. 契约型证券投资信托基金法律关系分析[J]. 陕西理工学院学报(社会科学版),2007(1):60-64.

[31]陈丽苹. 证券投资基金的法律性质[J]. 中国法学,2004(3):183-185.

[32]何孝星. 我国契约型基金治理结构的优化[J]. 经济理论与经济管理,2003(11):29-33.

[33]游炳俊. 公司型基金:中国基金业发展的战略选择[J]. 中央财经大学学报,2003(2):61-65.

[34]徐桂华,王普. 证券投资基金的另一种形式:公司型基金与契约型基金的比较研究[J]. 社会科学,2003(2):13-19.

[35]吴光荣,赵一平. 论我国契约型投资基金法律关系的性质[J]. 商业研究,2002(23):137-140.

[36]王国刚. 公司型:中国证券投资基金组织模式的基本选择[J]. 财贸经济,2002(10):18-25,49.

[37]熊长江. 契约、组织与开放型基金的关系治理[J]. 证券市场导报,2001(09):33-38.

[38]李雪莲. 我国封闭式基金与开放式基金业绩比较研究[D]. 河海大学,2007.

[39]张静. 我国私募基金与公募基金的业绩实证研究与对比[D]. 西南交通大学,2013.

[40]赵羲,李路,陈彬. 中国私募证券投资基金行业发展现状分析:基于全球对比的视角[J]. 证券市场导报,2018,000(012):61-67.

[41]倪晔雯．中国公募基金行业发展对策研究[D]．厦门大学,2013．

[42]潘烨明．我国私募基金的发展及其法制监管[J]．经济研究导刊,2015(11)：297-298．

[43]张尚学．货币银行学[M]．2版．北京:科学出版社,2018．

[44]滋维·博迪,亚历克斯·凯恩,马库斯．投资学[M]．汪昌云,张永骥,译．北京:机械工业出版社,2017．

[45]张学勇,张琳．大类资产配置理论研究评述[J]．经济学动态,2017(02)：137-147．

[46]李学峰．投资组合管理[M]．2版．北京:清华大学出版社,2021．

[47]李学峰．证券市场分析[M]．北京:清华大学出版社,2015．

[48]张晓瑄、仲逸涵、崔文心《投资组合构建的合理性评价》．公众号:南开投资研究．

[49]田浩,李随成．信息比率及其在基金绩效评价中的应用[J]．数学的实践与认识,2004(10)：36-43．

[50]梁斌,陈敏,缪柏其．我国封闭式基金的持股集中度与业绩的关系研究[J]．中国管理科学,2007(6)：7-12．

[51]李学峰,何林泽,沈宁．我国开放式证券投资基金与QFII"处置效应"比较:基于"买卖周期时间"统计量视角的实证研究[J]．证券市场导报,2010(9)：71-77．

[52]李学峰,王兆宇,苏晨．什么导致了处置效应:基于不同市场环境的模拟研究与经验检验[J]．世界经济,2011(12)：140-155．

[53]晨星(中国)研究中心．晨星中国基金评级概要说明,2009．

[54]专业学位案例教学建设项目案例分析报告．项目名称:投资组合的构建、投资策略与绩效评价——以"长信量化先锋A"为例．

[55]李学峰,陈曦,茅勇峰．我国开放式基金业绩持续性及其影响因素研究[J]．当代经济管理,2007(6)：97-102．

[56]山立威,申宇．基金营销与资金流动:来自中国开放式基金的经验证据[J]．金融研究,2013(1)：192-206．

[57]李科,陆蓉．投资者有限理性与基金营销策略:基金大比例分红的证据[J]．管理世界,2011(11)：39-48．

[58]黄孝武,王雄军．渠道营销与资金流动:来自中国开放式基金的经验证据[J]．社会科学战线,2016(2)：49-59．

[59]张东云．后金融危机时期基金营销创新与营销风险管理[J]．商业研究,2011(5)：128-132．DOI:10.13902/j.cnki.syyj.2011.05.028．

[60]柴晨朝．证券投资基金托管人监督责任研究[D]．北京:中国政法大学,2021．

[61]李敏,吴晓霜,方芳,朱小青．机构投资者持股与股价崩盘风险:基于内外部治理视角[J]．财会通讯 021(12)：53-57．DOI:10.16144/j.cnki.issn1002-8072.2021.12.011．

[62]任远．证券投资基金法律监管若干问题分析[J]．法制与社会,2020(34)：35-36．DOI:10.19387/j.cnki.1009-0592.2020.12.018．

[63]周成,吴英姿. 基金投资托管人法律责任问题研究:以 15 个涉托管人责任案例为切入点[J]. 湖南科技大学学报(社会科学版),2020,23(6):114-120.

[64]洪艳蓉. 论基金托管人的治理功能与独立责任[J]. 中国法学,2019(06):241-260.

[65]孙赵辉. 契约型证券投资基金内部治理问题及对策探讨[J]. 企业改革与管理,2019(19):15,17.

[66]王晓晖. 基金外部治理视阈下家族"造星"行为约束研究[J]. 金融发展研究,2015(08):47-51.

[67]陈怡. 封闭式证券投资基金治理结构对基金绩效影响的研究[D]. 上海:上海社会科学院,2013.

[68]郎爽. 契约型证券投资基金法律关系主体问题研究[D]. 北京:首都经济贸易大学,2012.

[69]牛锐. 加强我国证券投资基金外部治理的必要性分析[J]. 安徽行政学院学报,2012,3(1):63-69.

[70]贺显南,吉娴. 我国契约型基金治理结构存在的问题与对策[J]. 广东外语外贸大学学报,2006(1):19-21,41.

[71]高晔红. 契约型证券投资基金治理问题研究[D]. 苏州:苏州大学,2005.

[72]彭冰. 重新定性"老鼠仓":运动式证券监管反思[J]. 清华法学,2018,12(6):24-42.

[73]谢志华. 两权分离的理论基础及其诠释[J]. 财务与会计(理财版),2014(8):63-66.

[74]戴肇强. 对基金"老鼠仓"问题的思考[J]. 中国商界(下半月),2010(10):61-62.

[75]付俊文,赵红. 利益相关者理论综述[J]. 首都经济贸易大学学报,2006(2):16-21.

[76]刘有贵,蒋年云. 委托代理理论述评[J]. 学术界,2006(1):69-78.

[77]何媛媛,卢大印. 基金业公司治理的国际比较及借鉴[J]. 经济理论与经济管理,2004(1):33-37.

[78]王国刚. 公司型:中国证券投资基金组织模式的基本选择[J]. 财贸经济,2002(10):18-25,49.

[79]杨阳. 鹏华基金:重仓抱团股成灾 明星产品净值大跌[J]. 股市动态分析,2021(6):60.

[80]楼晓. 我国公司型基金治理结构的构建之路:以美国共同基金治理结构为视角[J]. 法学评论,2013,31(06):86-93.

[81]张婷. 我国基金业绩操纵和利益输送问题研究[J]. 经济纵横,2010(05):87-90.

[82]刘有贵,蒋年云. 委托代理理论述评[J]. 学术界,2006(01):6.

[83] MARKOWITZ H M. Portfolio Selection: Efficient Diversification of Investments [M]. New Haven:Yale University Press,1968.

［84］TOBIN J. Liquidity Preference as Behavior Towards Risk, The Review of Economic Studies, Volume 25, Issue 2, February 1958, 65-86.

［85］TREYNOR J, MAZUY K. (1966). Can mutual funds outguess the market? Harvard Business Review, 44(4), 131-136.

［86］HENRIKSSON R D, MERTON R C. (1981). On market timing and investment performance. Journal of Business.

［87］TREYNOR J L, BLACK F. How to use portfolio analysis to imporve portfolio selection［J］. Journal of Business, 1973, (1):73-86.

［88］SHARPE W E. Mutual Fund Performance［J］. Journal of Business, 39, 119-138.

［89］JENSEN M C. Problems in Selection of Security Portfolios Performance of Mutual Funds in Period 1945-1964［J］. Journal of Finance, 1968, 23(2), 389-416.

［90］HENDRICKS D, PATEL J, ZECKHAUSER R. Hot hands in Mutual Funds Short-Run Persistence of Relative Performance, 1974-1988［J］. Journal of Finance, 1993, 48(1), 93-130.

［91］GOETZMANN W N, IBBOTSON R G. Do Winners Repeat? ［J］. Journal of Portfolio Management, 1994, 20(2), 9-18.

［92］CHRISTOPHERSON J A, FERSON W E, GLASSMAN A D. Conditioning manager alphas on economic information: another look at persistence of performance［J］. Reviewof Financial Studies, 1998(11):111-142.

［93］HORST J, VERBEEK M. Estimating Short-Run Persistence in Mutual Fund Performance［J］. The Review of Economics and Statistics, 2000, 82(4), 646-655.

［94］BUSSE J A, IRVINE P J. Bayesian Alphas and Mutual Fund Persistence［J］. Journal of Finance, 2006, 10.

［95］CARHART M M. On Persistence in Mutual Fund Performance［J］. Journal of Finance, 1997, 52(1), 57-82.

［96］FAMA E F. Efficient market hypothesis: A Review of Theory and Empirical Work［J］. Journal of Finance, 1970, 25(2).

［97］JEGADEESH N, TITMAN S. Returns to Buying Winners and Selling Losers: Implications for Stock Market Efficiency［J］. Journal of Finance, 1993, 48(1):65-91.

［98］DE BONDT W F, THALER R H. Does the Stock Market Overreact［J］. Journal of Finance, 1985, 40(3):793-805.

［99］BARBERIS N, SHLEIFER A, VISHNY R W, et al. A Model of Investor Sentiment［J］. Journal of Financial Economics, 1998, 49(3):307-343.

［100］HONG H G, STEIN J C. A Unified Theory of Underreaction, Momentum Trading and Overreaction in Asset Markets［J］. Journal of Finance, 1999, 54(6):2143-2184.

［101］DANIEL K D, HIRSHLEIFER D A, SUBRAHMANYAM A, et al. Investor Psychology and Security Market Under-and Overreactions［J］. Journal of Finance, 1998, 53(6): 1839-1885.

［102］BADRINATH S G, WAHAL S. "Momentum trading by institutions. " The Journal of Finance 57. 6(2002):2449-2478.

[103]KAMINSKY,GRACIELA,RICHARD K. Lyons,and Sergio L. Schmukler. "Managers,investors,and crises:mutual fund strategies in emerging markets. " Journal of international Economics 64. 1(2004):113-134.

[104](http://www. gov. cn/xinwen/2017-06/28/content_5206545. htm)

[105]CHAN L K C,CHEN H L,LAKONISHOK J. On mutual fund investment styles [J]. The Review of Financial Studies,2002,15(5):1407-1437.

[106]IDZOREK T M,BERTSCH F. The style drift score[J]. The Journal of Portfolio Management,2004,31(1):76-83.

[107]BODIE Z,KANE A,ALAN J. Marcus. Investments. The McGraw-Hill Companise, 2002.

图书在版编目（CIP）数据

题画诗的鉴赏与创作 / 尚佐文著. -- 上海：上海
书画出版社, 2024.11. -- ISBN 978-7-5479-3469-2

Ⅰ. I207.22

中国国家版本馆CIP数据核字第2024G6N890号

浙江省新型高校智库（中国美术学院上文化创新与视觉传播研究院）成果

中国美术学院视觉中国协同创新中心
The Institute for Collaborative Innovationin Chinese Visual Studies，
China Academy of Art
中国美术学院视觉中国研究院
China Institute for Visual Studies，China Academy of Art

出版项目

题画诗的鉴赏与创作

尚佐文　著

责任编辑　张　姣
编　　辑　居珺雯　伍　淳
责任校对　黄　洁
审　　读　陈家红
整体设计　刘晓蕾
技术编辑　包赛明

出版发行　上海世纪出版集团
　　　　　上海书画出版社
地　　址　上海市闵行区号景路159弄A座4楼
邮政编码　201101
网　　址　www.shshuhua.com
E-mail　shuhua@shshuhua.com
制　　版　杭州立飞图文制作有限公司
印　　刷　浙江新华印刷技术有限公司
经　　销　各地新华书店
开　　本　787×1092　1/16
印　　张　15
版　　次　2024年12月第1版　2024年12月第1次印刷

书　　号　ISBN 978-7-5479-3469-2
定　　价　168.00元
若有印刷、装订质量问题，请与承印厂联系

后 记

2013年，金鉴才老师推动创立杭州国画院，致力于培养诗书画印"四全"的中国画创作人才。金老师以书画闻名于世，也是我素所敬仰的前辈诗人，蒙他垂青，我很荣幸地被聘为杭州国画院专家委员会委员，有机会与国画院的老师和创作员们交流诗词创作体会，其中涉及题画诗的内容。近年又曾为中国美术学院附中国画专业试点班的同学讲授传统诗词，题画诗是课程的重要内容之一。这些因缘，让我萌生了以题画诗为主题写本小书的念头。适逢中国美术学院视觉中国协同创新中心征集课题，我就申报了《题画诗的鉴赏与创作》，顺利通过审批。

这本小书的读者对象，我首先想到的是从事中国画创作的朋友。为此，内容锁定在"狭义题画诗"，即题写在画面上、作为中国画创作有机组成部分的诗词；例诗基本选自存世名画，便于读者直观了解题画诗作为一种艺术形式的完整呈现。至于一般读者，诗、画对照，或许也能增进对诗与画的理解、增加阅读的趣味。

这本小书得以出版，要感谢中国美术学院视觉中国协同创新中心卢勇主任和诸同事的大力支持；感谢上海书画出版社朱艳萍副社长的热情鼓励，编辑居珺雯、伍淳和张姣、陈兆典等老同事的认真编校、精心选配插图；感谢老友朱勇文兄审读把关。因水平有限，时间仓促，书中谬误在所难免，权将初版作为求教于方家的"试读本"，希望它有继续成长的机会。

尚佐文

2024年10月

主要参考文献

洪丕谟选注：《历代题画诗选注》，上海：上海书画出版社，1983年。

（宋）赵孟頫著，任道斌校点：《赵孟頫集》，杭州：浙江古籍出版社，1986年。

斯尔螽：《题画诗话》，成都：四川美术出版社，1987年。

朱伯雄、曹成章主编：《中国书画名家精品大典》，杭州：浙江教育出版社，1998年。

陆籽叙著：《题画诗》，北京：人民美术出版社，2008年。

吴茀之：《中国画理概论·画微随感录》，上海：上海书画出版社，2010年。

《中国画大师经典系列丛书·石涛》，北京：中国书店，2010年。

《中国画大师经典系列丛书·王时敏》，北京：中国书店，2011年。

《中国画大师经典系列丛书·郑板桥》，北京：中国书店，2011年。

《中国画大师经典系列丛书·王翚》，北京：中国书店，2011年。

（明）唐寅著，应守岩点校：《六如居士集》，杭州：西泠印社出版社，2012年。

《徐渭画集》，北京：中国美术出版社，2016年。

邹涛主编：《吴昌硕全集》，上海：上海书画出版社，2017年。

（唐）王维撰，陈铁民校注：《王维集校注》，北京：中华书局，2019年。

刘继才：《中国题画诗发展史》，沈阳：东北大学出版社，2021年。

杨建飞主编：《唐寅画集》，石家庄：河北美术出版社，2021年。

杨建飞主编：《恽寿平画集》，石家庄：河北美术出版社，2021年。

杨建飞主编：《唐寅画集》，石家庄：河北美术出版社，2021年。

潘天寿：《中国绘画史》，江苏：古吴轩出版社，2022年。

潘天寿：《中国画题款研究》，杭州：浙江人民美术出版社，2022年。

杨成寅主编：《中国历代绘画理论评注丛书》，浙江：杭州出版社，2024年。

款署"昆山徐炯敬题"。徐炯,字章仲,号自强,昆山人。徐乾学次子。康熙二十一年进士。诗写对幽居空谷之人的思念。霖雨,甘雨,时雨。涨潊,涨水。潊,水回流。缅,遥远。遐人,远人。嵇康《赠兄秀才入军诗》:"伊我之劳,有怀遐人。"

诗堂中间,是刘中柱所题七绝两首。从跋语看,他题诗时间是在梁清标、汪懋麟之后。

> 云山漠漠柳阴阴,流水小桥一径深。
> 雨里牧童徒步稳,不骑牛背挂书吟。

> 触手惊看诗画真,题诗作画两乡人。
> 风流宰相同仙去,肠断樽前拭泪频。

刘中柱,字雨峰,江苏宝应人。诗后有跋语:"丁亥二月明经王年兄于席间出小轴索题,画为萧灵曦,诗则汪蛟门,皆予同乡宿好也。相国梁公,亦官京师时受知有年者。展阅之下,不胜今昔生感,率成截句二首。广陵刘中柱识。"第一首诗写画景,与前几位不同的是,他把画中人物认作牧童。《新唐书·李密传》载,李密曾骑牛外出求学,"挂《汉书》一帙角上,行且读"。第二首诗写他与作画题诗三人的关系,萧晨、汪懋麟是他的同乡;梁清标则是他供职京师时有知遇之恩的大臣,此时已经去世。风流宰相,指梁清标,因其曾任保和殿大学士。惜七位都未署年月,不知题诗的具体时间。

《杨柳牧归图》上的八首诗,从体裁看,有四言、五绝、七绝、五律。从题写内容和位置看,萧晨自题五绝,属本书所界定的狭义题画诗。考虑到此画系萧晨赠送恒石先生之作,郑任钥、陈鹤龄二诗不太会是萧晨在创作过程中邀请他们题写的,很可能是鉴藏题诗。至于诗堂上的五首诗,属鉴藏题诗无疑。

小牛，此泛指牛。负郭田，指良田。典出《史记·苏秦列传》。司马贞索隐："负者，背也，枕也。近城之地，沃润流泽，最为膏腴，故曰'负郭'也。"

诗堂右侧，是梁清标所题五绝：

> 乱柳荫茅茨，幽人在环堵。
>
> 饭牛晚归来，春潮带烟雨。

款署"梁清标题"。梁清标（1620—1691），字玉立，号棠村，一号蕉林。直隶真定（今河北正定）人。明崇祯十六年进士，清顺治元年降清，官至保和殿大学士。诗写隐士安于清贫，自得其乐。茅茨、环堵，都是指简陋的居室。饭牛，喂牛，寓不慕爵禄，自食其力且自得其乐之意。典出《庄子·让王》："鲁君闻颜阖得道之人也，使人以币先焉。颜阖守陋闾，苴布之衣，而自饭牛。"

诗堂左侧，是汪懋麟所题七绝：

> 新柳摇春叶叶开，牛阑寂寂长莓苔。
>
> 牧人归去小桥湿，一片晚烟吹雨来。

款署"恒翁先生属题博正。汪懋麟"。恒翁先生，应即萧晨题款中提到的受画人"恒石先生"。汪懋麟（1639—1688），字季用，号蛟门，又号十二砚斋主人，晚号觉堂。江南扬州府江都县人。诗写春天到来，耕牛都随主人往田间劳作，至暮方归。

诗堂最左侧，是徐炯所题四言诗：

> 新柳簌簌，霖雨涨渡。
>
> 缅彼逸人，悠然空谷。

亂柳蔭苧茨幽人在環堵飯牛

晚歸来春潮帶烟雨

梁清標題

雲山漠漠柳陰陰流水小橋一徑溪雨裏牧童徒

步穩不驕牛背掛書吟　觸手鶯看詩画真題

詩作畫两鄉人風流宰相同仙去膓鬥樽前拭

庚頭　丁亥二月明經　王年兄扵席間出小軸索

題畫為蕭靈曦詩即汪蛟門皆予同鄉宿好也相圈

梁公示官京師時受知有年者展閱之下不勝令

昔生感率成截句二首廣陵劉中桂識

新柳搖春葉々閑牛蘭宗々長茸苕

牧人歸去小橋濕一片晚煙吹兩來

怕翁先生屬題傳正

江孺舞

新柳簇々霖雨漲渡緬彼遊人悠悠

空谷

崑山徐炯敬題

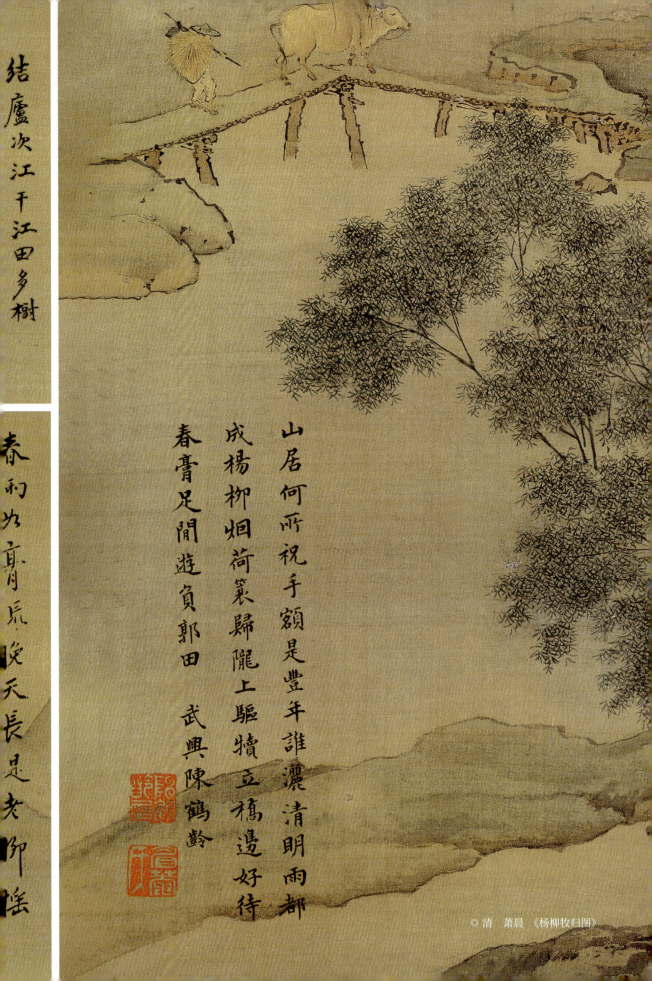

結廬次江干江田多樹

春雨以青荒晚天長是老卿搖

山居何所祝手額是豐年誰灑清明雨都
成楊柳恛荷箬歸隴上驅犢立橋邊好待
春膏足間遊貪郭田　武興陳鶴齡

◎ 清　蕭晨　《楊柳牧歸圖》